ESG背景下的工程项目合规与仲裁

周月萍　周兰萍　编著

CONSTRUCTION PROJECT COMPLIANCE AND ARBITRATION IN THE CONTEXT OF ESG

法律出版社 LAW PRESS · CHINA
北京

图书在版编目(CIP)数据

ESG背景下的工程项目合规与仲裁 / 周月萍，周兰萍编著. -- 北京：法律出版社，2022
ISBN 978-7-5197-7102-7

Ⅰ. ①E… Ⅱ. ①周… ②周… Ⅲ. ①工程项目管理-法律-研究-中国 Ⅳ. ①D922.297.4

中国版本图书馆CIP数据核字(2022)第169947号

ESG背景下的工程项目合规与仲裁
ESG BEIJINGXIA DE GONGCHENG XIANGMU HEGUI YU ZHONGCAI

周月萍　周兰萍　编著

责任编辑　慕雪丹　章　雯
装帧设计　汪奇峰

出版发行　法律出版社
编辑统筹　法商出版分社
责任校对　赵明霞
责任印制　胡晓雅
经　　销　新华书店

开本　710毫米×1000毫米　1/16
印张　30.75　　**字数**　518千
版本　2022年10月第1版
印次　2022年10月第1次印刷
印刷　永清县金鑫印刷有限公司

地址：北京市丰台区莲花池西里7号(100073)
网址：www.lawpress.com.cn
投稿邮箱：info@lawpress.com.cn
举报盗版邮箱：jbwq@lawpress.com.cn

销售电话：010-83938349
客服电话：010-83938350
咨询电话：010-63939796

书号：ISBN 978-7-5197-7102-7　　**定价**：118.00元
凡购买本社图书，如有印装错误，我社负责退换。电话：010-83938349

周月萍

中伦律师事务所合伙人，潜心于建设工程、基础设施与环境能源投融资、诉讼仲裁、债务重组和不良资产处置等领域法律实务。Chambers & Partners钱伯斯全球指南2019—2022年度项目与基础设施领域受认可律师、钱伯斯亚太指南2018—2022年度建筑工程领域推荐律师，Benchmark Litigation 2020—2021年度亚太百强诉讼女律师、2019—2022亚太年度建设工程领域“争议解决之星”，《国际金融法律评论》（IFLR1000）2020—2023年度项目开发领域“高度评价”推荐律师，上海国际仲裁中心、北京仲裁委员会、上海仲裁委员会、苏州/台州/长沙仲裁委员会仲裁员（主审工程和PPP争议解决）、中国国际经济贸易仲裁委员会建设工程评审专家，建筑时报/ENR2011年“中国建筑业年度人物”，中国国际工程咨询协会专家，中国机电进出口商会专家委员会委员，中国并购公会并购交易师，复旦大学法律硕士校外导师。

主要经历

从业二十余年以来，周月萍律师及其团队为三峡集团、中国铁路上海局、中国中铁、东方航空、上海申铁投资、上海申通地铁集团、新鸿基集团、华润置地、香港置地、上海城建集团、上海建工集团、昆山杜克大学等大型央企、国企、上市公司、知名企业集团、政府部门提供建设工程和基础设施项目(国内/国际)及环境能源项目（EPC等）的合规与ESG风险管理、建设工程/PPP项目争议解决、工程事故危机应对、债务重组和不良资产处置等法律服务；在轨道交通、路桥、机场、河道治理、污水处理、垃圾处理等基础设施和社会公用事业领域以及房地产开发建设、城市更新领域都积累了丰富的实战经验。主要著作有《PPP项目困境破解与再谈判》《环境能源与基础设施工程总承包（EPC）法律实务》《BT项目法律风险防范与运作方略》《最高人民法院审理建设工程案件裁判规则解析》《建筑企业法律风险防范与化解》等。

周兰萍

中伦律师事务所合伙人，国家发改委和财政部PPP双库专家，生态环境部EOD试点项目评审专家，亚洲开发银行（ADB）PPP专家，中国国际工程咨询协会专家，中国并购公会并购交易师，上海仲裁委员会等机构仲裁员（主审PPP、基建投资与建设工程）。专注于基础设施投融资与工程建设、环境资源与能源、诉讼仲裁领域法律服务，Chambers & Partners钱伯斯全球指南2021—2022年度项目与基础设施领域推荐律师，IFLR1000《国际金融法律评论》2022—2023年度项目融资/项目开发领域“高度评价”律师，Asialaw Profiles《亚洲法律概况》2021—2022年度基础设施领域领先律师，Benchmark Litigation中国2021—2022“诉讼之星”，The Legal 500 亚太地区2017—2019房地产与建设工程领域特别推荐律师，建筑时报/ENR2015年“中国建筑业年度人物”，上海市“第六届优秀青年律师”，上海市法学会首批上海青年法学法律人才等。

主要经历

执业二十年来，周兰萍律师先后为三峡集团、长江环保、光大水务、中国PPP基金、国家绿色发展基金、中国金茂、中国建筑、葛洲坝集团、上海建工集团、浦东新区政府、国家开发银行等大型知名环境能源企业、工程企业、房地产开发企业、政府及金融机构提供工程项目投资、项目融资、项目并购、公司治理以及诉讼仲裁等法律服务。通过多年的精耕细作，周兰萍律师及其带领的团队在环境能源（水环境治理、土壤修复、垃圾焚烧发电、新能源及EOD等）、片区综合开发、城市更新、旅游、养老、交通运输等基础设施和社会公用事业的主要领域都积累了丰富的实战经验。主要著作有《PPP项目运作实务》《PPP项目困境破解与再谈判》《环境能源与基础设施工程总承包（EPC）法律实务》《BT项目法律风险防范与运作方略》等。周律师还相继参与亚行等国际金融组织的多项ESG相关课题研究咨询，并就工程行业企业和新能源企业的ESG合规与风险管理问题撰写了多篇文章，对工程项目的ESG合规与风险管理有着独到的见解。

序　一

在2016年和2018年，我已分别为两位周律师编著的《PPP项目运作实务》和《PPP项目困境破解与再谈判》两本书写过序言，而且不论从销量还是从口碑来看，两本书都得到了市场非常高的评价和认可。一晃四年过去，此次又收到了为新书作序的邀请，我仍然倍感亲切和荣幸，同时，当看到本书的主题是围绕"ESG"和"工程合规"时，也有一些新的体会和想法。

近几年来，我在各种场合经常听到"绿色""双碳""ESG"相关的话题，特别是2021年年底以来，参与了中央某部委十几次与固定资产投资项目ESG评价相关的调研、座谈与政策研讨，这些与可持续发展是密切相关的，非常值得重视。而且，我也很欣喜地看到，在基建投资领域内已经有越来越多的有识之士将ESG理念与PPP项目相结合，以实现PPP高质量和可持续发展的理论研究和实践案例。两位周律师的这本新书，正是这类工作的有益总结，很有价值和意义，因为ESG所包含的理念和维度不仅非常广泛，而且对各类组织，特别是对企业发展和项目投资等方方面面所产生的影响也是非常深远的。

由于本人自1996年起一直专注于PPP的研究、教学和推广，是国家发改委和财政部"双库"PPP专家，并兼任国家发改委和清华大学联合发起并于2016年成立的清华大学PPP研究中心首席专家，以及中国机电产品进出口商会于2021年成立的专家委员会副主任委员，近年来有很多机会接触了我国有关政府、企业（含金融机构）和学术界，发现他们特别是我国各大央企、地方国企和实施"一带一路"倡议的跨国企业都已经在关注、研究和推进ESG。特别是工程和投资企业在这两年越来越重视企业ESG合规体系的搭建和完善，并逐步将这些合规要求作为其参与项目投资与实施的指导原则。这些都是非常好的进展，特别是对于我们工程行业内的企业来说，过去习惯了粗放式的经营管理模式，如今在面对疫情造成的经济下行压力和ESG相关要求所带来的挑战时，很有必要回过头来反思如何让企业乃至整个行业实现更加可持续的发展，于是合规就成为企业的一门必修课。

所以，此次两位周律师的新书又一次牢牢把握住了发展趋势和市场动态，通过及时总结多年来在工程领域的实操经验，从 ESG 理念视角观察工程和投资企业在合规管理方面可能存在的问题和风险，并提出相应对策；同时，两位作为国内大型仲裁机构的资深仲裁员，也以中立和专业的“仲裁员”视角，在企业合规和风险应对方面提出宝贵建议。相信本书能够成为众多工程和投资企业在合规体系搭建和风险管理实操等方面的必读书籍，也相信非工程企业亦能从书中获益良多。

最后，非常感谢两位周律师的邀请，让我作为本书的顾问，为书中的“工程建设新兴模式和行业”等篇章提供指导。祝愿新书与前两本一样也取得佳绩。

是为序。

清华大学建设管理系教授、博士生导师

清华大学 PPP 研究中心首席专家

清华大学恒隆房地产研究中心研究员

清华大学国家治理和全球治理研究院兼职研究员

2022 年 8 月 26 日

序　二

我收到中伦律师事务所周月萍律师的邀请为其新作《ESG背景下的工程项目合规与仲裁》作序，感到既惊又喜。

“惊”的是月萍律师、兰萍律师深耕工程项目领域法律服务二十余载，笔耕不辍，在聚焦服务好工程企业和工程项目投资企业的同时，又能够将国内国际工程领域的实操经验第一时间进行提炼、升华和总结成册，实属不易。

“喜”的是两位周律师以专业和专注的态度从“仲裁员”角度为企业合规和高质量发展提出了有益参考和建议，助力企业更好地应对和把握后疫情时代叠加“双碳”背景下ESG发展带来的挑战和机遇，也与我本人在今年十三届全国政协第63次双周协商座谈会上关于仲裁员能力建设的主题发言精神不谋而合。

由于工程自身的特点，对工程管理领域从业者（包括工程领域仲裁员）的综合素养要求较高。首先，一项工程建设交易本身就很复杂了，交易时间高达数年，加之涉及众多交易方，构成一个互相依赖的复杂合同网络，各方履约信息记录往往既不完整也不准确，甚至互相矛盾。近年来，工程建设领域又引入了PPP模式，EPC+X（如EPC+F、EPC+O、EPC+PPP等）创新模式，信息技术BIM的应用，加上履约外部环境的不确定性增加（如新冠肺炎疫情的暴发等），工程建设目标的要求从原来主要的“经济”目标拓展到ESG（环境、社会与治理）更广泛的要求，解决相关争议问题涉及的专业知识越来越复杂，因此，工程合同属于典型的“不完全合同”。基于此，也为工程企业和工程项目投资企业参与国内外工程项目的签约、履约、工程价款支付、交易模式创新等合规管理带来较大的挑战和不确定性。

其次，相关法律滞后于工程实践。建筑法、招投标法、民法典等涉及建设工程合同的相关规定不能反映最新工程交易模式和交易实践（因为立法过程本身时间就很长）。因此，无论是对企业参与工程项目来说，还是对仲裁员参与仲裁工程案件来说，除法律合同知识外，还需要对工程定价与支付机制、工期计划技术、技术要求和质量标准、EHS合规要求、投融资、各方风险分担机制、行为科学等交易本身相关知识有深刻的理解,才能有效管控和管理工程项目风险,提升对整个工程项目全过程的掌控力。

这本新书正是根据工程领域的最新发展,正面回应了如何正确认识以及有效应对工程项目投融资、建设及运营管理在内的全生命周期交易的复杂性重难点问题,比如工程项目投融资模式合规审查(特别是涉及 TOD、EPC + X、EOD 等创新交易模式的法律风险分析及实务建议),工程项目 EHS 合规监管要求及诉讼风险分析,工程项目所涉工期、质量和工程价款支付的合规和仲裁等,为工程企业和工程项目投资企业在 ESG 背景下参与国内国际工程项目,防范、化解合规和诉讼仲裁风险提供了有益参考、方法和思路。

我相信,这本新书作为工程项目合规经营与仲裁的实用性管理工具书,读者们在阅读后,能够快速学习并掌握关于工程项目合规与仲裁的新政策、新法律和新裁判案例,提高对工程领域的问题认知和从业能力,为我国工程建设行业的高质量发展以及企业核心竞争力的提升提供新动能。

天津大学教授、十三届全国政协委员　张水波

2022 年 8 月 24 日

自序

ESG 背景下的企业合规与风险管理

ESG(Environment - Social - Governance),即环境—社会—治理,是一种关注企业环境、社会、公司治理绩效的投资理念和企业评价标准。与仅关注企业盈利能力及财务状况的传统指标不同,ESG 投资更着眼于从非财务角度考察企业价值与社会价值,是一种追求长期价值增长、兼顾经济和社会效益的投资方式。

近年来,在经历了全球范围内的新冠肺炎疫情和一系列极端气候变化之后,各国政府和企业越来越意识到在环境、社会等方面风险所带来的不利影响,也越来越重视 ESG 和可持续发展理念的推广运用。2020 年 9 月,我国提出力争实现"2030 年前碳达峰、2060 年前碳中和"的目标,标志着我国深入实施可持续发展战略,促进生产生活方式绿色转型,以实际行动应对全球气候变化的决心,也将进一步带动 ESG 理念在国内的迅速发展。

我们观察到,虽然国际上的 ESG 指标和披露要求主要用于规范上市公司管理,但 ESG 理念目前已在国内上市和非上市的国企,尤其在央企中被广泛推行。同时,银行保险行业也于近年来出台诸多绿色金融业务相关指引,明确提出了在金融业务领域开展 ESG 合规管理的要求。可见,在"双碳目标"和 ESG 的双重背景下,不断提高企业合规水平,加强企业风险管理能力,将成为企业谋求可持续发展的刚性需求以及赢得未来竞争的重要软实力,这也是本书出版的背景和初衷。

在本书中,我们将聚焦工程项目投资和工程行业相关的法律政策、监管措施以及合规及风险管理等因素,在 ESG 理念背景下观察对于企业合规管理建设的相关要求,以帮助工程企业和工程项目投资企业应对当前所面临的问题和挑战。

本书以工程项目全生命周期为线索,对工程合规管理各环节中的难点和重点分章进行了论述。同时,为顺应仲裁为代表性的司法环境发展趋势,在对典型司法案例进行剖析的基础上,结合团队二十余年来在工程领域的实操经验,以及本书作者多年来作为国内各大仲裁机构仲裁员的裁判经验,从理论和实践双重角度

为企业合规和高质量发展提供参考建议。其中:

第一篇“工程项目签约合规与仲裁”将从工程项目前端投资的视角,分享项目尽职调查和投融资模式合规审查的注意要点,并重点提及项目招投标和签约阶段涉及的法律问题。

第二篇“工程合同履约合规与仲裁”将从工程实施阶段最为核心的工程工期、质量、竣工和接收、承包和分包等方面入手,结合生动的司法判例和解读,从建设单位和施工单位的不同视角多角度对重点法律问题进行分析。

第三篇“工程价款支付合规与仲裁”将关注工程项目争议频发的工程造价、签证与索赔、工程款支付管理、工程款结算与执行等问题,从实操角度给予合规意见。

第四篇“工程项目的 EHS 合规”将结合绿色发展和碳中和背景下的监管规则与趋势,从环境、健康和安全角度为企业合规体系的建设提供有益参考,同时涉及对于环境公益诉讼风险的应对问题。

第五篇“工程建设新兴模式和行业”将聚焦当前受到市场高度关注的 TOD、EOD、EPC + X 等新型投资模式,以及医药厂房、新能源工程、数据工程项目等热点投资领域,具体分析相关投资模式和项目中的法律问题,帮助企业寻求新的发展突破点。

第六篇“国际工程合规与风控”和第七篇“国际工程合同与仲裁”将把合规视角放至全球范围内的国际工程,结合国际工程项目的实操经验以及对于 FIDIC 合同体系的深刻解读,重点对国际新形势下海外工程合规经营和国内企业“走出去”的风险防范提出有益建议。

“根深才能叶茂,本固才能枝荣”。根基是积累能量、抵御风雨的关键,而对于广大企业而言,加大 ESG 理念的应用,加强企业合规和风险管理就是牢固根基的必然手段。最后借由本书,希望能够帮助国内工程企业和工程项目投资企业提高企业合规水平,持续增强其在国内甚至在全球的责任影响力,促进企业公信力的提升和责任形象的塑造,从而带动企业乃至整个行业的可持续发展。

目　录

第一篇　工程项目签约合规与仲裁

第四篇 工程项目的HSE合规

第五篇　工程建设新兴模式和行业

第七篇　国际工程合同与仲裁

Part

01

第一篇

工程项目签约合规与仲裁

专题一

项目尽职调查

【本专题内容概览】

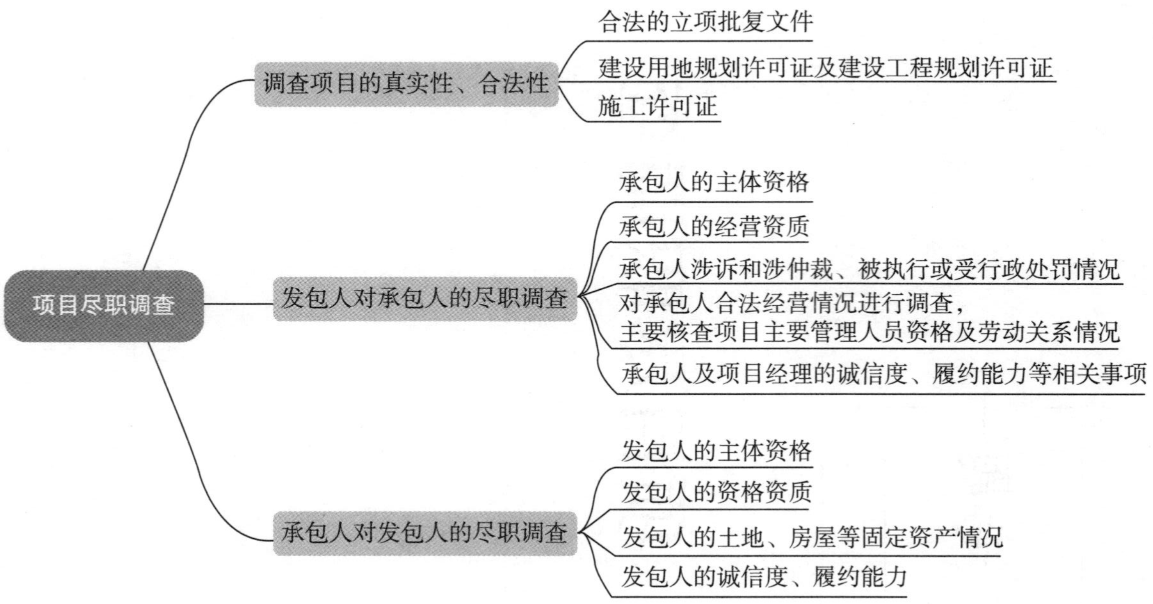
项目尽职调查
调查项目的真实性、合法性
合法的立项批复文件
建设用地规划许可证及建设工程规划许可证
施工许可证
发包人对承包人的尽职调查
承包人的主体资格
承包人的经营资质
承包人涉诉和涉仲裁、被执行或受行政处罚情况
对承包人合法经营情况进行调查，
主要核查项目主要管理人员资格及劳动关系情况
承包人及项目经理的诚信度、履约能力等相关事项
承包人对发包人的尽职调查
发包人的主体资格
发包人的资格资质
发包人的土地、房屋等固定资产情况
发包人的诚信度、履约能力

建设工程项目投资大、周期长、涉及面广，项目的每个环节中均暗藏风险。很多时候恰恰是因为项目启动前的风险关没有把牢，才导致后续履约过程中风险不断，不少建设单位在发包项目时未对承包人的企业性质、资金、信誉、履约能力等相关内容进行充分的调查与预判，使得项目在初期就被埋下了隐患。而不少建筑企业往往更为关注项目实施过程中及项目完工后的风险，对项目承接前的风险防范意识不够，比如在施工过程中才发现项目不合法、发包人无支付能力等。另外，项目经理管理水平差等情况，也会对项目进程产生不良影响。这样的案例数不胜数。

2020 年 5 月 28 日发布的《中华人民共和国民法典》（以下简称《民法典》）、2019 年 4 月 23 日发布的《中华人民共和国城乡规划法》（以下简称《城乡规划法》）、《中华人民共和国建筑法》（2019 年修订，以下简称《建筑法》）等法律法规均对建设工程项目的合法性、发承包双方的主体资格作了相关规定。发包人在项目发包阶段、承包人在项目承接阶段，应结合上述有关法律法规的规定，对项目及参与主体进行尽职调查。因此，无论是发包人还是承包人，都建议事先做好尽职调查，方能“知己知彼、百战不殆”。

建设工程项目尽职调查，既包括对项目本身的尽职调查，也包括对项目各参与主体的尽职调查。具体到工程项目中，对项目本身的尽职调查，就是对项目的真实性、合法性等进行调查；对项目各方主体的尽职调查，既有发包人对拟招选承包人的尽职调查，也有承包人对发包人的尽职调查。

一、调查项目的真实性、合法性

如果项目不真实或不合法，发包人和承包人均会面临诸多风险。即使工程已完工，也仍然是违章建筑，发包人可能会面临无法出售出租、被拆除以及受到有关行政部门处罚等多项法律风险；承包人也会面临被有关行政部门处罚、无法按约收回工程款等法律风险。判断一个项目是否合法，应该从立项、规划等程序加以综合判断。

（一）是否取得合法的立项批复文件

发包人应依法向有关行政主管部门申请项目立项，主管部门会根据投资主体、资金来源及项目性质等因素,对发包人提出的立项申请出具审批、核准或备案的立项批复文件。

2019 年 4 月 14 日发布的《政府投资条例》第 9 条规定,政府采取直接投资方式、资本金注入方式投资的项目,项目单位应当编制项目建议书、可行性研究报告、初步设计,按照政府投资管理权限和规定的程序,报投资主管部门或者其他有关部门审批。

2017 年 3 月 8 日发布的《企业投资项目核准和备案管理办法》(以下简称发改委第 2 号文)第 4 条规定,对于企业投资建设的固定资产投资项目,根据项目不同情况,分别实行核准管理或备案管理。对关系国家安全、涉及全国重大生产力布局、战略性资源开发和重大公共利益等项目,实行核准管理。其他项目实行备案管理。

取得立项批复文件对建设项目十分重要,它是建设单位合法投资建设工程项目和申请建设用地规划许可证、建设工程规划许可证、施工许可证等后续各类许可的前提。

(二)是否取得建设用地规划许可证及建设工程规划许可证

1. 取得建设用地规划许可证及建设工程规划许可证是项目合法实施的前提

《城乡规划法》第 37 条规定,在城市、镇规划区内以划拨方式取得国有土地使用权的建设项目,经有关部门批准、核准、备案后,建设单位应向有关部门申请建设用地规划许可证,在取得建设用地规划许可证后,才可以向有关部门申请用地,经审批后由土地主管部门划拨土地。

《城乡规划法》第 38 条第 2 款规定,在城市、镇规划区内以出让方式取得国有土地使用权的建设项目,建设单位应在取得建设项目的批准、核准、备案文件和签订国有土地使用权出让合同后,向有关部门领取建设用地规划许可证。

《城乡规划法》第 40 条第 1 款规定,在城市、镇规划区内进行建筑物、构筑物、道路、管线和其他工程建设(包括住宅、工业、仓储、办公楼、学校、医院、市政交通基础设施等)的新建、改建、扩建、翻建的,建设单位或者个人应当向城市、县人民政府城乡规划主管部门或者省、自治区、直辖市人民政府确定的镇人民政府申请办理建设工程规划许可证。

《城乡规划法》第 39 条规定:"……对未取得建设用地规划许可证的建设单位批准用地的,由县级以上人民政府撤销有关批准文件;占用土地的,应当及时退回;给当事人造成损失的,应当依法给予补偿。"

《城乡规划法》第 64 条规定:"未取得建设工程规划许可证或者未按照建设工程规划许可证的规定进行建设的,由县级以上地方人民政府城乡规划主管部门责令停止建设;尚可采取改正措施消除对规划实施的影响的,限期改正,处建设工程造价百分之五以上百分之十以下的罚款;无法采取改正措施消除影响的,限期拆除,不能拆除的,没收实物或者违法收入,可以并处建设工程造价百分之十以下的罚款。"

据此,对于未取得建设用地规划许可证批准建设用地的,土地有被要求退回的风险。未取得建设工程规划许可证的,不得开展建设工作;未取得建设工程规划许可证即施工的,还将面临被责令停工整改的风险,项目完工后,项目也将无法办理竣工验收备案等相关手续,甚至工程也成为违章建筑,随时面临被拆除的风险。

2. 未取得建设工程规划许可证等规划审批手续即先行签署施工合同的,施工合同还将面临被确认无效的风险

2020 年 12 月 29 日发布的最高人民法院《关于审理建设工程施工合同纠纷案件适用法律问题的解释(一)》[以下简称《施工合同司法解释(一)》]第 3 条明确规定:"当事人以发包人未取得建设工程规划许可证等规划审批手续为由,请求确认建设工程施工合同无效的,人民法院应予支持,但发包人在起诉前取得建设工程规划许可证等规划审批手续的除外。发包人能够办理审批手续而未办理,并以未办理审批手续为由请求确认建设工程施工合同无效的,人民法院不予支持。"根据该条规定,未取得建设工程规划许可证等规划审批手续的,施工合同将面临被确认无效的风险,合同效力补正的时间节点为"起诉前";且在发包人能够办理审批手续而未办理的情形下,其不得以未办理审批手续为由主张合同无效。

(三)是否取得施工许可证

对一个新建工程而言,是否取得建设工程施工许可证不是在项目招投标、报价前需要调查的内容,因为只有在施工合同签订之后才能向有关部门申领施工许可证。但是,对于企业投资或承包人承建已完成招标或签约手续的在建工程,还需要重点关注是否已取得施工许可证。

根据《建筑法》第 7 条和第 8 条的相关规定,建筑工程开工前,建设单位应当按照国家有关规定向工程所在地县级以上人民政府建设行政主管部门申请领取

施工许可证。申请领取施工许可证,应当具备下列条件:

1. 已经办理该建筑工程用地批准手续;

2. 依法应当办理建设工程规划许可证的,已经取得建设工程规划许可证;

3. 需要拆迁的,其拆迁进度符合施工要求;

4. 已经确定建筑施工企业;

5. 有满足施工需要的资金安排、施工图纸及技术资料;

6. 有保证工程质量和安全的具体措施。

从上述领取建设工程施工许可证的条件可知,取得建设用地规划许可证与建设工程规划许可证是办理施工许可证的前提。很多项目迟迟拿不到施工许可证,往往是在取得两个规划许可证上出了问题。值得注意的是,施工许可证是管理性强制性规范,是否取得施工许可证并不影响合同效力。但是,只有取得施工许可证后,承包人的开工才是合法开工,否则就是违法开工,面临行政处罚和工程被叫停的风险,发承包双方同时面临行政处罚的风险。

如果拟投资或承建的是已经开始施工的"半拉子"工程,还应针对具体的项目进行深入的调查。例如,该地块上是否存在查封、抵押等权利限制措施;项目建设的已完进度;项目上存在的债权债务情况;已签订合同的履行情况,包括付款进度、是否已解除或终止;是否存在其他影响进场或开工的困难或障碍;等等。

二、发包人对承包人的尽职调查

发包人对承包人的尽职调查主要围绕五个方面展开:一是对其主体资格进行调查,即承包人是否为依法成立的法人,是否具备独立的民事主体资格;二是对其经营资质进行调查,即承包人持有的资质可承包的工程范围是否与项目工程相匹配以及承包人拟派驻的项目主要管理人员资格是否符合项目要求;三是对其涉诉和涉仲裁、被执行及受行政处罚情况进行调查,即承包人是否存在未决诉讼、仲裁,或有负债、行政处罚等;四是对其合法经营情况进行调查,即承包人是否存在挂靠、转包的风险;五是对其诚信度、履约能力等相关事项的调查,即承包人的诚信度如何、在业界的口碑怎么样、是否存在不良信誉的情形,以及是否满足发包人要求的施工管理能力和经济能力等。

(一)承包人的主体资格

发包人应当关注承包人是否按照法律规定成立的法人组织,企业性质为何,有无法人章程和营业执照信息。

实践中有些承包人是以其分公司的名义参与工程项目,需要注意的是,根据2018 年 10 月 26 日发布的《中华人民共和国公司法》(以下简称《公司法》)第 14 条规定,“……分公司不具有法人资格,其民事责任由公司承担”,故分公司并不具备独立对外承担责任的能力,建议在选择承包人时要求其以总公司名义参与项目,提高其履约能力。

承包人的注册资本、经营范围、股东及出资信息、主要人员信息、分支机构信息、变更信息、主要财产状况发包人也应关注。此外,发包人还需通过承包人的工商内档资料等关注如下信息:(1)承包人是否发生过股权变更;(2)承包人是否存在股权被查封冻结、被申请破产重整、被吊销营业执照等合法存续证明的情况与股权是否存在其他异常的情况。

(二)承包人的经营资质

发包人应特别注意核实承包人的资质,包括资质类别、资质证书号、资质名称、发证日期、证书有效期、发证机关等,并根据住房城乡建设部于 2014 年 11 月 6 日发布的《建筑业企业资质标准》(建市〔2014〕159 号)等相关规定,查看承包人持有资质对应的可承包工程范围是否与项目相匹配。

《施工合同司法解释(一)》第 1 条规定:“建设工程施工合同具有下列情形之一的,应当依据民法典第一百五十三条第一款的规定,认定无效:(一)承包人未取得建筑业企业资质或者超越资质等级的……”因此,如承包人未取得建筑施工企业资质或者超越资质等级的,其与发包人签订的工程总承包合同存在被认定为无效的风险。

承包人也需关注拟派驻的项目主要管理人员的资格是否符合项目要求。发包人应注意核实项目主要管理人员(包括项目负责人、技术负责人、质量管理负责人、安全管理负责人等)的资格情况,包含注册类别、注册专业、证书编号、执行印章号、有效期、注册单位等信息。同时,发包人可根据《注册建造师执业工程规模标准》(试行)等相关规定,结合项目的实际情况,查看项目主要管理人员的执业资格是否符合项目要求。

此外,还需重点关注承包人拟派驻的项目主要管理人员的注册证书是否在有效期内。如该等人员注册证书未在有效期内或者有效期即将到期的,应注意核实其注册证书的延续注册情况。

(三)承包人涉诉和涉仲裁、被执行或受行政处罚情况

1. 承包人涉诉和涉仲裁情况

发包人应重点关注承包人涉诉和涉仲裁情况,包括案件名称、案号、审理法院、仲裁机关、承包人的诉讼地位以及判决结果等信息。通过对承包人涉诉和涉仲裁情况的调查,不仅可直接反映出承包人是否存在未决诉讼和未决仲裁及相关负债的情况,也可反映出承包人是否存在转包、违法分包、挂靠等违法违规情形以及承包人的法律风险的防范和控制能力。

此外,发包人还需对承包人法定代表人、拟派驻的项目主要管理人员的涉诉情况一并进行调查。对于参与过的工程项目存在挂靠情况、项目管理纠纷或涉入经济纠纷较多的主要管理人员,发包人可要求承包人进行更换。

2. 承包人被执行情况

发包人应重点关注执行案件的立案时间、案号、执行法院、执行标的以及执行情况等信息。通过对承包人执行情况的调查,有利于了解承包人目前是否对外负债、是否已被纳入失信被执行人名单等情况。失信被执行人在建筑业资质、招标投标活动、房地产交易、评比达标表彰等方面均会受到限制和(或)被禁入。

同时,发包人还需对承包人法定代表人、拟派驻的项目主要管理人员的被执行情况一并进行调查,对于已列入失信人员名单的项目主要管理人员,发包人可要求承包人进行更换。

3. 承包人受行政处罚情况

发包人应重点核实承包人是否存在"未按照劳动保障监察部门要求支付农民工工资""重大安全事故责任""未按照规定进行文明施工管理"等情况。

同时,发包人还需对承包人拟派驻项目的主要管理人员是否受行政处罚的情况一并进行调查,对于受过主管部门行政处罚的项目主要管理人员,比如项目负责人有不在岗履职等不良行为记录,发包人可要求承包人进行更换。

(四)对承包人合法经营情况进行调查,主要核查项目主要管理人员资格及劳动关系情况

1. 劳动关系情况

发包人可以要求承包人提供项目主要管理人员的劳动合同及其工资发放的相关证明材料,确认承包人是否与拟派驻的主要管理人员建立了劳动关系,并关

注合同签订时间以及合同期限，对于劳动合同快到期的主要管理人员，需向承包人核实其劳动合同的续签情况。

2. 社保关系情况

发包人可以要求承包人提供项目主要管理人员的社会保险参保证明，根据主要管理人员的现有社保缴费情况明细，确认项目主要管理人员的社保缴纳人是否为承包人，其每月社保缴费是否正常，是否存在漏缴及补缴的情形等情况。

3. 注册单位情况

如存在项目负责人的注册单位与承包人不一致的情形，则可能违反《注册建造师执业管理办法（试行）》第22条"注册建造师不得有下列行为：……（十）未变更注册单位，而在另一家企业从事执业活动；……"以及《注册建造师管理规定》第26条"注册建造师不得有下列行为：……（六）同时在两个或者两个以上单位受聘或者执业；……"的规定。在此种情形下，发包人可以要求承包人提供相应的情况说明并出具承诺书，保证该项目负责人在某一期限（根据项目报建时间确定）前注册到承包人单位名下，否则承包人应承担一定违约责任。

《建筑工程施工发包与承包违法行为认定查处管理办法》（建市规〔2019〕1号，以下简称《发承包违法行为管理办法》）第8条规定："存在下列情形之一的，应当认定为转包，但有证据证明属于挂靠或者其他违法行为的除外：……（三）施工总承包单位或专业承包单位未派驻项目负责人、技术负责人、质量管理负责人、安全管理负责人等主要管理人员，或派驻的项目负责人、技术负责人、质量管理负责人、安全管理负责人中一人及以上与施工单位没有订立劳动合同且没有建立劳动工资和社会养老保险关系，或派驻的项目负责人未对该工程的施工活动进行组织管理，又不能进行合理解释并提供相应证明的；……"《建筑法》第67条第1款规定，"承包单位将承包的工程转包的，或者违反本法规定进行分包的，责令改正，没收违法所得，并处罚款，可以责令停业整顿，降低资质等级；情节严重的，吊销资质证书"。2019年4月23日发布的《建设工程质量管理条例》第62条第1款规定："违反本条例规定，承包单位将承包的工程转包或者违法分包的，责令改正，没收违法所得，对勘察、设计单位处合同约定的勘察费、设计费25%以上50%以下的罚款；对施工单位处工程合同价款0.5%以上1%以下的罚款；可以责令停业整顿，降低资质等级；情节严重的，吊销资质证书。"由此可见，如承包人拟派驻的项目主要管理人员中一人及以上与承包人没有订立劳动合同且没有建立劳动工资和社会养老保险关系，则可能被认定为转包或挂靠，从而导致承包人面临停业整顿、降低资质等级、吊销资质证书等行政处罚的风险，上述情形将严重影响项目的实际履行。

（五）承包人及项目经理的诚信度、履约能力等相关事项

1. 承包人是否具有满足发包人要求的施工管理能力和经济能力

发包人可以要求承包人提供在建工程情况及近三年的签约情况，包括工程名称、建设单位、工程地址、中标经理、施工许可证号、施工面积、合同价及合同周期等信息，从而对承包人的施工管理能力及业绩情况等进行全面调查。

通过多种渠道对承包人承担的其他工程的履约情况和诚信情况进行调查，确认其是否存在不良信誉情形，是否被列入拖欠民工工资企业名单，承建项目工程是否获得工程质量相关奖项等情况。

承包人拟委派的项目经理的能力水平、执业素养及其行为品质对实现工程质量、安全、进度、成本管理等各项目标具有重大影响。一方面，发包人应调查项目经理在技术上是否能胜任，如是否取得相应的执业资质证书及注册证书，其之前完成的建设项目业绩怎样、业主评价如何，包括项目性质和规模如何、工程质量如何、施工现场是否发生过重大安全事故等与工程安全与质量有关的重要事项。另一方面，项目经理的行为品质是否优良，也是调查要素中较为重要的一项，发包人应调查其是否诚信，是否涉入众多经济纠纷中，在生活作风上是否有赌博、吸毒等不良恶习等。

2. 其他相关的信息和事实进行核查

发包人还应对承包人的其他相关信息和事实进行调查、核实，如通过走访承包人办公场所及其在建工程的施工现场，或者要求承包人提供一套内部施工管理的制度流程等方式，对承包人的人员、规模、内部管理是否规范等情况进行调查。

三、承包人对发包人的尽职调查

承包人对发包人的调查主要围绕三个方面展开：一是对其主体资格的调查，如发包人是否为依法成立的法人、是否具备独立的民事主体资格、是否可以独立承担民事责任；二是对其资信的调查，如发包人的诚信度如何、在业界的口碑如何；三是对其经济实力的调查，如结合拟承接项目及发包人自身的经济状况，综合评估其支付工程价款的能力。

（一）发包人的主体资格

确认建设单位有无法人资格或者是否系依法成立的其他组织，是否属于独立的民事主体，需要至工商局调查建设单位的内档资料，主要包括以下内容：

1. 发包人是否为按照法律规定成立的法人组织、企业性质为何、有无法人章程和营业执照。特别提醒承包人注意：实践中有的发包人名为“筹建处”“指挥部”“办公室”“经营部”等，对于此类发包人，应当查清其是否已经合法批准成立、有无独立的财产，同时还应查清成立或开办该单位的组织。

2. 发包人注册资本到位情况、主要财产状况、银行信用情况。

3. 发包人股东对发包人经营、资本、财产的控制、影响情况，以确认发包人有无与建设工程相适应的资金或者资金来源。此处，承包人还应当注意发包人的股权结构以及控股股东的情况，是否为国有或国有资金占主导地位，以及控股股东对发包人经营、资本、财产的控制、影响情况等。

（二）发包人的资格资质

我国对于企业在特定领域开展经营活动实行行业准入行政许可。《公司法》第6条第2款规定，法律、行政法规规定设立公司必须报经批准的，应当在公司登记前依法办理批准手续。《公司法》第12条第2款规定，公司的经营范围中属于法律、行政法规规定须经批准的项目，应当依法经过批准。因此，对于特定领域的建设工程发包人，还应注意调查是否在设立时已通过相关的前置审批或后置审批，并取得相关的资质资格。

例如，2015年5月4日发布的《房地产开发企业资质管理规定》（2015年修正）第3条规定：“房地产开发企业应当按照本规定申请核定企业资质等级。未取得房地产开发资质等级证书的企业，不得从事房地产开发经营业务。”据此，发包人是房地产企业的，应按《房地产开发企业资质管理规定》取得房地产开发资质等级证书，并按照相应的资质等级承担相应建设规模的项目。虽然房地产企业的资质并不影响施工合同的效力，但承包人应注意调查房地产企业的资质等级，以及该资质等级与其发包的项目规模是否匹配。根据该企业所持有的开发资质证书，也能从一定程度上评估其资金来源是否有保障，工程款支付能力如何等。

（三）发包人的土地、房屋等固定资产情况

1. 是否取得建设用地使用权及国有土地使用权证

国有土地使用权的取得有两种方式：一是出让，二是划拨。如项目用地是通过出让方式取得的，需查看发包人与有关行政主管部门签订的《国有土地使用权出让合同》，并结合合同约定了解发包人交付土地出让金的情况；如项目用地是通过划拨方式取得的，需查看划拨用地的批准文件，同时应重点注意：划拨土地的用地范围是受到特殊限制的，只能用于国家机关用地和军事用地，城市基础设施用地和公益事业用地，国家重点扶持的能源、交通、水利等基础设置用地和法律、行政法规规定的其他用地，且这类用地国家可以根据需要随时收回土地使用权。

国有土地使用权证是发包人依法享有项目用地的合法凭证，载明了土地使用者名称、地块坐落位置、面积、用途，以及使用年限等事项。在调查该证时，承包人应当注意调查土地使用者名称与国有土地使用权证出让合同中的受让方主体是否一致，合同中约定的缴纳国有土地出让金总额是多少且是否已经按约缴清。如发包人虽然取得国有土地使用权证，但未按约缴纳土地出让金，则仍然面临土地被收回的风险。另外，承包人还应关注取得土地使用权证的时间。根据2012年6月1发布的《闲置土地处置办法》第2条及其相关规定，土地使用者依法取得土地使用权后，未经原批准用地的人民政府同意，超过规定的期限未动工开发建设的建设用地，可能会被认定为闲置土地，面临被征收高额土地闲置费，甚至被无偿收回土地使用权的风险。

同时，还应注意调查与工程项目相关的信息和事实，如土地出让金是否已全部缴纳，项目所在地块是否存在他项限制性权利，如有无在建工程抵押情形及其抵押资金的使用情况等。

2. 发包人名下的房产情况及其是否抵押、查封或预售

全面调查发包人名下具体有多少房产，并对这些房产的价值作出初步评估。在此基础上，进一步调查该房产是否存在已抵押给第三人的情形或依法被司法机关查封的情形。如存在被抵押的情况，则需了解其抵押权人、抵押金额及抵押期限等；如存在被查封的情况，则需了解查封事由、查封金额等相关内容。此外，对于正在预售的房产或准备预售的房产，需了解相关的预售价格、预售进度等。结合上述内容，对发包人的资金实力作出综合判断。

（四）发包人的诚信度、履约能力

应确定发包人是否具有项目开发或工程建设相应的资金来源及完成项目开发或支付工程价款的能力。

发包人是否存在拖欠工程款、货款及其他债务等违约不诚信的情况。其中，对于发包人的已完项目，关注其是否涉及相关诉讼纠纷；对于发包人正在建设的项目，调查其支付工程款是否到位。调查目的是对发包人的投资安全性作出综合全面的判断，避免出现为发包人干活却“干了也白干”的不利局面。

发包人是否存有违反国家法律、法规并受相关行政管理部门处罚的情形，相关处罚有否构成项目开发或工程建设的实质障碍或对其产生重大影响。

经过上述综合调查，如果发现发包人存在注册资金未按法律规定缴纳到位、不具备相应资质或者实际条件与资质不符、无立项批复文件、无用地指标、规划不符合要求、拖欠土地出让金等违法违规情形的，建筑企业承接项目时应慎重考虑，规避风险。

除上述调查内容以外，需要提醒发包人和承包人注意2017版施工合同第2.5款发包人提供资金来源证明及支付担保的约定：“除专用合同条款另有约定外，发包人应在收到承包人要求提供资金来源证明的书面通知后28天内，向承包人提供能够按照合同约定支付合同价款的相应资金来源证明。除专用合同条款另有约定外，发包人要求承包人提供履约担保的，发包人应当向承包人提供支付担保。支付担保可以采用银行保函或担保公司担保等形式，具体由合同当事人在专用合同条款中约定。”设置该条款的目的是要求发包人证明其具备按约支付工程款的能力，避免因其资金不足或拖欠工程款给承包人带来风险，主要包括两个方面的内容：一是承包人可以要求发包人提供资金来源证明，以证明发包人已经落实了建设资金；二是在发包人要求承包人提供履约担保的情形下，承包人也可要求发包人提供支付担保。

四、典型案例

【案情简介】

案例

浙江某企业欲发包某幼儿园项目，合同金额较高，由于该企业并非有经验的建设单位，故委托笔者进行项目招投标全过程中的法律服务，并将招标文件交由笔者审核,笔者也参与了项目评标、定标等过程,包括对投标人进行了简单的背景调查。

通过笔者的尽职调查,发现某报价很低的施工单位有较多不良信誉记录,甚至曾被列入拖欠民工工资企业名单等,笔者在调查报告中向建设单位如实进行了披露。

最后,建设单位在笔者的调查报告基础上,结合各投标人的报价等因素,选择了信用较好、实力雄厚的企业作为施工单位。

案例二

上海某建筑企业欲承建江苏苏州某实业有限公司的厂房工程项目,该实业有限公司负责人王某要求该建筑企业先支付100万元投标保证金。

该建筑企业为慎重起见,委托笔者进行前期调查。经向当地的行政服务中心和国土局进行调查,该实业有限公司名下办理土地证的土地仅有一块,面积大约为10亩,但已经被法院查封,且其后还有其他法院的轮候查封。同时,笔者还了解到,该公司成立后至今没有开工建设,全国各地都有建筑企业向该公司缴纳了保证金。

据此,笔者建议建筑企业放弃投标该项目,最后建筑企业采纳了笔者的建议。不久后,该实业有限公司负责人王某因涉嫌刑事犯罪被刑事拘留。

【合规建议·仲裁选择】

从上述两个案例可以看出,对拟承建的工程项目进行尽职调查是非常重要的,进行尽职调查投入的微小成本可以使发包人避免遭受巨额的经济损失。很多发包人在发包及招标阶段会聘请律师对投标人进行尽职调查,而不少大型的建筑企业也将项目尽职调查作为承接工程签订合同的前置条件。

那么,如何进行项目尽职调查呢?从仲裁角度看,建议可以从以下五个方面着手:

1. 通过工商行政管理部门对相对方的注册信息进行调查,主要关注注册资本金额、注册时间、是否年检、住所地信息、注册登记机关、是否在业等;

2. 从最高人民法院发布的被执行人信息了解相对方是否有被执行案件,如果显示该相对方有大量的被执行案件,那么,就要谨慎考虑是否与其合作;

3. 通过信用中国、全国建筑市场监管公共服务平台(四库一平台)、中国裁判文书网、权威第三方信息查询渠道等窗口调查相对方的信用情况、涉诉情况、资质情况、公司架构等；

4. 通过走访建设工程项目所在地的国土、规划、住建等行政主管部门了解项目信息，主要关注其是否已经取得土地、是否已经办理建设用地规划许可证及建设工程规划许可证、是否已经履行相应的报批手续等；

5. 通过走访相对方之前合作过的建设单位、施工单位、供应商等，了解该相对方的诚信情况及履约能力等。

专题二

工程项目投融资模式合规审查

【本专题内容概览】

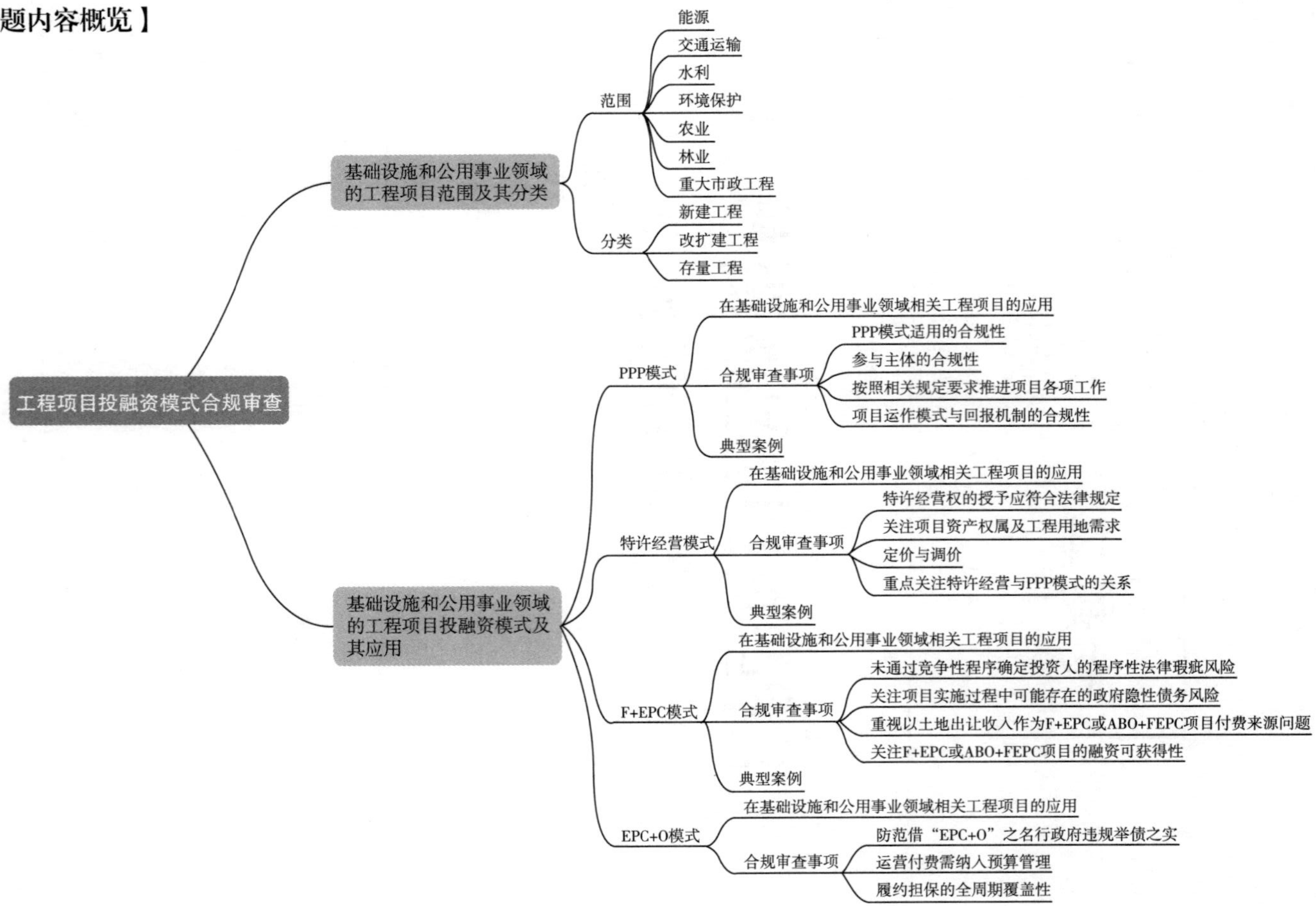

工程项目投融资模式合规审查
基础设施和公用事业领域的工程项目范围及其分类
范围
能源
交通运输
水利
环境保护
农业
林业
重大市政工程
分类
新建工程
改扩建工程
存量工程
基础设施和公用事业领域的工程项目投融资模式及其应用
PPP模式
在基础设施和公用事业领域相关工程项目的应用
合规审查事项
PPP模式适用的合规性
参与主体的合规性
按照相关规定要求推进项目各项工作
项目运作模式与回报机制的合规性
典型案例
特许经营模式
在基础设施和公用事业领域相关工程项目的应用
合规审查事项
特许经营权的授予应符合法律规定
关注项目资产权属及工程用地需求
定价与调价
重点关注特许经营与PPP模式的关系
典型案例
F+EPC模式
在基础设施和公用事业领域相关工程项目的应用
合规审查事项
未通过竞争性程序确定投资人的程序性法律瑕疵风险
关注项目实施过程中可能存在的政府隐性债务风险
重视以土地出让收入作为F+EPC或ABO+FEPC项目付费来源问题
关注F+EPC或ABO+FEPC项目的融资可获得性
典型案例
EPC+O模式
在基础设施和公用事业领域相关工程项目的应用
合规审查事项
防范借“EPC+O”之名行政府违规举债之实
运营付费需纳入预算管理
履约担保的全周期覆盖性

随着我国城市化进程的不断推进，基础设施和公用事业领域的建设需求增大，而地方政府财力受土地财政限缩而日渐“捉襟见肘”。在此现实情况下，通过资本市场和开发性、政策性金融等多元融资渠道，吸引社会资本参与基础设施和公用事业领域项目的投资、运营管理，以提高公共产品和公共服务供给能力与效率已成为城市发展的必选项。围绕增加公共产品和公共服务供给，一系列基础设施和公用事业领域工程项目的投融资模式应运而生，并不断自我迭代，快速更新。但囿于我国尚未建立起健全的全生命周期保障和监管的制度体系，导致部分工程项目在实施过程中问题不断，存在一定地方政府隐性债务风险隐患。本专题将对我国基础设施和公用事业领域应用的主要投融资模式进行归纳总结，并以中立视角识别模式风险，为项目各参与方提供合规风险防控建议。

一、基础设施和公用事业领域的工程项目范围及其分类

根据 2014 年 12 月 2 日发布的国家发展和改革委员会《关于开展政府和社会资本合作的指导意见》（发改投资〔2014〕2724 号，以下简称《关于开展政府和社会资本合作的指导意见》）、2016 年 8 月 10 日发布的国家发展改革委《关于切实做好传统基础设施领域政府和社会资本合作有关工作的通知》（发改投资〔2016〕1744 号）以及财政部等二十部委于 2016 年 6 月 8 日发布的《关于组织开展第三批政府和社会资本合作示范项目申报筛选工作的通知》（财金函〔2016〕47 号）等规定，基础设施和公用事业领域的工程项目，包括能源、交通运输、水利、环境保护、农业、林业、重大市政工程七大类，并根据是否具备收费基础、收费是否能覆盖投资成本等因素，可以分为：经营性项目、准经营性项目和非经营性项目。此外，基础设施和公用事业领域的工程项目又可根据项目是否为存量公共资产，进一步区分为新建工程、改扩建工程和存量工程。

二、基础设施和公用事业领域的工程项目投融资模式及其应用

基于上述基础设施和公用事业领域相关工程项目的范围及分类，根据《中华人民共和国行政许可法》（以下简称《行政许可法》）、《中华人民共和国政府采购法》（2014 年修订，以下简称《政府采购法》）、《政府采购法实施条例》、《政府投资条例》、发改委第 2 号文等法律法规、部门规范性文件的规定，结合相关工程项目

实践，基础设施和公用事业领域所涉工程项目的投融资模式有 PPP（Public - Private Partnership，政府和社会资本合作）模式、特许经营模式、F + EPC（Finance + Engineering Procurement Construction，融资及设计、采购、施工）模式、ABO（Authorize Build Operate，授权、建设、运营）模式、EPC + O（Engineering Procurement Construction + Operate，设计、采购、施工及运营）模式、EOD（Ecology - Oriented Development，生态保护和环境治理为导向开发）模式、TOD（Transit - Oriented - Development，城市公共交通为导向开发）模式等，本专题主要介绍常见和争议较多的投融资模式及其应用，具体如下：

（一）PPP 模式

1. PPP 模式在基础设施和公用事业领域相关工程项目的应用

PPP 模式，即政府采取竞争性方式择优选择具有投资、运营管理能力的社会资本，双方按照平等协商原则订立合同，明确责权利关系，由社会资本提供公共服务，政府依据公共服务绩效评价结果向社会资本支付相应对价，保证社会资本获得合理收益。

财政部 PPP 中心于 2021 年 9 月 10 日发布的《全国 PPP 综合信息平台管理库项目 2021 年 7 月报》载明：2014 年以来，累计纳入全国 PPP 综合信息平台管理库项目 10098 个、投资额 15.8 万亿元，覆盖 31 个省（自治区、直辖市）及新疆兵团和 19 个行业领域。累计签约落地项目 7463 个、投资额 12.3 万亿元，落地率 73.9%。累计开工建设项目 4546 个、投资额 7.0 万亿元，落地项目开工率60.9%。累计开工建设项目数前五位行业是市政工程 1935 个、交通运输 646 个、生态建设和环境保护 447 个、城镇综合开发 265 个、水利建设 209 个；累计开工建设项目投资额前五位是市政工程 23030 亿元、交通运输 21116 亿元、城镇综合开发 9547 亿元、生态建设和环境保护 4567 亿元、水利建设 1755 亿元。由此可见，我国基础设施和公用事业领域采用 PPP 模式实施的工程项目，无论是在开工建设数量，还是在工程投资规模上，均占有较大比重，应用 PPP 模式较为广泛。

2. 合规审查事项

工程项目各参与方在以 PPP 模式推进基础设施和公用事业领域所涉工程时，除了关注工程项目常规的合法合规注意事项外，还需要结合 PPP 模式重点审查以下模式特有合规事项，防范因工程项目不合规新增地方政府隐性债务导致项目后续实施产生较大不确定性风险。

(1)注意审查PPP模式适用的合规性

强制性适用PPP模式的项目:政府参与的各类新建污水、垃圾处理项目全面实施PPP模式,有序推进存量项目转型为PPP模式。未有效落实全面实施PPP模式政策的项目,原则上不予安排相关预算支出。

审慎以PPP模式实施的项目:对于无现金流、完全政府付费的PPP项目从严从紧控制,财政支出责任占比超过5%的地区不得新上政府付费项目;贯彻"实质重于形式"原则,污水、垃圾处理等依照收支两条线管理,表现为政府付费形式的PPP项目除外。

不适宜采用PPP模式实施的项目:不属于公共服务领域、政府不负有提供义务的,因涉及国家安全或重大公共利益等不适宜由社会资本承担的,仅涉及工程建设,无运营内容的项目等。

(2)注意审查参与主体的合规性

主要应关注以下几个方面:①国有企业或政府融资平台公司不得作为政府方签署PPP项目合同;②本级政府所属的各类融资平台公司、参股融资平台公司并能对其经营活动构成实质性影响的国有企业,不得作为社会资本参与PPP项目。

(3)注意按照相关规定要求推进项目各项工作

主要应关注以下几个方面:①工程项目应当符合城市总体规划和各类专项规划;②新建、改扩建工程需要按规定履行相关立项审批手续;③涉及国有资产权益转移的存量项目,应当按规定履行相关国有资产审批、评估、进场交易手续;④项目应通过物有所值评价和财政承受能力论证;⑤项目应按规定以公开竞争性方式开展政府采购活动;⑥项目应列入财政部全国PPP综合信息平台管理库、发改委全国PPP项目信息监测服务平台,并按规定进行信息公开。

(4)注意审查项目运作模式与回报机制的合规性

主要应关注以下几个方面:①项目合作期限(含建设期)不得低于10年。②政府方不得进行变相融资举债,包括不得利用PPP、政府出资的各类投资基金等方式违法违规变相举债;不得以任何方式承诺回购社会资本的投资本金;不得以任何方式承担社会资本的投资本金损失;不得以任何方式向社会资本承诺最低收益或固定收益回报;不得为项目债务提供任何形式担保;不得对任何股权投资方式额外附加条款变相举债。③不得以债务性资金充当项目资本金,虚假出资或出资不实。④不得约定将项目运营责任返包给政府方出资代表承担或另行指定社会资本以外的第三方承担。⑤不得通过降低考核标准等方式,提前锁定、固化政府支出责任,建立完全与项目产出绩效相挂钩的付费机制。⑥社会资本方不得实际只承担项目建设,不承担项目运营责任,或政府支出事项不得与项目产出绩效脱钩。⑦PPP相关法律政策的其他要求。

3. 典型案例

【案情简介】

再审申请人重庆江瀚实业有限公司(以下简称江瀚实业公司)与被申请人忠县规划和自然资源局(以下简称忠县规自局)、一审第三人重庆市峻坤实业有限公司(以下简称峻坤实业公司)、重庆市忠县人民政府(以下简称忠县政府)等建设用地使用权出让合同纠纷一案

再审申请人(一审被告、二审上诉人):江瀚实业公司

被申请人(一审原告、二审被上诉人):忠县规自局

2016 年 4 月 26 日,忠县政府与峻坤实业公司就忠县三峡港湾旅游度假区烽烟三国景区 PPP 项目(以下简称涉案项目)签订《PPP 合同》,明确峻坤实业公司在项目合作期内承接涉案项目存量资产的投资及相关债权债务,并对涉案项目增量资产实施融资、投资、建设。对该项目的建设总投资及合理回报以本项目规划区内一定数量的居住、商业、旅游、娱乐土地出让增值收益覆盖。同日,签订的《PPP 补充协议》约定峻坤实业公司在忠县成立一家全资子公司,参与匹配数量内土地的摘牌和二级开发,由其摘牌的土地在建设过程中产生的配套费等行政事业性收费,全部被安排用于涉案项目建设和景区维护。

2016 年 6 月 29 日,峻坤实业公司成立了全资子公司江瀚实业公司,并与忠县规自局于 2017 年 1 月 11 日签署《国有建设用地使用权出让合同》,从而取得了涉案土地;江瀚实业公司缴纳了全部土地出让金,办理了建设用地规划许可证并进行了建设。2018 年 1 月 11 日,忠县政府向峻坤实业公司等发出《关于解除三峡港湾项目相关合同的函》,通知解除投资合同及与之相关的合同文件。2018 年 9 月 3 日,忠县规自局以《PPP 合同》已解除、《PPP 合同》的目的不能实现为由提起诉讼,请求解除其与江瀚实业公司 2017 年 1 月 11 日签订的建设用地出让合同。

【争议焦点】

忠县规自局与江瀚公司于 2017 年 1 月 11 日签订的《国有建设用地使用权出让合同》是否应当解除。

【审理结果】

最高人民法院认为……峻坤实业公司不再享有《PPP 合同》中的权利义务和

债权债务,后三方协商不再参与涉案合同约定的项目建设。上述事实证实江瀚实业公司取得涉案土地的前提系忠县政府、峻坤实业公司签署的《PPP 合同》和《PPP 补充协议》,虽然上述合同未明确回报投资为取得的土地,但涉案《出让合同》的签订和履行与《PPP 合同》项下的项目建设是一个整体,并且《PPP 补充协议》明确除了土地增值收益的补偿外,还明确了将摘牌的土地建设过程中产生的配套费等行政事业性收费安排用于该项目基础设施建设和景区维护等政策支持。因此,《出让合同》的签订是实现《PPP 合同》项目建设整体效益的政策之一,现因峻坤实业公司及红杉基金公司已对涉案项目资产移交等事项形成了会议纪要,涉案《PPP 合同》等已不具备履行条件,合同目的不能实现,原审判决据此认定江瀚实业公司基于上述合同签订的《出让合同》应当解除并返还取得的土地并无不妥。

【合规建议 · 仲裁选择】

PPP 项目由于投资体量、合作期限、交易结构、回报方式、运营要求等方面更具复杂和多样,体现出很强的综合性。特别是在当下,规范 PPP 模式运作及管控政府隐性债务风险的新政频出,PPP 项目在执行阶段争议频出。PPP 项目各参与方有必要重视以下风险管理:

第一,健全的 PPP 项目合同结构和条款安排。PPP 项目合同作为 PPP 项目合同体系的基础与核心,是政府与社会资本长期合作关系的纽带。如何合理设置 PPP 项目合同条款,无论是政府方还是社会资本方均应当对此给予高度重视,通过合同约定方式明确彼此权责关系,使合同结构完善、核心条款齐备、项目风险分配合理。

第二,重视项目回报机制设置的合法合规性。上述案例中,当事人未做到全面、客观评估地区建设需求和财政承受能力,约定以指定经营性土地出让增值收益作为项目实际收益来源,该回报机制约定与土地出让制度及 PPP 管理规定不符,也为后续履约争议埋下隐患。

第三,关注仲裁在 PPP 争议解决机制中的应用。结合当前司法实践经验,PPP 合同引发的争议属于民事争议还是行政争议,还属于争议事项。但是,PPP 合同的履行、变更、解除等行为,体现出政企双方的平等、等价协商一致的合意,其内容不受单方行政行为强制,理应属于民事法律关系范畴。相较于诉讼周期长、诉讼信息公开、合同真实意思尊重程度等方面,笔者建议,可考虑以仲裁方式作为双方争议解决机制。同时,委托专业律师团队参与 PPP 确认谈判、代理 PPP 合同争议。

(二)特许经营模式

1. 特许经营模式在基础设施和公用事业领域相关工程项目的应用

基础设施和公用事业领域的特许经营,是指政府按照有关法律、法规规定,通过市场竞争机制选择投资者或者经营者,通过协议明确权利义务和风险分担内容,约定其在一定期限和范围内投资建设运营某项公共产品或者提供某项服务并获得收益。

在基础设施和公用事业领域的项目应用特许经营模式,有相对体系化的立法规定予以支持。1995 年 8 月,原国家计委、原电力部、原交通部联合下发了《关于试办外商投资特许权项目审批管理有关问题的通知》,国内特许经营制度正式发端;2002 年 9 月 10 日,原国家计委、原建设部、原国家环境保护总局联合发布了《关于印发推进城市污水、垃圾处理产业化发展意见的通知》(计投资〔2002〕1591 号,已失效),在城市污水、垃圾处理领域大力推进特许经营。此后,原建设部先后发布了《关于加快市政公用行业市场化进程的意见》(建城〔2002〕272 号)和《市政公用事业特许经营管理办法》,在基础设施和公用事业领域力推特许经营模式。2015 年 5 月,国家发展和改革委员会等六部委联合发布了《基础设施和公用事业特许经营管理办法》(以下简称《特许经营管理办法》),对基础设施和公用事业领域推行特许经营进行了系统的规范。

2. 合规审查事项

工程项目各参与方在以特许经营模式推进基础设施和公用事业领域所涉工程时,需结合特许经营模式重点审查以下模式特有合规事项:

(1)特许经营权的授予应符合法律规定

第一,授予程序应当通过公开竞争性程序进行。根据《行政许可法》第 12 条、第 53 条的规定,以及《特许经营管理办法》《市政公用事业特许经营管理办法》的相关规定,政府方应当通过公开竞争性程序选择投资者并授予特许经营权。否则,存在签署的特许经营协议及授权行为被确认无效的风险。

第二,授予主体为县级以上人民政府有关行业主管部门或政府授权部门。根据《特许经营管理办法》的规定,授予特许经营权的主体为县级以上人民政府有关行业主管部门或政府授权部门,因此,在具体的合同审查中,如一方主体为政府授权部门,则应将该授权书作为合同附件,确保该部门是可以授予特许经营权的行政权力主体。

第三，授予范围应结合具体行业特点及项目所在地情况进行细化。结合特许经营项目实践经验，特许经营的授权范围至关重要，在特许经营权的授予条款中应对具体行业业务包含的内容及授予特许经营权范围予以细化。

（2）关注项目资产权属及工程用地需求

对于项目资产权属，需由政府方与社会资本方根据合作意愿、项目类型和属性等因素综合确定。若涉及国有资产转让的，还需要根据国有资产交易程序的相关规定，履行审批、评估等手续，并通过进场交易方式进行。

基础设施和公用事业领域工程项目用地一般由政府方通过划拨方式提供，也可通过招拍挂或协议出让方式获得项目用地。但在实际情况中，也会出现特许经营协议已签订、但由于征拆迁等原因导致建设用地迟迟未被批的情况，由此会出现项目合作期相应延长、未批先建等诸多问题。因此，应明确项目用地获取义务的责任方以及相对方的协助义务，同时就相关违约责任进行明确约定，以此减轻各方损失，防范风险。

（3）定价与调价

由于特许经营项目的特许经营期往往较长，一般多在10年以上，因此项目在进入运营期后，可能面临一些不确定的情况和风险，或者面临政策环境的重大变化。为保证项目能够顺利推进，需要设计灵活合理的定价及价格调整机制，以应对长周期状况下特许经营项目可能面临的突发状况和风险。

（4）重点关注特许经营与PPP模式的关系

目前，特许经营模式与PPP模式的关系，在业界比较有争议，该等争议也直接影响到两者模式的法律适用问题。根据国务院办公厅转发财政部、发展改革委、人民银行《关于在公共服务领域推广政府和社会资本合作模式指导意见的通知》（国办发〔2015〕42号）、国家发展和改革委员会《关于开展政府和社会资本合作的指导意见》（发改投资〔2014〕2724号）等规定，笔者倾向于认为两者并非“非此即彼”关系，不能因项目名义上为“特许经营”模式，就认为不需要受到PPP相关规范性文件的制约。否则，该等项目采用特许经营权模式实施存在程序性瑕疵，可能因项目前期可行性评估不足而造成政府隐性债务风险，以及政府审计风险。

3. 典型案例

【案情简介】

再审申请人益阳华龙垃圾焚烧发电有限公司（以下简称华龙公司）诉被申请人湖南省益阳市人民政府（以下简称益阳市政府）行政赔偿一案

再审申请人(一审原告、二审上诉人):华龙公司

被申请人(一审被告、二审被上诉人):益阳市政府

2006 年 2 月 10 日,华龙公司先后与沅江市等相关部门联系,就益阳市城市生活垃圾焚烧发电特许经营项目(以下简称案涉工程)进行招商引资活动。2008 年 5 月 31 日,益阳市政府时任副秘书长与华龙公司等就案涉工程进行会谈,并形成《关于投资垃圾焚烧发电项目的会议纪要》,达成合作共识,愿紧密配合,继续做好垃圾焚烧发电的后续工作,争取尽快签订合作投资协议。2013 年 10 月,益阳市政府以 BOT 模式采取招投标方式就案涉工程招选投资人,并由第三方投资人中标。华龙公司因其引资的合作伙伴未能中标,于 2017 年 6 月 2 日提起行政诉讼,以益阳市政府不履行行政府特许经营协议行为造成损失为由,请求行政赔偿其在案涉工程上前期投入费用(含可行性研究报告、项目选址、环评、勘察设计等费用)。

【争议焦点】

益阳市政府是否应赔偿华龙公司在案涉工程招投标前进行的项目可行性研究报告、市场调查等前期准备工作费用;案涉工程是否必须通过招标方式招选投资人。

【审理结果】

最高人民法院认为,本案中,没有证据证明益阳市政府在签订特许经营协议前,对华龙公司作出具体明确的承诺,并有违背承诺造成华龙公司财产损失的行为,不存在行政赔偿的前提条件。华龙公司作为企业法人主体,拟参与政府特许经营项目的投资经营活动,招投标前进行的项目可行性研究报告、市场调查等前期准备工作,属于市场主体的风险投入,请求行政赔偿,于法无据。根据《行政许可法》第 53 条的规定,对于直接关系公共利益的特定行业的市场准入行政许可,行政机关应当通过招标、拍卖等公平竞争的方式作出决定。垃圾焚烧行业属于直接关系公共利益的政府特许经营行业,市场准入依法需要通过招标、拍卖等竞争方式决定。华龙公司进行的前期工作,是为获得竞争优势进行的前期投入,属于市场主体的风险投资,并非基于政府信赖而产生的信赖利益损失。以此为由申请再审,缺乏事实法律依据。

【合规建议 · 仲裁选择】

重视采购程序合规,防范合同无效风险。在过往国内特许经营实践中,地方政府往往通过"招商"等名义和方式,绕开公开竞争性程序将特许经营权直接授

予社会资本，这种做法是存在合法合规性风险的，还有可能导致特许经营协议无效。因此，在以特许经营模式实施基础设施和公用事业领域工程项目时，仍应当遵守《行政许可法》和2017年12月27日发布的《中华人民共和国招标投标法》（2017年修订，以下简称《招标投标法》）及其实施条例等相关规定，通过公开竞争性程序选定具备与项目内容相匹配的投融建营能力的特许经营权人，避免在项目推进过程中因未按规定开展相关政府采购活动、特许经营协议被认定无效进而导致项目无法顺利落地的情形发生。

（三）F + EPC 模式

1. F + EPC 模式在基础设施和公用事业领域相关工程项目的应用

F + EPC 模式，既具备 EPC 模式的基本特征，又在此基础上衍生出了“融资”功能，通常是指公共设施项目的项目业主通过招标等方式选定社会资本方，由该社会资本方直接或间接筹措项目所需建设资金，以及承揽工程总承包相关工作，待项目建设完成后移交给项目业主，并在项目合作期内由项目业主按合同约定标准向合作方支付费用的融资建设模式。实操层面，该模式通常与 ABO 模式连用，共同组成 ABO + FEPC 项目。

在当前我国经济新常态及规范地方政府举债融资、防控政府隐性债务风险的背景下，公共设施项目所需的建设及运营资金来源逐步被限缩和规范化。F + EPC 模式被逐渐应用到国内公共设施项目投融资和管理之中，以解决政府方对该等项目前期财政资金投资不足的问题，进而发挥出社会资本方投资带动施工的优势。实操层面，由地方国企或平台公司作为招标人，推出越来越多大规模的 F + EPC 项目、“投资人 + 施工”项目。

2. 合规审查事项

工程项目各参与方在以 F + EPC 或 ABO + FEPC 模式推进基础设施和公用事业领域所涉工程时，需结合模式特点重点审查以下模式特有合规事项：

（1）未通过竞争性程序确定投资人的程序性法律瑕疵风险

以 F + EPC 或 ABO + FEPC 模式实施的工程项目，确定的是项目投资人及 EPC 总包单位，无论是从工程性质、工程建设规模，还是资金来源上，均应当通过法定采购方式确定社会投资人。如未通过竞争性程序确定社会投资人的，存在因程序不合法、不合规而导致相关项目协议面临无效的风险，如果因此给下游供应商造成损失的话,可能面临赔偿和项目融资不能的衍生风险。

(2)关注项目实施过程中可能存在的政府隐性债务风险

根据 2018 年 12 月 29 日发布的《中华人民共和国预算法》(以下简称《预算法》)及相关法律法规的规定,政府融资举债的方式和途径受到严格限制,而政府直接发包的 F + EPC 项目项下由社会资本方承担的“F”(融资)职能客观上属于政府方的一种融资举债行为,且不属于当前预算法及其他财政政策允许的政府融资举债的方式或途径。同时,由于 F + EPC 模式的融资、建设和移交特征与 BT 模式特征高度契合,易形成政府的固定支出义务。故,涉嫌构成政府方变相融资举债,存在违规风险。此外,直接以政府作为发包方,使用预算内资金作为项目建设资金来源的 F + EPC 项目,还将涉嫌违规垫资施工,由施工方或金融机构向政府方提供借贷资金,则将直接构成政府违法违规举债。在此政策监管背景下,越来越多的 F + EPC 或 ABO + FEPC 项目转化为企业投资项目,进行市场化企企合作。

(3)重视以土地出让收入作为 F + EPC 或 ABO + FEPC 项目付费来源问题

实操层面,F + EPC 或 ABO + FEPC 项目的投资规模普遍较大,且项目自身经营收益严重不足,单纯依赖于项目招标人(地方国企或平台公司)自身实力,很难履行向投资人支付投资成本及收益的义务。为解决该等问题,该类项目在设计交易结构之初,一般会考虑项目投资开发成熟的溢价收益反哺,即将合作区域内或周边指定地块的土地出让金作为项目付费来源。但受限于当前我国的国有土地收支管理规定,土地出让收支实行彻底的“收支两条线”,且土地出让金使用范围、列支科目和地方留存比例等方面受规定严格限制,故将土地出让收入直接作为 F + EPC 或 ABO + FEPC 项目付费来源的操作,与根据《预算法》、财政“收支两条线”的管理原则相悖。此外,上述操作可能导致前期投入和新增财政收入不匹配,造成合作期限内无法连续平滑财政支出,项目双方都将会承担较大的债务风险,极易导致项目陷入困境。

(4)关注 F + EPC 或 ABO + FEPC 项目的融资可获得性

如上所述,F + EPC 或 ABO + FEPC 项目自身经营收益严重不足,项目还款来源不稳定,加之当前防范金融系统风险监管要求,招标人、投资人承担融资风险意愿和能力不一,该类项目融资的可获得性严重不足。同时,该类项目的合作周期相对较长、合作范围不确定、项目产出不清晰,并且投资方的综合操盘能力不足,亦降低了项目公司的整体融资能力,项目很可能因无法及时完成项目融资交割而陷入困境。

3. 典型案例

【案情简介】

上诉人中南控股集团有限公司(以下简称中南控股)、青岛中南世纪城房地产业投资有限公司(以下简称中南世纪城)、青岛市李沧区人民政府(以下简称李沧区政府)与被上诉人青岛市李沧区湘潭路街道办事处大枣园社区居民委员会(以下简称大枣园居委会)合同纠纷一案

上诉人(原审原告):中南控股、中南世纪城

上诉人(原审被告):李沧区政府

被上诉人(原审被告):大枣园居委会

2009年6月5日,李沧区政府(以下简称甲方)与中南控股(以下简称乙方)就中南控股投资李沧区城市建设项目签订《框架协议》的约定,甲方同意将项目1(大枣园、南岭旧村改造项目)以及项目2(苏家等旧村改造项目)以"项目招标"(是指包含了旧村改造项目法人招标与建设用地使用权出让招标、划拨的招标形式)的方式出让给乙方。其中,拆迁模式为:乙方向甲方提供拆迁资金,甲方完成约定区域内的拆迁工作后,由乙方与青岛市国土资源局签订《国有土地使用权出让合同》,在乙方依据出让合同支付相应土地出让金后,由青岛市国土资源局将收取的土地出让金返还给甲方及社区,由甲方或社区将乙方垫付的拆迁资金从土地出让金中返还给乙方。

2009年7月23日,经公开招标程序,李沧区政府发给中南控股中标通知书,后签署《项目协议书》;2009年7月31日,大枣园居委会(甲方)与中南世纪城(乙方)签订《安置房工程代建协议》。除《安置房工程代建协议》中约定的商业体未建设,安置用房已建成,居民亦全部回迁。之后,中南控股、中南世纪城起诉李沧区政府、大枣园居委会,诉请要求返还拆迁补偿金、支付安置房代建成本进度款等。

【争议焦点】

李沧区政府应否按照《框架协议》约定从其收取的土地出让金中返还涉案项目的拆迁补偿金以及安置房代建成本进度款。

【审理结果】

最高人民法院认为,关于李沧区政府应否返还拆迁补偿金的问题。首先,关于拆迁义务主体的确定,案涉项目为旧村改造项目,需将城中村范围内的集体土地征收转为国有土地,在完成征收过程中,依法应给予村集体、村民拆迁安置、补偿……对于集体土地的征收、安置和补偿应为相关政府的法定义务……本院认

为,双方协议虽约定从中南控股、中南世纪城缴纳的土地出让金中偿还拆迁补偿金,但土地出让金的缴纳属于中南控股与青岛市人民政府或青岛市国土资源局之间的法律关系,且土地出让金何时返还、如何返还属于政府内部工作事项,不宜认定为李沧区政府和大枣园居委会偿还拆迁垫资的条件。对此,一审判决认为应按协议约定的从缴纳的土地出让金中返还,仅是就返还资金的来源而言的,并无不妥。

【合规建议·仲裁选择】

对于将土地出让收入作为F+EPC或ABO+FEPC项目付费来源的,无论是约定合作区域内土地的"溢价分成",还是约定以土地资源作为社会资本方的收益补偿,或者约定以合作区域新增财政收入作为政府付费资金来源的,除了认识到该等回报机制存在约定内容违反相关管理政策导致项目不合规风险外,实操层面尚需重视以下事项:

首先,项目双方应遵照法律及相关政策最新规定,妥善处理和衔接土地出让金收入的列支、土地使用权出让程序,保障列支路径的可行性等相关问题。

其次,社会资本方应综合应用EOD理念不断拓展项目的经营性空间,尽可能减少对地方财政支付的依赖,特别是尽量规避回报机制与土地出让金挂钩安排。

再次,政府方应严格遵循财政预算"收支两条线"管理规定,将政府支付责任依法纳入预算管理,按效付费。

最后,妥善安排ABO部分和F+EPC部分的合同关系,投资人在F+EPC层面与招标人建立合同关系,遵循合同相对性原则分配和设计双方责权利关系。

(四)EPC+O模式

1. EPC+O模式在基础设施和公用事业领域相关工程项目的应用

EPC+O模式,即设计、采购、施工及运营(或运营维护)一体化的总承包模式,是在EPC总承包模式基础上向后端运营环节的延伸,即总承包商除承担建设期内传统的设计、采购、施工任务外,还要承担运营期内的运营维护职责,通过该种整合方式提高项目的运营效率,降低全生命周期内的成本。

EPC+O并非一个法定的概念,在我国国家政策文件层面,最早提及类似概念的文件是2005年年底国务院发布的《关于落实科学发展观加强环境保护的决定》(国发〔2005〕39号),文中要求"推行污染治理工程的设计、施工和运营一体化模式,鼓励排污单位委托专业化公司承担污染治理或设施运营"。此后国务院陆续出台的《关于加快发展节能环保产业的意见》（国发〔2013〕30 号）、《关于加快发展生产性服务业促进产业结构调整升级的指导意见》（国发〔2014〕26 号）中均提到了要在环保领域鼓励发展包括系统设计、设备成套、工程施工、调试运行、维护管理在内的环保服务总承包。在上述政策的引导下，设计、施工和运营一体化总承包模式最早开始在国内的环保领域运用，适用范围也最为广泛。

近年来，中央和地方政府纷纷出台政策鼓励将该种模式逐渐应用于环保以外的更多行业领域，如 2016 年财政部、住房和城乡建设部办公厅发布的《关于开展 2016 年中央财政支持地下综合管廊试点工作的通知》（财办建〔2016〕21 号）中首次提出要“积极采取设计采购施工运营总承包（EPC + O）等模式，实现地下综合管廊项目建设运营全生命周期高效管理”；广东省东莞市政府发布的《关于深化改革全力推进城市更新提升城市品质的意见》（东府〔2018〕102 号）中提出，“鼓励活化更新和生态修复。探索通过 EPC + 运营权招标或公开遴选方式，引入产业园区综合运营服务企业和重点创新载体单位实施旧工业区、成片出租屋活化更新，提升镇村工业园区软硬件条件和运营效率”。

2. 合规审查事项

工程项目各参与方在以 EPC + O 模式推进基础设施和公用事业领域所涉工程时，需结合模式特点重点审查以下模式特有合规事项：

（1）防范借“EPC + O”之名行政府违规举债之实

从一部分 EPC + O 项目实践情况来看，交易架构中存在由承包商通过垫资等方式承担建设资金投融资义务的情况，其目的是通过名义上的包装规避 PPP 的相关审批程序（特别是财政承受能力论证），故部分项目存在被认定存在政府违规举债的风险，无论是政府还是承包商，都应予以足够重视。

（2）运营付费需纳入预算管理

就 EPC + O 模式而言，对于设计施工部分的工程款，按照政府采购工程应遵循“先有预算后采购”的原则，应当纳入预算，这一点是毫无争议的。而对于运营期可能涉及的政府性支出，如政府委托运营费等，尽管现行的相关规定并未明确该要求，但根据预算法的立法本意并结合我国预算体制的改革和发展方向，笔者认为，如果采取 EPC + O 模式在运营期内涉及财政性支出的，也应当纳入各年度的财政预算及中长期财政规划。

（3）履约担保的全周期覆盖性

相较于传统 EPC 总承包模式，EPC + O 模式下，由于承包商的义务延伸至运营期,除需提供建设有关的履约担保外,项目业主通常还会要求承包商提交运营期的履约担保,用于确保承包商按照承包或运营合同的约定履行在运营期内的相关义务。但是,承包商在运营期内需承担的履约担保责任也应当随着运营期的进行而逐步缩减,如金溪县城西生态高新产业园区工业污水处理厂建设项目设计施工运营总承包项目,在招标文件中规定,运营期履约保证金在达标排放后第二年退 30%、达标排放后第三年再退 30%、达标排放后第四年再退 30%、达标排放后第五年退 10%,这是一个比较合理的安排。

综上所述,在经济增长和民生需求不断提升双重压力下,尽管 PPP 模式因政策调整与地方政府财政空间压缩,热度有所降温,但地方政府对于基建投资仍然有非常大的动力。在此背景下,特许经营模式、ABO +/FEPC 等新型模式相继登场。尽管这些模式为基础设施和公共服务领域的项目投融资创新作出了尝试,但是除 PPP 模式、特许经营模式与政府采购模式已经建立相对完善的法规政策体系之外,其余投融资模式尚缺乏明确政策指导,或多或少存在包括合法合规性问题在内的“先天不足”。政府方与投资人在相应工程项目签约前,应当把握各投资模式的深层次运作逻辑,准确识别项目问题,并通过项目运作方式和回报机制的合规、合理的设计筹划,规避项目投融资模式风险和工程建设风险,推动项目顺利落地,真正造福社会公众。

专题三

项目招标投标

【本专题内容概览】

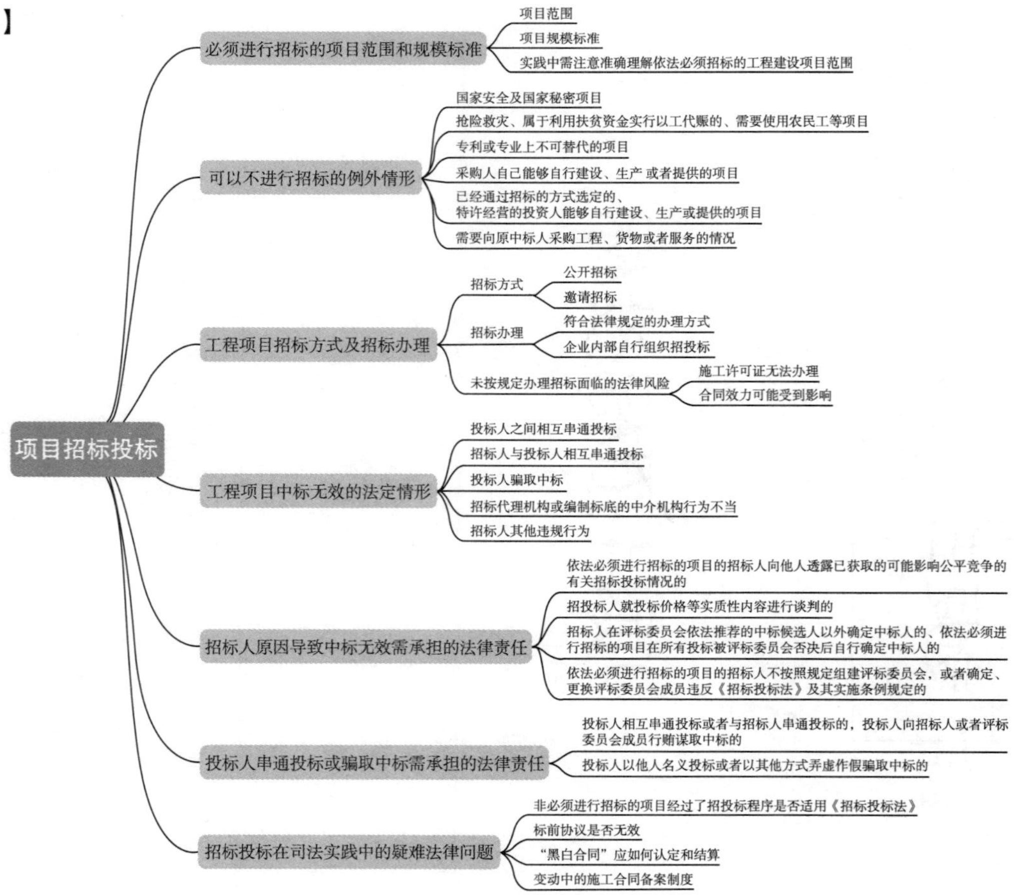
项目招标投标
必须进行招标的项目范围和规模标准
项目范围
项目规模标准
实践中需注意准确理解依法必须招标的工程建设项目范围
可以不进行招标的例外情形
国家安全及国家秘密项目
抢险救灾、属于利用扶贫资金实行以工代赈的、需要使用农民工等项目
专利或专业上不可替代的项目
采购人自己能够自行建设、生产或者提供的项目
已经通过招标的方式选定的、
特许经营的投资人能够自行建设、生产或提供的项目
需要向原中标人采购工程、货物或者服务的情况
工程项目招标方式及招标办理
招标方式
公开招标
邀请招标
招标办理
符合法律规定的办理方式
企业内部自行组织招投标
未按规定办理招标面临的法律风险
施工许可证无法办理
合同效力可能受到影响
工程项目中标无效的法定情形
投标人之间相互串通投标
招标人与投标人相互串通投标
投标人骗取中标
招标代理机构或编制标底的中介机构行为不当
招标人其他违规行为
招标人原因导致中标无效需承担的法律责任
依法必须进行招标的项目的招标人向他人透露已获取的可能影响公平竞争的有关招标投标情况的
招投标人就投标价格等实质性内容进行谈判的
招标人在评标委员会依法推荐的中标候选人以外确定中标人的、依法必须进行招标的项目在所有投标被评标委员会否决后自行确定中标人的
依法必须进行招标的项目的招标人不按照规定组建评标委员会，或者确定、更换评标委员会成员违反《招标投标法》及其实施条例规定的
投标人串通投标或骗取中标需承担的法律责任
投标人相互串通投标或者与招标人串通投标的，投标人向招标人或者评标委员会成员行贿谋取中标的
投标人以他人名义投标或者以其他方式弄虚作假骗取中标的
招标投标在司法实践中的疑难法律问题
非必须进行招标的项目经过了招投标程序是否适用《招标投标法》
标前协议是否无效
“黑白合同”应如何认定和结算
变动中的施工合同备案制度

项目的招标投标是发包人和承包人都无法绕开的一个重要环节。在我国境内进行工程项目建设，必须遵守《建筑法》《招标投标法》等一系列建筑领域的法律法规。我国第一部系统性规范招投标活动的《招标投标法》自 2000 年 1 月 1 日起施行，至今已二十年有余，对促进市场公平竞争等发挥了一定作用。但因为该法的可操作性不强，实践中依然存在大量规避招标、虚假招标、串通投标等违法违规现象，招投标活动已演变为腐败行为的一大源头。2012 年 2 月 1 日实施的《中华人民共和国招标投标法实施条例》在总结实践经验的基础上对《招标投标法》进行了细化和完善，加强了对招标投标活动中各个环节的监督。而随着国家"放管服"改革的推进，招投标领域的政策导向也在不断变化，结合多年来的实践经验，《招标投标法》《中华人民共和国招标投标法实施条例》（2019 年修订，以下简称《招标投标法实施条例》）于 2017 年、2019 年分别被进一步修订和完善，国务院及其各部委也陆续出台和完善政策文件，促进招标投标市场规范有序发展。

同时，现行《招标投标法》《招标投标法实施条例》及相关规定又衍生出许多问题，比如，哪些项目必须进行招投标、哪些招投标情形可能导致中标无效、实践中大量存在的"黑白合同"问题又该如何处理，等等。这些都是发包人和承包人在开展工程建设活动时必须面对和解决的问题。下面，笔者围绕上述问题展开分析。

一、法律规定必须进行招标的项目范围和规模标准

建筑行业的项目大大小小、种类繁多，并非每个项目都要进行招投标，只有同时符合《招标投标法》规定的范围和规模标准的项目才必须进行招投标。

（一）项目范围

《招标投标法》第 3 条对必须进行招标的项目范围作出规定："在中华人民共和国境内进行下列工程建设项目包括项目的勘察、设计、施工、监理以及与工程建设有关的重要设备、材料等的采购，必须进行招标：

（一）大型基础设施、公用事业等关系社会公共利益、公众安全的项目；

（二）全部或者部分使用国有资金投资或者国家融资的项目；

（三）使用国际组织或者外国政府贷款、援助资金的项目。

前款所列项目的具体范围和规模标准，由国务院发展计划部门会同国务院有关部门制订，报国务院批准。法律或者国务院对必须进行招标的其他项目的范围有规定的，依照其规定。”

2018 年 6 月 1 日，《必须招标的工程项目规定》施行，《工程建设项目招标范围和规模标准规定》（原国家计委 3 号令）同时废止。① 《必须招标的工程项目规定》第 2 条到第 4 条对《招标投标法》第 3 条进行了细化解释。其中：

第 2 条是对全部或者部分使用国有资金投资或者国家融资的项目范围的规定，具体包括：（1）使用预算资金 200 万元人民币以上，并且该资金占投资额 10%以上的项目；（2）使用国有企业事业单位资金，并且该资金占控股或者主导地位的项目。

第 3 条是对使用国际组织或者外国政府贷款、援助资金的项目的范围的规定，具体包括：（1）使用世界银行、亚洲开发银行等国际组织贷款、援助资金的项目；（2）使用外国政府及其机构贷款、援助资金的项目。

第 4 条是对大型基础设施、公用事业等关系社会公共利益、公众安全的项目范围的规定，该条并未采用列举式的规定，而是概括式地规定“不属于本规定第二条、第三条规定情形的大型基础设施、公用事业等关系社会公共利益、公众安全的项目，必须招标的具体范围由国务院发展改革部门会同国务院有关部门按照确有必要、严格限定的原则制订，报国务院批准”。

为了明确必须招标的大型基础设施、公用事业等关系社会公共利益、公众安全的项目范围，国家发改委于 2018 年 6 月 6 日发布《必须招标的基础设施和公用事业项目范围规定》（发改法规规〔2018〕843 号，以下简称发改委第 843 号文），作为 16 号令的配套文件，它规定应大幅缩减必须招标的大型基础设施、公用事业项目范围，进一步扩大市场主体特别是民营企业自主权。

发改委第 843 号文第 2 条规定：不属于《必须招标的工程项目规定》第 2 条、第 3 条规定情形的大型基础设施、公用事业等关系社会公共利益、公众安全的项目，必须招标的具体范围包括：（1）煤炭、石油、天然气、电力、新能源等能源基础设施项目；（2）铁路、公路、管道、水运，以及公共航空和 A1 级通用机场等交通运

---

① 根据 2018 年 3 月 8 日国务院关于《必须招标的工程项目规定》的批复，自《必须招标的工程项目规定》施行之日，2000 年 4 月 4 日国务院批准、2000 年 5 月 1 日原国家发展计划委员会发布的《工程建设项目招标范围和规模标准规定》同时废止。根据发改委 2018 年第 16 号令，《必须招标的工程项目规定》于 2018 年 6 月 1 日起施行，《工程建设项目招标范围和规模标准规定》废止。

输基础设施项目;(3)电信枢纽、通信信息网络等通信基础设施项目;(4)防洪、灌溉、排涝、引(供)水等水利基础设施项目;(5)城市轨道交通等城建项目。

上述内容涉及数部国务院行政法规、部门规章,笔者用一张图将上述内容展现出来:

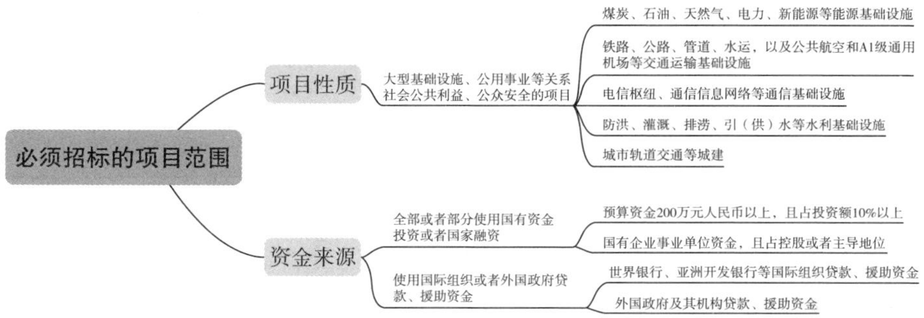

图 3-1　必须招标的项目范围

如图 3-1 所示,可以将必须进行招标的项目范围归结为两大类:一类与项目的性质有关,即涉及社会公共利益和公众安全的大型基础设施、公用事业项目等,对于该类项目,无论项目的建设资金来源为何,依法必须进行招投标;另一类与建设资金的来源有关,资金的来源又可以进一步分为“内”和“外”两种情况:“内”是指全部或者部分使用国有资金投资或者国家融资的项目;“外”是指使用国际组织或者外国政府及其机构贷款、援助资金的项目,对于该类项目,无论项目的性质为何,依法必须进行招投标。

(二)项目规模标准

看一个项目是否需要进行招标,不仅要看项目的具体范围,还要看项目的规模标准,即所涉项目的单项合同标的。只有属于 16 号令第 2 条至第 4 条规定的范围且同时符合该规定第 5 条确定的项目规模标准之一的,才是必须进行招标的项目。具体来说有以下四种规模标准:(1)施工单项合同估算价在 400 万元人民币以上;(2)重要设备、材料等货物的采购,单项合同估算价在 200 万元人民币以上;(3)勘察、设计、监理等服务的采购,单项合同估算价在 100 万元人民币以上;(4)同一项目中可以合并进行的勘察、设计、施工、监理以及与工程建设有关的重要设备、材料等的采购,合同估算价合计达到前款规定标准的,必须招标。

(三)实践中需注意准确理解依法必须招标的工程建设项目范围

为加强政策指导,进一步做好16号令及发改委第843号文的实施工作,国家发展改革委办公厅于2020年10月19日发布《关于进一步做好〈必须招标的工程项目规定〉和〈必须招标的基础设施和公用事业项目范围规定〉实施工作的通知》(发改办法规〔2020〕770号),对实践中容易产生争议的问题进行了解读。具体包括:

1. 关于使用国有资金的项目

16号令第2条第1项中"预算资金",是指《预算法》规定的预算资金,包括一般公共预算资金、政府性基金预算资金、国有资本经营预算资金、社会保险基金预算资金。第2项中"占控股或者主导地位",参照《公司法》第216条关于控股股东和实际控制人的理解执行,即"其出资额占有限责任公司资本总额百分之五十以上或者其持有的股份占股份有限公司股本总额百分之五十以上的股东;出资额或者持有股份的比例虽然不足百分之五十,但依其出资额或者持有的股份所享有的表决权已足以对股东会、股东大会的决议产生重大影响的股东";国有企业事业单位通过投资关系、协议或者其他安排,能够实际支配项目建设的,也属于占控股或者主导地位。项目中国有资金的比例,应当按照项目资金来源中所有国有资金之和计算。

2. 关于项目与单项采购的关系

16号令第2条至第4条及发改委第843号文第2条规定范围的项目,其勘察、设计、施工、监理以及与工程建设有关的重要设备、材料等的单项采购分别达到16号令第5条规定的相应单项合同价估算标准的,该单项采购必须招标;该项目中未达到前述相应标准的单项采购,不属于16号令规定的必须招标范畴。

3. 关于招标范围列举事项

依法必须招标的工程建设项目范围和规模标准,应当严格执行《招标投标法》第3条和16号令、发改委第843号文规定;法律、行政法规或者国务院对必须进行招标的其他项目范围有规定的,依照其规定。没有法律、行政法规或者国务院规定依据的,对16号令第5条第1款中没有明确列举规定的服务事项、发改委第843号文第2条中没有明确列举规定的项目,不得强制要求招标。

需注意的是,根据该规定,像施工图审查、造价咨询、第三方检测等服务不在列举规定之列,则不属于必须招标的项目,招标人可以自行决定选择采购方式,但涉及政府采购的,按照政府采购法律法规规定执行。

4. 关于同一项目中的合并采购

16 号令第 5 条第 2 款规定的“同一项目中可以合并进行的勘察、设计、施工、监理以及与工程建设有关的重要设备、材料等的采购,合同估算价合计达到前款规定标准的,必须招标”,目的是防止发包方通过化整为零方式规避招标。其中“同一项目中可以合并进行”,是指根据项目实际,以及行业标准或行业惯例,符合科学性、经济性、可操作性要求,同一项目中适宜放在一起进行采购的同类采购项目。

5. 关于总承包招标的规模标准

对于 16 号令第 2 条至第 4 条规定范围内的项目,发包人依法对工程以及与工程建设有关的货物、服务全部或者部分实行总承包发包的,总承包中施工、货物、服务等各部分的估算价中,只要有一项达到 16 号令第 5 条规定相应标准,即施工部分估算价达到 400 万元以上,或者货物部分达到 200 万元以上,或者服务部分达到 100 万元以上,则整个总承包发包应当招标。

二、法律规定必须招标的项目在特定情形下可以不进行招标的例外情形

根据《招标投标法》第 66 条及《招标投标法实施条例》第 9 条的规定,以下项目可以不进行招标:

一是国家安全及国家秘密项目,这些项目本身具有严格的保密性质,不宜公开,故不适宜采取招标方式。

二是抢险救灾、属于利用扶贫资金实行以工代赈的、需要使用农民工等项目。这类特殊情况多发生在老百姓的人身安全因重大灾害受到威胁之时,时间紧迫,抢时间救灾,抢到的时间越多,就意味着挽回的损失越多;而招投标程序正规复杂,从招标、开标、评标到确定中标人,再到签订合同,至少需要数月。因而,在这些紧急情况下,可以省却招投标程序。

三是专利或专业上不可替代的项目,项目的不可替代性决定符合其招标条件的投标人也是有限的甚至是唯一的,在这样的情形下则没有必要再进行招标。

四是采购人自己能够自行建设、生产或者提供的项目,也无须进行招标。

五是已经通过招标的方式选定的、特许经营的投资人能够自行建设、生产或提供的项目。举例来说,如特许经营项目中的 BOT 项目,投资人就是通过招投标

程序选定的，如果项目建成后也是投资人自己经营和生产且其具备相应的能力，那么投资人就无须再通过招投标程序来选择经营者或生产者。

六是需要向原中标人采购工程、货物或者服务的情况。此时涉及前后工作的重大衔接问题，如果将后续工作与在先工作人为加以割裂，重新进行招投标，可能会影响施工或者功能配套要求，所以《招标投标法实施条例》规定可以不用招投标。

凡是属于上述情形以及《招标投标法实施条例》兜底条款“国家规定的其他特殊情形”的项目，即使项目范围及规模标准属于必须进行招标的范畴，也可以不进行招投标，由发包人自主选择发包方式，可采用直接发包、议标或竞争性谈判等方式选择承包人。需注意的是，如涉及政府采购的，应按照政府采购法律法规规定执行。另外，如发包人因企业内部管理合规要求，自愿采用招标方式确定承包人、供应商等，仍需遵守《招标投标法》及相关法规关于招投标的要求。

综上所述，发包人在发包项目时，应当结合最新法律法规及项目所在地行政主管部门的具体要求，判断项目是否必须进行招标，避免出现项目属于必须进行招标的范围但未招标导致相关合同无效、受到行政处罚等风险。而建筑企业在承接项目时，也应当按照上述方式综合判断哪些项目必须进行招标，哪些项目可以不进行招标，进而为后续的投标、签约和履约等打好基础。

三、工程项目招标方式及招标办理

（一）招标方式

根据《招标投标法》第 10 条的规定，招标分为两种方式：一是公开招标，即招标人以招标公告方式邀请不特定的法人或者其他组织投标；二是邀请招标，即招标人以投标邀请书的方式邀请特定的法人或者其他组织投标。应采用哪种方式招标主要取决于项目的具体情况。

根据《招标投标法实施条例》第 8 条的规定：国有资金占控股或者主导地位的依法必须进行招标的项目，应当公开招标。

1. 应当采用公开招标的项目在特定情形下可以邀请招标；

2. 根据《招标投标法》第 11 条、《招标投标法实施条例》第 8 条及 2013 年 3 月 11 日发布的《工程建设项目施工招标投标办法》（2013 年修订）第 11 条的规定，对于应当依法进行公开招标的项目，如属于下列情形的，可以进行邀请招标：

（1）国务院发展计划部门确定的国家重点项目和省、自治区、直辖市人民政府确定的地方重点项目不适宜公开招标的，经国务院发展计划部门或者省、自治区、直辖市人民政府批准，可以进行邀请招标；

（2）技术复杂、有特殊要求或者受自然环境限制，只有少量潜在投标人可供选择的项目，可以进行邀请招标；

（3）采用公开招标方式的费用占项目合同金额的比例过大的项目，可以进行邀请招标；

（4）涉及国家安全、国家秘密或者抢险救灾相关的项目，适宜招标但不宜公开招标，可以进行邀请招标。

也就是说，原本符合依法应当公开招标的项目范畴，在上述情形下可以不采用公开招标，而是以邀请招标的方式选取中标人。这里要注意的是，实践中后三种招标情况存在"自由地带"，比如第二种情形，何为"技术复杂、有特殊要求或者受自然环境限制"，对此没有统一的标准；又如第三种情形，因为现行法律法规没有对公开招标项目中招标费用应占项目合同金额的合理比例作出明确的限定，具体仍需以项目所在地行政主管部门认定为准。

（二）招标办理

在实践中，不少企业对招标的办理缺乏准确的认识，分不清什么是符合招投标法规定的招标，什么是不符合招投标法规定的招标。有的项目虽然也经过了招投标程序，双方也按照招投标文件签订了施工合同，房子也造好了，在工程结算阶段产生纠纷后进入司法程序，合同却被司法机关认定为无效。因此，笔者对招标办理的相关问题进行梳理，总结出以下几项内容：

1. 符合法律规定的办理方式

根据《招标投标法》第12条的规定，招标人有权自行委托招标代理机构办理招标事宜，也可以自行办理招标事宜。

对于第一种方式，即招标人自行委托招标代理机构办理招标的，根据《住房城乡建设部关于废止〈工程建设项目招标代理机构资格认定办法〉的决定》（住房和城乡建设部令第38号）及《住房城乡建设部办公厅关于取消工程建设项目招标代理机构资格认定加强事中事后监管的通知》（建办市〔2017〕77号），目前招标代理资质已被取消，但招标代理机构仍应具有与招标项目规模和复杂程度相适应的技术、经济等方面的专业人员，且招标代理机构及其从业人员应当严格按照招标投标法、招标投标法实施条例等相关法律法规开展工程招标代理活动，并对工程招标代理业务承担相应责任。

对于第二种方式,即招标人具有编制招标文件和组织评标能力的,可以自行办理招标。同时,如果项目属于依法必须进行招标的项目,还应当向有关监督部门备案,监督部门一般为项目所在地的招标投标管理办公室。

需要提醒发包人和承包人注意的是,这里的自行办理招标事宜并不是说招标人可以自顾自地组织招投标,而是必须遵守《招标投标法》及《招标投标法实施条例》的相关规定,同时应遵守《工程建设项目施工招标投标办法》《工程建设项目自行招标试行办法》、2019 年 3 月 13 日修订的《房屋建筑和市政基础设施工程施工招标投标管理办法》(以下简称住建部第 47 号文)等相关法律法规对自行招标事宜作出的规定。比如,住建部第 43 号文第 11 条及第 18 条明确要求,招标人自行办理施工招标事宜的,应当在发布招标公告或者发出投标邀请书的 5 日前,向工程所在地县级以上地方人民政府建设行政主管部门备案并报送相关材料;招标人应当在招标文件发出时,将招标文件报工程所在地的县级以上地方人民政府建设行政主管部门备案,等等。也就是说,对于依法必须进行招标的项目而言,不论发包人采取哪种招标形式,都必须接受有关行政主管部门的监督和管理。发包人自行办理的招标,与委托招标代理机构办理的招标在本质上没有区别,办理招标需要具备的条件及其相关程序都是相同的,二者的区别在于一种是发包人花钱请第三方办理招投标,一种是发包人自行办理招投标。

2. 注意区分企业内部自行组织的招投标

随着国家推进招投标领域的简政放权,需要依法招标的项目类型不断限缩,更多项目转为由企业自行决定发包模式。但此类项目的发包人通常也会通过公司内部的招投标程序就多家候选供应商进行比选,即公司自己拟定一个招投标规则,并按照该规则组织招标评标,确定中标人。在这个交易中,该公司内部的招投标程序往往和《招标投标法》里规定的招投标程序存在差别,尽管在平时的交易习惯中使用的都是“招投标”这样的字眼,从外观形式上看,相关文件上面也写“招标文件”“投标文件”,最后发出的也是“中标通知书”,但法律上所讲的招投标和发包人所说或所组织的“招投标”并不是一回事。那么,二者的区别主要在哪里?笔者认为,主要存在以下三个区别:

第一个区别:在截止投标日后报价是否还可以修改?根据《招标投标法》规定的规则,报价是“一言九鼎”的,即在截止投标日之前投标人可以修改报价,也可以撤回报价,但是一旦投标截止,投标人就不可以修改自己的报价了,这就是所谓的报价“一言九鼎”。但是在招标人自主组织的“招投标”里,招标人可以不断地压价,投标人如果特别想中标,往往会不断让步。

第二个区别:招投标手续是否接受政府监督?如果企业到有形市场去办理招投标手续,不论招标人是委托招标代理机构办理招标还是自行办理招标,都必须接受相关政府部门的监督。而企业自行组织的“招投标”是企业自己的经营管理行为,不需要备案,也不需要接受政府监督。

第三个区别:招投标程序是否与《招标投标法》的规定一致?《招标投标法》及《招标投标法实施条例》规定下的招标、投标、开标、评标、中标,都有着非常严格的法定程序及相应的法定后果。而企业自己组织的“招投标”,程序是企业自己制定的。有的企业招投标程序较为完善,但这个程序也是根据企业需求制定的,并且在实际操作过程中往往也不会完全遵循既定的程序。

(三)未按规定办理招标面临的法律风险

1. 施工许可证无法办理

根据住建部第43号文的相关规定,必须招标未招标或者应当公开招标未公开招标的,均不予颁发施工许可证。

根据2021年3月30日发布的《建筑工程施工许可管理办法》(2021年修正)的相关规定,建设单位申请领取施工许可证,应当提交已经确定施工企业的证明文件,如果建设项目应当招标未招标,或应当公开招标未公开招标,将会导致所确定的施工企业无效,进而导致建设单位无法申请领取施工许可证。

2. 合同效力可能受到影响

《施工合同司法解释(一)》第1条第3款明确规定,建设工程必须进行招标而未招标或者中标无效的,建设工程施工合同无效。此外,发包人与承包人之间的结算也存在一定风险,需要结合案情作具体分析。

四、工程项目中标无效的法定情形

依法必须进行招标项目的招标投标活动违反《招标投标法》及《招标投标法实施条例》,对中标结果造成实质性影响且不能采取补救措施予以纠正的,招标、投标、中标无效,应当依法重新招标或者评标。中标无效的主要情形如下:

(一)投标人之间相互串通投标,中标无效

《招标投标法实施条例》第39条及第40条分别列举了投标人之间相互串通

投标以及可以视为相互串通投标的情形。

1. 属于串通投标的情形

第一,投标人协商投标报价等投标文件的实质性内容,即投标人在投标前私下协商投标报价等实质性内容,并纷纷按照商议后的实质性内容投标,以达到让特定人中标或者以特定价格中标的目的。

第二,投标人之间直接约定特定企业中标,即几个投标人相约投标,由事先约定好的某个特定企业中标,其他投标人只是陪标,走走过场。实践中这种现象在国内、国外都很常见,比如在有的地区,当地实力不错的几家企业可能采用这种方式轮流坐庄,轮流中标。

第三,投标人之间约定部分投标人放弃投标或者中标。只要符合招标人出具的投标主体资格要求,任何投标企业都有中标机会,投标人之间自行约定部分投标人放弃投标或中标的,中标无效。

第四,属于同一集团、协会、商会等组织成员的投标人按照该组织要求协同投标的,协同投标也是走过场,因此中标无效。

第五,投标人之间为谋取中标或者排斥特定投标人而采取的其他联合行动,此为兜底条款。

2. 视为投标人相互串通投标的情形

第一,不同投标人的投标文件由同一个单位或者个人编制。实践中还存在这样的情形,投标文件虽然由不同单位或者不同个人编制,但是由同一个人签名,或者是同一个人签了不同人的名字,或者是由同一台电脑、同一台打印机打印出来,也有可能视为投标人相互串通投标。

第二,不同投标人委托同一家单位或者个人办理投标事宜。不同的投标人不可以委托同一个招标代理机构办理投标,招标代理机构对委托人提供的与招标活动有关的情况和资料具有保密义务,如果允许招标代理机构多方代理,则不同投标人之间的投标报价代理机构都能知晓。就好比在同一起案件中,律师不能同时既代理原告又代理被告。

第三,不同投标人的投标文件载明的项目管理成员为同一人。这其实就是明显的挂靠,举个例子:张三同时挂靠了十几家企业,并分别以被挂靠企业的名义和资质进行投标,但所有投标文件中的项目管理成员都写张三,也就是不管最后哪家企业中标,实际上都是张三实际承接中标项目。

第四,不同投标人的投标文件异常一致或者投标报价呈现规律性差异。这一做法较为常见，比如说投标人甲企业和乙企业之间串标，为了省事，甲企业在制作标书时，直接在乙企业的投标文件上将每项报价增加两块钱就变成自己的投标报价；还有的投标文件甚至连标点符号的错误都是一致的。

第五，不同投标人的投标文件相互混装。比如投标文件袋外观显示投标人为甲企业，拆开后发现里面的投标文件是乙企业的，而投标文件袋外观显示投标人为乙企业，拆开后发现里面的投标文件是甲企业的。就是说，这两个投标人的投标文件混装了。什么时候会出现这种情况呢？当这两家企业的投标文件由同一个招标代理机构或者同一个人编制时，就可能出现错封的情况。当然，也有可能投标文件是由不同的代理机构或个人编制但由同一个人来封存，也会出现错封的情况，这种情形下同样被认定为串通投标。

第六，不同投标人的投标保证金从同一个单位或者个人的账户里转出。比如甲建筑企业找了乙、丙两家建筑企业参与陪标，乙、丙两家建筑企业的投标保证金均从甲企业的账户里转出，这种情形也构成串通投标。

（二）招标人与投标人相互串通投标，中标无效

《招标投标法实施条例》第 41 条列举了六种招标人与投标人相互串通投标的情形：

一是招标人在开标前开启投标文件并将有关信息泄露给其他投标人。比如招标人想将项目给某个特定的企业做，但是又担心价格过高导致该单位中不了标，或者中标价格过低，导致该单位可能亏损。面对这样的顾虑，招标人可能会铤而走险，在开标前开启其他投标人的投标文件并将相关信息告知特定的投标人。

二是招标人直接或者间接向投标人泄露标底、评标委员会成员等信息。参与投标的企业一旦知道了其他投标人的标底，在编制自己的投标文件时就很有优势，如果获取了评标委员会的成员信息，则投标企业可能私底下会去“做功课”，极易形成串通投标。

三是招标人明示或者暗示投标人压低或者抬高投标报价。

四是招标人授意投标人撤换、修改投标文件，这实际上就违反了《招标投标法》第 43 条“在确定中标人前，招标人不得与投标人就投标价格、投标方案等实质性内容进行谈判”的规定。

五是招标人明示或暗示投标人为特定的投标人中标提供方便。常见的就是招标人暗示其他投标人此次先不要中标，在另一个项目上让其中标等，以达到让

特定投标人中标的目的。

六是一项兜底条款，即招标人与投标人为谋求特定的投标人中标而采取的其他串通行为。

（三）投标人骗取中标，中标无效

《招标投标法》第 33 条规定："投标人不得以低于成本的报价竞标，也不得以他人名义投标或者以其他方式弄虚作假，骗取中标"；第 54 条规定："投标人以他人名义投标或者以其他方式弄虚作假，骗取中标的，中标无效……"《招标投标法实施条例》第 42 条对此进行进一步细化，规定使用通过受让或者租借等方式获取的资格、资质证书投标的，属于《招标投标法》第 33 条规定的以他人名义投标。以其他方式弄虚作假的行为主要有如下情形：（1）使用伪造、变造的许可证件；（2）提供虚假的财务状况或者业绩；（3）提供虚假的项目负责人或者主要技术人员简历、劳动关系证明；（4）提供虚假的信用状况；（5）其他弄虚作假的行为。

（四）招标代理机构或编制标底的中介机构行为不当引起的中标无效

根据《招标投标法》第 50 条及《招标投标法实施条例》第 65 条的相关规定，具有下列情形且影响中标结果的，中标无效：

1. 招标代理机构泄露应当保密的与招标投标活动有关的情况和资料的；

2. 招标代理机构与招标人、投标人串通损害国家利益、社会公共利益或者他人合法权益的；

3. 招标代理机构在所代理的招标项目中投标、代理投标或者向该项目投标人提供咨询的；

4. 接受委托编制标底的中介机构参加受托编制标底项目的投标或者为该项目的投标人编制投标文件、提供咨询的。

（五）招标人其他违规行为引起的中标无效

根据《招标投标法》第 52 条、第 55 条及第 57 条的规定，依法必须进行招标的项目的招标人向他人透露已获取招标文件的潜在投标人的名称、数量或者可能影响公平竞争的有关招标投标的其他情况的，或者泄露标底的，影响中标结果的，中标无效；招标人违规谈判，就投标价格、投标方案等实质性内容进行谈判，影响中标结果的，中标无效；招标人在评标委员会依法推荐的中标候选人以外确定中标人的或依法必须进行招标的项目在所有投标被评标委员会否决后自行确定中标人的，中标无效。

五、招标人原因导致中标无效需承担的法律责任

根据《招标投标法》第52条、第55条、第57条以及《招标投标法实施条例》第70条的规定，因招标人原因导致中标无效的，招标人及相关责任人员需要承担相应的法律责任。

（一）依法必须进行招标的项目的招标人向他人透露已获取招标文件的潜在投标人的名称、数量或者可能影响公平竞争的有关招标投标的其他情况的，或者泄露标底的

该种情形下，招标人将会被给予警告，可以并处1万元以上10万元以下的罚款；对招标人单位直接负责的主管人员和其他直接责任人员依法给予处分；构成犯罪的，依法追究刑事责任。

（二）招标人与投标人就投标价格、投标方案等实质性内容进行谈判的

该种情形下，招标人将会被给予警告，招标人单位直接负责的主管人员和其他直接责任人员将会依法被给予处分。

（三）招标人在评标委员会依法推荐的中标候选人以外确定中标人的、依法必须进行招标的项目在所有投标被评标委员会否决后自行确定中标人的

该种情形下，招标人将会被责令改正，行政主管部门可以视具体情节对招标人处中标项目金额千分之五以上千分之十以下的罚款，并对招标人单位直接负责的主管人员和其他直接责任人员依法给予处分。

（四）依法必须进行招标的项目的招标人不按照规定组建评标委员会，或者确定、更换评标委员会成员违反《招标投标法》及其实施条例规定的

该种情形下，有关行政监督部门将会责令招标人改正，并可以视具体情节处

10 万元以下的罚款,对招标人单位直接负责的主管人员和其他直接责任人员依法给予处分;违法确定或者更换的评标委员会成员作出的评审结论无效,依法重新进行评审。

由上可知,《招标投标法》及《招标投标法实施条例》对招标人违法违规招标的行为处罚是非常严厉的,发包人在进行招标时应当注意采取有效措施防范招标阶段可能产生的风险,不得违背公平、公正、公开的招标基本原则。

六、投标人串通投标或骗取中标需承担的法律责任

根据《招标投标法实施条例》第 67 条、第 68 条及第 72 条的相关规定,因投标人违规导致中标无效的,投标人需要承担相应的法律责任。

(一)投标人相互串通投标或者与招标人串通投标的,投标人向招标人或者评标委员会成员行贿谋取中标的

构成犯罪的,依法追究刑事责任;尚不构成犯罪的,依照《招标投标法》第 53 条的规定处罚。投标人未中标的,对单位的罚款金额按照招标项目合同金额依照《招标投标法》规定的比例计算。

如果投标人有下列情节特别严重情形之一的,由有关行政监督部门取消其 1 年至 2 年内参加依法必须进行招标的项目的投标资格:第一,以行贿谋取中标;第二,3 年内 2 次以上串通投标;第三,串通投标行为损害招标人、其他投标人或者国家、集体、公民的合法利益,造成直接经济损失 30 万元以上;第四,其他串通投标情节严重的行为。

(二)投标人以他人名义投标或者以其他方式弄虚作假骗取中标的

构成犯罪的,依法追究刑事责任;尚不构成犯罪的,依照《招标投标法》第 54 条的规定处罚。依法必须进行招标项目的投标人未中标的,对单位的罚款金额按照招标项目合同金额依照《招标投标法》规定的比例计算。

如果投标人有下列情节特别严重行为之一的,由有关行政监督部门取消其 1 年至 3 年内参加依法必须进行招标的项目的投标资格:第一,伪造、变造资格、资质证书或者其他许可证件骗取中标;第二,3 年内 2 次以上使用他人名义投标;第三,弄虚作假骗取中标给招标人造成直接经济损失 30 万元以上;第四,其他弄虚作假骗取中标情节严重的行为。

如果投标人具有上述八项情节特别严重行为之一且在处罚执行期限届满之日起3年内又再次违反的，或者串通投标、以行贿谋取中标情节特别严重的，或者弄虚作假骗取中标情节特别严重的，工商行政管理机关有权吊销营业执照。

由上可知，《招标投标法》及《招标投标法实施条例》对投标人违法违规投标的行为处罚是非常严厉的，承包人尤其应当关注实施条例中的规定，并采取有效措施防范投标阶段可能产生的风险。

七、招标投标在司法实践中的疑难法律问题

在为发包人和承包人提供专业法律服务的这些年里，笔者团队承办了大量的建设工程施工合同纠纷案件。总结起来，在项目的招投标阶段，主要存在以下三个疑难法律问题：

第一，非必须进行招标的项目经过了招投标，是否适用《招标投标法》。

第二，标前协议是否无效。

第三，“黑白合同”应如何认定和结算。

下面，笔者将结合现行的法律规范及多年来为企业提供法律服务积累的实务经验，对上述三个问题逐一进行解答。

（一）非必须进行招标的项目经过了招投标程序是否适用《招标投标法》

笔者讲“招投标”的时候，常常混淆了该项目是属于必须招投标的项目还是非必须招标的项目。如果属于必须招标的项目，毫无疑问必须适用《招标投标法》。如果不是必须招标的项目，那么是否需要适用《招标投标法》呢？

针对该问题，最高人民法院《关于审理建设工程施工合同纠纷案件适用法律问题的解释（二）》[以下简称原《施工合同司法解释（二）》]第9条规定，发包人将依法不属于必须招标的建设工程进行招标后，与承包人另行订立的建设工程施工合同背离中标合同的实质性内容，当事人请求以中标合同作为结算建设工程价款依据的，人民法院应予支持。

在原《施工合同司法解释（二）》发布前，司法实践对已进行招标的非必须招标项目，是否属于《招标投标法》的调整范围、是否应适用2004年10月25日发布的最高人民法院《关于审理建设工程施工合同纠纷案件适用法律问题的解释》（以下简称原《施工合同司法解释》）第21条规定处理“黑白合同”这个问题，始终

存在争议。一种观点认为,非必须招标项目不属于必须招标的项目范围,即使当事人自愿选择招标,也不属于《招标投标法》的调整范围,不存在“黑白合同”问题,不应适用原《施工合同司法解释》第 21 条规定;另一种观点恰恰与之相反,认为既然选择招标方式,就应受制于《招标投标法》的相关规定,存在“黑白合同”,应适用原《施工合同司法解释》第 21 条规定,以中标合同作为结算工程价款的依据。

原《施工合同司法解释(二)》第 9 条的规定终结了长达数年的非必须招标项目“黑白合同”争议,对定分止争、统一裁判标准有益,而最高人民法院于 2020 年 12 月 29 日发布的《施工合同司法解释(一)》也延续了该裁判准则,第 23 条规定,发包人将依法不属于必须招标的建设工程进行招标后,与承包人另行订立的建设工程施工合同背离中标合同的实质性内容,当事人请求以中标合同作为结算建设工程价款依据的,人民法院应予支持,但发包人与承包人因客观情况发生了在招标投标时难以预见的变化而另行订立建设工程施工合同的除外。

(二)标前协议是否无效

标前协议本身是否无效?有观点认为,标前协议肯定是无效的,理由是签订标前协议的行为构成串通招投标,故相应的中标合同也是无效的。这个观点是否准确呢?

笔者认为,这个观点不够准确。一方面,从形式上看,标前协议有的是必须进行招标的项目在未经过招投标之前签订的标前协议,也有的是非必须进行招标的项目先签订了一份协议,之后双方又走了招投标程序。另一方面,从内容上看,有的标前协议仅仅是关于项目合作的原则性大框架,不涉及具体的权利义务及主要合同条款;也有的标前协议涉及合同的价款、工期及质量等实质性内容。另外,还要看看标前协议是和个别投标人签订还是和所有投标人签订的,并且标前协议的形式及内容不同,得出的答案也是不一样的。

在最高人民法院(2015)民申字第 280 号民事裁定书中,最高人民法院认为非必须进行招标项目的标前协议并不必然无效:从时间上看,《建设工程施工合同》在《中标通知书》前签订。《招标投标法》第 43 条规定:“在确定中标人前,招标人不得与投标人就投标价格、投标方案等实质性内容进行谈判。”违反《招标投标法》第 43 条规定的,属于《招标投标法》第 3 条规定必须进行招标的建设项目,《招标投标法》在第 55 条中规定中标无效,但不属于《招标投标法》第 3 条规定必须进行招标的建设项目,《招标投标法》中并无相应条款规定中标无效。可见,《招标投标法》第43条规定系从行政管理角度规范招标人在公开开标前订立合同的要求,属于管理性强制性规定,并非效力性强制性规定。而本案工程既非大型基础设施、公用事业等关系社会公共利益、公众安全的项目,亦非全部或者部分使用国有资金投资或者国家融资的项目,更非使用国际组织或者外国政府贷款、援助资金的项目,即不属于《招标投标法》第3条规定必须进行招标的建设项目。据此,上述《建设工程施工合同》在《中标通知书》前签订,虽然违反《招标投标法》第43条规定,但不必然无效。

(三)"黑白合同"应如何认定和结算

1."黑白合同"的认定

"黑白合同"并不是一个法律术语,而是建筑行业内的惯称。"黑白合同"也称"阴阳合同",通俗地讲,就是在经过招投标的项目中,发包人与承包人先后分别就同一个建设工程签订了两份实质性内容相异的合同。其中一份是根据招投标文件签订的中标合同,即"白合同";另一份是双方私下签订的合同,是双方实际履行的依据,即"黑合同"。实践中,"黑白合同"最为常见的差异在于工程价款的结算原则不同,当然工期、质量等实质性内容相异的也不少。

"黑白合同"是建筑市场普遍存在的现象,也是这个行业的潜规则之一。随着政府规范整顿建筑市场力度的加大,"黑白合同"不是越来越少,反而越来越多。一方面,根据《招标投标法》的相关规定,属于必须进行招标的项目需要经过招投标程序选择中标人;另一方面,发包人为实现利益最大化而不断想方设法将成本降到最低,且建筑行业僧多粥少的现状,又决定了很多承包人愿意在极其微薄的利润下承接项目。在这样的行业大背景下,"黑白合同"尤为盛行。

那么,什么样的合同构成"黑白合同"呢?根据《最高人民法院建设工程施工合同司法解释(二)理解与适用》①一书中的相关解读,黑合同对白合同的"实质性违反或背离"是指在工程范围、建设工期、工程质量、工程价款等四个方面对白合同的内容实质性违反或背离,而不是指一般的合同内容变更或其他条款的修改。这里的工程范围是指承包人按照合同约定所承包的具体工作内容,不仅仅指建筑物或者构筑物的结构与面积等;建设工期是施工人完成施工工程的时间或者期

① 参见最高人民法院民事审判第一庭编:《最高人民法院建设工程施工合同司法解释(二)理解与适用》,人民法院出版社2019年版,第48~52页。

限;工程质量是指依照国家现行有效的法律、法规、技术标准、设计文件和合同约定,对工程的安全、适用、经济、环保、美观等特性的综合要求;工程价款是指发包人按照合同约定应当支付给承包人为其施工的对价。值得注意的是,《施工合同司法解释(一)》第 2 条所列四项构成"合同实质性内容"的因素,并未排除其他可能的因素,需要根据建设工程及当事人的具体情况进行确定。①

但司法实践中,何种程度为"实质性违反或背离"却没有明确的标准,导致容易出现不同的判决认定。举例说明:比如双方在中标合同中确定的总工期为 300 天,其后双方当事人签订了另一份合同,将总工期重新约定为 200 天。在这种情形下,构成"黑白合同"没有异议。但是,假如后签订的这份合同中将工期重新约定为 290 天,与中标合同仅相差 10 天,是否构成"黑白合同",这个时候就出现争议了。"黑白合同"中实质性内容的不一致是多大程度上的不一致,难以有统一的标准。同时,在建设工程领域,"黑白合同"的表现形式极其复杂,比如发包人利用先天的优势地位要求承包人另行签订总造价让利的承诺书;或者要求承包人以高于市价的价格购买发包人的房屋;或者要求承包人为其免费施工附属设施,等等。实践中"黑白合同"的表现形式多种多样,需要结合具体情况加以判断。因此,《施工合同司法解释(一)》在前述规定基础上又作了补充,第 2 条第 2 款规定:"招标人和中标人在中标合同之外就明显高于市场价格购买承建房产、无偿建设住房配套设施、让利、向建设单位捐赠财物等另行签订合同,变相降低工程价款,一方当事人以该合同背离中标合同实质性内容为由请求确认无效的,人民法院应予支持。"

笔者认为,认定"不一致"时不应过于机械,应当具体情况具体分析。例如,一份 5000 万元的中标合同,补充合同增加了 50 万元,使合同总价变为 5050 万元,就不宜简单认定补充合同构成"黑合同"。而一份 1000 万元的中标合同,补充合同将其变更为 1500 万元,可能就构成"黑白合同"了。从最高人民法院的审判指导思想及司法实践来看,法院对"黑白合同"中实质性内容的认定是比较谨慎的,且司法实践中对黑白合同的认定,基本上是从宽到紧,再到适度宽松。冯小光

---

① 根据《最高人民法院建设工程施工合同司法解释(一)理解与适用》中的相关观点,除了建设工程范围、建设工期、工程质量和工程价款外,特定情形下,也可能存在背离根据招标文件和中标文件签订的合同的实质性内容的协议。凡是排除其他投标人中标的可能或者提高其他投标人中标条件的内容,或者对招标人和中标人的权利义务产生较大影响的都可能构成《招标投标法》第 46 条第 1 款中的"合同实质性内容"。所以《施工合同司法解释(一)》第 2 条只是列举工程范围、建设工期、工程质量与工程价款,而未排除其他可能的因素。

在《回顾与展望——写在〈最高人民法院关于审理建设工程施工合同纠纷案件适用法律问题的解释〉颁布实施三周年之际》一文中作了比较好的阐述："从宽把握'实质性内容'的底线，是从宽把握的幅度不能与法律规定、国家标准、行业规范相悖。像通过经济洽商记录减少后的工程价款不能低于工程成本，缩短后的工期不能违反建设工程施工行业的工艺流程所必须的周期、不能违反建筑施工应当遵循的自然规律。像水泥板结存在自然周期，违反自然规律在水泥未完全板结前开始下一个工序抢工期，这种行为必然会降低水泥的设计强度，必然会影响工程质量，违反国家标准甚至国家强制性标准。突破上述底线的，人民法院应当坚决认定当事人另行签订了'黑白合同'。"

此外，认定黑白合同时，还应将合同履行过程中出现的"合同变更"及"签证"情形与"黑白合同"加以区分。

施工合同较为复杂且专业性较强，在签约时发包人和承包人不可能将所有的问题都约定得很清楚，而且在后续合同履行过程中经常会出现许多新的变化，因此，在签订中标合同后可能会再行签订补充协议或修改原合同中的部分条款，对此前未约定或约定不明的问题加以明确。必须进行招标的项目签订合同时虽然应优先适用《招标投标法》，但同时也要适用《民法典》合同编及建设工程合同章节等相关法律规定。除了在工程范围、工期、质量、价款等实质性内容上必须与中标合同一致外，其他非实质性内容的合同条款，经双方协商一致是可以变更的，只要该变更不属于《民法典》规定的合同无效情形，就是合法有效的合同变更。

对于施工过程中出现的"签证"，因该签证行为产生的价格确认是否构成"黑合同"呢？一般情况下，签证是双方在合同实际履行过程中达成的新的补充协议，但签证成立与否仍然要以签证的事件以及中标合同的约定为基础，一份合法有效的签证不是"黑合同"。但是，如果以签证的名义在毫无事实基础支持的情况下不合理增加合同价格的，实际上就可能构成"黑合同"。

另外，在判断一份补充协议，比如结算协议是否构成"黑合同"时，发包人和承包人可以结合以下因素加以考虑：

第一，补充协议的内容是否发生了实质性的变更，如涉及工程范围、工程价款、工期、质量的内容。这里要注意排除价格微调的情况。

第二，补充协议的签订时间与招投标的时间间隔情况，如果在中标前后时间间隔很短的情况下，工程价款就产生巨大差别的，很有可能是排挤竞争对手的一种手段，可以结合其他证据将其认定为"黑合同"。

第三,补充协议的签订背景为何?施工过程中是否发生新的变化,或者订立合同时的客观情况是否发生了变化?比如签证就是因为施工过程中发生了新情况,合同双方对由此产生的费用和延误的工期的承担问题达成的一致意见。

第四,补充协议的签订目的也需要考虑。如果签订补充协议的目的是规避《招标投标法》,排挤其他竞争对手,违反了公平、公正、公开原则的,应当构成“黑合同”。

2. 黑白合同的结算原则

《施工合同司法解释(一)》第 2 条第 1 款规定,“招标人和中标人另行签订的建设工程施工合同约定的工程范围、建设工期、工程质量、工程价款等实质性内容,与中标合同不一致,一方当事人请求按照中标合同确定权利义务的,人民法院应予支持。”以上规定确立了“黑白合同”情形下以“中标合同”为准进行结算的原则。

为了准确理解该规定,发包人和承包人需要重点把握以下几点:

第一,该规定的适用必须同时具备两个前提条件:一是项目经过招投标;二是中标有效。如果项目经过招投标但中标无效的,因中标无效,相应的中标合同也无效。那发包人和承包人签订的多份施工合同均无效时,应以何为准进行结算?《施工合同司法解释(一)》第 24 条规定:“当事人就同一建设工程订立的数份建设工程施工合同均无效,但建设工程质量合格,一方当事人请求参照实际履行的合同关于工程价款的约定折价补偿承包人的,人民法院应予支持。实际履行的合同难以确定,当事人请求参照最后签订的合同关于工程价款的约定折价补偿承包人的,人民法院应予支持。”关于合同无效情形下工程价款如何结算的问题,具体参见本书专题四“合同效力”。

第二,合同与招投标文件不一致时,应以何为准?《施工合同司法解释(一)》第 22 条规定:“当事人签订的建设工程施工合同与招标文件、投标文件、中标通知书载明的工程范围、建设工期、工程质量、工程价款不一致,一方当事人请求将招标文件、投标文件、中标通知书作为结算工程价款的依据的,人民法院应予支持。”《招标投标法》第 46 条规定,招标人和中标人应当自中标通知书发出之日起 30 日内,按照招标文件和中标人的投标文件订立书面合同。招标人和中标人不得再行订立背离合同实质性内容的其他协议。也就是说,中标合同实质性内容就是招标文件、投标文件及中标通知书中确定的实质性内容。同时,《招标投标法实施条例》第 57 条第 1 款再次明确中标合同实质性内容应与招投标文件保持一致的原则,即“招标人和中标人应当依照招标投标法和本条例的规定签订书面合同,合同的标的、价款、质量、履行期限等主要条款应当与招标文件和中标人的投标文件的内容一致。招标人和中标人不得再行订立背离合同实质性内容的其他协议”。因此,中标合同与招投标文件不一致的情形下,应当以招投标文件约定的结算原则为准,这与《招标投标法》及《招标投标法实施条例》的立法本意相符。

针对建筑行业常见的“黑白合同”的问题,为尽量减少发包人及承包人的风险,以及后续实际履行过程中的争议,笔者建议如下:一是双方应尽可能避免就同一工程签订多份内容不同合同的情形;二是如果因特殊情况确实必须出现多份不同版本的合同,则尽可能将工程范围、合同价格、计价方式、工程量清单、付款条件、工期、质量标准、主要违约条款等关键条款保持一致;三是双方应以书面形式明确实际履行的合同是哪一份合同。

(四)变动中的施工合同备案制度

原《施工合同司法解释》第 21 条中规定“以备案的中标合同”为准结算工程价款。原《施工合同司法解释(二)》第 1 条,则删除了“备案”这一表述,仅规定以“中标合同”确定权利义务。《施工合同司法解释(一)》第 2 条也仅规定以“中标合同”确定权利义务。施工合同的备案制度过去作为行政主管部门管理建筑市场的一种措施,对于加强建筑行业市场监管、促进行业规范健康发展发挥了重要作用。但是,随着中央简政放权、深化“放管服”及优化营商环境改革的开展,施工合同备案制度开始迎来变动。

2018 年 5 月 14 日,国务院办公厅发布《关于开展工程建设项目审批制度改革试点的通知》,明确提出要取消施工合同备案。而随着中央简政放权、深化放管服改革、优化营商环境的改革不断深入,施工合同备案制度也迎来了较大幅度的改革。部分省市已经出台规定,取消施工合同备案。正是在这个大背景下,最高人民法院顺应政策形势在司法解释中删除“备案”二字。当然,发包人和承包人需注意,不同省或市对施工合同备案的项目范围等内容有不同的规定。备案仅是一种行政管理手段,对于招投标及合同的效力一般不会产生影响,而具体项目是否需要进行施工合同备案,需要视建设项目所在地建设主管部门的相关规定而定。

八、典型案例

【案情简介】

2012 年 5 月,A 建筑公司经中间人介绍,得知 B 开发公司为建某楼盘正在对外“招标”施工单位,且“投标”即将截止。A 建筑公司即按照中间人提供的信息制作了投标文件,并缴纳了 200 万元的“投标保证金”。6 月,B 开发公司通过中间人告知 A 建筑公司已中标,并发出中标通知书。此后,A 建筑公司与 B 开发公司进行了多轮磋商,但由于 B 开发公司提供的施工合同显失公平,强加给 A 建筑公司许多不对称的苛刻条款,致使合同未能签订。一个月后,B 开发公司致函 A 建筑公司,称:因 A 建筑公司未在法律规定的时限内与 B 开发公司签订合同,故依据《招标投标法》《中标通知书》及招标文件和投标文件的内容,可视为 A 建筑公司自动放弃中标。B 开发公司将重新组织招标,并依据相关法律规定及招投标文件内容没收 A 建筑公司 200 万元投标保证金并追究 A 建筑公司的违约责任。A 建筑公司回函,认为其之所以未能签订合同,原因在于 B 开发公司强加了众多显失公平的条款,双方就具体的合同条款一直未能达成一致,其主要原因在于 B 开发公司,故 A 建筑公司向 B 开发公司索要投标保证金,最终双方诉至法院。

【争议焦点】

1. 本案中,B 开发公司是否能适用《招标投标法实施条例》,没收 A 建筑公司缴纳的“投标保证金”。

2. 若 B 开发公司不能依据《招标投标法实施条例》,那是否有权依据其他法律规定,没收 A 建筑公司缴纳的所谓“投标保证金”。

3. B 开发公司招标行为是否属于邀请招标。

【审理结果】

法院在案件审理过程中,与代理律师进行多次沟通,并结合代理律师查明的相关事实,认为 B 开发公司的招标行为不属于《招标投标法》及《招标投标法实施条例》规定的招标行为,该“投标保证金”也不能适用上述法律规定予以没收,最终判决 B 开发公司返还 A 建筑公司投标保证金。

【合规建议 · 仲裁选择】

对于争议焦点 1:本案中,B 开发公司是否能适用《招标投标法实施条例》,没收 A 建筑公司缴纳的“投标保证金”? 接受本案件后,代理律师第一时间前往项目所在地招标投标管理部门调查,发现该项目并未办理招标投标手续。根据《招标投标法》第 3 条的规定,必须进行招投标的项目有三类:(1) 大型基础设施、公用事业等关系社会公共利益、公众安全项目;(2) 全部或者部分使用国有资金投资或者国家融资的项目;(3)使用国际组织或者外国政府贷款、援助资金的项目。目前商品住宅项目已经不属于必须进行招投标的关系社会公共利益、公众安全的项目,但在本案发生时商品住宅项目是否要求进行公开招投标,各地实施不尽相同。一般来说,经济房、保障房项目是必须进行招投标的。而《招标投标法》第12条及第47条规定,依法必须进行招标的项目,招标人应当向有关行政监督部门备案或提交招标投标情况的书面报告,便于政府对该项目进行有效的监管。从仲裁视角来看,代理律师对本案所涉项目进行了调查,虽然表面上该项目存在所谓的招投标文件,但事实上并没有进行招投标备案。因此,即使本案所涉项目必须进行招投标,但由于B开发公司违反了《招标投标法》的规定,未向行政监督部门备案,且B开发公司提出了苛刻的附加条件才是导致合同无法签订的原因,因此B开发公司不能依据《招标投标法实施条例》规定没收A建筑公司的"投标保证金"。

对于争议焦点2:若B开发公司不能依据《招标投标法实施条例》,那是否有权依据其他法律规定没收A建筑公司缴纳的"投标保证金"? B开发公司能否依据当时有效的《合同法》中有关"定金"的规定,没收"投标保证金"呢? 笔者认为,本案A建筑公司与B开发公司的行为其实属于合同签订前的竞争性谈判,由于双方并未最终签订《建设工程施工合同》,因此尚未有"约",A建筑公司的行为显然并不属于违约,因此B开发公司无权依据《合同法》中关于定金条款的规定没收所谓的"投标保证金"。A建筑公司是否要承担缔约过失责任呢? 从仲裁视角来看,在谈判过程中,B开发公司出于自身利益的考虑,强加了许多显失公平的合同条款,A建筑公司当然有权拒签。即使A建筑公司签订了该份施工合同,也可以申请法院予以撤销。显然,A建筑公司在本案中不存在缔约过失责任。因此,A建筑公司既不违约,也无缔约过失责任,B开发公司应将收取的所谓"投标保证金"返还给A建筑公司,否则就是不当得利。

对于争议焦点3:审理过程中,B开发公司的代理人还提出本案适用《招标投标法》中的邀请招标,所以没有公开招标,也没有进行备案。笔者认为:首先,邀请招标也是招投标的一种形式,是招标人以投标邀请书的方式邀请特定的法人或者其他组织投标,因此必须符合《招标投标法》的一般规定。邀请招标虽然在潜在投标人的选择和通知形式上与公开招标有所不同,但其所适用的程序和原则与公开招标是相同的,其在开标、评标标准等方面都是公开的,也必须对中标合同进行备案。其次,邀请招标不同于一对一的竞争性谈判。它只是投标的对象由招标人确定,开标、评标都必须依法公开进行,因此邀请招标仍不失其公开性;而一对一竞争性谈判由于不具有公开性,更多体现的是契约自由。因此,若本案所涉项目采用的是邀请招标,招标程序也必须进场、备案,接受行政主管部门监督。B 开发公司的抗辩显然是不能成立的。

专题四

合同效力

【本专题内容概览】

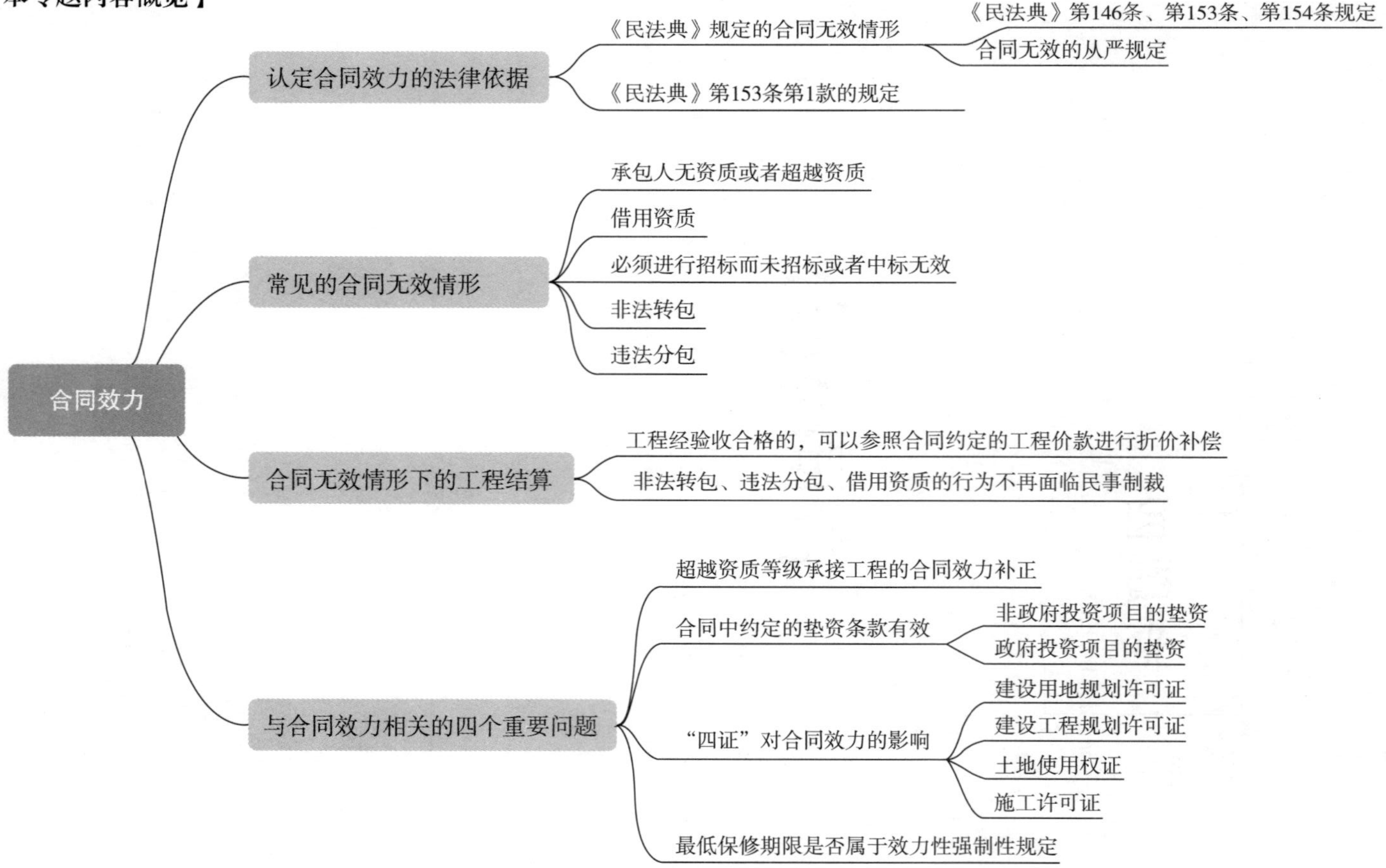
合同效力
认定合同效力的法律依据
《民法典》规定的合同无效情形
《民法典》第146条、第153条、第154条规定
合同无效的从严规定
《民法典》第153条第1款的规定
常见的合同无效情形
承包人无资质或者超越资质
借用资质
必须进行招标而未招标或者中标无效
非法转包
违法分包
合同无效情形下的工程结算
工程经验收合格的，可以参照合同约定的工程价款进行折价补偿
非法转包、违法分包、借用资质的行为不再面临民事制裁
与合同效力相关的四个重要问题
超越资质等级承接工程的合同效力补正
合同中约定的垫资条款有效
非政府投资项目的垫资
政府投资项目的垫资
“四证”对合同效力的影响
建设用地规划许可证
建设工程规划许可证
土地使用权证
施工许可证
最低保修期限是否属于效力性强制性规定

在处理工程项目纠纷时，首先要考虑的就是合同效力问题。尤其是在诉讼仲裁阶段，合同有效与否往往直接决定了官司怎么打。工程领域的合同效力问题非常复杂，相信不论是建设单位还是施工单位，都有这样共同的感受。实际上，合同效力问题常常也是工程案件审理中的一个疑难复杂问题。有时候也会遇到一个工程合同纠纷，一审时法院判决认定合同无效，二审法院又判决认定合同有效，可能启动再审后，又回到了一审法院的认定——合同无效。笔者不禁想了解：在工程领域，认定合同效力的法律依据和标准究竟是什么？哪些情形会导致合同无效？合同无效情形下工程价款又如何结算？本专题尝试就此进行探讨。

一、认定合同效力的法律依据

一份合法有效的合同，除了具备双方当事人真实意思表示的合意以外，还要求合同的主体、内容、形式等都是合法的。最新施行的《民法典》对工程合同的效力问题作了具体规定。

（一）《民法典》规定的合同无效情形

《民法典》第 146 条规定："行为人与相对人以虚假的意思表示实施的民事法律行为无效。以虚假的意思表示隐藏的民事法律行为的效力，依照有关法律规定处理。"第 153 条规定："违反法律、行政法规的强制性规定的民事法律行为无效。但是，该强制性规定不导致该民事法律行为无效的除外。违背公序良俗的民事法律行为无效。"第 154 条规定："行为人与相对人恶意串通，损害他人合法权益的民事法律行为无效。"

在《民法典》生效前，最高人民法院先后两次通过司法解释对合同效力的认定问题作了限缩性解释。其中，最高人民法院《关于适用〈中华人民共和国合同法〉若干问题的解释（一）》［以下简称《合同法司法解释（一）》，已失效］第 4 条规定："……人民法院确认合同无效，应当以全国人大及其常委会制定的法律和国务院制定的行政法规为依据，不得以地方性法规、行政规章为依据。"最高人民法院《关于适用〈中华人民共和国合同法〉若干问题的解释（二）》［以下简称《合同法司法解释（二）》，已失效］第 14 条规定："合同法第五十二条第（五）项规定的'强制性规定'，是指效力性强制性规定。"

从上述司法解释的规定可以看出,法院在认定合同效力时,主要遵循两个原则:第一,法院确认合同无效,只能以全国人大及其常委会制定的法律及国务院制定的行政法规为法律依据;第二,《合同法》第 52 条第 5 项中的“强制性规定”,仅仅指效力性强制性规定,不包括管理性强制性规定在内。

由此可知,在法院或仲裁机构审理案件的实践中,对合同无效的认定态度是“从严”,尽可能维护合同的有效性。

(二)如何理解《民法典》第 153 条第 1 款的规定

建筑领域的合同比较特殊,特殊在哪里？大家知道,民商事合同的一大核心原则就是“意思自治”,但建筑领域的合同是“有条件的意思自治”。这个“条件”,其实就是指施工合同要受到更多国家建设行政规范的约束。

从现行的整个规范建筑领域的法律体系来看,涉及施工合同的强制性规范有六十多条,是不是所有的强制性规定都会对合同效力产生影响呢？如前所述,《合同法司法解释(二)》第 14 条已明确规定,仅效力性强制性规定才对合同效力产生影响。所以,需要进一步思考的是:在这六十多条强制性规范中,哪些是管理性强制性规范？哪些是效力性强制性规范？这是判断施工合同是否有效的关键点。但对此,相关司法解释并没有明确界定的标准或进行分类列举。

综合理论界和实务界的主流观点,如何判断效力性强制性规范还是管理性强制性规范,主要看三个方面:一是这个强制性规范是针对一方还是当事人双方,比如山西有个公务员参与了煤矿的股权投资,然后合作方以该公务员参与投资违反了公务员法的强制性规定主张合作合同无效,那么公务员禁止经商是效力性强制性规范吗？主流观点认为不是,因为这个规范只是针对公务员,不是针对双方。二是强制性规范所指向的行为是否为法律所绝对禁止,比如说贩毒,这是法律所绝对禁止的,所以,关于贩毒的合同无效。三是违反这个规范有无触犯国家公共利益或公众安全,如果触犯了公共利益或公众安全,那么该规范是效力性强制性规范,否则,则是管理性强制性规范,如国家关于规划许可的规范是法律的底线,如果没有取得规划许可证就进行施工,意味着一条大马路中间可以随意被一栋建筑物阻断,这是不可想象的事,触犯了公共利益。所以,司法实践中,对没有取得建设用地规划许可证或建设工程规划许可证就施工,甚至房屋建成已出租的,这种情形下订立的施工合同或者房屋租赁合同,都认定为无效合同。

2019 年 11 月 8 日,最高人民法院下发《关于印发〈全国法院民商事审判工作会议纪要〉的通知》(以下简称《九民纪要》),其中第 30 条第 2 款就涉及“强制性规定”的识别问题,“人民法院在审理合同纠纷案件时,要依据《民法典》第 153 条第 1 款和《合同法司法解释(二)》第 14 条的规定慎重判断‘强制性规定’的性质,特别是要在考量强制性规定所保护的法益类型、违法行为的法律后果以及交易安全保护等因素的基础上认定其性质,并在裁判文书中充分说明理由。下列强制性规定,应当认定为‘效力性强制性规定’:强制性规定涉及金融安全、市场秩序、国家宏观政策等公序良俗的;交易标的禁止买卖的,如禁止人体器官、毒品、枪支等买卖;违反特许经营规定的,如场外配资合同;交易方式严重违法的,如违反招投标等竞争性缔约方式订立的合同;交易场所违法的,如在批准的交易场所之外进行期货交易。关于经营范围、交易时间、交易数量等行政管理性质的强制性规定,一般应当认定为‘管理性强制性规定’”。

结合到建设工程领域,对涉及该领域的效力性强制性规范进行列举细分的话,笔者可以作如下分类:

在建筑工程领域,涉及效力性强制性规定的法律和行政法规主要有两大类:一类与保障工程质量相关,如《建筑法》《建设工程质量管理条例》等;另一类与维护建筑市场公平竞争秩序相关,如《招标投标法》《招标投标法实施条例》等。

司法实践中,裁判机关在认定施工合同效力时一般也遵循三大原则:一是质量第一原则。凡是保障建筑工程质量的强制性规定,就属于效力性强制性规定,违反该规定的,则合同无效,如没有资质的实际施工人借用有资质的建筑企业名义施工的,所签订的合同为无效合同。二是坚持规范建筑市场秩序原则。凡是维护建筑市场公平竞争秩序的规定,就属于效力性强制性规定,违反该规定则合同无效,如必须招标的项目未招标或者虽招标但中标无效的,所签订的施工合同也无效。三是慎用合同无效原则。我国建筑市场极不规范、违法违规现象多,这是目前的大环境大背景。为了尽可能确保合同双方当事人的权益,法院在司法实践中以慎用合同无效为原则。

二、常见的合同无效情形

围绕《民法典》《建筑法》《招标投标法》等相关法律规定的立法旨意,《施工合同司法解释(一)》第 1 条明确规定,出现下列五种情形之一的,合同无效:

(一)承包人未取得建筑施工企业资质或者超越资质等级承揽建设工程的

工程质量是建设工程的生命,而建筑施工企业的建筑施工能力是保证工程质量的前提条件。因此,《建筑法》对从事建设工程的主体设置了严格的市场准入制度。其中,第 12 条规定:"从事建筑活动的建筑施工企业、勘察单位、设计单位和工程监理单位,应当具备下列条件:(一)有符合国家规定的注册资本;(二)有与其从事的建筑活动相适应的具有法定执业资格的专业技术人员;(三)有从事相关建筑活动所应有的技术装备;(四)法律、行政法规规定的其他条件。"第 13 条规定:"从事建筑活动的建筑施工企业、勘察单位、设计单位和工程监理单位,按照其拥有的注册资本、专业技术人员、技术装备和已完成的建筑工程业绩等资质条件,划分为不同的资质等级,经资质审核合格,取得相应等级的资质证书后,方可在其资质等级许可的范围内从事建筑活动。"第 26 条规定:"承包建筑工程单位应当有依法取得的资质等级证书,并在其资质等级许可的业务范围内承揽工程。禁止建筑施工企业超越本企业资质等级许可的业务范围或者以任何形式用其他建筑施工企业的名义承揽工程。禁止建筑施工企业以任何形式允许其他单位或者个人使用本企业的资质证书、营业执照,以本企业的名义承揽工程。"

《建筑法》作出上述规定的立法宗旨,在于通过对建筑市场设置严格的准入制度,来保障建设工程的质量及安全。因此,承包人没有取得资质或者超越资质等级承揽工程所签的施工合同,根据《民法典》第 153 条第 1 款的规定,合同无效。需要注意的是,目前我国就建设工程企业的资质类型和等级正在进行大幅改革,2020 年 11 月 30 日,住房和城乡建设部为进一步放宽建筑市场准入限制,优化审批服务,激发市场主体的活力,印发了《〈建设工程企业资质管理制度改革方案〉的通知》(建市〔2020〕94 号,以下简称《建设工程企业资质管理制度改革方案》),大力精简企业资质类别,归并等级设置,简化资质标准。

(二)没有资质的实际施工人借用有资质的建筑施工企业名义承揽工程的

如前所述,从事建筑活动的建筑施工企业只有在取得相应等级的资质证书后才能在其资质等级许可的范围内从事建筑活动。《建筑法》第 26 条第 2 款还明确规定,禁止建筑施工企业超越本企业资质等级许可的业务范围或者以任何形式用其他建筑施工企业的名义承揽工程。禁止建筑施工企业以任何形式允许其他单位或者个人使用本企业的资质证书、营业执照，以本企业的名义承揽工程。禁止总承包单位将工程分包给不具备相应资质条件的单位。

在建筑市场上，有相当一部分施工单位或个人不具备承接工程的法定资质条件，于是通过借用具有法定资质建筑施工企业的名义对外承揽工程。对于出借资质的一方，它既可以收取一定的管理费，又可以积累年度业绩；对于借用资质的一方，它本身是无资格承接该类工程的，却通过支付管理费的方式借用他人名义做项目，赚取利润。这种现象看起来双方均有利可图，在业内也极为常见，但不可忽视的是很多建筑企业因为挂靠产生了巨大的风险，交了很多的学费。有专家认为：挂靠现象之所以生命力顽强，与国家的建筑市场资质管理制度有着密不可分的联系，也有一定的道理。

在司法实践中，实际施工人借用建筑企业的资质承揽工程的表现形式有很多形态，如无资质的施工单位挂靠在具有资质的建筑企业名下，以建筑企业的名义对外承揽工程；个人以“内部承包”作为掩饰，挂靠在具有资质的建筑企业名下，以建筑企业的名义对外承揽工程；无资质的施工单位或个人与具有资质的建筑企业采用名为“联营”、实为“挂靠”的形式对外承接工程，等等。

（三）建设工程必须进行招标而未招标或者中标无效的

这一条规定的法律依据来源于《建筑法》及《招标投标法》的相关规定。《建筑法》第22条规定，建筑工程依法必须进行招投标的，发包单位应当将建筑工程发包给依法中标的承包单位，由依法中标的承包单位承建。建筑工程实行直接发包的，发包单位应当将建筑工程发包给具有相应资质条件的承包单位。

《招标投标法》是规范建筑市场招投标活动的具有公法性质的一部法律，它对建筑项目的招投标活动及程序作了严格规定。《招标投标法实施条例》对《招标投标法》进一步作出细化规定，使其更具有可操作性，更加有利于维持市场交易的公开、公平、公正即“三公原则”。按照相关法律规定，必须进行招标的项目，其招标投标活动必须符合法律规定。2018年3月27日，国家发展和改革委员会印发《必须招标的工程项目规定》，限缩了必须招标的工程项目范围。同时，2018年6月6日，国家发展和改革委员会又印发了发改委第843号文，明确了哪些基础设施和公用事业项目必须招标。只有符合法律规定的中标，在此基础上签订的施工合同，才是合法的施工合同。如果中标无效，则必然导致合同无效。《施工合同司法解释(一)》第 1 条第 1 款第 3 项的设置,正是以规范建筑市场项目的招标投标活动为目的,以此维护建筑市场的正常交易秩序。

(四)承包人非法转包建设工程的

《建筑法》第 28 条明确规定禁止转包,即禁止承包单位将其承包的全部建筑工程转包给他人,禁止承包单位将其承包的全部建筑工程肢解以后以分包的名义分别转包给他人。《建设工程质量管理条例》第 78 条对非法转包作出了界定,转包就是指承包单位承包建设工程,不履行合同约定的责任和义务,将其承包的全部建设工程转给他人或者将其承包的全部建设工程肢解以后以分包的名义分别转给其他单位承包的行为。

根据上述规定,转包主要有两种形式:第一,承包人将承接来的工程全部转给另外一家施工单位进行施工;第二,承包人将承接来的工程分成若干块,分包给数家施工单位进行施工。如果承包人存在上述转包行为的,转包行为无效,基于转包行为而签订的合同也无效。

(五)承包人违法分包建设工程的

《建筑法》第 29 条明确规定,建筑工程总承包单位可以将承包工程中的部分工程发包给具有相应资质条件的分包单位;但是,除总承包合同中约定的分包外,必须经发包人认可。施工总承包的,建筑工程主体结构的施工必须由总承包单位自行完成。禁止总承包单位将工程分包给不具备相应资质条件的单位。禁止分包单位将其承包的工程再分包。《建设工程质量管理条例》第 78 条就违法分包行为作出了概括性规定,指出违法分包主要包括以下四种情形:(1)总承包单位将建设工程分包给不具备相应资质条件的单位的;(2)建设工程总承包合同中未有约定,又未经发包人认可,承包单位将其承包的部分建设工程交由其他单位完成的;(3)施工总承包单位将建设工程主体结构的施工分包给其他单位的;(4)分包单位将其承包的建设工程再分包的。

如果承包人存在上述违法分包行为的,违法分包行为无效,基于违法分包行为而签订的合同也无效。

除上述《施工合同司法解释(一)》第 1 条规定的五种法定的合同无效情形外,如果双方当事人签订的合同存在《民法典》规定的其他导致合同无效情形的,仍然可能导致合同无效。

三、合同无效情形下的工程结算

根据法律规定，合同有效，则双方的权利义务按照合同约定的条款执行；合同无效，则合同中除了有关争议解决方式的约定有效外，其余合同条款均为无效。因此，合同无效情形下，建设企业和施工企业最关心的问题就是，合同无效后工程价款应如何结算？这里，需要区分工程是否验收合格，区分不同情况进行分析：

（一）工程经验收合格的，可以参照合同约定的工程价款进行折价补偿

《民法典》第155条规定："无效的或者被撤销的民事法律行为自始没有法律约束力。"第157条规定："民事法律行为无效、被撤销或者确定不发生效力后，行为人因该行为取得的财产，应当予以返还；不能返还或者没有必要返还的，应当折价补偿。"第793条第1款规定："建设工程施工合同无效，但是建设工程经验收合格的，可以参照合同关于工程价款的约定折价补偿承包人。"该条规定中的"参照合同关于工程价款的约定折价补偿"给了法官一定的自由裁量权。法官在认定工程结算款时，有可能直接依据合同约定来确定结算款，也可能只是参照合同约定而最终认定的结算款低于合同约定。

准确理解上述条款的意思，需要把握以下含义：

第一，合同无效情况下，参照合同约定支付工程款的前提是工程必须经验收合格。在建设工程领域，工程质量是建筑工程的生命。根据《建筑法》及相关行政法规范规定可知，保证工程质量是立法的主要目的，也是立法的出发点。《民法典》、《建筑法》及《建设工程质量管理条例》均规定，未经验收或者验收不合格的建设工程，不得交付使用。在建设工程经竣工验收合格后，就《建筑法》立法的根本目的而言，无效合同与有效合同已无太大的区别，发包人就该工程享有的使用价值是完全可以实现的。因此，发包人也应当向承包人支付相应的价款。

第二，参照实际履行的合同约定，进行折价补偿。《民法典》第157条规定："民事法律行为无效、被撤销或者确定不发生效力后，行为人因该行为取得的财产，应当予以返还；不能返还或者没有必要返还的，应当折价补偿……"这是合同无效情形下价款支付的基本原则。但在建设工程领域，施工合同具有特殊性，即合同履行的过程就是将劳动和建筑材料物化在建筑产品的过程，与之相对应的，发包人取得的财产虽然在形式上是承包人建设的工程，但实际上是承包人对工程

建设投入的劳务及建筑材料,因此,施工合同被确认无效后,无法适用返还的方式使得合同恢复到签约前的状态,而只能按照折价补偿的方式处理。工程虽验收不合格,但经修复后合格的,可以参照合同约定结算,但承包人应负责修复或承担修复费用。

《民法典》第 793 条第 2 款规定:“建设工程施工合同无效,且建设工程经验收不合格的,按照以下情形处理:(一)修复后的建设工程经验收合格的,发包人可以请求承包人承担修复费用;(二)修复后的建设工程经验收不合格的,承包人无权请求参照合同关于工程价款的约定折价补偿。发包人对因建设工程不合格造成的损失有过错的,应当承担相应的责任。”上述规定主要包含以下三层意思:

第一层,合同无效且工程经竣工验收不合格的,承包人可以对不合格工程进行修复,修复后的工程经竣工验收合格的,发包人可以继续使用工程,所以在这种情形下承包人仍然可以参照合同约定的结算原则进行结算,同时,由此产生的修复费用由承包人承担。

第二层,合同无效且工程经竣工验收不合格的,承包人经修复后工程仍然不合格,也就是说,建设工程的质量缺陷无法通过修复予以弥补,建设工程丧失了使用价值。对于没有使用价值的建设工程,承包人没有请求支付工程价款的权利。即使承包人提出请求,发包人也有权拒绝。

第三层,如果工程验收不合格与发包人过错有关,如发包人提供的设计有缺陷,造成按照发包人提供的设计图纸进行施工建造的房屋存在质量问题,无法通过验收;发包人提供或者指定购买的建筑材料、建筑配件、设备不符合国家强制性标准导致房屋存在质量问题,无法通过验收等,发包人也应根据其过错承担相应的民事责任。但具体承担多少责任,由法官依据案件的实际情况及法律规定予以判决。

此外,如果发承包双方对建设工程存在的质量缺陷是否能够修复有不同的意见且难以达成共识的,需要委托专业的质量鉴定部门进行鉴定。法院将以鉴定部门出具的鉴定意见为参考依据,以认定工程质量问题是否可以修复。如果经过专业机构评定,工程存在的质量问题无法修复的,则法院不再支持承包人请求支付工程款的主张。

(二)非法转包、违法分包、借用资质的行为不再面临民事制裁

最高人民法院《关于审理建设工程施工合同纠纷案件适用法律问题的解释》

（以下简称《施工合同司法解释》，已失效）第 4 条规定，承包人非法转包、违法分包建设工程或者没有资质的实际施工人借用有资质的建筑施工企业名义与他人签订建设工程施工合同的行为无效。人民法院可以根据原 2009 年 8 月 27 日发布的《中华人民共和国民法通则》（以下简称《民法通则》，已失效）第 134 条规定，收缴当事人已经取得的非法所得。该条规定主要有以下两层意思：

一是承包人非法转包、违法分包建设工程或者不具有资质的实际施工人借用有资质的建筑施工企业名义与他人签订的建设工程施工合同违反《建筑法》的强制性规定无效；二是当事人依据上述无效行为取得的利益为非法所得，根据《民法通则》第 134 条第 3 款"人民法院审理民事案件时，可以收缴当事人进行非法活动的财物和非法所得"之规定，由人民法院采取民事制裁措施对承包人非法转包、违法分包建设工程取得的利益、出借法定资质的建设施工企业因出借行为取得的利益、没有资质的建设施工企业因借用资质签订建设工程施工合同取得的利益予以收缴。

《民法典》第 179 条第 1 款规定："承担民事责任的方式主要有：（一）停止侵害；（二）排除妨碍；（三）消除危险；（四）返还财产；（五）恢复原状；（六）修理、重作、更换；（七）继续履行；（八）赔偿损失；（九）支付违约金；（十）消除影响、恢复名誉；（十一）赔礼道歉。"可见，《民法典》已删除了《民法通则》中法院可以收缴非法所得的规定。

同时，随《民法典》一同实施的《施工合同司法解释（一）》第 1 条删除了《施工合同司法解释》第 4 条"人民法院可以根据民法通则第一百三十四条规定，收缴当事人已经取得的非法所得"的规定。由此可见，在 2021 年 1 月 1 日《民法典》施行后，法院对违法、无效合同中的收益进行收缴，不再有法律依据。当事人从事违法行为所获得的利益，应当通过行政责任、刑事责任等予以收缴，不再面临民事制裁；若对第三人造成的损害，则应该由第三人自行通过法律渠道主张权益。

四、与合同效力相关的四个重要问题

（一）超越资质等级承接工程的合同效力补正

《施工合同司法解释（一）》第 4 条规定："承包人超越资质等级许可的业务范围签订的建设工程施工合同，在建设工程竣工前取得相应资质等级，当事人请求按照无效合同处理的，不予支持。"前面已经讲到，在建设工程领域，市场准入规则是非常严格的，必须具有法定的资质等级才可以承接与资质等级相符的项目。承包人在签订建设工程施工合同时,如果超越资质等级许可的范围,就违反了《建筑法》中的效力性强制性规定,依照《民法典》第 153 条第 1 款的规定,应当认定合同无效。

但最高人民法院又在《施工合同司法解释(一)》中作出了合同效力补正的规定,即如果承包人在建设工程竣工前取得相应资质等级的,认定合同有效。那么,什么是合同效力补正?最高人民法院在承包人超越资质等级承揽工程的情形下允许效力补正的理由又是什么?

在民法理论上,合同效力补正指的是当事人所签订的合同因违反了法律或行政法规的效力性强制性规定等原因导致合同不具备有效条件,但在某些特殊情况下允许当事人通过事后补正或者实际履行来使得该合同具备有效条件,促使合同有效。

《最高人民法院建设工程施工合同司法解释的理解与适用》[①]一书对作出该条规定的主要理由作出了详细解释,该书指出,"从建设行政主管部门对建设施工企业资质施行动态管理的现状来看,建筑施工企业超越资质等级承揽工程,但是在工程竣工前取得与承揽工程相适应的资质等级,表明其已经具备对承揽工程进行建设的施工能力。此种情况下认定合同有效,与《建筑法》通过对建筑施工企业资质的管理来达到保证建设工程质量的目的并不矛盾。如果把补正时间确定在当事人提起诉讼之前,或者在一审诉讼期间,由于建设工程合同履行期限较长,可能在工程竣工后的很长一段时间内,实践中有的距工程竣工几年之后,双方当事人因各种原因,诉至法院。由于建设工程施工合同本身的复杂性,人民法院审理的时间相对较长,这样,当事人起诉或一审诉讼期间距离竣工时间已经很长,此时取得的资质已经与竣工工程的建设没有技术上的关系,对已竣工工程的质量没有任何保证,以此时取得的资质来认定合同效力与《建筑法》的立法目的相违背。"因此,最高人民法院在起草原《施工合同司法解释》时借鉴了原《合同法司法解释(一)》及 2020 年 12 月 29 日发布的《最高人民法院关于审理商品房买卖合同纠纷案件问题的解释》(2020 年修订,以下简称《商品房买卖合同司法解释》)的相关规定,在建设工程领域规定承包人在签订建设工程施工合同时超越资质等级许可的业务范围,但是在建设工程竣工前取得相应资质等级的,发包人以承包人超越资质等级为由主张建设工程施工合同无效的,不予支持。

---

① 参见最高人民法院民事审判第一庭编:《最高人民法院建设工程施工合同司法解释的理解与适用》,人民法院出版社 2015 年版,第 51 页。

在实践当中，提醒建筑企业注意成立合同效力补正的必须同时具备以下三个要件：第一，进行合同效力补正的范围只限于超越资质等级签订的施工合同；第二，在承包人签订施工合同时其已经具备承接该项目的施工能力且已经向有关行政主管部门申报相应的资质等级；第三，在工程竣工前承包人取得了相应的资质等级。在上述三个要件同时具备的情况下，施工合同可以进行效力补正。

（二）合同中约定的垫资条款有效

1. 非政府投资项目的垫资

在原《施工合同司法解释》颁布以前，理论界和实务界对垫资问题的处理存在不同意见。有观点认为，1996 年原国家计划委员会、建设部和财政部联合发布的《关于严格禁止在工程建设中带资承包的通知》（建建〔1996〕第 347 号文，以下简称《禁止带资承包通知》）中明确规定禁止建筑施工企业垫资或者带资施工，不论是开发商还是施工单位，均不能以垫资为条件参与招投标。因此，垫资是不正当竞争的手段或者属于企业之间非法拆借资金的方式，应认定为无效，实践中也常有法院以《禁止带资承包通知》为依据认定垫资合同或垫资条款无效。而相反的观点认为，垫资是建设工程施工领域常见的现象，也是建筑领域的交易惯例，不应认定为无效。在 1999 年《合同法》、原《合同法司法解释（一）》出台以后，法院认定合同无效时只能以全国人大及其常委会制定的法律和国务院制定的行政法规为依据，不得以地方性法规、行政规章为依据。而关于禁止垫资的《禁止带资承包通知》仅仅是政府的规范性文件，不能作为认定合同无效的法律依据，法院认定垫资合同或垫资条款无效的情形已经较少了。此外，在我国建筑市场的现有条件下，建筑企业垫资施工实属无奈之举，具有一定的现实基础，因此最高人民法院在原《施工合同司法解释》第 6 条中最终作出了垫资条款有效的规定。

《施工合同司法解释（一）》第 25 条规定延续了原《施工合同司法解释》第 6 条的规定："当事人对垫资和垫资利息有约定，承包人请求按照约定返还垫资及其利息的，应予支持，但是约定的利息计算标准高于中国人民银行发布的同期同类贷款利率或者同期贷款市场报价利率的部分除外。当事人对垫资没有约定的，按照工程欠款处理。当事人对垫资利息没有约定，承包人请求支付利息的，人民法院不予支持。"

根据上述规定，对垫资问题的处理包括本金及利息两方面问题。第一，最高人民法院《施工合同司法解释（一）》认可了垫资合同效力，从而确立了垫资既不同于拆借资金,又不同于一般工程欠款的处理原则。第二,在垫资合同或者合同的垫资条款中对垫资本金及利息有明确约定的,如双方发生纠纷,应按照合同的约定处理本金及利息的问题;如果仅对垫资本金有约定,对利息没有约定,则对承包人请求返还利息的请求不应支持;如果虽有垫资的行为,但合同中没有关于垫资的约定,则发生纠纷后,已经发生的垫资按照工程欠款处理。

虽然垫资条款的约定有效,但垫资施工的风险是非常大的。尤其是在垫资普遍存在且近年来房地产行业资金链紧张的市场条件下,发包人和承包人都要更加重视防范垫资风险。

对发包人来说,重点注意事项如下:

第一,在招标阶段,要对招标文件进行严格把关。虽然后续发承包双方可以就正式的施工合同条款进行磋商谈判,但前期招标文件中的条款也不容忽视,尤其是涉及施工范围及工程款结算的相关内容。

第二,在正式签订施工合同之前,对自身的资金情况进行全面评估,是否可能会涉及垫资事宜,从而进一步确定是否要在施工合同中对垫资事项进行约定,以及垫资利息等问题。

第三,在合同履行过程中,对于承包人提交的各项结算文件,如进度款申请、工期签证、变更签证等,要进行严格审核和及时确认,做到严把过程中"每一关"。

对承包人来说,重点注意事项如下:

第一,在承接工程前要仔细研究发包人的招标文件。主流观点认为,招标文件是一种"要约邀请",其中很多条款将来就是合同条款,涉及发承包双方的权利义务。因此,对施工范围、进度款支付方式、结算方式等直接与企业经济利益密切相关的条款要仔细推敲,在此基础上会同相关部门在报价、工程质量、项目成本、资金回收等相关方面作可行性分析。切忌盲目投标,给垫资施工带来巨大风险。

第二,尤其要注重对发包人进行严格的尽职调查,包括对拟承接项目的合法性、发包人的注册资金情况、项目资金的来源以及到位情况、既往经营业绩、履约能力以及社会信誉等各方面情况加以调查,具体内容参见本书专题一"项目的尽职调查"。

第三,做好项目的风险评估工作。建筑企业应根据合同标的和项目风险大小,由法务部、合约部、风险管控部等相关部门联合对合同条款进行评审,针对合同中存在的问题提出修改意见,就项目存在的风险作出整体评估。

第四,在合同谈判阶段,力争在合同中增设让发包人提供工程款支付担保或保证。一般而言，大多数工程建设周期长、标的大，且合同履行过程中突发事件多，工期延误严重，让发包人提供工程款支付担保或保证很有必要。

第五，在整个合同履行过程中，需要严格按照合同约定进行全过程动态管理，及时申请进度款，及时进行工期签证和索赔，及时进行竣工验收和结算，对任何一个环节都不能放松，以极其严格和高效的合同管理机制预防垫资风险。

2. 政府投资项目的垫资

2019 年以来，涉及政府投资的建设工程项目又被收紧，关于垫资条款的效力也有了进一步的明确规定。政府投资项目中，严禁约定垫资施工。

2019 年 7 月 1 日生效的《政府投资条例》第 22 条规定："政府投资项目所需资金应当按照国家有关规定确保落实到位。政府投资项目不得由施工单位垫资建设。"第 34 条第 2 款规定了该类行为的法律后果，"项目单位有下列情形之一的，责令改正，根据具体情况，暂停、停止拨付资金或者收回已拨付的资金，暂停或者停止建设活动，对负有责任的领导人员和直接责任人员依法给予处分：……（五）要求施工单位对政府投资项目垫资建设。"

2019 年 12 月 23 日，住房和城乡建设部、国家发展改革委联合印发《房屋建筑和市政基础设施项目工程总承包管理办法》（建市规〔2019〕12 号，以下简称《工程总承包管理办法》），其中第 26 条第 2 款规定："政府投资项目所需资金应当按照国家有关规定确保落实到位，不得由工程总承包单位或者分包单位垫资建设。政府投资项目建设投资原则上不得超过经核定的投资概算。"

因此，建设企业和施工企业都要引起高度重视，在政府投资项目中，不得由施工企业进行垫资建设。否则，不但项目资金会被暂停、停止拨付或被收回，工程也会被责令暂停或停止，相关领导人员和直接责任人员还会被依法处分。

（三）"四证"对合同效力的影响

根据《城乡规划法》第 37 条、第 38 条和第 40 条，《建筑法》第 7 条、《城镇国有土地使用权出让和转让暂行条例》第 16 条的相关规定，一个建设工程的合法施工，需要具备"四证"：建设用地规划许可证、建设工程规划许可证、土地使用权证和施工许可证。当双方当事人在后续履行合同的过程中产生争议时，这"四证"齐全与否往往直接影响着案件的审理。最为关键的问题是，这"四证"对于建设工程施工合同效力是否产生影响？《施工合同司法解释（一）》第 3 条规定："当事人以发包人未取得建设工程规划许可证等规划审批手续为由，请求确认建设工程施工合同无效的,人民法院应予支持,但发包人在起诉前取得建设工程规划许可证等规划审批手续的除外。发包人能够办理审批手续而未办理,并以未办理审批手续为由请求确认建设工程施工合同无效的,人民法院不予支持。”再结合当前司法实践的做法,一般认为建设用地规划许可证、建设工程规划许可证属于效力性强制性规定,对合同效力产生影响,如果发包人未取得该两证即与承包人签订施工合同的,应认定合同无效。但此种情形下同时又适用效力补正原则,即如果发包人在起诉前取得建设工程规划许可证等规划审批手续的,应认定合同有效。

建设用地使用权证和施工许可证则属于管理性强制性规定,不影响合同效力。主要理由有两点:第一,关于建设用地使用权证的取得,一般而言在发包人支付全部土地出让金的情况下才能取得,而实践当中发包人的土地出让金可能是分批次缴纳的,也就是说,在发承包双方签订施工合同时很可能未缴清土地出让金,但发包人已经是所涉地块的使用权人。第二,关于建设工程施工许可证的取得,该证要在确定了施工单位的前提下才能前往有关部门办理,也就是说,要在发承包双方的施工合同签订后才能申领,后管理性行为对前签约行为不产生影响。综上,建设用地使用权证及施工许可证均不影响合同效力。

有的地方法院在审理建设工程施工合同纠纷的指导意见中已就“四证”对合同效力的影响作出明确规定,如浙江省高级人民法院《关于审理建设工程施工合同纠纷案件若干疑难问题的解答》第 2 条已就如何认定未取得“四证”而签订的建设工程施工合同效力作出明确规定,即发包人未取得建设用地规划许可证或建设工程规划许可证,与承包人签订建设工程施工合同的,应认定合同无效;但在一审庭审辩论终结前取得建设用地规划许可证和建设工程规划许可证或者经主管部门予以竣工核实的,可认定有效。发包人未取得建设用地使用权证或建筑工程施工许可证的,不影响建设工程施工合同效力。

综上,发包人和承包人在正式签订施工合同前,要对本项目的相关规划审批手续及证件是否齐全了然于心,要明确建设用地规划许可证和建设工程规划许可证是会影响到合同效力的。虽然上述手续及证件的办理义务在于发包人一方,但承包人也要尽到自身的注意义务和审查义务,双方共同规避可能影响合同效力的因素,才能助力工程健康、顺利地走下去。

(四)最低保修期限是否属于效力性强制性规定

《建设工程质量管理条例》第 40 条规定:“在正常使用条件下,建设工程的最低保修期限为:(一)基础设施工程、房屋建筑的地基基础工程和主体结构工程,为设计文件规定的该工程的合理使用年限;(二)屋面防水工程、有防水要求的卫生间、房间和外墙面的防渗漏,为5年;(三)供热与供冷系统,为2个采暖期、供冷期;(四)电气管线、给排水管道、设备安装和装修工程,为2年……"

该条例对最低保修期限作出的上述规定是否属于效力性强制性规定?对此,司法实践中也存有争议。有观点认为,双方当事人可以在合同中自行约定保修的年限,无须按照该条例第40条的规定执行;也有观点认为,双方当事人的约定不可以违反上述规定,如违反,则约定无效。对此,笔者倾向于认为,《建设工程质量管理条例》的上述规定应为效力性强制性规定,当事人不能用合意排除其适用。因为该规定的立法目的主要在于保证建筑工程的质量,保障使用人的生命和财产安全。而工程质量在建筑领域是至高无上的准则,质量第一的底线,无论如何不能突破。如果合同中对于最低保修期限的约定低于上述规定,则约定无效,相应的最低保修期限应当按照法律规定认定。

五、典型案例

【案情简介】

2004年4月,上海甲公司在明知江苏乙建筑公司(实为农民施工队,以下简称乙公司)未取得建筑施工企业资质的情况下,为压低工程价款,与其签订建设工程施工合同。合同约定由乙公司承建甲公司发包的办公楼工程,建筑面积30000平方米,工期从2004年4月20日至2005年7月30日,合同价款4420万元,甲公司不支付预付款,由乙公司垫资,工程竣工并经验收合格后,甲公司按合同约定支付工程款。合同签订后,乙公司如期开工。但开工仅半个月,甲公司突然向乙公司提出,合同价款过高,公司资金紧张,要求减少工程款,否则就解除合同。乙公司提出,签订合同时其已经作出极大让步,只能取得非常微薄的利润,如果再减少价款,肯定赔钱。甲公司决定:如乙公司不同意减少工程款,其将修改工程设计,并提供或者指定乙公司购买价格低的建筑材料、建筑构配件、设备,以减少成本。乙公司认为,合同规定的工程设计及建筑材料、建筑构配件、设备均符合国家要求及强制性标准,不能变更,否则将不能保证工程质量,而且极有可能发生重大工程事故。但迫于失去工程的压力,乙公司只得违心屈从。两个多月后,工程如期完工,但工程经验收质量不合格。甲公司要求乙公司修复。乙公司修复后经工程鉴定机构鉴定仍不合格,且已无法修复。乙公司请求甲公司支付工程款。甲公司以乙公司无建筑施工企业资质及工程质量不合格为由而拒绝。乙公司多次追索未果,遂诉至法院。

【争议焦点】

本案诉争合同是否有效;乙公司请求甲公司支付工程款的诉讼请求能否得到支持。

【审理结果】

法院经审理查明后认为,原告乙公司未取得建筑施工企业资质,与被告甲公司签订建设工程施工合同的行为违反了《建筑法》《建筑企业资质管理规定》的规定,原告与被告双方所签订的合同无效。根据《民法典》关于合同无效后的处理原则及建设工程经验收不合格的相关规定,认定合同所涉工程经工程鉴定机构鉴定,质量严重不合格,且无法修复,故对原告支付工程价款的请求,不予支持。被告甲公司对工程质量不合格有严重过错,应承担主要民事责任,故判令甲公司赔偿原告乙公司的损失 300 万元。

【合规建议 · 仲裁选择】

乙公司未取得建筑施工企业资质,而与甲公司签订建设工程施工合同的行为违反《建筑法》的强制性规定,该合同当属无效。《民法典》第 793 条第 2 款规定:修复后的建设工程经验收不合格的,承包人无权请求参照合同关于工程价款的约定折价补偿。发包人对因建设工程不合格造成的损失有过错的,应当承担相应的责任。本案相关建设工程施工合同所涉工程经验收不合格,修复后经工程鉴定机构鉴定仍不合格,且已无法修复,故乙公司无权取得工程款。

同时,还应注意到,《建筑法》第 54 条规定,建设单位不得以任何理由,要求设计单位或者施工企业在工程设计或者施工作业中,违反法律、行政法规和建筑工程质量、安全标准,降低工程质量。设计单位和施工单位对建设单位违反前款规定提出的降低工程质量的要求,应当予以拒绝。本案中,甲公司、乙公司均违反《建筑法》等相关法律规定,但甲公司的行为是造成工程质量严重不合格的主要原因,因此,对于本案中因建设工程不合格造成的损失,甲公司应当依法承担主要民事赔偿责任。

Part

02

第二篇

工程合同履约合规与仲裁

专题五

工　期

【本专题内容概览】

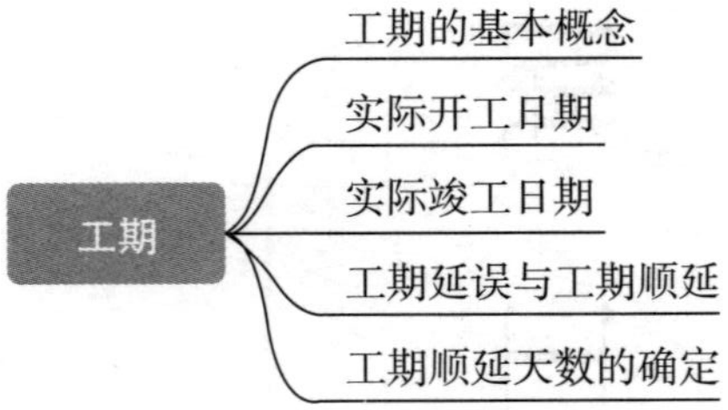

工期风险是施工合同履行过程中最常见的风险之一。一方面，由于工程建设的复杂性，施工中出现影响施工的因素较多，很多工程难以如期完工，将影响发包人、投资人对相关工程的后续经营使用，对发包人、投资人影响很大。另一方面，承包人若未能按期完工，往往面临发包人的工期索赔，压力也很大。因此，工期成为参与工程建设的各方都十分关注的问题。

一、工期的基本概念

作为业内最常用的合同示范文本，2017 版施工合同对发承包双方的权利义务作了较为公平的规定，并且考虑到大多数常见的工期延误情形，能够为发承包双方在面对工期争议时提供良好的指导，值得各方仔细研究和探讨。

2017 版施工合同通用条款第 1.1.4.3 款对工期的定义是："在合同协议书约定的承包人完成工程所需的期限，包括按照合同约定所作的期限变更。"通俗地说，工期就是发包人要求承包人完成工程所需要的总时间，实际上包含两部分：

第一部分是双方在合同协议书中明确约定的总工期；

第二部分是双方在合同履行过程中结合工程实际状况另行达成的对原有合同总工期的变更，可能是顺延，也可能是提前，如因发包人原因导致出现工期延误或工程停工的情形，承包人可以向发包人提出工期顺延要求，如该要求获批，则实际总工期长于合同协议书明确约定的总工期；又如因发包人需要提前使用工程而要求承包人提前竣工的，在可行的前提下承包人会采取赶工措施以达到提前交付的目的，这种情形下实际总工期短于合同约定的总工期。

对于工期延误，需要分析延误原因，再根据原因划分责任。如果是发包人原因，发包人承担由此给承包人造成的损失及合理利润，延误工期天数应顺延。如果是承包人原因，承包人承担由此给发包人造成的损失。若是发生不可抗力或其他免责事由的，也应顺延。那么，实际的总工期如何计算呢？应当结合实际开工日期与实际竣工日期进行综合理解和计算。

二、实际开工日期

根据 2017 版施工合同第 1.1.4.1 款及第 7.3.2 款的规定，开工日期包括计划开工日期和实际开工日期。计划开工日期是指合同协议书约定的开工日期；实际开工日期是指监理人经发包人同意后发出的符合法律规定的开工通知中载明的开工日期。确认实际开工日期需要先确认工程已经符合开工条件。工程法定开工条件和约定开工条件的要点如下：

(一)开工前提条件

1. 法定开工条件

法定开工条件即工程开工应符合法律法规的要求，发包人取得施工许可证后，下发开工令才是合法的施工行为。

《建筑法》第7条规定，"建筑工程开工前，建设单位应当按照国家有关规定向工程所在地县级以上人民政府建设行政主管部门申请领取施工许可证；但是，国务院建设行政主管部门确定的限额以下的小型工程除外。按照国务院规定的权限和程序批准开工报告的建筑工程，不再领取施工许可证"。《建筑工程施工许可管理办法》(2021年修正)第2条第1款、第2款进一步规定了限额以下工程的范围："工程投资额在30万元以下或者建筑面积在300平方米以下的建筑工程，可以不申请办理施工许可证。省、自治区、直辖市人民政府建设行政主管部门可以根据当地的实际情况，对限额进行调整，并报国务院建设行政主管部门备案。"

《建筑法》第8条规定，"申请领取施工许可证，应当具备下列条件：(一)已经办理该建筑工程用地批准手续；(二)依法应当办理建设工程规划许可证的，已经取得建设工程规划许可证；(三)需要拆迁的，其拆迁进度符合施工要求；(四)已经确定建筑施工企业；(五)有满足施工需要的资金安排、施工图纸及技术资料；(六)有保证工程质量和安全的具体措施。建设行政主管部门应当自收到申请之日起七日内，对符合条件的申请颁发施工许可证"。《建筑工程施工许可管理办法》(2021年修正)第4条则对《建筑法》第8条下申领施工许可证的条件进行了进一步补充。

2. 约定开工条件

约定开工条件即指开工之前，除发包人应取得施工许可证之外，发包人提供的开工条件还应符合合同的约定，包括现场需具备施工条件。

按合同约定的应由发包人提供的开工条件，一般包括施工场地、临水、临电、道路、基础资料、施工图纸等。除施工许可证外，还有施工所需临时用水、临时用电、中断道路交通、临时占用土地等许可和批准的办理，一般也应由发包人办理。在正式开工前，发包人移交的施工现场应具备施工条件，如达到"三通一平"及完成合同中约定的其他为开工做准备的相关附随义务。

（二）开工日期的确定

尽管《建筑法》第64条对未取得施工许可证擅自施工行为的法律后果作出了规定，即可以责令改正、责令停止施工、罚款，但是实践中未取得施工许可证就开工的情形并不罕见。有的承包人甚至施工合同还没签订就已经进场施工，之后签订的施工合同中对发包人应履行的义务也未作明确约定，一旦工程项目双方产生纠纷，对工程的实际开工日期就很容易发生争议。工程实践中与开工日期相关的事件可能有很多，包括承包人实际进场之日、发包人或监理人开工令（开工通知）上载明的开工日、发包人取得施工许可证之日、施工许可证上载明的开工之日、发包人提供的施工现场实际具备开工条件之日，以及竣工验收报告上载明的开工日期，等等。那么，究竟应该如何确定开工日期呢？出现延期开工又需采取什么措施呢？笔者从以下几个方面展开分析。

1. 根据《施工合同司法解释（一）》第8条的规定确定实际开工日期

《施工合同司法解释（一）》第8条对有争议的开工日期如何认定作出了明确规定。该规定可以细分为五种情形下实际开工日期的认定：（1）发出开工通知，一般以开工通知载明的开工日期为准。（2）发出开工通知，但不具备开工条件的，以开工条件具备时间为准。（3）发出开工通知，因承包人原因导致开工时间推迟的，以开工通知载明的开工日期为准。（4）承包人经发包人同意已实际进场施工的，以实际进场施工时间为准。（5）发包人或者监理人未发出开工通知，亦无相关证据证明实际开工日期的，应当综合考虑开工报告、合同、施工许可证、竣工验收报告或者竣工验收备案表等载明的时间，并结合是否具备开工条件的事实，认定开工日期。

该规定系按照不同情形分别认定实际开工日期，但并未区分各种不同情形是否存在优先适用顺序。实务中，如同一项目同时存在上述条款规定的多种情形时，则需结合项目实际情况进一步判断和认定实际开工日期。

2. 出现无法按期开工的情形时，应及时办理书面手续

实践中，确实存在不少工程项目因各种原因无法按照合同约定的时间开工的情形，如：（1）发包人未取得建设工程施工许可证强行要求承包人开工，开工后又被相关行政管理部门处罚、责令停工。（2）发包人未按照合同约定提供符合规范的施工图纸。（3）发包人未按照合同约定履行其相关义务，导致施工现场尚不具

备施工条件。以“三通一平”为例,如果发包人提供的施工现场不通水、不通电、不通路,也未完成场地平整,显然承包人无法正常施工。(4)承包人人员、设备、材料等不到位,无法开工。

上述仅简单列举了四种情形,实践中无法按期开工的情形远不止这些,具体还应结合双方的合同约定加以分析。当无法按期开工的情形出现时,项目双方应注意按照合同约定的工期签证程序及时进行工期签证,将当时发生的事实及时加以书面固定,以免双方日后出现纠纷。

3. 未能如期开工的后果

在实务中,由于承包人原因未能如期开工的,除非发包人同意顺延工期,否则,一般是由承包人承担工期延误责任,工期不予顺延。由于发包人原因未能如期开工的,承包人又享有哪些权利呢?笔者结合2017版施工合同来看一下。

根据2017版施工合同第7.3.2款第二段的约定,“除专用合同条款另有约定外,因发包人原因造成监理人未能在计划开工日期之日起90天内发出开工通知的,承包人有权提出价格调整要求,或者解除合同。发包人应当承担由此增加的费用和(或)延误的工期,并向承包人支付合理利润”。

也就是说,对因发包人原因造成监理人未能在计划开工日期之日起90天内发出开工通知的情形,2017版施工合同赋予了承包人三项权利:一是要求调整合同价款的权利;二是解除合同的权利;三是向发包人索赔工期、费用及合理利润的权利。因此,发包人也需要对延期开工情况加以重视,避免出现延期时间过长,触发承包人可以调整合同价款、解除合同和索赔的情形。

三、实际竣工日期

实际竣工日期对发承包双方的权益影响重大,实际竣工日期不仅是界定承包人工期责任的节点,还是缺陷责任期、保修期的起算点,是整个工程最关键的节点之一。

2017版施工合同中对实际竣工日期是这样约定的,第13.2.3款规定:“工程经竣工验收合格的,以承包人提交竣工验收申请报告之日为实际竣工日期,并在工程接收证书中载明;因发包人原因,未在监理人收到承包人提交的竣工验收申请报告42天内完成竣工验收,或完成竣工验收不予签发工程接收证书的,以提交竣工验收申请报告的日期为实际竣工日期;工程未经竣工验收的,发包人擅自使用的,以转移占有工程之日为实际竣工日期。”

如果双方当事人对实际竣工日期有争议,《施工合同司法解释(一)》第9条对实际竣工日期的认定作出了明确规定,即"当事人对建设工程实际竣工日期有争议的,按照以下情形分别处理:(一)建设工程经竣工验收合格的,以竣工验收合格之日为竣工日期;(二)承包人已经提交竣工验收报告,发包人拖延验收的,以承包人提交验收报告之日为竣工日期;(三)建设工程未经竣工验收,发包人擅自使用的,以转移占有建设工程之日为竣工日期"。

结合当前法律、司法解释规定,可以理解为:

1. 优先按照双方合同约定内容来确定实际竣工日期。如双方使用的是2017版施工合同,则根据通用条款第13.2.3款的规定,工程经竣工验收合格的、因发包人原因未在收到竣工验收申请报告之日起42天内完成竣工验收或者完成竣工验收后不予签发工程接收证书的,以承包人提交竣工验收申请报告之日为实际竣工日期;工程未经竣工验收但发包人擅自使用的,以转移占有工程之日为实际竣工日期。

2. 如果双方当事人对实际竣工日期存在争议,且合同对实际竣工日期没有做出不同约定的,则按司法解释确立的三条原则认定:

第一,建设工程经竣工验收合格的,以竣工验收合格之日作为竣工日期,不包括发包方拖延验收的情形。这里的验收合格包括一次验收就合格的情形,也包含首次验收没有合格但经过整改后验收合格的情形。

第二,承包人已经提交了竣工验收申请报告,而发包人迟迟不予验收的,以承包人提交验收报告之日为竣工日期。这条规定是为了制约实践中发包人采取的以拖延验收为手段达到拖延支付工程款目的的行为。

第三,在建设工程未经竣工验收的情况下,发包人擅自使用的,以建设工程转移占有之日为竣工日期。

四、工期延误与工期顺延

实践中,工期延误和工期顺延这两个概念很容易混淆,下面对工期延误和工期顺延作简单分析。

(一)工期延误

所谓工期延误,它描述的是一种事实状态。工期延误通常包含两种情况:一种是在施工过程中,实际的施工进度与经发包人批准的计划施工进度相比落后了,这时就存在工期延误的事实,但这一事实有发生改变的可能性,比如可以通过赶工措施等加快进度;另一种是在工程完工并经竣工验收后,实际竣工日期与约定竣工日期相比延后了,这时同样存在工期延误的事实,但这一事实已经无法改变了,此时只能根据造成工期延误的原因来分析各方当事人相应的法律责任。

(二)工期顺延

所谓工期顺延,它实际上指的是发承包双方根据法律及合同约定,对“工期延误”这一事实状态所作的变更,即工期延误是事实,但因满足了法律规定或双方约定的某些条件,进而双方就该事件引起的延误天数予以顺延达成一致。发包人同意工期顺延则意味着同时产生三个法律后果:第一,因该事件引起的工期延误,承包人无须承担工期违约责任;第二,因该事件引起的承包人停工、窝工等损失,发包人可能需要承担赔偿责任;第三,因部分事件引起的承包人合理利润的损失,发包人可能需要承担赔偿责任。

当然,这些法律后果的产生是有相应的法律规定或合同约定予以支持的,如《民法典》第 798 条规定:“隐蔽工程在隐蔽以前,承包人应当通知发包人检查。发包人没有及时检查的,承包人可以顺延工程日期,并有权请求赔偿停工、窝工等损失。”《民法典》第 803 条规定:“发包人未按照约定的时间和要求提供原材料、设备、场地、资金、技术资料的,承包人可以顺延工程日期,并有权请求赔偿停工、窝工等损失。”

实践中,双方一般会在合同中通过列举等方式详细约定工期可以顺延的情形以及申请工期顺延的程序和要求。笔者下面来看一下 2017 版施工合同的相关约定。

2017 版施工合同第 7.5.1 款列出了因发包人原因导致工期延误,承包人可以索赔工期、费用及合理利润的 7 种情形:(1)发包人未能按合同约定提供图纸或所提供图纸不符合合同约定的;(2)发包人未能按合同约定提供施工现场、施工条件、基础资料、许可、批准等开工条件的;(3)发包人提供的测量基准点、基准线和水准点及其书面资料存在错误或疏漏的;(4)发包人未能在计划开工日期之日起 7 天内同意下达开工通知的;(5)发包人未能按合同约定日期支付工程预付款、进度款或竣工结算款的;(6)监理人未按合同约定发出指示、批准等文件的;(7)专用合同条款中约定的其他情形。

（三）在实务操作中应注意的问题

第一，在开工阶段，发包人要注意合同约定的需提供的开工条件，如“三通一平”、图纸等，避免由于开工条件不具备而无法按期开工；承包人要关注发包人对开工准备的相关工作进程，如收到开工指令时现场尚不具备开工条件，及时通过工作联系单、工程现场签证单、会议纪要等形式向发包人和监理人书面提出不具备哪些开工条件及其对开工的影响。

第二，在施工过程中，发承包双方对于可能延误工期的情形都要保持敏感度，发包人要尽可能避免出现延误工期的情形，以免影响承包人工期；承包人要及时收集和固定与工期相关的证据，如果出现前述发包人原因造成工期延误情形的，可通过书面形式向发包人和监理人提出相关情形对工期的影响，提出顺延工期的请求。

第三，注意合同约定的监理人指示、批准的程序和期限，关注监理人是否按照约定期限发出相应指令，如监理人未按期发出必要的施工指令的，也将构成发包人原因导致工期延误的情形。

第四，在施工组织设计及施工进度计划表经发包人批准后，承包人应严格按照施工进度计划组织施工，做好工人组织、材料采购、设备租赁、分包管理等相关工作，避免因承包人自身原因导致工期延误。

第五，注意合同约定的索赔期限。2017 版施工合同明确规定了权利人应自知道或应当知道索赔事件发生之日起 28 天内提出索赔，逾期则丧失索赔权利。因此，在索赔条件成就时，权利人应及时按照合同约定程序索赔，避免逾期失权。

五、工期顺延天数的确定

建筑工程的施工过程通常都很复杂，周期长、人员多、交叉施工多，因此实践中导致工期延误的事由也有很多。这些事由不仅涉及发承包双方，还有可能涉及发包人指定的分包单位、发包人直接发包的其他施工单位、专业分包单位、劳务分包单位，等等。这就导致工期延误责任难以确定，工期顺延天数也很容易产生争议。

在工程争议案中，最引起人们关注的是拖欠的工程款、拖延结算这类跟金额直接相关的问题，而工期问题往往未得到充分重视。很多人对于工期顺延天数的计算，仅停留在将单个事件引起的工期延误天数进行简单相加的层面，这样的理解是不准确的。只有发生在关键线路上的事件造成工期延误的,工期才能予以顺延,并且也不能简单将同时发生的多起事件分别引起的工期延误天数相加。因此,计算工期顺延天数的重要基础便是确定关键线路,而关键线路一般是依据经发包人批准的施工进度计划来确定。

要重视施工进度计划的编制工作。施工进度计划经发包人批准后,对发承包双方具有约束力,将作为衡量工期是否延误的基础和确定关键线路的依据。施工过程中,如果实际施工进度落后于施工进度计划,则应按照合同约定确定工期延误的责任,并由责任方按照合同约定承担不利后果。

然而大多数情况下,发承包双方对于施工进度计划的编制不够重视。有的承包人仅仅是将投标时提交的粗略施工进度计划加以简单修改就向发包人提交了,未针对具体项目的特点、规模和技术难度来制订符合工程实际的施工进度计划。此做法为工期管控留下了较大风险隐患,当施工过程中出现复杂、交叉影响工期的事件时,双方往往找不到具体的参照依据来说明事件对工期的具体影响,也难以计算具体的延误天数,容易产生争议。

一份好的施工进度计划表,是承包人自我保护的利器,同时是发包人管控工程进度的标尺。因此,在项目初始阶段,承包人应结合企业自身的综合实力,对工期要求作出预判,制订合理的施工组织方案和进度计划,并在施工过程中统筹安排施工作业内容,确保在合同工期内完成,避免工期违约。同时,发包人在施工过程中,要以施工进度计划表作为衡量承包人工程进度的依据,对工期进行动态管控,及早纠偏,最大限度地避免工期延误。

承包人及时书面提出工期顺延申请,发包人及时予以审批,明确各事件中各方责任及应顺延的天数。

在出现影响关键线路的事件时,承包人要积极通过书面形式向发包人提出工期顺延的申请,如各事件互相独立的,则建议就单个事件分别提出,明确各事件对关键线路的影响及应顺延的天数。

根据《施工合同司法解释(一)》第 10 条的规定,"当事人约定顺延工期应当经发包人或者监理人签证等方式确认,承包人虽未取得工期顺延的确认,但能够证明在合同约定的期限内向发包人或者监理人申请过工期顺延且顺延事由符合合同约定,承包人以此为由主张工期顺延的,人民法院应予支持。当事人约定承包人未在约定期限内提出工期顺延申请视为工期不顺延的,按照约定处理,但发包人在约定期限后同意工期顺延或者承包人提出合理抗辩的除外"。

实践中存在一种情况，就是承包人提出工期顺延申请后，发包人和监理人都不予理睬。这种做法其实不值得提倡。

对于发包人而言，一方面，根据上述司法解释规定，如果承包人能够证明在合同约定的期限内向发包人或者监理人申请过工期顺延且顺延事由符合合同约定的，则承包人的工期顺延请求可能得到法院支持，发包人和监理人不理不睬并不能规避不利后果。而且，由于发包人和监理人不尊重合同约定，也会影响承包人的履约积极性，双方无法合力采取有效措施追回工期。另一方面，如果承包人提出的工期顺延理由不符合合同约定，那么发包人和监理人也应正面回应，拒绝其工期顺延申请，要求承包人正视其合同义务，采取有效措施确保工期。

对于承包人而言，不论发包人和监理人是否予以回应，只要出现符合合同约定可以顺延工期的情形，承包人都要积极提出工期顺延申请。如果承包人未按期提出工期顺延请求，而且合同约定了过期不提出视为工期不顺延的条款，则承包人未按期提出要求的行为很可能被认定为放弃顺延工期的权利，承包人在诉讼或仲裁中再提出顺延工期请求，获得支持的可能性就比较小了。

六、典型案例

【案情简介】

原告/上诉人：宁波某装饰发展有限公司

被告/被上诉人：宁波市某区建筑工务局

本案双方当事人就宁波市某行政机构修缮项目签订了《建设工程施工合同》，约定被告将该项目发包给原告，合同造价2713760元，合同工期为60天。涉案工程于2012年7月23日开工，10月28日完工交付，合计98天，涉案工程已整体竣工，双方工程款已结清。此后，双方就影响施工工期因素、工期延误责任分配产生争议。原告于2015年7月1日向被告支付工期违约金15000元后，于2015年7月7日诉至法院，请求判令被告返还该工期违约金。

（一）案涉《建设工程施工合同》中关于工期延误的规定

合同第5条第4款对工期延误约定为："因以下原因造成竣工日期推迟，经监理工程师核定、发包方代表确认，工期相应顺延：（1）非承包方原因的施工网络计划中关键线路的工程量增加和设计变更，前期问题影响工程开展……（4）发包方代表给予顺延的工期……非上述因素，工程不能按合同工期竣工，承包方承担违约责任，并按招投标文件规定扣工期罚金（3000元/天）……"

（二）双方关于工期的沟通记录

2012 年 8 月 2 日至同年 10 月 28 日，原告向被告报送《影响施工工期因素确认单》7 份（编号分别为 001 – 007），要求扣除工期影响天数分别 9 天、8 天、10 天、12 天、4 天、6 天、13 天，合计 62 天，监理单位审核后批准天数分别为 0 天、5 天、7 天、7 天、3 天、5 天、11 天，合计 38 天，被告同意。其中，第 003 号《影响施工工期因素确认单》载明：施工部位为 10 层走廊及相连室内，影响开始日期 2012 年 8 月 15 日，影响消除日期为 2012 年 8 月 25 日，影响工期天数 10 天，监理单位和被告确认影响工期 7 天；第 006 号《影响施工工期因素确认单》载明：施工部位为附楼外立面，影响开始日期 2012 年 8 月 17 日，影响消除日期为 2012 年 8 月 23 日，影响工期天数 6 天，监理和被告确认影响工期 5 天。

2012 年 10 月 28 日，原告报送《影响施工工期因素确认单》一份，以上述七份确认单为依据，要求确认影响工期 38 天。监理单位予以确认，被告相关负责人签字确认，但未办理最后的审批确认。

2015 年 6 月 1 日，原告方相关负责人投诉被告工期延误计算不合理等，被告于同年 6 月 4 日回复解释考核延期工期 5 天的依据和计算过程等。

2015 年 7 月 1 日，被告向原告发送《关于修缮工程施工总包单位工期延期考核意见》，对考核延期工期 5 天及工期违约金 15000 元予以明确说明，原告方负责人签字表示收到。同日，原告方负责人代表原告通过银行转账的方式支付被告 15000 元。

【争议焦点】

本案争议焦点为：被告核定原告工期延误 5 天并收取原告罚金 15000 元是否合理。

原告认为：(1) 应当按照《影响施工工期因素确认单》中监理批准、被告确认的批准天数累加顺延天数，合计为 38 天。(2) 被告在《影响施工工期因素确认单》中已经确认了影响施工工期为 38 天，故工程工期没有逾期。后原告在《工期延期考核意见》上的签字只是表明其已收到文件，并不能作为其认可延期事实的证明。(3) 原告主动缴纳 15000 元，是因为如果其不主动缴纳 15000 元，被告将拒付工程款。同时，交纳 15000 元款项，不代表原告认可《关于修缮工程施工总包单位工期延期考核意见》中工期延期 5 天的内容。

被告认为：(1)《影响施工工期确认单》只是初步确认，并非最终的考核依据。且第 003 号和第 006 号《影响施工工期因素确认单》中的影响因素和施工部位并不存在施工冲突及先后顺序，两项施工可同时进行，如果在该两项施工上都认定工期顺延，则存在重复计算问题。因此，应当重新计算，顺延天数为33天。(2)原告在接到被告关于违约金的处理通知之后，自行向被告缴纳违约金15000元。原告在无胁迫的情况下，主动缴纳上述款项是以实际行动认可被告关于违约金的处理。

【审理结果】

(一)一审法院观点

首先，根据第003号和第006号《影响施工工期确认单》，影响工期的天数在计算上确实存在重复，故影响施工工期总天数38天数据有误。其次，2015年7月1日，被告向原告发送《关于修缮工程施工总包单位工期延期考核意见》后，原告向被告缴纳15000元，说明原告认可了工期延误违约金15000元。最后，对于原告称如果其不主动缴纳15000元，被告将拒付工程款的说法，没有证据支持，同时也与常理不符，法院未予采信。

因此，一审法院认定被告核定原告工期延误5天并依据双方之间的约定收取15000元罚金符合合同约定，驳回了原告的诉讼请求。

原告不服一审判决，向宁波市中级人民法院提起上诉。

(二)二审法院观点

第003号《影响施工工期因素确认单》和第006号《影响施工工期因素确认单》在影响工期天数计算上确实存在重复。

上诉人在收到缴纳15000元违约金通知后，已向被上诉人实际缴纳上述款项。上诉人未提供充足证据证明其系在受胁迫的情形下缴纳上述款项，鉴于此，认定上诉人已经认可《关于修缮工程施工总包单位工期延期考核意见》中工期延期5天的内容。

同时，由于上诉人未提供证据证明附楼外墙脚手架拆除工作，属双方合同约定的"关键线路的工程量增加和设计变更"，需相应顺延工期的情形。故而，被上诉人扣除第003号和第006号《影响施工工期因素确认单》重复计算的5天期限，相对合理。

综上，上诉人上诉理由不足，一审判决认定事实清楚，适用法律正确，判决得当。二审法院作出驳回上诉、维持原判的终审判决。

【合规建议·仲裁选择】

为便于读者理解,笔者选取了这则较为简单的案例,本案虽然争议标的额很小,但却体现了工期争议中的典型问题。案涉双方当事人争议的关键在于工期顺延天数应该如何确认。虽然,第 003 号和第 006 号《影响施工工期因素确认单》分别记载的影响因素均对工期产生了影响,但是,由于两个不同因素影响的时间存在重叠,显然不能将两个因素影响的工期直接简单相加就认定为应当顺延的天数。

本案争议内容较为简单,在判决书中并未体现工期顺延认定的具体技术问题,但实践中,大量涉及工期争议的纠纷,都是伴随着工程款争议、质量争议一并产生,且由于施工内容复杂、参与主体众多,过程中各方对影响工期的相关事实未充分确认,使得案件审理起来的难度和工作量都很大。从工期延误事实,到工期责任确定,都是十分专业且复杂的问题,在有些案件中,还需要通过工期鉴定来帮助仲裁庭厘清各方责任。

因此,建议各方在合同履约过程中,充分重视工期问题,如出现影响工期的情形,要及时进行事实固定和责任划分;在诉讼或仲裁阶段,则要积极寻求专业人士帮助,尽可能帮助法官或仲裁庭厘清事实、分清责任,取得对己方有利的裁判结果。

专题六

工程质量

【本专题内容概览】

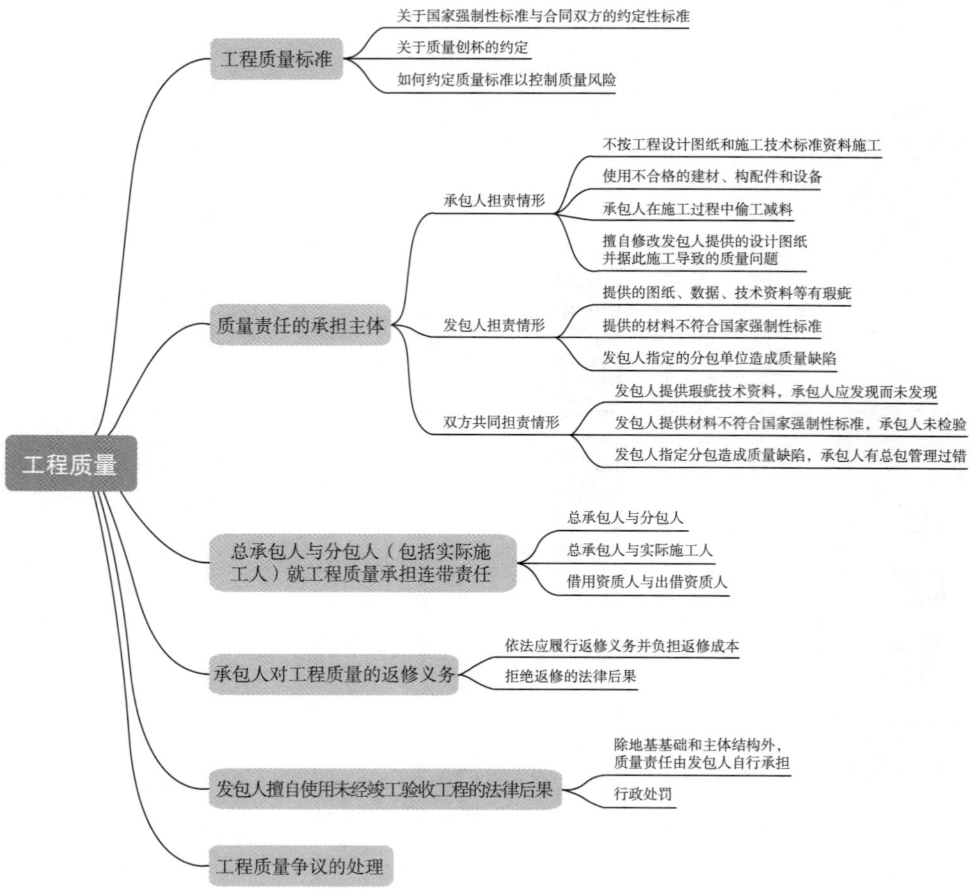
工程质量
工程质量标准
关于国家强制性标准与合同双方的约定性标准
关于质量创杯的约定
如何约定质量标准以控制质量风险
质量责任的承担主体
承包人担责情形
不按工程设计图纸和施工技术标准资料施工
使用不合格的建材、构配件和设备
承包人在施工过程中偷工减料
擅自修改发包人提供的设计图纸并据此施工导致的质量问题
发包人担责情形
提供的图纸、数据、技术资料等有瑕疵
提供的材料不符合国家强制性标准
发包人指定的分包单位造成质量缺陷
双方共同担责情形
发包人提供瑕疵技术资料，承包人应发现而未发现
发包人提供材料不符合国家强制性标准，承包人未检验
发包人指定分包造成质量缺陷，承包人有总包管理过错
总承包人与分包人（包括实际施工人）就工程质量承担连带责任
总承包人与分包人
总承包人与实际施工人
借用资质人与出借资质人
承包人对工程质量的返修义务
依法应履行返修义务并负担返修成本
拒绝返修的法律后果
发包人擅自使用未经竣工验收工程的法律后果
除地基基础和主体结构外，质量责任由发包人自行承担
行政处罚
工程质量争议的处理

建设工程的生命线是什么？答案两个字：质量！如果工程质量不合格，发包人和承包人承受的损失都是非常巨大的。一方面，承包人投入大量的经济成本，结果却是一个不合格工程，发包人有权拒付工程款并要求承包人返还已付工程款，同时，发包人也将无法按期接收、使用工程，企业正常生产经营将会受到影响；另一方面，因不合格工程发生质量事故造成他人人身财产损害的，发包人和承包人还面临着民事赔偿责任，同时可能面临行政处罚，相关责任人可能还需承担刑事责任。因此，对待工程质量必须时时保持清醒，大意不得！

一、工程质量标准

这些年来，笔者在审查合同或者承办诉讼仲裁案件的过程中发现，实践中大量的施工合同对工程质量标准的约定是不合法或者不规范的。比如，有的当事人在合同中约定的质量标准比国家强制性标准低；有的合同约定了确保某某奖项及高额的质量罚金，等等。关于工程质量标准，它实际上包含两层意思：第一层意思，强制性的国家标准；第二层意思，合意性的约定标准。那么，该如何准确理解二者之间的关系呢？

（一）关于国家强制性标准与合同双方的约定性标准

1. 有国家强制性标准的工程，双方作出低于国家强制性标准的约定无效

在原《建筑安装工程质量检验评定统一标准》（已废止）中，工程质量分为“优良”“合格”两个等级。现行的工程质量标准为“合格”与“不合格”两个等级，不存在“优良”之说。这是国家标准，双方当事人在合同中约定的工程质量标准不得低于国家标准，否则约定无效，工程仍然应按照国家标准进行竣工验收。经竣工验收符合设计要求和技术规范的，为合格工程，发包人应按照合同约定向承包人支付工程价款；反之，为不合格工程，发包人有权拒绝接收不合格工程、拒绝支付工程款，并有权要求承包人返还已付工程款，并赔偿损失。

2. 没有国家标准或行业标准的工程，或者双方约定的质量标准高于强制性标准的，则适用双方约定的标准

实践中，某些特殊工程如果没有国家标准或行业标准，则双方当事人可以结合工程的实际情况，对工程质量标准作出特殊约定，并按合同约定的质量标准进

行工程验收,也以此作为解决双方质量争议问题的依据。

在 2013 版施工合同示范文本中,当事人可以在专用合同条款中对工程质量的特殊标准或要求进行约定,这在 1999 版施工合同中是没有的。

2017 版施工合同示范文本延续了 2013 版施工合同示范文本的做法,允许合同当事人对工程质量标准进行约定。双方在合同中对此作出明确约定,就可以解决没有国家或行业标准时的验收评定依据问题,满足了工程质量的特殊要求。

(二)关于质量创杯的约定

实践中经常看到发承包双方在合同中约定确保获得"鲁班奖""白玉兰奖",达不到则承包人需要承担一定的违约金或者罚款。

那么,这样的约定与国家强制标准又有何区别呢?笔者认为,法律依据不同和制定的主体不同是二者最根本性的区别。质量创杯是工程领域内的奖项,评比规范也是行业内自定的标准,走的也是行业内的一套程序。

《民法典》《建筑法》《建设工程质量管理条例》等多部法律法规都明确规定,建设工程必须经过竣工验收才能投入使用,未经竣工验收不得擅自使用。相应地,2013 年 11 月 1 日发布的《建筑工程施工质量验收统一标准》(住房和城乡建设部公告第 193 号)(以下简称《工程施工质量验收统一标准》)、《住宅室内装饰装修工程质量验收规范》统一规定了建筑工程质量的验收方法、质量标准和程序。这些法律规定是建筑企业施工的依据,也是验收部门对建筑企业完工工程进行验收时判断工程是否合格的依据。

实践当中存在一种观点,认为获得创杯奖的工程一定是合格工程。这种观点其实是不全面的。正如上述所言,质量创杯的约定是建筑行业内的奖项,对于高级别的、高规格的奖项,如最高质量奖"鲁班奖",还有省级、市级的奖项如"白玉兰奖"等,奖项的评选被设定了严格的条件,而其中工程质量合格是最基本的要求。但是,还有其他很多质量创杯的奖项,可能仅针对工程中某些特殊的亮点作出要求,比如对创新性作出要求,并未将工程质量合格作为必需的评选条件。在这样的情况下,就有可能会出现虽然是获得创杯奖的工程,但为不合格工程的情况。

两个不同的质量标准产生的是两种法律后果:不符合国家标准的工程,为不合格工程,不得投入使用;不符合合同约定质量标准的工程,如未达到国家标准,则为不合格工程,不得投入使用,且承包人要同时承担因工程不合格给发包人造成的损失以及因工程质量未达到合同约定标准的违约责任;如已达到国家标准但未达到合同约定标准的,工程为合格工程,可以投入使用,这种情况下,发包人可以选择要求承包人整改、返工直至符合合同约定的质量标准,也可以选择进行造价扣减并由承包人承担相应的违约赔偿责任。

(三)发包人和承包人应如何约定质量标准以控制质量风险

发包人和承包人应如何约定可行的质量标准,才能最大限度地控制质量风险,减少损失呢?笔者的思考和建议如下:

第一,约定的质量标准应当符合国家标准。如前所述,降低国家标准的约定是无效的,双方应就该无效后果承担相应的法律责任。工程质量不符合国家标准则无法通过竣工验收。根据《民法典》第 793 条的规定,对于质量不合格并且经修复也无法达到合格要求的工程,不得投入使用,承包人也无权主张相应工程款。

第二,约定的质量标准应当是有履行可能的,且符合工程项目实际情况。无论是国家最高质量奖"鲁班奖",还是省、地级的奖项,如上海的"白玉兰奖"等,均有着严格的评选条件。不同的奖项,对工程规模要求、工程竣工时间要求、质量标准要求和创新性要求等均不同。因此,合同双方在约定质量标准时,首先应熟悉奖项的评选要求,做到心中有数。

由于建筑市场上工程项目"僧多粥少",评奖竞争仍然十分激烈。在工程项目招投标时,发包人往往要求承包人作出确保获得某某杯、某某奖项、某某优质工程之类的承诺。若发包人一味地提出过高的质量创杯要求,承包人也可能为了抓住投标机会,不惜作出不符合工程项目实际情况及超出承包人自身能力的确保创杯承诺。若项目工程最终未能成功创杯,发包人未能如愿收获相关荣誉,承包人也将承担违约责任等不利后果。甚至,项目工程施工过程中,双方有可能因此发生争议并导致停工,工期及造价损失都因此增加,发包人与承包人双双受损。

第三,约定的质量标准应当清楚明确,不能产生歧义。对不能确定实现的奖项或质量标准,在保证质量合格的前提下,发包人和承包人可协商改用"力争""争创"等文字表述,避免使用"确保""保证"。双方也可在合同中约定创杯的奖励办法,一方面避免建筑企业未达标而产生经济损失,另一方面也能调动建筑企业的积极性,重视施工过程中的质量控制。

第四,切忌盲目追求超越合同所规定的质量标准。如果合同约定标准为合格,那么承包人只需在保证工程质量合格的前提下安排施工即可。有的企业在业主没有要求的前提下,盲目地追求优质工程或者“白玉兰奖”“鲁班奖”等奖项。从合同角度讲,在承包人单方主动提高工程质量(单方变更合同)的情况下,其所增加的造价,发包人没有义务给予补偿。如果发包人在合同签订后,又要求提高工程质量标准,则构成工程变更,双方应办好工程签证手续,承包人也有权据此向发包人主张变更增加费用。

二、质量责任的承担主体

(一)承包人承担工程质量责任的情形

《建筑法》第 58 条规定:“建筑施工企业对工程的施工质量负责。建筑施工企业必须按照工程设计图纸和施工技术资料标准施工,不得偷工减料。工程设计的修改由原设计单位负责,建筑施工企业不得擅自修改工程设计。”该条规定明确了以下四个核心内容:第一,建筑企业对工程施工质量负责;第二,建筑企业必须按照发包人提供的工程设计图纸和施工技术标准资料施工;第三,建筑企业在施工过程中不得偷工减料;第四,建筑企业不得擅自修改工程设计。

围绕上述核心,结合相关法律规定,具体来分析哪些情形下出现的工程质量问题需要由承包人来承担责任:

1. 不按工程设计图纸和施工技术标准资料施工导致的工程质量问题

《民法典》第 770 条规定,承揽合同是承揽人按照定作人的要求完成工作,交付工作成果,定作人给付报酬的合同。建设工程施工合同是特殊的承揽合同,承揽人即为承包人,定作人就是发包人,定作人的要求就是发包人提供的设计图纸,按照该设计图纸完工的工程就是承包人向发包人交付的工作成果。如果承包人没有按照工程设计图纸和施工技术规范施工而造成工程质量存在问题的,则应由承包人承担相应的责任。

2. 使用不合格的建材、构配件和设备导致的工程质量问题

根据法律的相关规定,承包人必须按照设计要求、技术标准和合同约定对建材、构配件、设备和商品混凝土进行检验(包括建筑企业自行采购、发包人采购以及发包人指定但由建筑企业采购的情形)。经检验合格的,才可用于工程建设,反之不得使用。如果承包人没有履行检验义务或者虽进行检验但仍将检验结果为不合格的建材、构配件、设备和商品混凝土使用到工程中,从而造成建设工程质量出现问题的,由承包人承担责任。

3. 承包人在施工过程中偷工减料导致的工程质量问题

有的承包人抱怨称，实际上他们也不想偷工减料，也想把工程质量做到百分之百满意。但是发包人太强势，一再压低价格，而建筑业的利润已经很低了，对某些企业来讲可以说是夹缝中求生存。特别是有的承包人，本身施工管理极为不规范，违法分包、转包及层层分包的现象很多，尤其是工程实务中存在那么多施工班组，偷工减料的事情防不胜防。但法律已经明确规定，如果工程质量问题是由于承包人偷工减料引起的，则应由承包人承担责任。因此，承包人必须加强施工过程的管理，严把质量关。

4. 擅自修改发包人提供的设计图纸并据此施工导致的工程质量问题

承包人的施工依据是发包人提供的设计图纸。如果承包人在施工过程中发现需要对施工图纸进行修改，可以向发包人和监理人提出合理化建议，经发包人同意并经原设计单位修改后，方可按照修改后的图纸施工。同时，承包人还应当注意，如果修改后的图纸设计规划等存在需要行政部门重新审批的内容，那么还应当待该修改经过审批后再行施工。如果承包人未经发包人同意或者虽经发包人同意却是自己修改图纸并施工的，造成的质量责任由承包人承担。

2017 版施工合同示范文本第 5.1.3 款对于承包人原因导致的工程质量问题责任承担约定："因承包人原因造成工程质量未达到合同约定标准的，发包人有权要求承包人返工直至工程质量达到合同约定的标准为止，并由承包人承担由此增加的费用和（或）延误的工期。"根据上述约定，如果工程质量是承包人原因造成的，那么承包人应承担相应的违约责任，由承包人承担由此增加的费用和延误的工期。

实践中，因承包人原因引起工程质量不合格的情形主要有：承包人偷工减料、未按照工程设计图纸或者技术标准施工、使用不合格的建筑材料建筑构配件和设备等，也包括因总承包人转包、违法分包或挂靠等违法经营行为，以及因资金技术和管理不到位等造成工程质量不合格的情形，等等。如承包人原因导致工程质量不合格的情形发生，发包人有权要求承包人返工以达到法定的国家强制标准及（或）合同约定的质量标准，而由此增加的费用和延误工期的违约责任，均由承包人自行承担。如果承包人拒绝修复，发包人可以另行委托其他具有相应资质的建筑企业进行修复，修复的费用由承包人承担，同时延误工期的违约责任由承包人自行承担。通常情况下，发包人委托其他单位进行修复的费用可能要比承包人自行修复产生的费用高。

2017 版施工合同示范文本第 5.4.1 款对于不合格工程的处理原则和责任分担约定:"因承包人原因造成工程不合格的,发包人有权随时要求承包人采取补救措施,直至达到合同要求的质量标准,由此增加的费用和(或)延误的工期由承包人承担。无法补救的,按照第 13.2.4 款〔拒绝接收全部或部分工程〕约定执行。"

在工程施工过程中,承包人最主要的义务,就是交付符合国家标准和合同约定标准的合格工程。如工程质量不合格,承包人负有法定的返修义务;经整改后,承包人可以要求发包人另行组织验收,经重新组织验收仍不合格且无法采取措施补救的,发包人可以拒绝接受该不合格工程。同时,因该不合格工程导致其他工程不能正常使用的,承包人还应当采取相关措施,确保相关工程的正常使用,并承担由此增加的费用和延误的工期。

应注意的是,在实务操作中,承包人承担工程质量责任的期间不仅包括施工期间至竣工验收前,还包括质量保修期间(地基基础及主体结构则为设计文件规定的合理使用寿命年限)。为了避免及减少损失,承包人应重点注意以下几点:

第一,施工过程中严把质量关,建立完善的质量检查制度。要对材料工程设备涉及的所有部位及施工工艺进行全面的质量检测,做好相应的验收记录,尤其是隐蔽工程和隐蔽部位的质量检查;要加强对施工班组的培训及考核,严格管理工程质量,严格按照程序对相关材料等进行检验,做到不合格材料坚决不使用。同时,对上述检查验收,承包人应做好记录并编制报表,以便监理人或发包人审查和检验,同时便于日后发生质量争议作为证据材料使用。

第二,如确因承包人原因造成工程质量问题,承包人应在第一时间赶赴现场进行修复,以使其达到合同约定的质量标准,在事发之初积极采取措施控制损失。

第三,承包人在修复完成后,应第一时间通知发包人及监理单位等赴现场进行验收,并做好书面的验收记录。

通过上述三个方面的工作,将质量问题引起的损失控制到最小,并且保证出现问题时在第一时间解决,从经济成本、时间成本以及发承包双方的友好合作来讲,都是最为有利的。

从发包人的角度来看,如发现承包人原因引起工程质量不合格的情形,发包人应当及时采取如下措施:

第一,通过现场签证单、影像资料、施工记录、监理日志、材料检验等多种方式,固定承包人原因造成工程质量不合格的证据材料,为后续索赔工作的开展做好准备、打下基础。

第二,及时向承包人发出书面整改通知,要求承包人返工以达到法定的国家强制标准及(或)合同约定的质量标准,同时,由此增加的费用和延误工期的违约责任由承包人承担。

第三,如果承包人拒绝修复,发包人可以另行委托其他具有相应资质的承包人进行修复,发包人要将修复费用发生的证据材料(如招投标文件、整改施工合同、工程款发票、支付凭证等)妥善保存,并通过书面通知、争议解决等方式,要求承包人承担修复费用,同时追究承包人工期延误的违约责任。

(二)发包人承担工程质量责任的情形

1. 提供的图纸、数据、技术资料等有瑕疵

按约及时并足额支付工程款是发包人的主要义务,按约及时向承包人提供施工场地和符合质量要求的施工图纸等技术资料是发包人的附随义务。如果发包人提供的设计文件勘察数据施工图纸以及说明书等技术资料存在缺陷,造成工程质量缺陷的,由发包人承担相应的责任。

至于图纸缺陷的问题,发包人可追究其相关委托单位的责任:如果勘察单位未能按照国家标准进行勘察,或因其他自身原因造成勘察文件不真实或不准确,以至于技术文件出现瑕疵导致工程质量不合格的,由勘察单位承担责任;如果设计单位未按照国家强制性标准进行设计,或者设计文件中所选用的建筑材料建筑构配件或设备不符合国家规定的质量标准,造成工程质量不合格的,由设计单位承担责任。

2. "甲供料"或"甲定乙供"材料不符合国家强制性标准

一般情况下,承包人在承接工程时采用包工包料的方式,即由承包人按照图纸和设计要求自行购买相应的材料。但有的发包人为了控制造价和保证工程质量,会将价贵量多的建筑材料、建筑构配件和设备约定由其自行提供,这就是通常所说的"甲供料"。还有的业主虽然在合同中与承包人约定材料由承包人提供,但是材料的价格、品牌、供货商等均由发包人指定,这就是通常所说的"甲定乙供"。

不论是"甲供料"还是"甲定乙供",发包人提供的材料需要满足两个要求:一是符合施工图纸的设计文件要求;二是符合施工合同约定的要求。同时,业主不得以任何形式明示或暗示承包人使用不合格的建材、构配件和设备。

3. 发包人指定的分包单位造成质量缺陷的

根据法律的相关规定,分包单位应该与总包单位就分包工程共同向发包人承担连带责任。出于种种原因,在实践中,业主指定分包非常普遍。与其他分包不同的是,总包单位指定分包有时难以管理。如果是由发包人指定的分包单位造成质量缺陷的,则由发包人承担相应的过错责任。当然,如果总包单位对此有过错的,也要承担相应的过错责任。

2017 版施工合同示范文本第 5.1.2 款、第 5.4.2 款对于发包人原因导致的工程质量问题责任承担也作了约定:"因发包人原因造成工程质量未达到合同约定标准的,由发包人承担由此增加的费用和(或)延误的工期责任,并支付承包人合理的利润。""因发包人原因造成工程不合格的,由此增加的费用和(或)延误的工期由发包人承担,并支付承包人合理的利润。"

发包人造成工程质量问题的情形主要有以下三种:(1)提供的设计有缺陷;(2)提供或者指定购买的建筑材料、建筑构配件、设备不符合强制性标准;(3)直接指定分包人分包专业工程。这也是《施工合同司法解释(一)》第 13 条的明确规定。

在司法实践中,往往需要承包人提供证据,来证明工程质量不合格系发包人导致,承包人自身不存在过错。一般会从以下方面加以判断:(1)承包人明知发包人提供的工程设计有问题或者在建设施工中发现设计图纸有差错,而没有及时提出意见和建议,并继续施工的;(2)对发包人提供的建筑材料、建筑构配件、设备和商品混凝土未进行检验,或经检验不合格仍然使用的;(3)对发包人提出违反法律、行政法规和建筑工程质量、安全标准及降低工程质量等要求,承包人不予拒绝而进行施工的;(4)对发包人指定分包工程,承包人没有履行或没有完全履行总包管理职责的。

另外,在实务操作中,还需注意以下几个方面:

第一,如果发包人做出可能影响工程质量的行为时,承包人应及时以书面形式提出异议,对发包人可能影响工程质量的指令应书面予以拒绝,如发包人强令承包人实施可能影响工程质量的指令时,承包人应与发包人明确约定该指令导致的后果由发包人承担。

第二,如果承包人明知或应当知道设计有缺陷未提出,或对发包人提供的材料、构配件、设备等未按约定检测或在检测不合格的情况下仍然使用的,则承包人也应当为导致的工程质量问题承担相应的工程质量责任。在此情形下,承包人一定要书面提出异议，如发包人坚持要实施该行为，承包人应当与发包人以书面形式明确约定由发包人承担相关的责任。

第三，如由承包人对存在质量问题的工程进行修复，由于修复工作并非承包人原有工作范围内的事项，承包人与发包人可以就修复工程签订相应的补充协议，在协议中明确约定修复工程相应的费用、工期和利润，以及修复工程工期与原工程工期的关系，即是否对原工程造成延期影响。如未就修复工程签订补充协议，则承包人应将修复工作当作一项变更来进行，按照合同约定进行签证，并且进行费用、工期和利润索赔。索赔过程中应当注意索赔时间和相应的默认条款。

（三）发包人和承包人共同承担工程质量责任的情形

如果建设工程质量瑕疵是由于发包人和承包人的共同过错造成的，那么则应当根据过错性质和程度，由双方共同对工程质量承担责任。但不论谁承担责任、承担责任的比例是多少，承包人都负有不得将不合格工程交付发包人的法定义务，同时，发包人负有不得擅自使用不合格工程的法定义务。这种情形主要包括以下几种：

1. 发包人提供的技术资料存在瑕疵，承包人应当发现而未发现

向承包人提供符合规范和技术要求的设计文件、施工图纸等技术资料是发包人的法定义务。在工程实践中，发包人将图纸下发到承包人后，都会预留一定时间，承包人需对图纸进行审查，并就图纸中存在的问题与发包人进行沟通，也就是图纸会审和交底，图纸交底完成后开始施工。

实践中，很可能出现“三边工程”，即边设计、边出图、边施工。在审图以及整个施工过程中，承包人发现发包人所提供的设计文件、施工图纸等技术资料存在差错时，应及时向发包人提出意见和建议，这是承包人的义务。如果承包人发现差错但故意隐瞒，或者应当发现但未及时发现，最终导致造成工程质量出现问题的，则由发包人和承包人共同承担责任。《施工合同司法解释（一）》第 13 条第 2 款对此也作了明确规定，即承包人有过错的，也应当承担相应的过错责任。

至于如何判断承包人“应当发现瑕疵”，目前没有相关法律法规作出明确的规定。笔者认为，对这一问题的认识，要结合具体情况加以综合判断。比如说，如果设计文件、施工图纸等技术资料的差错属于具有一般常识就可以判别的，属于应当发现的瑕疵；如果这种瑕疵是复杂技术层面的，那么还要看具体的承包人承

接工程的经验如何、资质如何、业绩如何等，综合来看按照它本身的综合实力可否发现这一瑕疵。

2. 发包人提供的“甲供料”或者“甲定乙供”材料不符合国家强制性标准，但承包人未履行检验义务

前文已经讲过，发包人提供的“甲供料”或者“甲定乙供”材料必须符合国家强制标准。同时，承包人对发包人提供的建材、构配件、设备和商品混凝土必须按照工程设计要求、施工技术标准以及合同约定进行检验，检验合格方能使用，反之不得使用。如果承包人没有履行检验义务，将不符合国家强制性标准的材料使用到建设工程中，或明知不符合标准仍然使用的，应当与发包人共同承担责任。

3. 发包人指定分包造成质量缺陷，承包人存在总包管理过错的

由于发包人指定分包过错造成的分包工程质量缺陷，应当由发包人承担相应的后果。但实践中，总包单位往往都约定对指定分包有总包管理职责，并收取总包管理费用，如果总包单位在履行总包管理职责过程中对质量缺陷存有过错的，也要承担相应的过错责任。

综上所述，当工程质量出现问题时，首先应当查清造成质量缺陷的原因，根据问题出现的原因，顺藤摸瓜，才能准确找出质量责任的承担主体。一般而言，根据不同的情形，由不同的主体承担责任。但是，作为比发包人更有经验的承包人，承包人应当竭尽其管理和注意义务，以保证工程质量。这是认定质量争议责任主体的很重要的原则之一。因此，承包人应注意在实施施工管理行为的同时，做好相关的资料管理工作，认真审图、及时提出意见，严格把好材料设备的检验关，全方位做好分包管理工作等，并且留下相应的证据，在确保工程质量的同时防范法律风险。而发包人也不应放松对工程质量的管控，对可能造成工程质量问题的自身原因，也需要多加注意防范。

三、总承包人与分包人（包括实际施工人）就工程质量承担连带责任

（一）总承包人与分包人就工程质量承担连带责任

《民法典》第 791 条第 2 款规定，总承包人或者勘察、设计、施工承包人经发包人同意，可以将自己承包的部分工作交由第三人完成。第三人就其完成的工作成果与总承包人或者勘查、设计、施工承包人向发包人承担连带责任。第 786 条规定，共同承揽人对定作人承担连带责任，但当事人另有约定的除外。

《建筑法》第55条对总承包单位与分包单位就分包工程向发包人承担连带责任作出了明确规定，即建筑工程实行总承包的，工程质量由工程总承包单位负责，总承包单位将建筑工程分包给其他单位的，应当对分包工程的质量与分包单位承担连带责任。分包单位应当接受总承包单位的质量管理。

《建设工程质量管理条例》第27条也规定，总承包单位依法将建设工程发包给其他单位的，分包单位应当按照分包合同的约定对其分包工程的质量向总承包单位负责，总承包单位与分包单位对分包工程的质量承担连带责任；住建部《房屋建筑和市政基础设施工程分包管理办法》也规定专业工程的发包人和劳务分包人就建设工程质量对发包人承担连带责任。

综上可知，总承包人应当与分包人一起，就分包工程的工程质量对发包人承担连带责任。《施工合同司法解释（一）》第15条也对此作出了明确规定，即“因建设工程质量发生争议的，发包人可以以总承包人，分包人和实际施工人为共同被告提起诉讼”。该条解释主要包含以下三个方面的内容：(1)总承包单位对总承包范围内的工程质量负责，既包括自己承建部分的工程质量，也包括分包单位承建的工程质量。(2)总承包人对自己承建部分的工程质量向发包人承担全部责任，就分包单位承建的工程质量与分包人共同向发包人承担连带责任。(3)总承包人有权对分包工程项目进行质量管理，分包单位也有义务接受总承包人的质量管理。

（二）总承包人与实际施工人就工程质量承担连带责任

《施工合同司法解释（一）》第15条规定，总承包人与实际施工人就实际施工人所承建的工程向发包人承担连带责任。笔者从以下三个方面理解本条内容：(1)该条司法解释中规定的实际施工人，指的是无效合同的承包人，包括转承包人、违法分包合同的承包人、没有资质借用有资质的建筑施工企业的名义与他人签订建设工程施工合同的承包人。(2)就实际施工人承建的工程质量，总承包人与实际施工人向发包人承担连带责任。(3)发包人如果就质量问题提起诉讼，可以将总承包人和实际施工人作为共同被告。

据此，在工程质量引起的纠纷案件中，发包人可将实际施工人和总承包人列为共同被告。但发包人本身与实际施工人之间不具有任何合同关系，发包人起诉实际施工人又是对合同相对性原则的一大突破，故该观点在实践中颇受争议。

有观点认为，处理质量纠纷时，应当遵循合同相对原则，不论是质量返修义务还是保修义务,均应当由有资质的总承包人承担。总承包人向发包人承担责任后,再向实际施工人追偿。也有观点认为,在"内部承包合同"无效的情形下,总承包人与实际施工人应当共同向发包人承担连带责任。如果发包人仅向总承包人提出主张,则总承包人承担责任后可以向实际施工人追偿。但实际施工人承担的应是全部责任还是部分责任(总承包人应否在其所收的管理费范围内承担责任),则有待论证。

笔者倾向于认为:原则上不能突破合同相对性,但就工程质量问题而言,可以突破合同相对性,由实际施工人与总承包人共同向发包人承担连带责任,主要理由如下:

第一,实际施工人与总承包人向发包人承担连带赔偿责任,是有法律依据的。《建筑法》第 67 条明确规定:"承包单位将承包的工程转包的,或者违反本法规定进行分包的,责令改正,没收违法所得,并处罚款,可以责令停业整顿,降低资质等级;情节严重的,吊销资质证书。承包单位有前款规定的违法行为的,对因转包工程或者违法分包的工程不符合规定的质量标准造成的损失,与接受转包或者分包的单位承担连带赔偿责任。"这既是法律的强制性规定,也符合"谁施工、谁负责"的基本原则。《民法典》第 157 条规定,合同无效的按照其过错责任承担赔偿责任。虽实际施工人与总承包人签订的施工合同或是内部承包合同为无效合同,但合同主体各方对签订无效合同在主观上均存在过错,且双方明知行为违法、合同无效依然实际履行,故合同主体各方对因履行无效合同造成的损失,应当依据《民法典》第 157 条的规定,由实际施工人与总承包人按照过错责任承担赔偿责任。

第二,发包人有权要求实际施工人承担质量责任,与实际施工人可以突破合同相对性向发包人主张工程款规定,成立对等的权利义务关系。《施工合同司法解释(一)》第 43 条规定,实际施工人可以发包人为被告主张工程款,发包人在欠付工程价款的范围内对实际施工人承担责任,该条规定突破了合同相对性原则。实际施工人与发包人之间本身是没有合同关系的,但鉴于原本应由总承包人向发包人履行的合同义务事实上却是实际施工人在履行,他们之间已经形成了事实上的权利义务关系,既然实际施工人可以向发包人主张工程款,相应地发包人也应当可以向实际施工人主张因质量问题引起的赔偿,这符合权利和义务的对等性。至于总承包人与实际施工人之间的责任如何划分,目前尚未有明确的法律规定,应当结合案件的具体情况,根据过错责任原则进行综合判断。例如在有些案件中,专业工程承包人向总承包人提供的资质证书系其伪造或虚假的,总承包人在承接项目前期尽到了合理审核义务，但没有发现该情况，在工程完工后才发现专业工程承包人是没有资质的实际施工人。在这样的情形下，总承包人在向发包人承担了质量责任后可以全额向该实际施工人追偿所受损失。

综上所述，笔者认为，实际施工人与总承包人就质量问题同时向发包人承担连带赔偿责任符合法理，也符合情理。

（三）借用资质人与出借资质人就工程质量问题向发包人承担连带责任

根据《施工合同司法解释（一）》第7条的规定，缺乏资质的单位或者个人借用有资质的建筑施工企业名义签订建设工程施工合同，发包人请求出借方与借用方对建设工程质量不合格等因出借资质造成的损失承担连带赔偿责任的，人民法院应予支持。

为了规制建筑行业盛行的挂靠问题，《施工合同司法解释（一）》第7条在原《施工合同司法解释》的基础上，明确规定出借资质的企业与借用资质人对工程质量承担不合格等，向发包人承担连带赔偿责任。

四、承包人对工程质量的返修义务

（一）依法应履行返修义务并负担返修成本

所谓“返修义务”，与“保修义务”相对应，是指对验收合格前出现的工程质量缺陷，承包人负有修复义务。

工程质量存在缺陷，是指承包人所承建的工程质量不符合国家法定的质量标准或合同约定的质量标准。因此，一项工程是否存在质量缺陷要看两个方面：一是该工程质量是否符合国家标准；二是该工程质量是否符合发承包双方在合同中约定的标准。《民法典》第801条规定：“因施工人的原因致使建设工程质量不符合约定的，发包人有权要求施工人在合理期限内无偿修理或者返工、改建。经过修理或者返工、改建后，造成逾期交付的，施工人应当承担违约责任。”

该条是关于承包人对所承建工程质量不符合法定或约定标准时需要承担返修义务的法律规定，主要包含两个方面的内容：第一，承包人对因自己的过错造成的工程质量问题承担返修的义务；第二，承包人同时承担因返修行为引起的工程价款增加以及工期延误引起的违约责任。

（二）拒绝返修的法律后果

《施工合同司法解释（一）》第 12 条规定："因承包人的原因造成建设工程质量不符合约定，承包人拒绝修理、返工或者改建，发包人请求减少支付工程价款的，人民法院应予支持。"

该条是关于因承包人的原因而造成工程质量不符合法定或约定要求并拒绝修复的法律规定。与原规定相比，将"因承包人的过错"变更为"因承包人的原因"，更符合法理。因为施工合同签署后，承包人即负有按合同约定的质量标准完工并交付的合同义务，只要承包人的交付不符合约定标准，就构成合同下的违约并相应地承担违约赔偿责任。

五、发包人擅自使用未经竣工验收工程的法律后果

（一）发包人擅自使用未经竣工验收的工程时，除地基基础和主体结构外，质量责任由发包人自行承担

《施工合同司法解释（一）》第 14 条规定："建设工程未经竣工验收，发包人擅自使用后，又以使用部分质量不符合约定为由主张权利的，不予支持；但是承包人应当在建设工程的合理使用寿命内对地基基础工程和主体结构质量承担民事责任。"这条是关于发包人擅自使用未经验收工程的法律后果的规定，主要包含三个方面的内容：(1)对建筑物的地基基础和主体结构工程，承包人应当保证在建筑物的合理使用寿命内的质量。这个合理使用寿命是发包人委托的设计单位在具体的设计文件中确定的，在这个期限内，承包人始终承担质量责任。(2)除了建筑物的地基基础和主体结构工程外的部分，承包人对其质量的责任分为两个阶段：第一阶段是竣工验收合格前，出现工程质量问题的，承包人履行修复义务；第二阶段是竣工验收合格之日起至保修期结束之日止，出现工程质量问题的，承包人履行保修义务。(3)在工程未经过竣工验收前发包人擅自使用建设工程的，视为发包人对所使用部分的建筑工程质量的认可，承包人仅对发包人擅自使用部分的建筑物的地基基础和主体结构工程承担质量修复义务和保修义务。发包人擅自使用部分的工程存在的除地基基础和主体结构外的任何质量问题，应由发包人自行承担。

（二）面临行政处罚

《建设工程质量管理条例》第 58 条规定："违反本条例规定，建设单位有下列

行为之一的，责令改正，并处工程合同价款2%以上4%以下的罚款；造成损失的，依法承担赔偿责任：（一）未组织竣工验收，擅自交付使用的；（二）验收不合格，擅自交付使用的；（三）对不合格的建设工程按照合格工程验收的。”根据该条规定，发包人擅自使用的未经竣工验收或经验收不合格工程的，还可能面临有关部门的行政处罚。

六、工程质量争议的处理

《施工合同司法解释（一）》第11条规定，“建设工程竣工前，当事人对工程质量发生争议，工程质量经鉴定合格的，鉴定期间为顺延工期期间”。该条是有关发承包双方出现工程质量争议时如何处理的法律规定，主要包含以下内容：

实践中，造成工程质量出现问题的原因有很多，可能是承包人的原因，也可能是发包人的原因，还可能是设计单位、勘察单位的原因。当出现工程质量问题而各方主体对谁应承担责任、承担多少责任无法达成一致时，需要委托专业的鉴定机构进行鉴定，以确定争议工程是否存在质量问题、质量问题的种类、质量问题的分布以及产生工程质量的原因等。

如果经专业鉴定机构鉴定，工程质量合格或工程质量虽不合格但不是承包人的原因造成的，那么，由发包人承担因鉴定所发生的鉴定费、承包人对鉴定部位的修复费以及相应的工期损失（包括工期延误的天数以及延误期间产生的停工窝工损失）。

如果经专业鉴定机构鉴定，工程质量存在问题且是由于承包人原因造成的，那么，由承包人自行承担因鉴定所发生的鉴定费、对鉴定部位的修复费，同时因鉴定延误的工期不予顺延，相应的工期损失也由承包人自行承担。

如果经专业鉴定机构鉴定，工程质量存在问题是由多方主体造成的，那么，由多方主体根据各自的过错责任承担相应的质量赔偿责任，责任大小根据各个主体的过错大小决定。

七、典型案例

【案情简介】

原告：上海某实业发展有限公司

被告：上海某建设集团股份有限公司

2016年8月，被告与原告签订《建设工程施工合同》一份，约定原告将位于上海市某区的新建厂房项目发包给被告施工建设。工程完工后原被告至今仍未办理竣工验收手续。

2018 年 7 月,原告向被告发出《维修告知书》,告知被告因工程在使用过程中存在漏水情况,给相邻业主造成严重损害,要求被告派人前往修理,但是被告置之不理。为此,原告自行委托第三方进行维修,并因此赔偿了相邻业主损失。

2019 年 1 月,原告向法院提起诉讼,称:厂房使用后不久即发现屋面漏水严重、地下排水管道向上喷水等工程质量问题。据此,请求法院判令被告承担上述维修费用和损失赔偿款。

【争议焦点】

本案的焦点问题是:(1)建设工程未经竣工验收,业主擅自投入使用后是否还能向承包人主张质量问题责任;(2)在发包人擅自使用的情况下,承包人是否还对工程质量承担责任。

【审理结果】

法院认为,涉案工程未经竣工验收,原告已擅自使用,故原告以涉案工程质量不符合约定为由,要求被告支付维修费及赔偿经济损失的诉讼请求,法院不予支付。据此,判决驳回原告的诉讼请求。

【合规建议·仲裁选择】

建设工程未经竣工验收,发包人擅自使用,在使用中出现质量问题,是否可向承包人追责,实践中存在两种不同的看法。

一种观点认为,按照国家的规定,建设工程必须经过相关部门验收合格,方能投入使用。这不仅是对发包人的要求,同时也是对承包人的施工质量要求。因此,若工程未经过竣工验收发包人就投入使用,不能当然免除承包人本应承担的工程质量责任。如果经过鉴定使用过程中发生的质量问题是施工质量瑕疵,那么相关的责任还是应该由承包人承担。

另一种观点认为,发包人未经竣工验收,就接收并将工程投入使用,应视为对工程质量的认可,并且应视为放弃向承包人主张工程质量瑕疵责任的权利。因此,工程投入使用后,再提出工程主体结构与地基基础之外的质量问题要求整改维修的,法院应不予支持。

从仲裁视角来看,上述观点均不完整、不准确。首先,应区分质量瑕疵的合同违约责任和保修义务责任。对于这两种责任的承担不能笼统地“一刀切”。其次，发包人在未经竣工验收的情况下就接收工程并投入使用，应视为发包人对工程质量的认可，在这种情况下，对于地基基础和主体结构之外的其他工程质量问题，发包人向承包人追责的难度将非常大，举证难度也很高。再次，如工程质量问题是因为承包人违约未按图施工或偷工减料所致，只要发包人可以证明承包人存在未按图使用或偷工减料的事实，仍可以追究承包人的质量责任。

专题七

工程竣工和接收

【本专题内容概览】

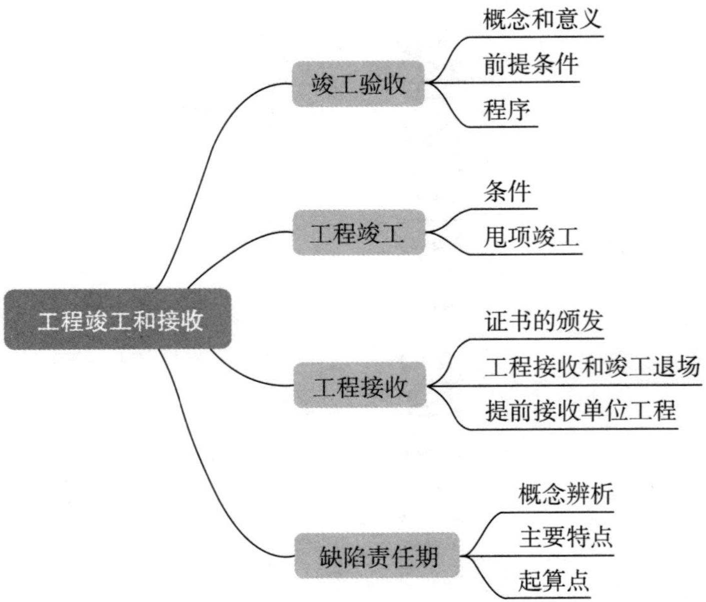
工程竣工和接收
竣工验收
概念和意义
前提条件
程序
工程竣工
条件
甩项竣工
工程接收
证书的颁发
工程接收和竣工退场
提前接收单位工程
缺陷责任期
概念辨析
主要特点
起算点

工程竣工和接收意味着建设工程合同标的物的交付,以及承包人最主要的合同义务已履行完毕,是整个工程建设过程中最为关键的环节。这一环节需要建设单位、监理单位、勘察单位、设计单位、施工单位等多方参与,涉及竣工验收、工程试车、竣工备案、接收证书颁发、工程接收、竣工退场、甩项消缺等诸多事项,并且与缺陷责任、保修责任、工期责任、工程结算等多个环节紧密相连,程序设置精细复杂,如未能准确把握相关要求,容易引发争议乃至法律纠纷。因此,无论是建设单位还是承包人或分包分供方,均需要准确理解法律规定和合同条款的内容,并充分考虑到我国建设工程市场的实践和监管要求,才能切实维护自身权益,实现工程项目的顺利交付。

一、竣工验收

(一)竣工验收的概念和意义

建设工程作为具有公共属性的特殊产品,其质量安全是重中之重,也是目前我国建设工程立法和监管的核心。根据全国人大法工委发布的《建筑法》第 61 条释义,建筑工程的竣工验收,是指在建筑工程已按照设计要求完成全部施工任务,准备交付给建设单位投入使用时,由建设单位或有关主管部门依照国家关于建筑工程竣工验收制度的规定,对该项工程是否合乎设计要求和工程质量标准所进行的检查、考核工作。建筑工程的竣工验收是项目建设全过程的最后一道程序,是对工程质量实施控制的最后一个重要环节。认真做好建筑工程的竣工验收工作,对保证建筑工程的质量具有重要意义。

《建筑法》第 61 条第 2 款规定,“建筑工程竣工经验收合格后,方可交付使用;未经验收或者验收不合格的,不得交付使用”。《民法典》第 793 条、第 799 条、第 801 条、第 802 条等在此基础上进一步规定,建设工程施工合同有效与否,工程验收合格都是发包人支付价款的前提。因施工人的原因致使工程验收不合格的,发包人有权请求施工人在合理期限内无偿修理或者返工、改建,乃至拒绝支付工程价款。由此可见,建设工程竣工验收合格不仅是行政监管要求下交付使用的前提,也是民事合同下发包人接收工程和支付工程价款的基础。

除此之外,竣工验收也是确定竣工日期、质保期和保修期的重要依据。《施工合同司法解释(一)》第 9 条规定:“当事人对建设工程实际竣工日期有争议的,人民法院应当分别按照以下情形予以认定:(一)建设工程经竣工验收合格的,以竣工验收合格之日为竣工日期……"2017 年 6 月 20 日发布的《建设工程质量保证金管理办法》(2017 年修订)第 8 条规定,"缺陷责任期从工程通过竣工验收之日起计……"《施工合同司法解释(一)》第 17 条规定,"有下列情形之一,承包人请求发包人返还工程质量保证金的,人民法院应予支持:……(二)当事人未约定工程质量保证金返还期限的,自建设工程通过竣工验收之日起满二年"。《建设工程质量管理条例》第 40 条第 3 款规定,"建设工程的保修期,自竣工验收合格之日起计算"。

(二)竣工验收的前提条件

《建筑法》第 61 条第 1 款规定,"交付竣工验收的建筑工程,必须符合规定的建筑工程质量标准,有完整的工程技术经济资料和经签署的工程保修书,并具备国家规定的其他竣工条件"。《建设工程质量管理条例》第 16 条第 2 款规定,"建设工程竣工验收应当具备下列条件:(一)完成建设工程设计和合同约定的各项内容;(二)有完整的技术档案和施工管理资料;(三)有工程使用的主要建筑材料、建筑构配件和设备的进场试验报告;(四)有勘察、设计、施工、工程监理等单位分别签署的质量合格文件;(五)有施工单位签署的工程保修书。"2017 版施工合同第 13.2.1 款规定,"工程具备以下条件的,承包人可以申请竣工验收:(1)除发包人同意的甩项工作和缺陷修补工作外,合同范围内的全部工程以及有关工作,包括合同要求的试验、试运行以及检验均已完成,并符合合同要求;(2)已按合同约定编制了甩项工作和缺陷修补工作清单以及相应的施工计划;(3)已按合同约定的内容和份数备齐竣工资料"。

由此可见,建设工程进行竣工验收的前提首先是承包人已完成设计和合同约定的各项内容。需要注意的是,此处的内容并不仅仅指工程的实体部分,还包括合同范围内的有关工作,包括按合同要求完成试验、试运行以及检验等。除此之外,承包人还应准备或获得竣工验收所要求的各类文件,包括进场试验报告、质量合格文件、甩项工作和缺陷修补工作清单等工程技术经济资料,以及经签署的工程保修书等。

实践中,根据建设工程项目类型的不同,以及发承包双方的具体合同约定,建设工程进行竣工验收的前提条件也有所区别。其中最主要的是竣工验收前可能会增设一些前置环节,例如根据《房屋建筑和市政基础设施工程竣工验收规定》,对于住宅工程,竣工验收前还需进行分户验收并验收合格,按户出具《住宅工程质量分户验收表》；根据2020年12月17日民航局发布的《运输机场专业工程竣工验收管理办法》（民航规〔2020〕37号），运输机场专业工程在竣工验收前需通过竣工预验收；根据2004年3月15日交通部发布的《公路工程竣（交）工验收办法》（交通部令〔2004〕第3号），公路工程验收分为交工验收和竣工验收两个阶段等。除此之外，在特定项目中，发承包双方也可能通过具体的合同约定调整竣工验收的前提条件，包括要求工程通过特定的试验或试运行，或要求承包人提交特定的技术手册和运行文件，或允许工程在存在对预期使用目的没有实质性影响的少量扫尾工作和缺陷的情况下进行竣工验收等。

（三）竣工验收的程序

根据《建设工程质量管理条例》第16条第1款的规定，发包人收到建设工程竣工报告后，应当组织设计、施工、工程监理等有关单位进行竣工验收。根据《工程施工质量验收统一标准》（GB 50300－2013）第2.0.7关于验收的定义，验收是指建筑工程质量在施工单位自行检查合格的基础上，由工程质量验收责任方组织，工程建设相关单位参加，对检验批、分项、分部、单位工程及其隐蔽工程的质量进行抽样检验，对技术文件进行审核，并根据设计文件和相关标准以书面形式对工程质量是否达到合格作出确认。由此可以看到，竣工验收的主要工作包括对工程质量进行检验和对技术文件进行审核，以对工程质量是否达到合格作出确认，而验收的标准为国家强制性标准，施工规范、设计文件、图纸、合同要求等。

竣工验收的具体程序取决于发承包双方的具体约定以及相关法律规定。例如根据2017版施工合同第13.2.2款的规定，竣工验收程序如图7－1所示。

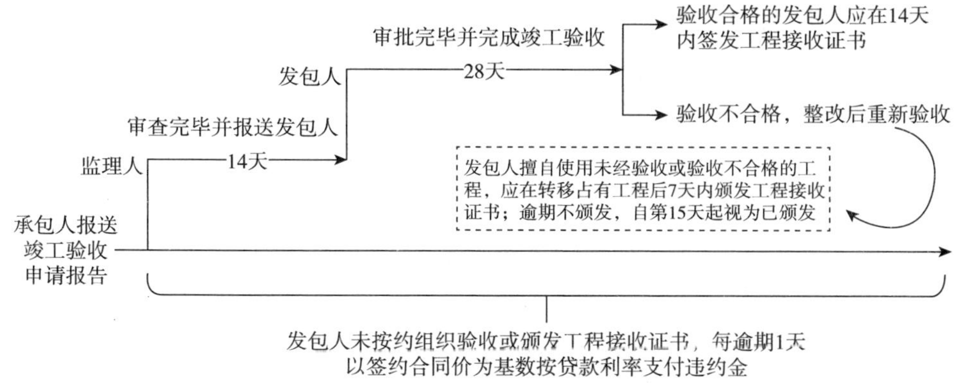

图7－1　竣工验收程序

对照图 7－1，在整个验收程序中有如下几个关键节点必须重点把握：

第一，监理人审查期限 14 天。承包人向监理人报送竣工验收申请报告，监理人应当在收到承包人递交的竣工验收申请报告后 14 天内完成审查并报送发包人。

第二，监理人审查不通过的，承包人应整改并重新提交竣工验收报告。监理人审查后认为尚不具备验收条件的，应通知承包人在竣工验收前承包人还需完成的工作内容，承包人应在完成监理人通知的全部工作内容后，再次提交竣工验收申请报告。

第三，发包人审查期限 28 天。发包人应在收到经监理人审核的竣工验收申请报告后 28 天内审批完毕，并组织监理人、承包人、设计人等相关单位完成竣工验收。

第四，竣工验收不合格的，承包人应整改并重新提交竣工验收报告。竣工验收不合格的，监理人应按照验收意见发出指示，要求承包人对不合格工程返工、修复或采取其他补救措施，由此增加的费用和（或）延误的工期由承包人承担。承包人在完成不合格工程的返工、修复或采取其他补救措施后，应重新提交竣工验收申请报告，并按约定的程序重新进行验收。

如果发包人未按上述约定的时间节点完成相应工作，每逾期一天，应以签约合同价为基数按照中国人民银行发布的同期同类贷款基准利息向承包人支付违约金。需要注意的是，《施工合同司法解释（一）》第 9 条第 3 项规定："承包人已经提交竣工验收报告，发包人拖延验收的，以承包人提交验收报告之日为竣工日期"；第 17 条第 1 款第 3 项规定："因发包人原因建设工程未按约定期限进行竣工验收的，自承包人提交工程竣工验收报告九十日后当事人约定的工程质量保证金返还期限届满……"因此，发包人拖延验收不仅会导致违约责任，还可能会导致竣工日期和质保金的返还期限被视为起算，且实践中承包人还可能会索赔相关的窝工损失和工程照管费用。

基于上述合同约定的行业惯例和相关法律规定，实践中应注意：

第一，具备竣工验收条件时，承包人应按照《建设工程质量管理条例》第 16 条的规定及 2017 版施工合同第 13.2.1 款约定的竣工验收条件，及时向监理人提交完整无误的竣工验收申请报告及其相应份数，以确保工程竣工日期、质保期、工程款结算期限等及时起算，避免不必要的损失。

第二，虽然合同约定竣工验收申请报告向监理人提交，但实践中建议承包人同时给发包人提交一份。特别要提醒注意的是，竣工验收申请必须经监理人和发包人或其授权的代表签收，并留存好签收凭证。

第三，监理人和发包人收到承包人报送的竣工验收报告后，应及时进行审查，发现工程尚不具备验收条件或竣工验收申请报告资料不完整、不准确的应及时告知承包人，否则一旦监理人和发包人超过约定的时间节点未完成相应工作的，发包人需承担相应的违约赔偿责任，并可能导致工程相关期限被视为起算。

第四，对于经竣工验收不合格的工程，承包人必须按照监理发出的指示对不合格工程进行返工、修复或采取其他补救措施，由此延误的工期及增加的费用由承包人自行承担。在此情况下，承包人一要有积极整改的态度，二要有积极整改的行动，避免工期不断拖延、损失进一步扩大。

二、工程竣工

（一）工程竣工的条件

《建筑法》第61条第1款规定，“交付竣工验收的建筑工程，必须……具备国家规定的其他竣工条件”。《施工合同司法解释（一）》第9条第3项规定，“承包人已经提交竣工验收报告，发包人拖延验收的，以承包人提交验收报告之日为竣工日期”。2017版施工合同第13.2.3款规定，“工程经竣工验收合格的，以承包人提交竣工验收申请报告之日为实际竣工日期，并在工程接收证书中载明……”从上述规定可以看除，工程通常在实际竣工后，承包人才会提交竣工验收报告，竣工验收合格后再将工程交付给发包人。也就是说，工程的实际竣工日期通常在竣工验收之前。但实践中，发承包双方可以在合同中就工程竣工的条件进行约定，将其延后至竣工验收之后。例如一些发包人为了预防承包人扣留或不配合准备竣工验收备案资料，将完成竣工验收备案作为工程竣工的条件，相应的如果未完成竣工验收备案，将无法实现工程竣工，工程竣工日期将相应后延，承包人还应承担逾期竣工责任和相关违约金。

2017版施工合同第13.2.3款进一步规定：“……因发包人原因，未在监理人收到承包人提交的竣工验收申请报告42天内完成竣工验收，或完成竣工验收不予签发工程接收证书的，以提交竣工验收申请报告的日期为实际竣工日期；工程未经竣工验收，发包人擅自使用的，以转移占有工程之日为实际竣工日期。”《施工合同司法解释（一）》第9条规定：“……（二）承包人已经提交竣工验收报告，发包人拖延验收的，以承包人提交验收报告之日为竣工日期；（三）建设工程未经竣工验收,发包人擅自使用的,以转移占有建设工程之日为竣工日期。”因此,即使发承包双方在合同中明确约定了工程竣工的条件,仍可能因发包人拖延验收或擅自使用而导致工程视为竣工。

尤其是对于发包人擅自使用这点,实践中也是较为容易出现争议的问题。尤其是对于工业类项目,在工程建设过程中,往往还同步涉及设备的安装、调试和试运行等,以提高建设效率,确保工程性能参数满足合同约定,与民用建筑工程项目一般仅涉及竣工验收具有明显区别。由于此类项目的上述特点,该行为可能会被认定为“建设工程未经竣工验收,发包人擅自使用”,从而产生工程被视为已竣工的法律后果,实践中时常会因此就工程的实际竣工日期发生争议,进而造成工期计算、价款结算、质保期起算、工程风险转移等诸多方面的问题。根据上述规定,视为竣工的前提为“发包人擅自使用”,其中是否构成“擅自”是认定的重点。一般来说,如果发承包双方已就建设工程特定部位的使用在合同中作出明确约定,发包人的使用就很难被认定为“擅自”,而可能构成正常的平行施工。

(二)甩项竣工

实践当中,有的工程项目已近完工,但现场部分零星工程、辅助性工程未完成对整体工程的竣工验收进程造成了阻碍。对此,2017 版施工合同第 14.3 款规定,“发包人要求甩项竣工的,合同当事人应签订甩项竣工协议。在甩项竣工协议中应明确,合同当事人按照第 14.1 款〔竣工结算申请〕及 14.2 款〔竣工结算审核〕的约定,对已完合格工程进行结算,并支付相应合同价款”。基于上述规定,可以看到:

第一,发包人要求甩项竣工的,发承包双方应当签订书面的甩项竣工协议。

第二,在甩项竣工协议中,应对甩项工程的范围、工期、验收时间及程序、价款结算与支付等相关内容作出明确约定,并按协议约定的内容积极履行。

第三,对于甩项工程范围外的已完工程,双方应按照合同约定的竣工结算程序进行工程结算和价款支付。如发生发包人迟延支付的情形,承包人应及时按约提出索赔,以免逾期失权。

三、工程接收

(一)工程接收证书的颁发

工程完工并通过竣工验收后,应由发包人进行接收和使用。在工程实践中,为了明确接收时的工程情况以及双方权利义务，通常会首先由建设单位颁发工程接收证书，并在其中明确相关内容。例如2017版施工合同第13.2.3款规定："工程经竣工验收合格的，以承包人提交竣工验收申请报告之日为实际竣工日期，并在工程接收证书中载明……"而除了竣工日期外，取决于工程项目的具体情况，工程接收证书可能还会包括竣工验收和相关文件的完成情况，工程进行接收的时间，工程照管义务的转移，工程质保期的起算，竣工时未能完成的扫尾工作和缺陷，以及上述扫尾工作和缺陷的完成时间等内容。

2017版施工合同第13.2.2款进一步规定："……(3)竣工验收合格的，发包人应在验收合格后14天内向承包人签发工程接收证书。发包人无正当理由逾期不颁发工程接收证书的，自验收合格后第15天起视为已颁发工程接收证书。……(5)工程未经验收或验收不合格，发包人擅自使用的，应在转移占有工程后7天内向承包人颁发工程接收证书；发包人无正当理由逾期不颁发工程接收证书的，自转移占有后第15天起视为已颁发工程接收证书。除专用合同条款另有约定外，发包人不按照本项约定组织竣工验收、颁发工程接收证书的，每逾期一天，应以签约合同价为基数，按照中国人民银行发布的同期同类贷款基准利率支付违约金。"

根据上述规定，如工程已经竣工验收合格，或存在未经竣工验收发包人擅自使用情况的，发包人通常均应在约定期限内颁发工程接收证书，发包人无正当理由逾期不颁发的，期限届满后将视为已颁发工程接收证书。除此之外，发包人不按照合同约定颁发工程接收证书的，还应按照逾期天数承担违约责任。但由于工程接收证书并非我国工程报建监管程序的法定要求，而更多取决于发承包双方的合同约定，实践中发包人未能按约定颁发工程接收证书的情况较为常见。对此，建议发承包双方结合项目情况，在合同中就工程接收证书的颁发条件、具体内容、未能按期颁发的后果等进行明确和适当的约定，以避免因工程接收证书的颁发产生争议，乃至承担不利法律后果。

（二）工程接收和竣工退场

《民法典》第799条第1款规定，建设工程竣工后且验收合格的，发包人应当按照约定支付价款，并接收该建设工程。由此可见，工程竣工验收合格后，接收工程不仅是发包人的权利，也是发包人的义务，但具体何时接收工程，仍主要取决于发承包双方的约定。例如2017版施工合同第13.2.5款规定："除专用合同条款另有约定外，合同当事人应当在颁发工程接收证书后7天内完成工程的移交……”实践中尤其是在国际工程中，由于发包人通常在具备接收条件后才颁发工程接收证书，也常常存在工程接收的同日颁发接收证书的情况。

2017 版施工合同第 3.6 款规定：“(1)除专用合同条款另有约定外，自发包人向承包人移交施工现场之日起，承包人应负责照管工程及工程相关的材料、工程设备，直到颁发工程接收证书之日止。……(3)对合同内分期完成的成品和半成品，在工程接收证书颁发前，由承包人承担保护责任……”由此可见，工程接收的主要后果即在于工程现场的照管义务由承包人转移给发包人，与此同时，相应的风险也将转移给发包人。如果工程通过竣工验收后，发包人未能按约定接收工程的，承包人将不得不继续照管工程，并承担相关的费用和风险。针对此类情况，2017 版施工合同第 13.2.5 款进一步规定：“……发包人无正当理由不接收工程的，发包人自应当接收工程之日起，承担工程照管、成品保护、保管等与工程有关的各项费用，合同当事人可以在专用合同条款中另行约定发包人逾期接收工程的违约责任……”

与此同时，向发包人交付工程也是承包人的主要义务。而实践中，由于承包人和发包人就工程价款支付存在争议，竣工后承包人扣留工程备案资料乃至拒绝交付工程的情况也时有发生。2017 版施工合同第 13.2.5 款规定：“……承包人无正当理由不移交工程的，承包人应承担工程照管、成品保护、保管等与工程有关的各项费用，合同当事人可以在专用合同条款中另行约定承包人无正当理由不移交工程的违约责任”。因此，如承包人未能按合同约定交付工程的，应承担继续照管工程的责任的相关风险，以及相应的违约责任。

除此之外，承包人还应按照合同要求完成竣工退场，包括对施工现场及周边进行清理，以及恢复临时占地。2017 版施工合同第 13.6.1 款规定：“颁发工程接收证书后，承包人应按以下要求对施工现场进行清理：(1)施工现场内残留的垃圾已全部清除出场；(2)临时工程已拆除，场地已进行清理、平整或复原；(3)按合同约定应撤离的人员、承包人施工设备和剩余的材料，包括废弃的施工设备和材料，已按计划撤离施工现场；(4)施工现场周边及其附近道路、河道的施工堆积物，已全部清理；(5)施工现场其他场地清理工作已全部完成……”第 13.6.2 款规定：“承包人应按发包人要求恢复临时占地及清理场地……”同时，根据上述规定，如承包人未能及时清理和恢复现场，发包人有权出售或另行处理承包人遗留的物品，并委托其他人恢复或清理，所发生的费用应由承包人承担。

最后，对于一些生产设备较多的工业类项目或基础设施项目，尤其是采用工程总承包即设计施工一体化模式建设的项目，往往还会约定在工程接收后需要进行竣工后试验，以对一些工程移交运营后才满足测试条件的性能指标进行测试，例如满负荷生产情况下设施的性能情况。竣工后试验根据项目情况的不同，可能由发包人负责组织并在承包人指导下实施，也可能由承包人负责组织，但由发包人提供现场所需的水、电、耗材、废物处理等条件。如工程因承包人原因未通过竣工后试验，承包人应修补缺陷并再次进行试验，如还未通过试验，承包人应根据合同承担违约责任。但需要注意的是，由于各类项目的竣工后试验要求不同，而且进行竣工后试验时发包人已接收并使用工程，竣工后试验未通过时，责任归属极易发生争议。因此建议发承包双方签订合同时对负责方、程序和后果进行明确约定，以降低双方争议风险。

（三）提前接收单位工程

尽管通常建设工程应在全部竣工并通过竣工验收后再进行接收，但实践中特别是工业类项目中，也存在合同工程尚未全部竣工即提前交付单位工程的情况，以供发包人平行进行安装、调试和试运行等工作。2017 版施工合同第 13.4 款规定了提前交付单位工程的验收程序和责任承担，第 13.5 款则进一步规定了对施工期运行的要求。根据上述条款，提前交付单位工程可以由发包人提出，也可以由承包人提出。如果承包人提出的，必须经过发包人同意；单位工程的验收程序与竣工验收程序一样，并且单位工程的验收成果和结论是整体工程竣工验收申请报告的附件；如果是发包人要求提前交付单位工程的，承包人应严格按照合同约定时限及程序向发包人索赔，以免逾期失权。

在实践中，对于提前接收单位工程还应特别注意：

第一，发包人提出要求提前交付单位工程的，必须在专用合同条款中有明确的约定或者在施工过程中双方就此达成补充协议。如无书面的凭证，可能会导致后续双方就因此发生的工期延误、费用增加、质量缺陷等问题产生争议。

第二，与分部分项工程的验收资料一样，单位工程的验收资料也必须准确填写，由专人保管并留好备份，避免在竣工验收阶段因资料不完整为由拖延验收。

第三，单位工程验收合格的，监理人应当出具经发包人签认的单位工程接收证书。建议在专用条款或者补充协议中明确约定颁发单位工程接收证书的期限及逾期的违约责任。

第四，注意单位工程的保修期及相应的质保金退还期限是从单位工程竣工验收合格之日起算的,因此,在验收过程中应准确填写验收日期,切忌“留白”或误写,以免后续发生争议。

第五,对于承包人提出提前交付单位工程且发包人同意的,由此造成的工期延误和费用增加由谁承担的问题,2017 版施工合同未对此作出明确约定。结合《民法典》的相关理论,所谓按约履行必须严格依照合同约定的期限履行,“提前”或“迟延”均构成违约。因此,承包人主动要求提前交付的,即使经过发包人同意,由此延误的工期和增加的费用也由承包人自行承担。

四、缺陷责任期

(一)缺陷责任期的概念辨析

根据《建设工程质量保证金管理办法》以及 2017 版施工合同关于缺陷责任期的规定,该期限是指承包人按照合同约定承担缺陷修复义务,且发包人预留质量保证金的期限,自工程通过竣工验收之日起计算,一般为 1 年,最长不超过 2 年,由发、承包双方在合同中约定。与缺陷责任期相关联的概念还包括《建设工程质量管理条例》下的保修期,该期限也自竣工验收合格之日起算,但主要工程部位的保修期是法定的,不能低于最低保修期,而缺陷责任期是发、承包双方在合同中自由约定的。同时,保修期内也不必然要求预留质量保证金,仅要求如果建设工程在保修范围和保修期限内发生质量问题,施工单位应当履行保修义务,并对造成的损失承担赔偿责任。

但在实践中,笔者经常会发现发包人与承包人在合同中将质量保证金返还的时间约定为“保修期满后返还”,而此类似约定存在不合理之处。因为《建设工程质量管理条例》对工程保修期有着明确的规定,而且工程各部分的法定最低保修期限是不同的。如根据“质量保证金在保修期满后返还”的约定及《建设工程质量管理条例》关于保修期的规定,地基基础和主体结构的质量保证金需要等到工程竣工验收合格之日起满 50 年后才可以返还,司法实践中法院也往往会根据上述结论驳回承包人要求返还质量保证金的诉讼请求。

(二)缺陷责任期的主要特点

第一,合同当事人可以协商确定缺陷责任期的具体期限,但最长不得超过 24 个月。

第二,在缺陷责任期内,因承包人原因造成的缺陷,由承包人承担维修义务并承担相应的维修费用。如果承包人不按约履行缺陷修复义务的，发包人有权按照合同约定扣除质量保证金。非因承包人原因造成的缺陷，由发包人负责维修并承担费用；经承包人同意的，也可以由承包人负责维修，但发包人应支付相应的费用。

第三，在承包人不维修也不承担费用的情况下，发包人有权要求缺陷责任期延长。

第四，缺陷责任期与工程保修期既有联系，又有区别，缺陷责任期是工程保修阶段的一部分，工程保修阶段包括缺陷责任期与工程保修期。在缺陷责任期限内，承包人当然承担保修义务，即在缺陷责任期内，承包人的保修责任与缺陷责任是重合的，如图 7－2 所示。

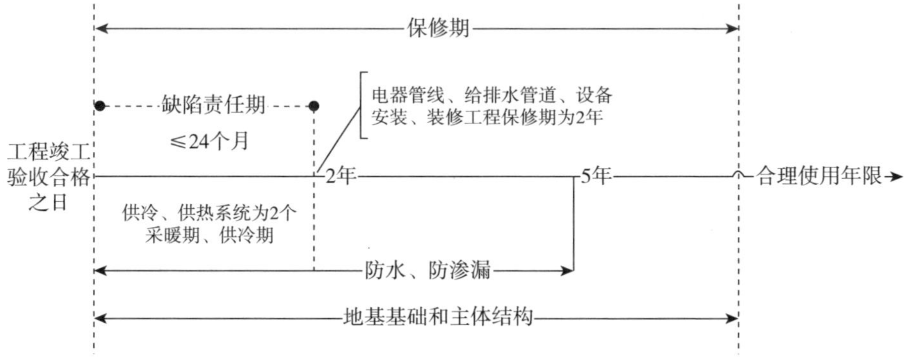

图 7－2 缺陷责任期与工程保修期关系图

（三）缺陷责任期的起算点

《建设工程质量保证金管理办法》第 2 条第 3 款规定："缺陷责任期一般为 1 年，最长不超过 2 年，由发、承包双方在合同中约定"；第 8 条规定："缺陷责任期从工程通过竣工验收之日起计。由于承包人原因导致工程无法按规定期限进行竣工验收的，缺陷责任期从实际通过竣工验收之日起计。由于发包人原因导致工程无法按规定期限进行竣工验收的，在承包人提交竣工验收报告 90 天后，工程自动进入缺陷责任期"；第 10 条规定："缺陷责任期内，承包人认真履行合同约定的责任，到期后，承包人向发包人申请返还保证金。"

根据上述相关规定，缺陷责任期的期限及起算点为：

1. 缺陷责任期最长不超过 2 年，缺陷责任期届满后，承包人向发包人申请返还保证金。

2. 缺陷责任期的起算点按不同情形确定:(1)工程已通过竣工验收的,自竣工验收合格之日起计。(2)承包人原因导致工程无法按规定期限进行竣工验收的,自实际通过竣工验收之日起计。(3)发包人原因导致工程无法按规定期限进行竣工验收的,自承包人提交竣工验收报告 90 日后起计。《施工合同司法解释(一)》第 17 条第 1 款吸纳了上述规定,质量保证金的返还期限按下述情形分别确定:返还期限约定明确的,按约定执行;未约定返还期限的,自工程通过竣工验收合格之日(缺陷责任期起算点)起 2 年。

3. 发包人原因导致工程无法按期竣工验收的,自承包人提交竣工验收报告 90 日后起计缺陷责任期,至约定的返还期限届满之日。

4. 发包人原因导致工程无法按期竣工验收且当事人未约定返还期限的,自承包人提交竣工验收报告后 90 日后起计缺陷责任期,满 2 年返还期限届满。

(四)缺陷责任期与质量保修期的起算点问题

1.《建设工程质量管理条例》《建设工程质量保证金管理办法》中对保修期和缺陷责任期的起算点作了基本规定。《建设工程质量管理条例》第 40 条第 3 款规定,建设工程的保修期自竣工验收合格之日起算;《建设工程质量保证金管理办法》第 8 条规定,缺陷责任期有三类起算点:一是工程通过竣工验收合格之日;二是承包人原因导致工程无法按规定期限进行竣工验收的,自实际通过竣工验收之日起计;三是发包人原因导致工程无法按规定期限进行竣工验收的,自承包人提交竣工验收报告 90 日后起计。

2. 现行法律法规并未明确禁止合同当事人对保修期和缺陷责任期的起算点另行作出约定;司法实践中,法院亦对当事人自行约定的保修期和缺陷责任期起算点持肯定态度。比如,在福建章诚隆建设工程有限公司与厦门经济特区房地产开发集团有限公司建设工程施工合同纠纷申诉案中[案号:最高人民法院(2014)民抗字第 79 号],当事人在合同附件 3《房屋建筑工程质量保修书》中约定"质量保修期限在工程取得竣工验收备案证明、承包人将竣工档案、竣工工程全部移交给发包人的次日起算",最高人民法院认为双方签订的建设工程施工合同及保修书,均系双方真实意思表示,符合法律规定,合法有效。又如,在深圳市华剑建设集团有限公司与北京立创商贸有限公司、交通运输部公路科学研究所建设工程合同纠纷上诉案中[案号:(2017)京 03 民终 339 号],当事人在合同 36.3 中约定"质量保修期从本工程竣工验收备案完成后开始,质量保证金总额为结算总价的

5%。质量保证金保留期限即为缺陷责任期”；在合同37.2.1中约定“本工程的缺陷责任期：竣工验收备案完成后二十四个月”。北京市第三中级人民法院认为，依法成立的合同受法律保护。华剑公司与立创公司签订的涉案合同系双方真实意思表示，并不违反法律、行政法规的强制性规定，应属合法有效。

（五）合同当事人对保修期和缺陷责任期起算点作出的约定合法有效，但如果起算点均为备案日，则在工程实践中可能会引发的风险

1.“真空”期间的质量缺陷责任谁承担

对于自工程实际验收合格之日（此处指通过五方验收合格之日）起至工程通过备案之日的期间内发生的工程质量和缺陷问题，如果当事人未在合同中作出进一步明确约定，则该区间既不属于缺陷责任期，也不属于保修期，一旦发生重大质量问题，双方很可能产生较大分歧：发包人认为质量责任属于承包人，承包人则抗辩该期间按约定不属于缺陷责任期，也不属于保修期，应由发包人自行承担相应风险。孰对孰错？

近年来，全国范围内多地政府相继开展了社会投资项目审批改革，纳入改革试点的项目，竣工验收备案的流程已大大精简。但项目的具体实施过程中，竣工验收后无法完成备案的情况很多，这个“真空”地带不仅是一个月、两个月，甚至长达一年、两年或是更长的时间。在为企业提供法律服务的过程中，笔者发现这一“真空”地带最容易在合同签约、谈判过程中被忽视。

2. 如果合同条款约定存在不一致且当事人理解存在分歧的，法院可能根据案件的具体情况参照部门规章确认缺陷责任期的起算时间

在国都建设（集团）有限公司与北京京剧院建设工程施工合同纠纷上诉案中［案号：(2017)京02民终5041号］，北京市第二中级人民法院认为：“……在合同条款约定不一致，且双方当事人对合同条款理解有分歧的情况下，本院参照相关部门规章确认缺陷责任期的起算时间。根据住房和城乡建设部、财政部于2016年12月27日颁发的关于《建设工程质量保证金管理办法》第8条规定……之前，原建设部、财政部颁发的《建设工程质量保证金管理暂行办法》亦规定缺陷责任期从工程通过竣（交）工验收之日起计。据查，国都建设公司、京剧院于2012年1月16签订《工程移交单》，国都建设公司将经过四方验收合格的工程移交给京剧院，2012年3月9日移交电梯给京剧院。任何建设工程均有使用年限，缺陷责任期自工程交付使用起计算符合相关规定，亦符合建设工程本身的属性。因此，本

院确认涉案工程缺陷责任期自工程交付使用起两年为限。”

3. 如发包人通过缺陷责任期起算点的约定变相延长质保金的返还期间，不排除相关主管部门主动介入干涉

当前，国家相关主管部门正在积极采取措施（包括修订相关法律规定）以规范建筑领域各类保证金的管理，制止发包人长期扣留保证金也是目的之一。实践中，有不少发包人通过约定缺陷责任期起算点的方式，变相实现迟延返还质保金的目的。尽管约定合法有效，但在有的情形下不排除相关主管部门主动介入（尤其是政府投资项目），并要求发包人按照法律规定的缺陷责任期返还质保金。

综上所述，笔者不建议合同当事人将缺陷责任期和保修期的起算点均约定为工程通过竣工验收备案之日。如确实需要做这一安排，则还应当从合同文本的全局性出发，对与之关联的合同条款也要精心设计，从而最大限度地避免当事人在履约过程中可能出现的分歧和争议。

对于缺陷责任期，总体来说笔者的实务建议主要包括：(1)合同当事人需根据工程项目的具体情况在专用合同条款中明确约定缺陷责任期，但该期限最长不得超过 24 个月。(2)合同当事人应当注意，并不是所有的缺陷责任都会导致缺陷责任期延长。(3)在缺陷责任期满后，承包人应在 7 日内向发包人发出缺陷责任期届满通知。(4)在缺陷责任期满后，发包人应颁发缺陷责任期终止书，并按照合同约定退还质量保证金。

五、典型案例

【案情简介】

原告：某实际施工人

被告 1：某建设工程有限公司

被告 2：某投资管理有限公司

2010 年 7 月，发包人某投资管理公司（以下简称发包人）与总承包人某建设工程有限公司（以下简称总承包人）签订一份建设工程施工合同，约定由其承建某住宅项目一期工程。合同专用条款第 32.6 条约定，“中间交工工程的范围和竣工时间：施工完毕，由发包人组织设计单位、建设单位、监理单位、施工单位四方自验。通过验收即为该批单体工程验收合格之日。”2010 年 9 月 8 日，发包人、总承包人、某实际施工人杨焕尧（以下简称承建人），三方签订了一份补充协议书，约定由承建人承建该工程中的部分工程。

2012年10月30日,承建人施工的2幢小高层、17幢别墅进行单位(子单位)工程质量竣工验收,承建人作为施工单位在验收记录上签字,发包人于2014年1月10日在该验收单上盖章。该单位工程竣工验收证明书载明的开工日期为2010年10月4日,竣工日期为2012年10月30日,验收日期为2014年1月20日。

后各方因案涉工程项目结算问题产生争议并发生诉讼,案件审理过程中,承建人起诉主张窝工损失,称其施工部分于2010年10月4日开工,2012年4月28日施工完成具备四方验收条件;施工期间的工期延误是由于发包人、总承包人的原因造成,包括发包人指定分包、直接发包、甲供材料、拖延验收等。

【争议焦点】

工程延迟竣工引起的窝工损失(2012年10月30日至2014年1月10日)应如何认定,责任由哪方承担。

【审理结果】

关于工程延迟竣工引起的窝工损失认定问题,鉴定单位出具的鉴定报告载明因整体工程延迟竣工引起的窝工损失为161280元,理由是承建人承建的工程部分的四方验收已基本完成,由于种种原因造成整体竣工验收迟延,故据此核算了门卫和一个管理人员的窝工损失。然而,根据发包人提供的质量整改材料以及相关承诺书,法院认为涉案的工程确实存在质量整改情况,但双方对于该问题的发生以及长时间未能解决均存在一定的过错,且存在消防工程等其他工程影响综合验收的情形,法院据此酌情认定该期间的窝工损失为80640元。

【合规建议 · 仲裁选择】

建设工程进行竣工验收的前提之一是承包人已完成设计和合同约定的各项内容,在工程建设过程中,包括发包人和承包人在内的各参与方均需要对此加以注意:

承包人应当按照法定以及合同约定的规范、标准完成建设工程的施工内容,并按照发承包双方的具体约定以及相关法律规定的工程竣工验收的程序,由各验收主体对工程进行分部分项和竣工验收,取得工程竣工验收合格的相关证明,以及工程接收证书。此外,承包人对于工程建设过程中因发包人等原因导致停窝工的相关证据材料加以留存,在开展停窝工损失索赔仲裁程序时也更加有"底气"。

发包人在工程竣工验收时,应当关注承包人是否已经完成合同约定的全部内容、工程质量是否合格、工程是否已经具备竣工验收条件,在发现工程尚不具备验收条件或竣工验收申请报告资料不完整、不准确的应及时告知承包人,要求承包人及时整改,而不宜在未经审查,或在承包人出具所谓"承诺书"等情况下轻易地在竣工验收相关单据上签字盖章。否则竣工日期和质保金的返还期限将起算,在承包人索赔停窝工损失时,发包人可能因缺乏相关证据材料而在仲裁中处于不利地位。

发包人还应当注意工程竣工验收的时限,在工程竣工验收前不能擅自使用工程,避免因拖延验收或擅自使用而导致工程被视为竣工,否则发包人将承担违约责任,竣工日期和质保金的返还期限视为起算,承包人还可能会索赔相关的窝工损失和工程照管费用。

专题八

工程承包和分包

【本专题内容概览】

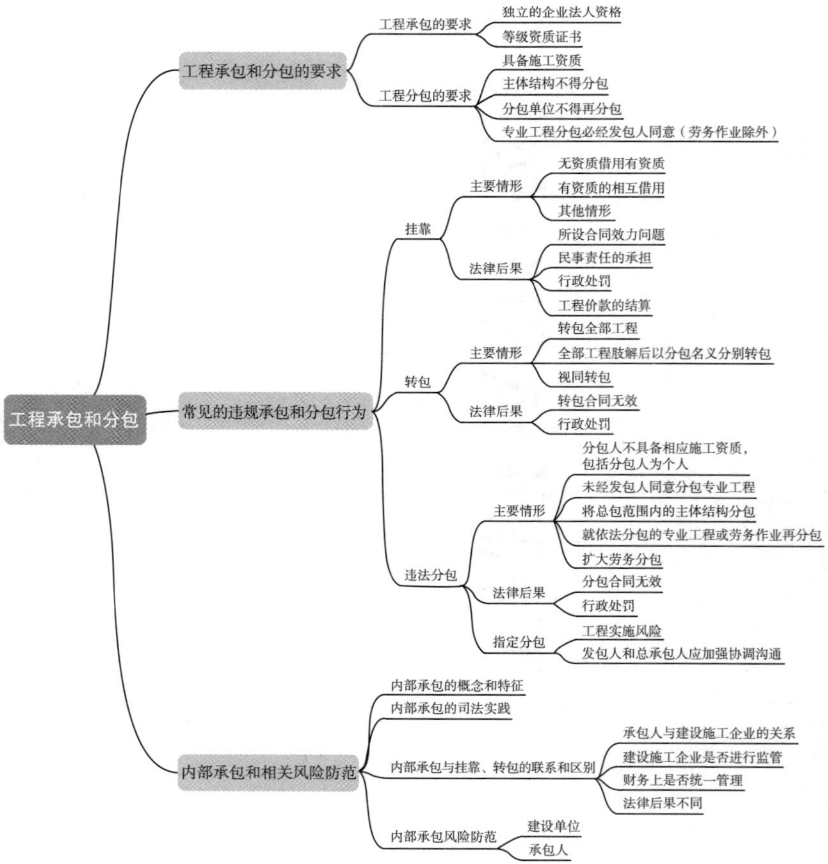
工程承包和分包
工程承包和分包的要求
工程承包的要求
独立的企业法人资格
等级资质证书
工程分包的要求
具备施工资质
主体结构不得分包
分包单位不得再分包
专业工程分包必经发包人同意（劳务作业除外）
常见的违规承包和分包行为
挂靠
主要情形
无资质借用有资质
有资质的相互借用
其他情形
法律后果
所设合同效力问题
民事责任的承担
行政处罚
工程价款的结算
转包
主要情形
转包全部工程
全部工程肢解后以分包名义分别转包
视同转包
法律后果
转包合同无效
行政处罚
违法分包
主要情形
分包人不具备相应施工资质，包括分包人为个人
未经发包人同意分包专业工程
将总包范围内的主体结构分包
就依法分包的专业工程或劳务作业再分包
扩大劳务分包
法律后果
分包合同无效
行政处罚
指定分包
工程实施风险
发包人和总承包人应加强协调沟通
内部承包和相关风险防范
内部承包的概念和特征
内部承包的司法实践
内部承包与挂靠、转包的联系和区别
承包人与建设施工企业的关系
建设施工企业是否进行监管
财务上是否统一管理
法律后果不同
内部承包风险防范
建设单位
承包人

为了保证建设工程质量和安全，我国《建筑法》对建筑市场设定了严格准入制度，即承包人应依法取得资质证书，并在其资质等级许可的业务范围内承包工程，禁止未取得资质或资质等级不足的承包人直接或者通过挂靠有资质企业的方式承包工程。而为了规范建筑业市场秩序，为建设工程质量和安全进一步提供保障，我国《建筑法》还规定在建设单位认可的前提下，承包人在承接工程后可以将其中法律允许的部分发包给具有相应资质条件的分包单位，禁止承包人将其承包的建筑工程进行非法转包或违法分包，或者分包单位将其承包的工程再分包。承包人存在上述违法违规行为的，除了将面临主管部门的行政处罚外，其签订的相关施工合同也将被认定无效。

尽管《建筑法》等法律法规对于工程的承包和分包已经作出明确要求和规定，目前在我国的工程承包市场中，由于种种原因，不合法合规的承包和分包情形仍然广泛存在，并可能被掩盖在“内部承包”等各类合法名义下。此类情况一旦发生，不仅可能导致工程的质量和效益得不到保证，甚至可能引发安全质量事故，给建设单位和相关方的权益带来重大损失；而对于承包人自身，也会因为违法违规行为而受到行政处罚，并需要承担相应的民事赔偿责任，同时将大大影响其市场声誉和信用。因此，遵守工程承包和分包的要求是工程合同合规履约的基础，也是工程建设过程中相关纠纷的多发环节，需要建设单位和承包人进行重点关注，并采取措施切实防范相关风险。

一、工程承包和分包的要求

（一）工程承包的要求

自 1998 年 3 月 1 日起，为了保证建筑工程的质量和安全，《建筑法》正式施行，其后经历了两次修订。该法第 12 条、第 13 条及第 26 条就从事建筑活动的主体设定了从业条件及资质等级许可，规定只有依法取得相应资质等级证书的建筑企业，才能在该资质证书许可的业务范围内承揽工程。主管部门在此基础上，制定出台了对于建设工程企业资质等级、分类、审批的要求和管理制度，包括自 1995 年 10 月 15 日起开始施行并已经过多次修订的《建筑业企业资质管理规定》和《建筑业企业资质标准》（建市〔2014〕159 号），2020 年 11 月 30 日印发的《建设工程企业资质管理制度改革方案》等。根据上述制度文件以及《建筑业企业资质管理规定和资质标准实施意见》(建市规〔2015〕20 号)第 1 条“资质证书的授予”的明确规定,在施工合同中,一个适格的承包人应同时具备以下两个条件:

第一,承包人必须具备独立的企业法人资格,依法取得工商行政管理部门颁发的公司法人《营业执照》,即自然人、包工头、工程队、项目经理部、集体承包的施工队等不具备独立法人资格的施工主体均不得承包工程。

第二,承包人必须依法取得建筑施工企业等级资质证书并在资质证书许可的业务范围内承接工程,即无资质证书不得承包工程,也不得超越资质证书许可的业务范围承包工程。

2017 版施工合同第 1.1.2.3 款将承包人明确定义为:与发包人签订合同协议书的,具有相应工程施工承包资质的当事人以及取得该当事人资格的合法继承人。这个条款的设置也是以上述法规政策的规定为基础的。

(二)工程分包的要求

1. 分包单位必须具备相应的施工资质

《建筑法》第 29 条规定:“建筑工程总承包单位可以将承包工程中的部分工程发包给具有相应资质条件的分包单位;……禁止总承包单位将工程分包给不具备相应资质条件的单位……”也就是说,分包单位首先必须具备相应的施工资质。

结合《建筑业企业资质管理规定》第 5 条和《建筑业企业资质标准》总则第 3 条等相关规定,我国建筑业企业资质分为施工总承包、专业承包和劳务分包三个序列。取得施工总承包资质的企业,可以对所承接的施工总承包工程内各专业工程全部自行施工,也可以将非主体工程或者劳务作业分包给具有相应专业承包资质或者劳务分包资质的企业。获得专业承包资质的企业,可以承接施工总承包企业依法分包的专业工程或者发包人依法发包的专业工程。专业承包企业可以对所承接的工程全部自行施工,也可以将劳务作业分包给具有相应施工劳务资质的企业。获得施工劳务资质的企业,可以承接施工总承包企业或者专业承包企业分包的劳务作业。按照工程性质和技术特点,上述三类资质又划分为若干资质等级。

不论是施工总承包、专业承包还是劳务分包,承包人均只能在持有的资质证书许可的业务范围内承接工程。根据《民法典》第 153 条及《施工合同司法解释(一)》第 1 条的相关规定,无资质或者超越资质等级承接工程所签的合同为无效合同。同时,根据《房屋建筑和市政基础设施工程施工分包管理办法》(以下简称

《施工分包管理办法》)第 18 条的规定,违法分包的分包人及接受违法分包的承包人,均将面临行政处罚。

2. 不得就工程总承包范围内的主体结构进行分包

《建筑法》第 29 条规定:"……施工总承包的,建筑工程主体结构的施工必须由总承包单位自行完成……"根据该规定,总承包单位不得将建筑工程的主体结构进行分包,即只能对主体结构以外的专业工程或劳务工程进行分包。分包单位不得将其承包的工程再分包。

3. 分包单位不得将其承包的工程再分包

《建筑法》第 29 条规定,禁止分包单位将其承包的工程再分包。《施工分包管理办法》第 9 条规定,"……专业分包工程承包人必须自行完成所承包的工程……劳务作业承包人必须自行完成所承包的任务。"根据上述规定以及《施工分包管理办法》第 5 条以及《建筑业企业资质标准》总则第 3 条等的规定,除专业分包工程的承包人可以将劳务作业分包给具有施工劳务资质的企业外,专业分包工程和劳务作业的承包人均不得将其承包的相应工程再分包,否则将构成违法分包。

4. 专业工程的分包必须经发包人同意

发包人基于对承包人施工能力、专业技术及管理水平等综合因素的信赖选择其承建工程,最终目的是获得符合合同约定要求的建筑产品。专业工程的质量及施工进度影响着整个工程的质量及进度,因此,发包人对是否同意分包有着决定权。故《建筑法》第 29 条规定:"建筑工程总承包单位可以将承包工程中的部分工程发包给具有相应资质条件的分包单位;但是,除总承包合同中约定的分包外,必须经发包人认可……"《施工分包管理办法》第 9 条规定:"专业工程分包除在施工总承包合同中有约定外,必须经发包人认可。专业分包工程承包人必须自行完成所有承包的工程。劳务作业分包由劳务作业发包人与劳务作业承包人通过劳务合同约定。劳务作业承包人必须自行完成所承包的业务。"据此,专业工程的分包必须经过发包人的同意,劳务作业分包则无须经过发包人同意。

我国建设工程的承包和分包都要求承包人具备相应的资质,而在实际的发承包过程中,尤其是对于规模较大的工程,建设单位直接将工程发包未取得资质或资质等级不足的承包人的情况较为少见,更为常见的是工程在形式上发包给了具有相应资质等级的承包人,但工程实际是以不合规的形式实施的,这些情形主要包括挂靠、非法转包、违法分包等,并常常掩盖在"内部承包"和合法分包的外衣之下。因此,相关企业应当对相关概念进行准确区分,这是有效预防挂靠、非法转包、违法分包等法律风险的基础。

二、常见的违规承包和分包行为

(一)挂靠

挂靠不是一个法律术语,挂靠是对建筑业市场中存在的"借用资质"现象的统称。《建筑法》第 26 条第 2 款对该现象作出了禁止性规定,即"禁止建筑施工企业超越本企业资质许可的业务范围或者以任何形式用其他建筑施工企业的名义承揽工程。禁止建筑施工企业以任何形式允许其他单位或者个人使用本企业的资质证书、营业执照,以本企业的名义承揽工程"。

《发承包违法行为管理办法》第 10 条规定:"存在下列情形之一的,属于挂靠:(一)没有资质的单位或个人借用其他施工单位的资质承揽工程的;(二)有资质的施工单位相互借用资质承揽工程的,包括资质等级低的借用资质等级高的,资质等级高的借用资质等级低的,相同资质等级相互借用的;(三)本办法第 8 条第 1 款第(三)至(九)项规定的情形,有证据证明属于挂靠的。"

概括而言,"挂靠"主要指的是没有相应建筑施工企业资质的企业、其他经济组织、个体工商户、个人合伙、自然人或者资质等级较低的建筑施工企业(挂靠者),以营利为目的而借用其他有相应建筑施工企业资质或资质较高的建筑施工企业(被挂靠者)名义承揽建设工程的行为。

1. 挂靠的主要情形

在 1999 年 3 月 4 日发布的《关于印发〈1999 年整顿和规范建设市场的意见〉的通知》(建建〔1999〕53 号)中有份附件,名称为《关于若干违法违规行为的判定》,其中第 4 点对挂靠行为的认定作出了解释:"根据《建筑法》第二十六条的规定,凡通过转让、出借资质证书或者以其他方式允许他人以本单位名义承接工程任务的,均属挂靠承接工程任务,包括无资质证书的单位、个人或低资质等级的单位,通过种种途径和方式,利用有资质证书或高资质等级的单位名义承接工程任务。其判定条件是:(一)有无资产的产权联系,即其资产是否以股份等方式划转现单位,并经公证;(二)有无统一的财务管理,不能以'承包'等名义搞变相的独立核算;(三)有无严格、规范人事任免和调动、聘用手续。凡具备上述条件之一的,定为挂靠行为。"

从该规定的内容可知:第一,主体上,挂靠人可以是个人,也可以是单位;被挂靠人则是有资质的建筑企业;第二,方式上,挂靠主要有转让资质、出借资质、允许他人以本企业名义承接工程三种方式;第三,内容上,挂靠可以是无资质的个人或单位借用有资质的建筑企业名义承接工程,也可以是资质等级低的建筑企业借用资质等级高的建筑企业名义承接工程。

而《发承包违法行为管理办法》第10条进一步规定,对于下列情形,有证据证明属于挂靠的,可认定属于挂靠:(1)施工总承包单位或专业承包单位未派驻项目负责人、技术负责人、质量管理负责人、安全管理负责人等主要管理人员,或派驻的项目负责人、技术负责人、质量管理负责人、安全管理负责人中一人及以上与施工单位没有订立劳动合同且没有建立劳动工资和社会养老保险关系,或派驻的项目负责人未对该工程的施工活动进行组织管理,又不能进行合理解释并提供相应证明的。(2)合同约定由承包单位负责采购的主要建筑材料、构配件及工程设备或租赁的施工机械设备由其他单位或个人采购、租赁,施工单位不能提供有关采购、租赁合同及发票等证明,又不能进行合理解释并提供相应证明的。(3)专业作业承包人承包的范围是承包单位承包的全部工程,专业作业承包人计取的是除上缴给承包单位"管理费"之外的全部工程价款的。(4)承包单位通过采取合作、联营、个人承包等形式或名义,直接或变相将其承包的全部工程转给其他单位或个人施工的。(5)专业工程的发包单位不是该工程的施工总承包或专业承包单位的,但建设单位依约作为发包单位的除外。(6)专业作业的发包单位不是该工程承包单位的。(7)施工合同主体之间没有工程款收付关系,或者承包单位收到款项后又将款项转拨给其他单位和个人,又不能进行合理解释并提供材料证明的。

随着实践的不断深入,挂靠现象日趋严重且呈现出多种形式。但司法实践中层出不穷的"挂靠"常常与内部承包、违法分包、非法转包等行为混合,难以区分。《施工合同司法解释(一)》未对"挂靠"的认定条件作出具体规定,仅在第1条提到了挂靠的典型情况即"没有资质的实际施工人借用有资质的建筑施工企业名义",但有的地方法院就"挂靠"行为的认定作出了指导性规定。

如江苏省高级人民法院《关于审理建设工程施工合同纠纷案件若干问题的意见》第5条规定:"承包人之间具有下列情形之一的,可以认定为本意见第四条规定的'挂靠':(一)相互间无资产产权联系,即没有以股份等方式划转资产的;(二)无统一的财务管理,各自实行或者变相实行独立核算的;(三)无符合规定要求的人事任免、调动和聘用手续的;(四)法律、行政法规规定的其他情形。"

可见，江苏省高级人民法院对挂靠认定的指导意见与《关于若干违法违规行为的判定》中规定的三个认定条件基本上是一致的。

2. 挂靠的法律后果

(1)所涉合同的效力问题

挂靠情形下，可能涉及多方法律主体及合同关系，这些合同是否有效呢？

第一，挂靠人与被挂靠人签订的挂靠协议无效。如前所述，《建筑法》明令禁止"借用资质承揽工程的行为"，挂靠协议违反了该法律规定而无效。

第二，挂靠人以被挂靠人名义与发包人签订的施工合同无效。原《施工合同司法解释》第 1 条明确规定，承包人未取得建筑施工企业资质、超越资质等级或者没有资质的实际施工人借用有资质的建筑施工企业名义签订的施工合同无效，故被挂靠人与发包人之间的施工合同无效。

第三，挂靠人作为总包人与分包工程的承包人签订的分包合同无效。因为被挂靠人与发包人之间的总包合同无效，分包工程属于总包合同约定的承包范围，因此分包工程的施工范围因总包合同无效而成为不合法的"合同标的"，结合《民法典》第 153 条对合同效力的认定，此情形下分包合同也是无效的。

(2)民事责任的承担问题

第一，挂靠人与被挂靠人之间的纠纷。该类纠纷主要涉及两个方面：一是管理费；二是第三方债务。关于管理费，若被挂靠人对工程实际未实施任何管理，则管理费构成非法所得，由于挂靠人与被挂靠人之间关于管理费的合同无效，该管理费也很可能不能得到支持。关于第三方债务，由于挂靠人在实际履行合同过程中均是以被挂靠人名义实施的，与工程建设相关的债务，由被挂靠人与挂靠人共同承担连带责任。但是，如果第三方明知其为挂靠人仍与之签订"以挂靠人名义"的合同或者挂靠人与第三方签订的合同与履行本工程无关的，则由挂靠人自行对第三方承担责任。

第二，挂靠人应与被挂靠人共同向发包人承担连带责任。《施工合同司法解释(一)》第 7 条规定："缺乏资质的单位或者个人借用有资质的建筑施工企业名义签订建设工程施工合同，发包人请求出借方与借用方对建设工程质量不合格等因出借资质造成的损失承担连带赔偿责任的，人民法院应予支持。"

《建筑法》第 66 条规定："建筑施工企业转让、出借资质证书或者以其他方式允许他人以本企业的名义承揽工程的……对因该项承揽工程不符合规定的质量标准造成的损失，建筑施工企业与使用本企业名义的单位或者个人承担连带赔偿责任。”据此，挂靠人应与被挂靠人共同向发包人承担连带责任。《建筑法》第66条虽然仅规定就质量问题承担连带责任，但结合司法实践，不仅是质量问题，因该质量问题引起的工期延误违约金、因工期延误导致发包人向第三方承担的违约责任等给发包人造成的实际损失，均属于挂靠人与被挂靠人承担连带责任的范畴。

（3）面临行政处罚

注意此处的行政处罚一般都涉及“双罚”，也就是说，挂靠人和被挂靠人双方均面临行政处罚。对于挂靠人，《建筑法》第65条、《建设工程质量管理条例》第60条规定，如挂靠人超越本企业资质等级承揽工程的，责令停止违法行为，对施工单位处工程合同价款百分之二以上百分之四以下的罚款，可以责令停业整顿，降低资质等级；情节严重的，吊销资质证书；有违法所得的，予以没收。

对于被挂靠人，根据《建筑法》第66条、《建设工程质量管理条例》第61条的规定，转让、出借资质证书或者以其他方式允许他人以被挂靠人的名义承揽工程的，责令改正，没收违法所得，对施工单位处工程合同价款2%以上4%以下的罚款；可以责令停业整顿，降低资质等级；情节严重的，吊销资质证书。

（4）工程价款的结算

挂靠情形下的施工合同无效，根据《施工合同司法解释（一）》第1条以及《民法典》第793条的相关规定，建设工程施工合同无效，但建设工程经竣工验收合格，实际施工人可以请求参照合同约定予以折价补偿。但对于实际施工人因非法转包、违法分包或者因出借施工资质而已经取得的利益，如“挂靠费”“管理费”等，可由建设行政机关进行行政处罚予以没收。

从现有司法实践来看，法院一方面避免违法分包、非法转包、挂靠等非法现象合法化，另一方面法院对合同无效原则的适用也是非常谨慎的。相关企业尤其要注意把握认定内部承包合同的标准，才能将合法的内部承包与违法分包、非法转包、挂靠等对工程质量和安全存在巨大隐患的违法行为区别开来，保障建设工程的安全与质量，有效预防风险。

（二）转包

1. 转包的主要情形

《建筑法》第28条明确规定禁止承包单位将其承包的全部建筑工程转包给他人，禁止承包单位将其承包的全部建筑工程肢解以后以分包的名义分别转包给他人。《建设工程质量管理条例》第78条第3款对转包的定义作出明确规定，即转包是指承包单位承包建设工程后，不履行合同约定的责任和义务，将承包的全部建设工程转给他人或者将其承包的全部建设工程直接以分包的名义分别转给其他单位承包的行为。《发承包违法行为管理办法》第 8 条规定了十种应当认定为转包的主要情形包括：

（1）承包单位将其承包的全部工程转给其他单位（包括母公司承接建筑工程后将所承接工程交由具有独立法人资格的子公司施工的情形）或个人施工的。

（2）承包单位将其承包的全部工程肢解以后，以分包的名义分别转给其他单位或个人施工的。

（3）施工总承包单位或专业承包单位未派驻项目负责人、技术负责人、质量管理负责人、安全管理负责人等主要管理人员，或派驻的项目负责人、技术负责人、质量管理负责人、安全管理负责人中一人及以上与施工单位没有订立劳动合同且没有建立劳动工资和社会养老保险关系，或派驻的项目负责人未对该工程的施工活动进行组织管理，又不能进行合理解释并提供相应证明的。

（4）合同约定由承包单位负责采购的主要建筑材料、构配件及工程设备或租赁的施工机械设备，由其他单位或个人采购、租赁，或施工单位不能提供有关采购、租赁合同及发票等证明，又不能进行合理解释并提供相应证明的。

（5）专业作业承包人承包的范围是承包单位承包的全部工程，专业作业承包人计取的是除上缴给承包单位“管理费”之外的全部工程价款的。

（6）承包单位通过采取合作、联营、个人承包等形式或名义，直接或变相将其承包的全部工程转给其他单位或个人施工的。

（7）专业工程的发包单位不是该工程的施工总承包或专业承包单位的，但建设单位依约作为发包单位的除外。

（8）专业作业的发包单位不是该工程承包单位的。

（9）施工合同主体之间没有工程款收付关系，或者承包单位收到款项后又将款项转拨给其他单位和个人，又不能进行合理解释并提供材料证明的。

（10）两个以上的单位组成联合体承包工程，在联合体分工协议中约定或者在项目实际实施过程中，联合体一方不进行施工也未对施工活动进行组织管理的，并且向联合体其他方收取管理费或者其他类似费用的，视为联合体一方将承包的工程转包给联合体其他方。

2. 转包的法律后果

第一，转包合同无效。根据《施工合同司法解释（一）》第 1 条以及《民法典》

第793条的相关规定,承包人非法转包建设工程与他人签订施工合同的行为无效,行为无效则转包合同无效,但如果工程经竣工验收合格的,双方仍然可以参照合同约定折价补偿承包人。

第二,行政处罚。对于实施非法转包的承包人,根据《建筑法》第67条、《建设工程质量管理条例》第62条的规定,将责令改正,没收违法所得,处工程合同价款百分之零点五以上百分之一以下的罚款;可以责令停业整顿,降低资质等级;情节严重的,吊销资质证书。

(三)违法分包

1. 违法分包的主要情形

根据《建筑法》第29条、《建设工程质量管理条例》第78条、《施工分包管理办法》第14条及《发承包违法行为管理办法》第12条的规定,违法分包主要存在以下几种情形:

第一,分包人不具备相应的施工资质,包括分包人为个人的。如前所述,专业工程的分包人及劳务作业的分包人应按照《建筑业企业资质标准》取得相应的资质证书,并在该资质证书许可的范围内承接业务。如分包人不具备相应的施工资质,即构成违法分包。

第二,未经发包人同意分包专业工程。劳务作业的分包无须发包人同意,专业工程的分包则必须经发包人同意。对于发包人同意分包的专业工程施工范围既可约定在招投标文件中,也可约定在双方的施工合同中,还可根据施工的实际情况在过程中达成同意分包的补充协议。提醒承包人注意:这里的"同意"不是"口头"同意,必须有相应的书面文件或者其他证据予以证实,否则将构成违法分包。

第三,将总包范围内的主体结构进行分包。《建筑法》第29条明确规定,主体结构工程只能由总承包人自行实施完成。如果总承包人将主体结构分包的,构成违法分包,还可能构成非法转包。

第四,就依法分包的专业工程或劳务作业再分包。专业工程的承包人或劳务作业的承包人,承接该项分包内容后,不得将所承接的分包工程或劳务作业进行再分包,否则构成违法分包。

第五,专业作业承包人即劳务分包单位除计取劳务作业费用外,还计取主要建筑材料款和大中型施工机械设备、主要周转材料费用。此种情形属于以劳务分包为名，超越资质范围承接工程，也就是常说的扩大劳务分包，因而构成违法分包。

2. 违法分包的法律后果

根据《施工合同司法解释（一）》第 1 条、第 4 条，《施工分包管理办法》第 18 条以及《发承包违法行为管理办法》第 15 条的相关规定，违法分包需同时承担如下法律后果：

第一，分包合同无效。根据《施工合同司法解释（一）》第 1 条以及《民法典》第 793 条的相关规定，承包人与他人签订违法分包施工合同的行为无效，行为无效则分包合同无效，但如果工程经竣工验收合格的，双方仍然可以参照合同约定折价补偿承包人。

第二，行政处罚。注意此处的行政处罚可能涉及"双罚"，也就是说，违法分包的发承包双方均可能面临行政处罚。对于实施违法分包的承包人，根据《建筑法》第 67 条、《建设工程质量管理条例》第 62 条的规定，应责令改正，没收违法所得，处工程合同价款百分之零点五以上百分之一以下的罚款；可以责令停业整顿，降低资质等级；情节严重的，吊销资质证书。对于接受违法分包的一方当事人，则根据所涉实际违法违规情况予以处罚，例如涉及未取得资质证书或超越资质等级承揽工程的，根据《建筑法》第 65 条、《建设工程质量管理条例》第 60 条的规定，应责令停止违法行为，处工程合同价款 2% 以上 4% 以下的罚款，可以责令停业整顿，降低资质等级；情节严重的，吊销资质证书；有违法所得的，予以没收。

需要说明的是，根据原《施工合同司法解释》第 4 条，对于承包人因非法转包、违法分包、挂靠取得的非法所得，人民法院可以根据原《民法通则》第 134 条予以收缴。但目前原《民法通则》第 134 条已被《民法典》第 179 条取代，删除了人民法院可以收缴进行非法活动的财物和非法所得的规定，同时该条规定也已被《施工合同司法解释（一）》取代并被删除。因此，目前涉及非法转包、违法分包、挂靠情形的，当事人主要承担的是合同无效的法律后果和相关的行政处罚。

3. 指定分包

（1）指定分包可能导致工程实施风险

《施工分包管理办法》第 7 条明确规定："发包人不得直接指定分包工程承包人。任何单位和个人不得对依法实施的分包活动进行干预。"《施工合同司法解释（一）》第 13 条第 1 款规定，发包人直接指定分包人分包专业工程，造成建设工程质量缺陷，应当承担过错责任。但需要注意的是，《施工分包管理办法》并未对指定分包的发包人设定任何行政处罚，而由于该规定属于部门规章，违反其规定对民事合同的效力也并不产生影响。

尽管如此，指定分包仍可能导致工程实施的相关风险。首先，由于分包单位由发包人指定，因此分包单位一般不服从总承包人的管理，导致总承包人在实践中很难对分包单位进行有效管理，不利于提高工程整体质量和效率。其次，由于部分发包人欠缺相关工程经验，其指定的分包可能并不具备相应的能力，如出现此种情况，不仅不利于分包工程的建设，也会给总包工程带来一定的影响，从而不利于工程的整体建设。最后，对于指定分包造成建设工程质量缺陷，发包人应当承担过错责任，因此指定分包也会增加发包人的责任风险，当工程出现质量问题时，很可能会出现总承包人和指定分包之间的推诿，发包人的由总承包人对工程整体质量承担责任的要求就难以实现。

（2）发包人和总承包人应加强协调沟通

实践中，指定分包已成常态。发包人提出指定分包，总承包人反对指定分包，换位思考后会发现，不论是发包人还是总承包单位，双方均有一定的理由且难分孰对孰错。然而，按期完成符合合同约定的工程却是双方的一致目标。因此，解决指定分包问题的关键在于发包人和总承包人从共同利益出发，积极协调、加强沟通。一方面，发包人应当加强对总承包人的信任，赋予总承包人更多的权利，便于总承包人对分包单位进行有效管理；另一方面，在指定分包情形下，总承包人应当接受这一事实，并按照合同约定对分包单位尽到相应的管理职责，从而有效提高工程质量和施工效率，维护双方共同的利益。

如上所述，《施工合同司法解释（一）》虽然未对指定分包合同的效力问题作出规定，但其第 13 条对指定分包情形下引起的质量缺陷责任承担作出了规定，即"发包人具有下列情形之一，造成建设工程质量缺陷，应承担过错责任……（三）直接指定分包人分包专业工程。承包人有过错的，也应当承担相应的过错责任。"该规定包含两层意思：第一，如果工程质量缺陷是由于发包人指定分包专业工程的承包人造成的，那么该质量责任由发包人承担；第二，如果承包人对出现上述质量缺陷问题有过错的，应当按照过错大小承担相应的责任。如果承包人无过错，则无须承担质量责任，但承包人对自身无过错负有举证责任。

在分包单位由总承包人自行选定的情形下，根据《建筑法》第 55 条的规定，由分包单位和总承包人就分包工程的质量共同向发包人承担连带责任。而在发包人指定分包的情形下，发包人对指定分包行为应当承担相应的责任。但是，总承包人对指定分包的管理存在过错的，也应承担相应责任。

由于工程质量合格是承包人要求发包人支付工程款的前提条件，如指定分包工程存在质量缺陷且总承包人又管理不到位的，则发包人仍有可能以总承包人监管不力为由拒付工程款。因此，对于总承包人而言，尤其要注意在指定分包情形下加强对分包单位的监管，并在施工过程中对自己所尽的管理义务留存相应的书面证据，以防止后期发生争议时发包人以总承包人监管不到位为由提出要求让其承担质量责任。而对于发包人而言，也需要注意协调总承包人与指定分包单位之间的关系，包括在签订总承包合同时，建议明确总承包人对于现场所有分包无论类型均有照管和配合义务，在实施过程中也需要实时关注总承包人的管理情况，对于总承包人未尽到照管配合义务，擅自扣留分包费用等情况及时提出异议，对于指定分包不配合的情况及时协调处理。

三、内部承包和相关风险防范

（一）内部承包的概念和特征

在我国现有的法律、行政法规及司法解释中，并无内部承包这个概念。内部承包首次出现在 1987 年 10 月 10 日原国家计划委员会、财政部、中国人民建设银联合发布的《关于改革国营施工企业经营机制的若干规定》（计施〔1987〕1806 号）中，该规定旨在正确处理国家和企业的关系，增强企业自我改造、自我积累和自我发展的能力。其第 2 条规定："施工企业内部可以根据承包工程的不同情况，按照所有权与经营权适当分离的原则，实行多层次、多形式的内部承包经营责任制，以调动基层施工单位的积极性。可组织混合工种的小分队或专业承包队，按单位工程进行承包，实行内部独立核算；也可以由现行的施工队进行集体承包，自负盈亏。不论采取哪种承包方式，都必须签订承包合同，明确规定双方的责权利关系。"国务院于 2011 年 1 月 8 日颁布的《全民所有制工业企业承包经营责任制暂行条例》（国务院令第 588 号）第 41 条再次提到了内部承包，该条规定："承包经营企业应当按责权利相结合的原则，建立和健全企业内部经济责任制，搞好企业内部承包。"

综合上述文件及复函的内容来看，在内部承包实行的初期，其主要有以下四个主要特征：第一，在性质上，内部承包是建筑企业按照所有权与经营权分离的原则采取的一种经营管理模式；第二，在财务结算上，内部承包人与建筑企业之间独立核算、自负盈亏；第三，在法律关系上，内部承包人与建筑企业签订承包合同，该承包合同不属于劳动合同；第四，在内部承包人的表现形式上，内部承包人可以是混合工种的小分队、专业承包队、集体承包的施工队,也可以是自然人。如果内部承包人是承包队,承包队与建筑企业之间除了内部承包合同关系外,是否存在其他法律关系,或者存在何种法律关系,取决于双方的具体约定和履行情况;如果内部承包人为自然人,则该自然人应当是企业的职工,双方之间除了内部承包关系外,还存在劳动关系。承包合同中包含的有关工资福利内容引起争议的,该部分内容属于劳动争议。

(二)内部承包的司法实践

自国家首次提出施行内部承包至今已有30多年。在这30多年里,一批批建筑企业在内部承包经营模式下,完成了资本的原始积累并日益壮大,推动了整个建筑行业的发展,并成为我国现行建筑企业最主要的经营模式,相关司法实践也在不断发展。

在司法实践当中,因缺乏统一的认定标准且表现形式多样,内部承包的认定始终是法院审理建设工程案件纠纷的难点。《施工合同司法解释(一)》未对内部承包合同的认定作出具体规定,但有的地方法院结合司法实践已经作出了相关规定,包括福建省高级人民法院2007年11月22日发布的《关于审理建设工程施工合同纠纷案件疑难问题的解答》、浙江省高级人民法院2012年4月10日发布的《关于审理建设工程施工合同纠纷案件若干疑难问题的解答》、北京市高级人民法院2012年8月6日发布的《关于审理建设工程施工合同纠纷案件若干疑难问题的解答》以及四川省高级人民法院2015年3月16日发布的《关于审理建设工程施工合同纠纷案件若干疑难问题的解答》等。根据上述规定,如当事人以内部承包人无施工资质为由主张合同无效的,法院不予支持。但合法有效的内部承包应同时具备以下三个条件:第一,内部承包合同的一方当事人为建设工程施工合同的承包人,另一方当事人,即内部承包人为其下属的分支机构或项目经理等在册职工;第二,承包人应对内部承包人的工程施工过程及质量进行管理,或者至少在资金、技术、设备、人力等方面给予支持;第三,对外由承包人而非内部承包人根据施工合同约定向发包人承担相关权利义务。

其中,四川省高级人民法院2015年3月16日发布的《关于审理建设工程施工合同纠纷案件若干疑难问题的解答》进一步详细规定了审判实践中可以用于综合认定是否属于内部承包的情形:

第一,合同的发包人为建筑施工企业,承包人为建筑施工企业下属分支机构

或在册的项目经理等本企业职工,两者之间存在管理与被管理的行政隶属关系的;

第二,发包给个人的,发、承包人之间有合法的劳动关系以及社会保险关系的;

第三,承包人使用建筑施工企业的建筑资质、商标及企业名称等是履行职责行为,在建筑施工企业的管理和监督下进行项目施工,承包人根据承包合同约定向建筑施工企业交纳包合同保证金的;

第四,施工现场的项目经理或其他现场管理人员接受建筑施工企业的任免,调动和聘用的:

第五,承包人组织项目施工所需的人、财、物及资金,由建筑施工企业予以协调支持的;

第六,承包人在建筑施工企业统一管理和监督下独立核算、自负盈亏,承包人与建筑施工企业按照承包合同约定对经营利润进行分配的。

(三)内部承包与挂靠、转包的联系和区别

内部承包,是指建筑企业为了增强企业活力,建立内部竞争机制,在公司内部组建项目部从事工程施工的行为。挂靠,指的是无相应资质的单位和个人,以各种形式借用有资质的建筑企业的名义承揽工程的行为。转包是指承包单位承包建设工程后,不履行合同约定的责任和义务,将其承包的全部建设工程转给他人,或肢解以后以分包的名义分别转给其他单位承包的行为。实践中,挂靠、转包行为为法律明文禁止,而内部承包行为是法律允许的,因而内部承包与转包、挂靠的区分问题往往成为当事人讼争的焦点问题。

1. 承包人与建设施工企业的关系

内部承包的承包人一般是建设施工企业的下属或者分支机构,挂靠的挂靠人和被挂靠人不存在隶属关系,且挂靠人往往不具备工程资质或资质较低,转包的承包人与建设施工企业没有任何关系。

2. 建设施工企业是否进行监管

内部承包的施工企业对项目工程技术、资金、质量、安全等方面进行管理和监管,挂靠和转包中建设施工企业没有任何管理和监管,工程质量、安全存在较大风险。

3. 财务上是否统一管理

内部承包中财务上进行统一管理,挂靠和转包中建设施工企业扣除管理费

后，剩余款项全部转给承包人。

4. 产生的法律后果不同

内部承包是一种企业的内部经营方式，是一种内部分工，承包人因工程对外所发生的民事行为实际上是代表或代理建设施工企业所履行的职务行为或代理行为，则由此而产生的民事权利、义务都应由建设施工企业承担，挂靠和转包行为无效，发包人可以以承包人和实际施工人为共同被告，要求两者承担连带责任。

（四）内部承包相关风险防范

实践中，内部承包人在合同履行过程中擅自以建筑企业的名义作出确认或指示，对外借款，签订采购合同、租赁合同等，事后又无力承担相关责任乃至携款潜逃，导致建筑企业遭受巨大经济损失，乃至项目建设受到影响的情况并不少见。那么，何种情形下建筑企业需要为内部承包人埋单？又应该如何预防此类风险？

一般而言，行为人在被代理人授权范围内作出的行为对被代理人具有约束力，相应的法律后果由被代理人承担。而内部承包人作为承包人的职工，其在职权范围内从事的行为，更进一步构成《民法典》第 170 条规定的职务代理，即“执行法人或者非法人组织工作任务的人员，就其职权范围内的事项，以法人或者非法人组织的名义实施的民事法律行为，对法人或者非法人组织发生效力。”

但还存在一种情况，即行为人没有代理权或者行为人超越授权范围作出一定行为，因该行为引起的法律后果仍应由被代理人承担，这就是《民法典》第 172 条明确规定的表见代理制度，即“行为人没有代理权、超越代理权或者代理权终止后，仍然实施代理行为，相对人有理由相信行为人有代理权的，代理行为有效”。《民法典》第 170 条第 2 款亦规定：“法人或者非法人组织对执行其工作任务的人员职权范围的限制，不得对抗善意相对人。”因此，经依法认定构成表见代理行为要件的，被代理人即应当向善意的相对方承担民事责任，而不得以行为人未经被代理人授权作为抗辩理由。

结合上述法律规定，表见代理应当具备以下构成要件：

第一，行为人没有代理权、超越代理权或代理权已终止；

第二，行为人以被代理人名义与相对方订立合同；

第三，行为人在订立合同时，具有行为的表象，足以让相对人有理由相信行为人有代理权；

第四，在订立合同时，相对方尽到了谨慎注意的义务。

在上述条件完全具备的情形下即构成表见代理,代理人的行为引起的法律后果,由被代理人承担。以上条件只要有一个不具备,即不构成表见代理。自 2009 年 7 月 7 日最高人民法院出台《关于当前形势下审理民商事合同纠纷案件若干问题的指导意见》以来,司法实践中,对涉及建筑行业的表见代理的认定趋于从严掌握,严格认定表见代理的构成要件,表见代理作为无权代理,一定是一种例外,而不应成为一种普遍行为。在当前建筑行业管理还普遍不够规范,挂靠、转包比较盛行的情况下,站在保护民工利益的角度,应对建筑企业多加保护。在有利于材料商保护,还是有利于建筑企业保护这两个不同的价值取向上,目前理论界和实务界的主流观点在价值取向上更倾向于支持有利于建筑企业保护的角度和观点。因为:一方面,只有以有利于建筑企业保护的角度,才能最终保护民工利益,利于社会稳定;另一方面,按有利于建筑企业保护的原则,成本最小,只需要材料供应商等在交易之前,坚持要求建筑公司盖个章或其公司的法定代表人签个字就可以。

尽管如此,因为最高人民法院并未出过统一的详尽的司法解释,导致各地法院裁判标准不一,建筑企业在各地法院遇到了很多不利的判决结果,甚至像项目部借款这样明显与项目部职能不符、最不容易构成表见代理的案件却被个别法院轻易认定构成了表见代理,由此给建筑企业带来了很大的风险。由于建筑行业成本宜粗算、不宜细算,很多建筑企业采取内部承包形式,甚至是挂靠形式。但无论怎样,内部承包人特别是其中的项目经理作为施工合同中明确约定的代表建筑企业履行施工合同的现场代表,是非常重要的,项目经理在合同约定的授权范围内,从事的授权行为代表建筑企业,其相应的法律后果由建筑企业承担。如果项目经理以及实际施工人的行为超越了建筑企业的授权范围而构成表见代理的,因该表见代理行为引起的法律后果由建筑企业承担。鉴于建筑工程领域涉及的标的较大,法律主体众多且法律关系较为复杂,因此,规范管理,防范表见代理风险是值得各方高度关注的。

对建设单位来说,可以考虑通过以下几种方式防范内部承包风险:

在建设工程施工合同中明确项目管理人员,要求承包人提供实际管理人员的具体信息,除非建设单位同意,不能随意变换。对项目采取的各项管理制度,应当在建设工程施工合同中予以明确,以使对人员的监管有据可循。

以书面形式向承包人明确项目管理人员各项职责及在场时间等,并制定相应的惩罚规则。

发包人可以委托具有相应资质的工程监理企业，监管项目的相关工作，并代表发包人进行专业化活动。

值得注意的是，2017 版施工合同第 3.2.1 款规定了项目经理的“身份条款”，即“项目经理应为合同当事人所确认的人选，并在专用合同条款中明确项目经理的姓名、职称、注册执业证书编号、联系方式及授权范围等事项，项目经理经承包人授权后代表承包人负责履行合同。项目经理应是承包人正式聘用的员工，承包人应向发包人提交项目经理与承包人之间的劳动合同，以及承包人为项目经理缴纳社会保险的有效证明。承包人不提交上述文件的，项目经理无权履行职责，发包人有权要求更换项目经理，由此增加的费用和（或）延误的工期由承包人承担”。

对于承包人来说，可以考虑通过以下几种方式防范内部承包风险：（1）在确定内部承包人之前，承包人应当先行对其资信情况予以考评，考评工作应结合调查进行，包括向其之前承包过的项目相关方了解情况，必要时应实地查看。对于内部承包人承诺提供的保证金，应当在内部承包人落实到位后方能交由其承包，从而避免保证金不能按期到位而使公司未来不能对其有所制约而陷入被动的境地。（2）签订严密的内部承包协议，除了将总承包合同中公司对发包人承担的责任约定由内部承包人承担外，还应设定合理的付款方式，约定内部承包人转包或未经公司同意即分包情形下应承担的违约责任以及公司对承包协议的单方解除权。对于因内部承包人原因致使公司承担连带责任或先行承担责任包括导致公司账户被查封的，内部承包人应按约定承担违约责任。（3）严格控制项目实施过程，项目部的各项计划包括进度、成本、质量、安全的制定及修改应在公司的掌控下进行。建立对项目部现场包括账目的定期或不定期核查制度。（4）掌握收取发包人工程款的绝对权。公司在支付项目部当期进度款时，应要求内部承包人出具上期工程款专款专用的证明。

四、典型案例

【案情简介】

原　告：吴某、杨某

被告一：泰州某房产开发有限公司

被告二：上海某建筑企业有限公司

本案中，被告一系泰州某房产开发项目的发包人，工程由案外人上海 A 建筑有限公司内部承包。但A在签订总包合同后即将工程转包给被告二,被告二又转包给了案外人史某,梁某、杨某系在项目工作的普通工作人员(非被告二员工)。原告系材料供应商,应史某、梁某、杨某要求而向项目工地供应建材。史某、梁某、杨某先后向原告出具欠条、承诺书等,承诺向原告支付材料款。原告因迟迟未拿到材料款,遂诉至法院,要求被告一、被告二承担付款责任。

【争议焦点】

本案争议焦点:(1)案外人史某、梁某、杨某个人购买建材的行为是否构成表见代理。(2)原告供应建材应当由谁承担付款责任。

【审理结果】

一审法院经审理认为,根据合同相对性原则,原告出卖货物应由买方承担付款责任。行为人梁某在向原告出具欠条、承诺书时,是以其个人名义,并未在客观上造成其有权代理被告二的表象;且原告在合同缔结及履行过程中对行为人梁某等人是否有代理权未尽到合理注意义务,主观上亦不存在善意无过失。故在原告与史某、梁某等人签订口头买卖合同并履行合同过程中,并无证据证明梁某等人有权代理被告二对外签订合同或者确认债权债务,行为人梁某出具欠条的行为应由其个人承担。基于此,一审法院判决驳回原告的全部诉请。

【合规建议·仲裁选择】

相信建筑行业的从业人员对于上述表见代理案例并不陌生,无论是对于建设单位、施工单位还是分包分供单位,表见代理也早已成了隐藏在工程建设中的一颗不定时炸弹。根据《民法典》第172条的规定,所谓“表见代理”,不仅要求行为人的无权代理行为在客观上形成具有代理权的客观表象,而且要求相对人在主观上善意且无过失地相信行为人有代理权。在以往的司法实践中,人民法院认定表见代理的尺度放得较为宽泛,人民法院以表见代理为由而判决相关企业承担相应付款责任的案例并不鲜见。

然而,由于目前社会诚信普遍缺失,如果对表见代理从宽认定,极易引发道德风险。基于此,为了维护正常的市场交易秩序,最高人民法院于2009年7月7日出台了《关于当前形势下审理民商事合同纠纷案件若干问题的指导意见》,明确提出要稳妥、从严认定表见代理,明确相对人主张构成表见代理时应当承担举证责任,举证证明代理行为存在诸如合同书、公章、印鉴等有权代理的客观表象要素,且应证明其主观上善意且无过失。人民法院在判断相对人主观上是否属于善意且无过失时，将结合合同缔结及履行过程中的各种因素，考虑合同的缔结时间、以谁的名义签字、是否盖有相关印章及印章真伪、标的物的交付方式与地点、购买的材料、租赁的器材、所借款项的用途、承包人是否知道项目经理的行为、是否参与合同履行等各种因素，作出综合分析判断。

最高人民法院于2019年11月8日印发的《九民纪要》第41条第1款、第3款进一步规定，对于盖章行为的法律效力，人民法院在审理案件时，应当主要审查签约人于盖章之时有无代表权或者代理权，从而根据代表或者代理的相关规则来确定合同的效力。代理人取得合法授权后，以被代理人名义签订的合同，应当由被代理人承担责任。被代理人以代理人事后已无代理权、加盖的是假章、所盖之章与备案公章不一致等为由否定合同效力的，人民法院不予支持。

笔者认为，虽然本案中被告二最终免予承担付款责任，但本案依然为广大企业敲响了警钟，相关企业应警惕"表见代理"带来的法律风险。从仲裁员视角，向相关企业提出如下法律风险防范建议：

1. 项目经理及保管印章的人选很重要，不仅要看其能力、实力和品德，更要以动态的眼光来关注他们，并给予相应的激励和约束措施，提高其主动性、积极性，强化其责任心。

2. 完善公司制度，对公章、合同章、财务专用章、资料专用章、项目章、企业证照、法人委托书等的使用建立严格的企业制度。有的企业管理水平有限，对成本材料、工程资料、印章及工程款支付没有建立相应的制度，最终导致巨额的损失。

3. 要通过公司各个环节限定项目经理的权限，且要用有效的方式告知相对方（如业主、供货商等），让其了解各枚印章及各个内部人员的权限限制。

4. 加强合同管理。签订合同或协议的时候，应当对合同的条款进行审查，在工程管理相关条款（如与进度、成本、质量、安全、付款等相关条款）的设定上进行仔细、合理的推敲，明确各管理环节的程序细节和具体管理人员的权限；同时，在合同履行过程中也要严格按照合同条款的约定，对项目管理人员的具体执行情况进行及时的监督和管控。

5. 工程资金要加强管理、有效控制，及时进行对账和核算，对于可能发生的超付、对外欠付等做好提前预警，避免损失扩大。

Part

03

第三篇

工程价款支付合规与仲裁

专题九

工程造价

【本专题内容概览】

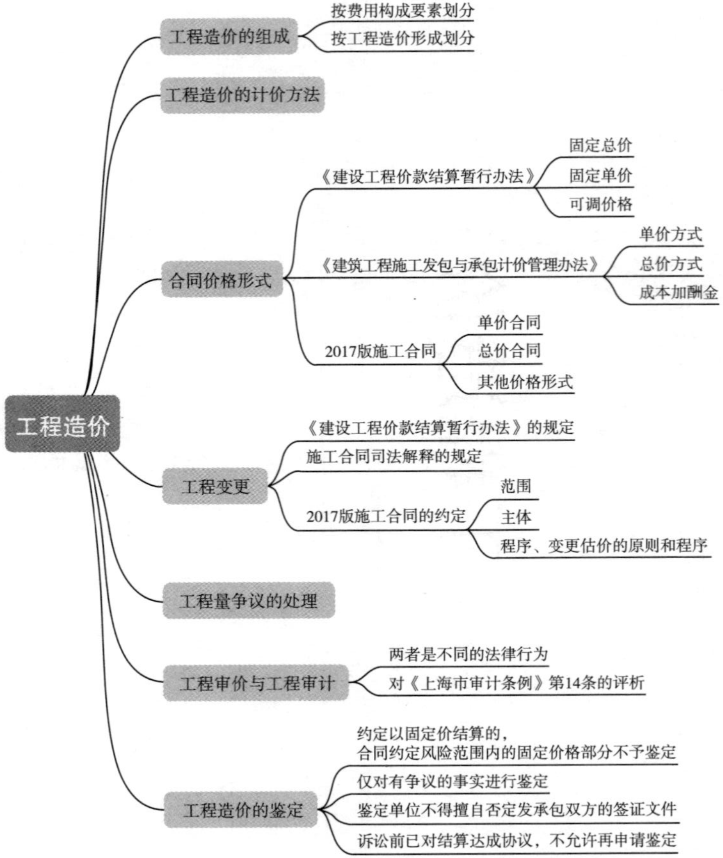
工程造价
工程造价的组成
按费用构成要素划分
按工程造价形成划分
工程造价的计价方法
合同价格形式
《建设工程价款结算暂行办法》
固定总价
固定单价
可调价格
《建筑工程施工发包与承包计价管理办法》
单价方式
总价方式
成本加酬金
2017版施工合同
单价合同
总价合同
其他价格形式
工程变更
《建设工程价款结算暂行办法》的规定
施工合同司法解释的规定
2017版施工合同的约定
范围
主体
程序、变更估价的原则和程序
工程量争议的处理
工程审价与工程审计
两者是不同的法律行为
对《上海市审计条例》第14条的评析
工程造价的鉴定
约定以固定价结算的，
合同约定风险范围内的固定价格部分不予鉴定
仅对有争议的事实进行鉴定
鉴定单位不得擅自否定发承包双方的签证文件
诉讼前已对结算达成协议，不允许再申请鉴定工程造价可以说是工程款纠纷中最难、最复杂,也是最重要的部分。有的企业与另一方当事人口头商议的结算原则与双方落在纸面上的结算原则不一致;又如有的企业未能准确区分"定额计价"和"清单计价"、"固定价"与"可调价"等概念,在签约阶段或履约阶段签下了不利的合同或补充协议。等到工程进入结算阶段,与另一方当事人在结算原则上产生争议了,拿着合同来咨询专业律师,此时才发现争议产生的根源就在于其对合同中约定的结算原则缺乏准确的理解,最终导致签下不利或者与其真实意思不符的结算原则。但此时"生米已煮成熟饭",懊悔已经来不及了。本专题试对工程造价问题进行详细阐述,尽可能帮助发包人和承包人避免陷入前述困境。

一、工程造价的组成

笔者通常所说的工程造价,其正式的书面表述为"工程费用",就常见的建筑安装类项目来说,就是"建筑安装工程费用"。根据 2013 年 3 月 21 日住房和城乡建设部、财政部联合印发的《关于〈建筑安装工程费用项目组成〉的通知》(建标〔2013〕44 号,以下简称 2013 版《费用组成》),工程费用的组成可以按照两种方式划分:一是按照费用的构成要素划分;二是按照工程造价的形式划分。

(一)按费用构成要素划分

笔者将这些构成要素用一张图展现出来,如图 9－1 所示。

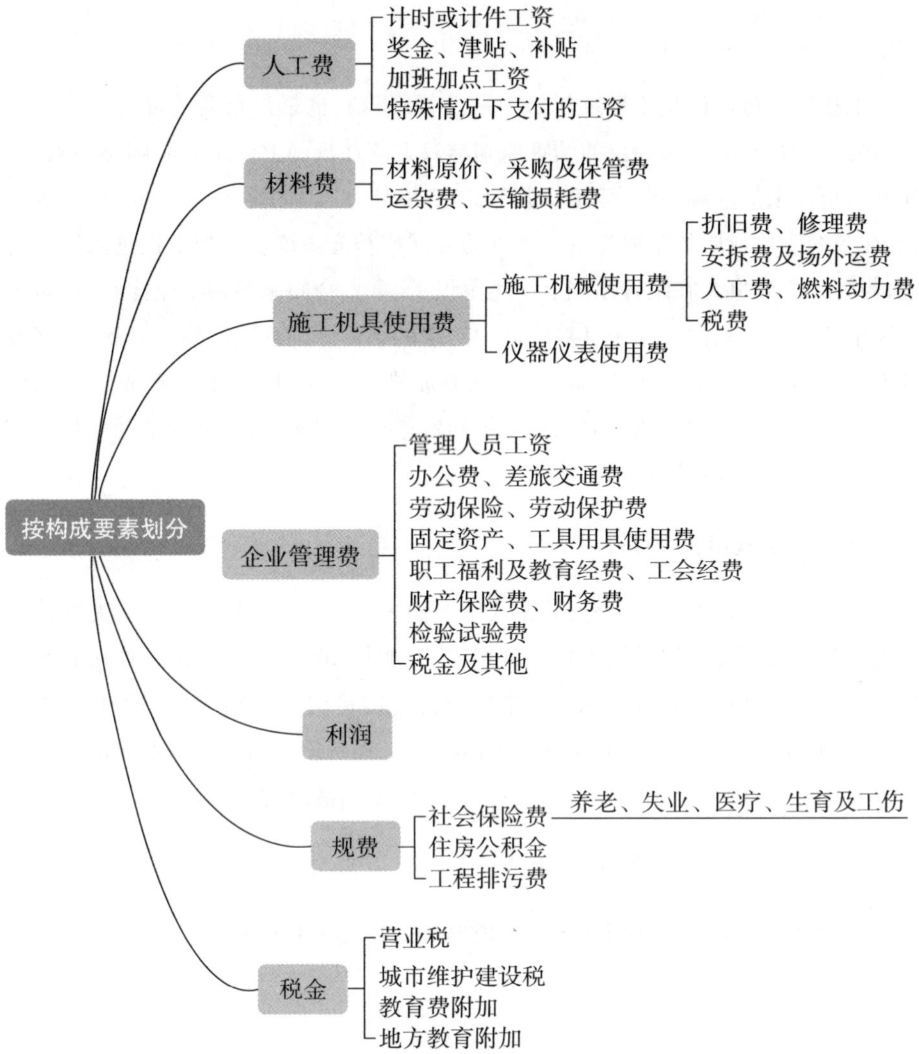

图 9－1　工程费用组成——按构成要素

由图 9－1 可知，按照费用构成要素组成划分，工程费用可以分为人工费、材料费、施工机具使用费、企业管理费、利润、规费和税金共七个部分。

2013 版《费用组成》是对 2003 年《建筑安装工程费用项目组成》（建标〔2003〕206 号，以下简称 2003 版《费用组成》）的修订，与 2003 版《费用组成》相比，2013 版《费用组成》主要调整了以下内容：(1)对人工费的构成及内容进行了调整；(2)将工程设备费列入材料费，原材料费中的检验试验费列入企业管理费；(3)将仪器仪表使用费列入施工机具使用费，大型机械进出场及安拆费列入措施项目费；(4)将原企业管理费中劳动保险费中的职工死亡丧葬补助费、抚恤费列入规费中的养老保险费，在企业管理费中的财务费和其他中增加担保费用、投标费、保险费；(5)取消了原规费中危险作业意外伤害保险费，增加工伤保险费、生育保险费；(6)在税金中增加地方教育附加税。

(二)按工程造价形成划分

按照工程造价形成划分，工程费用又可分为：分部分项工程费、措施项目费、其他项目费、规费、税金共五个部分。笔者用一张图将它包含的内容展现出来，如图9－2所示。

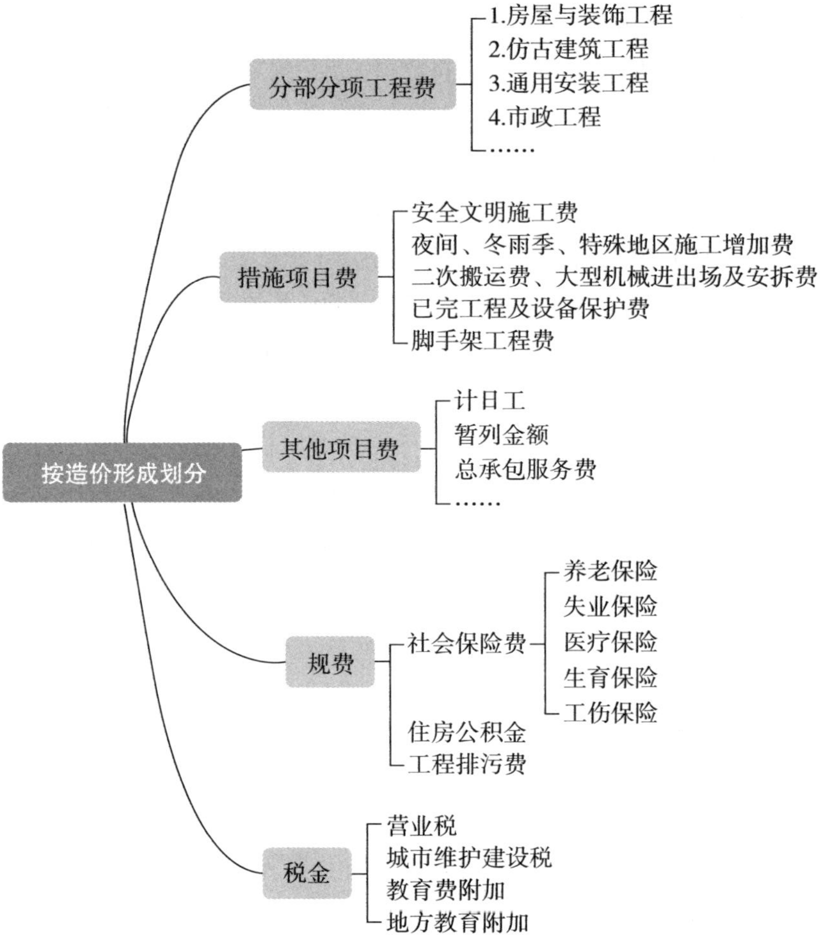

图9－2　工程费用组成——按造价形成

如图 9 - 2 所示,即为按照工程造价形成划分时工程费用所包含的全部内容。其中,分部分项工程费、措施项目费和其他项目费包含人工费、材料费、施工机具使用费、企业管理费和利润。那么,如何得出整个工程的造价呢? 大家知道,在一个建设项目中,分项工程是最小的单位,若干个分项工程合在一起就形成了一个分部工程,分部工程合在一起就形成一个单位工程,单位工程合在一起就形成一个单项工程,一个单项工程或几个单项工程合在一起构成了一个建设项目。同样地,对一个工程进行计价时,一般的顺序就是先计算出分部分项工程的单价,然后计算单位工程的造价,再到单项工程造价,最后得出整个工程的总造价。

第一部分:分部分项工程费,这部分费用是按照合同约定的结算原则计算的。

第二部分:措施项目费,一般是按照合同约定的结算原则计算,其中安全文明施工费为不可竞争费用,是按照相关行政主管部门规定的标准计算,不同的地方、不同行业标准存在差异。

第三部分:其他项目费用,包括暂列金额、总承包服务费、计日工的费用等。其中,暂列金额用于施工合同签订时尚未确定或者不可预见的所需材料、工程设备、服务的采购,同时也包括施工中可能发生的工程变更、合同约定调整因素出现时的工程价款调整以及发生的索赔、现场签证确认等的费用。计日工一般在施工过程中通过签证确定。总承包服务费一般是按照约定的费率计取。

第四部分:规费,规费和安全文明施工费一样,按照地方规定的标准计算。

第五部分:税金,一般是按前述四个部分的费用总和乘以税率计算。

在上述五个部分费用中,双方最应当重点关注的就是按照合同约定的结算原则来计算费用的部分,它们是整个工程造价的核心费用。下面的内容笔者将围绕合同约定的结算原则展开讨论(签证与索赔相关内容可参见本书专题十“签证与索赔”)。

二、工程造价的计价方法

通常,人们所说的结算原则实际上包含了两层意思:一是工程造价的计价方法;二是合同价格形式。实践中,经常碰到“固定单价”“固定总价”“包干价”“一口价”“闭口价”“可调价”“按实结算”“定额计价”“清单计价”等多种表述;在审查书面的合同文件时,笔者发现结算原则约定不明或约定存在自相矛盾的情形有很多。之所以出现这样的情形,主要原因在于有的项目参与人员对工程造价的计价方法和合同价格形式缺乏准确的理解。实际上,工程造价的计价方法与合同价格形式是不同概念，在实务中却被很多人误用或混用了。

2013年12月11日发布的《建筑工程施工发包与承包计价管理办法》（住房和城乡建设部令第16号）第2条第3款规定："本办法所称工程发承包计价包括编制工程量清单、最高投标限价、招标标底、投标报价，进行工程结算，以及签订和调整合同价款等活动。"第6条第1款、第2款规定："全部使用国有资金投资或者以国有资金投资为主的建筑工程（以下简称国有资金投资的建筑工程），应当采用工程量清单计价。非国有资金投资的建筑工程，鼓励采用工程量清单计价。国有资金投资的建筑工程招标的，应当设有最高投标限价。非国有资金投资的建筑工程招标的，可以设有最高投标限价或者招标标底。"第7条规定："工程量清单应当依据国家制定的工程量清单计价规范、工程量计算规范等编制。工程量清单应当作为招标文件的组成部分。"第8条规定："最高投标限价应当依据工程量清单、工程计价有关规定和市场价格信息等编制。招标人设有最高投标限价的，应当在招标时公布最高投标限价的总价，以及各单位工程的分部分项工程费、措施项目费、其他项目费、规费和税金。"

同时，在2013年7月1日起开始施行的《建设工程工程量清单计价规范》（GB50500－2013）（以下简称2013版《工程量清单计价规范》）第3.1款中也明确规定，建设工程施工发承包造价由分部分项工程费、措施项目费、其他项目费、规费和税金组成。分部分项工程和措施项目清单应采用综合单价计价。招标工程量清单标明的工程量是投标人投标报价的共同基础，竣工结算的工程量按发、承包双方在合同中约定应予计量且实际完成的工程量确定。措施项目清单中的安全文明施工费应按照国家或省级、行业建设主管部门的规定计价，不得作为竞争性费用。规费和税金应按国家或省级、行业建设主管部门的规定计算，不得作为竞争性费用。

三、合同价格形式

（一）2004年10月20日发布的《建设工程价款结算暂行办法》（财建〔2004〕369号）将合同价格形式分为固定总价、固定单价和可调价格三类

《建设工程价款结算暂行办法》第8条规定："发、承包人在签订合同时对于工程价款的约定，可选用下列一种约定方式：（一）固定总价。合同工期较短且工程合同总价较低的工程，可以采用固定总价的合同方式。（二）固定单价。双方

在合同中约定综合单价包含的风险范围和风险费用的计算方法，在约定的风险范围内综合单价不再调整。风险范围以外的综合单价调整方法，应当在合同中约定。(三)可调价格。可调价格包括可调综合单价和措施费等，双方应在合同中约定综合单价和措施费的调整方法，调整因素包括：1. 法律、行政法规和国家有关政策变化影响合同价款；2. 工程造价管理机构的价格调整；3. 经批准的设计变更；4. 发包人更改经审定批准的施工组织设计（修正错误除外）总成本费用增加；5. 双方约定的其他因素。”

(二)《建筑工程施工发包与承包计价管理办法》将合同价格形式分为单价方式、总价方式和成本加酬金方式三类

《建筑工程施工发包与承包计价管理办法》第 13 条规定：“发承包双方在确定合同价款时，应当考虑市场环境和生产要素价格变化对合同价款的影响。实行工程量清单计价的建筑工程，鼓励发承包双方采用单价方式确定合同价款。建设规模较小、技术难度较低、工期较短的建筑工程，发承包双方可以采用总价方式确定合同价款。紧急抢险、救灾以及施工技术特别复杂的建筑工程，发承包双方可以采用成本加酬金方式确定合同价款。”

(三)2017 版施工合同将合同价格形式分为单价合同、总价合同和其他价格形式三类

2017 版施工合同第 12.1 款将合同价格形式分为三大类：一是单价合同；二是总价合同；三是其他价格形式。其中：

单价合同是指合同当事人约定以工程量清单及其综合单价进行合同价格计算、调整和确认的建设工程施工合同，在约定的范围内合同单价不作调整。合同当事人应在专用合同条款中约定综合单价包含的风险范围和风险费用的计算方法，并约定风险范围以外的合同价格的调整方法，其中因市场价格波动引起的调整按第 11.1 款“市场价格波动引起的调整”约定执行。

总价合同是指合同当事人约定以施工图、已标价工程量清单或预算书及有关条件进行合同价格计算、调整和确认的建设工程施工合同，在约定的范围内合同总价不作调整。合同当事人应在专用合同条款中约定总价包含的风险范围和风险费用的计算方法，并约定风险范围以外的合同价格的调整方法，其中因市场价格波动引起的调整按第 11.1 款“市场价格波动引起的调整”、因法律变化引起的

调整按第 11.2 款“法律变化引起的调整”约定执行。

至于其他价格形式，则留给发承包人双方根据项目实际情况自行约定，比如成本加酬金等形式。

可以看到，相比《建设工程价款结算暂行办法》《建筑工程施工发包与承包计价管理办法》，2017 版施工合同没有采用“固定”与“可调”的分类，而是采用了“单价”与“总价”的分类，笔者认为，这样的分类是更加合理的。

实践中，有的当事人看到“固定总价”或是“固定单价”，就认为这个合同价格是绝对固定的，不能调整；有的当事人看到“可调单价”或“可调总价”，就认为这个合同价格是绝对可以调整的，只要出现变化就要求调整；还有的当事人在签约时约定为“固定价格合同”，到了结算阶段却因无法准确区分到底是固定总价还是固定单价而引起争议。笔者认为，采用“单价”与“总价”的分类对合同价格形式的定义更准确、更合理、更易区分，也可有效避免上述因文字表述存在歧义引发争议的现象。

结合前述关于工程造价的计价方法及合同价格形式的相关内容，这里作个简要的小结，以帮助企业更为准确地理解二者的含义及联系：

第一，工程造价的计价方法，现在主要采用的是工程量清单计价，此外，还有定额计价等方法。

第二，合同价格形式实际上是发承包双方在综合考虑整个项目的实际情况并进行风险评估后，对如何计算工程造价确定的一个结算原则，属于双方当事人可自行约定的范畴。如果是单价合同，那么这个结算原则既包括单价的计价方法，还包括单价的风险调整范围、调整方法以及工程量清单等；如果是总价合同，那么这个结算原则既包括总价的计价依据（施工图、已标价工程量清单或预算书等相关文件），还包括总价的风险调整范围及调整方法等；如果采用其他价格形式，双方也可自行就单价的计价方法、计价依据及风险范围等相关事项作出约定。

也就是说，工程造价的计价方法与合同价格形式既有区别，又有联系。在总价合同中，因在合同约定风险范围内总价不作调整，故此时一般不涉及分部分项工程量的单价的计价方法。对于超出合同总价风险范围之外的其他工程项目，需要计价的，则要明确分部分项工程量的单价的计价方法以及工程量，才能计算出这部分新增的合同价款。在单价合同中，因单价合同指的是采用工程量清单及综合单价进行计价的合同，在合同约定风险范围内单价不作调整。但对于超出合同单价风险范围之外的费用，则可根据合同约定进行调整，该调整方法是双方自由约定的范畴,可以约定与风险范围内不同的结算原则,即可以约定与风险范围内不同的计价方法及合同价格形式。

四、工程变更

"按图施工"是承包人首要遵循的基本原则。《建筑法》第 58 条、《建设工程质量管理条例》第 28 条均明确规定了承包人必须按照工程设计图纸和施工技术标准施工,不得偷工减料。承包人在施工过程中如果发现施工设计文件与图纸存在错误的,负有及时向发包人提出的法定义务。同时,未经发包人同意,承包人不得擅自修改图纸,工程设计图纸的修改必须经过发包人同意且由原来的设计单位作出修改。

设计变更在建设工程施工合同履行过程中很常见,一个工程从开始施工到竣工不发生任何设计修改的情况很少。有的工程变更次数多、修改幅度大;有的工程变更次数相对少一些,修改幅度也较小。但不论变更的次数及幅度如何,或多或少都可能会对项目施工产生影响,可能涉及工期,也可能产生新的费用。那么,发生工程变更,发承包双方要如何处理呢?来看看法律及 2017 版施工合同的相关条款。

(一)《建设工程价款结算暂行办法》对工程变更的规定

《建设工程价款结算暂行办法》第 10 条首次对工程变更引起的价款调整方法作出规定,即"工程设计变更价款调整":"(一)施工中发生工程变更,承包人按照经发包人认可的变更设计文件,进行变更施工,其中,政府投资项目重大变更,需按基本建设程序报批后方可施工。(二)在工程设计变更确定后 14 天内,设计变更涉及工程价款调整的,由承包人向发包人提出,经发包人审核同意后调整合同价款。变更合同价款按下列方法进行:1. 合同中已有适用于变更工程的价格,按合同已有的价格变更合同价款;2. 合同中只有类似于变更工程的价格,可以参照类似价格变更合同价款;3. 合同中没有适用或类似于变更工程的价格,由承包人或发包人提出适当的变更价格,经对方确认后执行。如双方不能达成一致的,双方可提请工程所在地工程造价管理机构进行咨询或按合同约定的争议或纠纷解决程序办理。(三)工程设计变更确定后 14 天内,如承包人未提出变更工程价款报告,则发包人可根据所掌握的资料决定是否调整合同价款和调整的具体金额。重大工程变更涉及工程价款变更报告和确认的时限由发承包双方协商确定。收到变更工程价款报告一方，应在收到之日起14天内予以确认或提出协商意见，自变更工程价款报告送达之日起14天内，对方未确认也未提出协商意见时，视为变更工程价款报告已被确认。确认增（减）的工程变更价款作为追加（减）合同价款与工程进度款同期支付。”

从上述规定可知，工程变更引起的价款调整方法有如下三种：

第一种方法：如果合同中已有适用于变更工程的价格，按合同已有的价格变更合同价款。

第二种方法：如果合同中没有可以直接适用于变更工程的价格，但是有类似于变更工程的价格，那么可以参照类似价格变更合同价款。

第三种方法：如果合同中既没有适用于变更工程的价格，也没有类似于变更工程的价格，则由承包人或发包人提出适当的变更价格，经对方确认后执行。如双方不能达成一致的，双方可提请工程所在地工程造价管理机构进行咨询或按合同约定的争议或纠纷解决程序办理。

（二）施工合同司法解释对工程变更的规定

《施工合同司法解释（一）》第19条第2款规定：“……因设计变更导致建设工程的工程量或质量标准发生变化，当事人对该部分工程价款不能协商一致的，可以参照签订建设工程施工合同时当地建设行政主管部门发布的计价方法或者计价标准结算工程价款……”

根据最高人民法院的规定，如果在建设工程施工合同履行过程中发生设计变更导致工程量或者质量标准发生变化从而增加合同价款的，按照下列原则处理：第一，发承包双方当事人协商确定追加合同价款的计价标准或者计价方法；第二，如果协商无法达成一致的，可以参照签订建设工程施工合同时当地建设行政主管部门发布的计价方式或者计价标准追加合同价款。

那么，如何理解工程量或质量标准发生变化？比如，原来这个住宅项目约定是16层，现在加建了1层变为17层，这就是工程量的变化；又如，原来盖的5A级写字楼，后来变更成商品住宅楼，即项目的性质发生了变化，原合同的约定不能再适用。在这些情况下应该如何结算？最高人民法院司法解释确立的审判思路是首先让发承包双方自由协商，达成一个新的结算标准，如果双方不能协商一致，则可以参照签订合同时当地建筑工程行政主管部门发布的计价方法或计价标准结算工程款。

(三)2017 版施工合同对工程变更的约定

2017 版施工合同对工程变更作了详细的约定,能够适用于大多数项目需要,企业可以参考适用。

1. 工程变更的范围

2017 版施工合同第 10.1 款"变更的范围"对工程变更作了定义和限制,确定了构成变更的五种情形:(1)增加或减少合同中任何工作,或追加额外的工作;(2)取消合同中任何工作,但转由他人实施的工作除外;(3)改变合同中任何工作的质量标准或其他特性;(4)改变工程的基线、标高、位置和尺寸;(5)改变工程的时间安排或实施顺序。

其中,尤其需要引起注意的是第 2 项,即"取消合同中任何工作,但转由他人实施的工作除外"。结合 2017 版施工合同第 16.1.1"发包人违约的情形",第 16.1.1 款第 3 项规定了发包人违反第 10.1 款"变更的范围"第 2 项约定,自行实施被取消的工作或转由他人实施的可判定发包人违约的内容。而 1999 版《菲迪克(FIDIC)施工合同条件》(以下简称 FIDIC 新红皮书)第 15.5 款也有相关规定:业主有权在对其方便的任何时候通知承包商终止合同,但若业主终止合同的目的是企图自行实施工程或安排其他承包商实施工程,则业主不能依据本款终止合同。2017 版 FIDIC 新红皮书虽然去掉了这一限制,但仍规定除非承包商已收到相关应付款项,否则业主不应自行实施工程或安排其他承包商实施工程,同时明确了承包商有权就利润损失进行索赔。上述安排是较为合理的,发包人不得随意将承包人承包范围内的事项转由自行实施或他人实施,这虽然对发包人的权利作了一些限制,但是这能够给承包人一个较为确定的交易预期,有利于承包人更好地进行施工安排,有利于对项目的工期、成本的管控。

2. 工程变更的主体

2017 版施工合同第 10.2 款"变更权"约定:"发包人和监理人均可以提出变更。变更指示均通过监理人发出,监理人发出变更指示前应征得发包人同意。承包人收到经发包人签认的变更指示后,方可实施变更。未经许可,承包人不得擅自对工程的任何部分进行变更。涉及设计变更的,应由设计人提供变更后的图纸和说明。如变更超过原设计标准或批准的建设规模时,发包人应及时办理规划、设计变更等审批手续。"

该条明确了各方在工程变更中的权利与职责,有效解决了合同履行过程中多方提出变更致使承包人不知如何执行哪一方变更指令的问题。该条包含了四层意思：

第一层意思，谁有权提出变更。该条明确规定发包人和监理人有权提出变更。发包人是提供图纸的一方，是提供要求的一方，其当然享有对工程设计变更的权利。当然发包人的变更也必须符合相关法律法规的规定，如变更需要重新进行规划审批等手续的，也必须经过规划审批后新的变更才可实施。另外，监理人与发包人之间是委托关系，发包人将工程变更权授权给监理人的情况下，监理人也有权提出变更。

第二层意思，变更指示由谁发布。该条明确规定变更指示由监理人经发包人同意后发出，但监理人发出变更指示前应征得发包人同意。

第三层意思，如果承包人擅自变更，则要承担因此引起的法律后果。在一些案件中，有些承包人或为工程顺利完工，或为自身谋取更多利益，在未经发包人许可的情况下进行工程变更，有时候虽然出发点是好的，但是未经发包人许可擅自变更，不仅发包人可能会根据合同约定拒绝支付工程变更引起的费用，甚至可能会向承包人提出索赔。那么，对于有利于工程的变更，承包人是不是就不能提呢？当然不是，2017 版施工合同第 10.5 款规定了承包人具有提出合理化建议的权利，这是与国际惯例接轨，引入了 FIDIC 新红皮书第 13.2 款价值工程的概念。2017 版施工合同第 10.5 款规定，承包人可以向监理人提交合理化建议，合理化建议经发包人批准的，监理人应及时发出变更指示，由此引起的合同价格调整按照第 10.4 款“变更估价”约定执行。合理化建议降低了合同价格或者提高了工程经济效益的，发包人可对承包人给予奖励，奖励的方法和金额由双方在专用合同条款中约定。

笔者建议，发包人和承包人可以结合项目实际情况，设置合理化建议的奖励条款，不仅可以提高承包人工程建设管理的积极性，达到发承包双赢的局面，更有利于节约和高效利用社会资源。

第四层意思，设计变更是由谁来做的。发包人是工程变更与否的决定权人，但是设计变更文件是由发包人委托的设计人来制作的，设计人应提供变更后的图纸及其说明，以作为承包人的施工依据。并且，如果变更超过原设计标准或批准的建设规模时，发包人应及时办理规划、设计变更等审批手续。在规划、设计变更等审批手续得到相关行政部门的许可后，才能实施。

3. 工程变更程序、变更估价的原则和程序

2017 版施工合同在第 10.3 款“变更程序”和第 10.4 款“变更估价”中详细

规定了变更的程序、变更估价原则和变更估价程序，笔者将其用图 9－3 将其中的关键程序节点和时间要求展现出来，方便各位读者理解，具体条款则不再赘述。

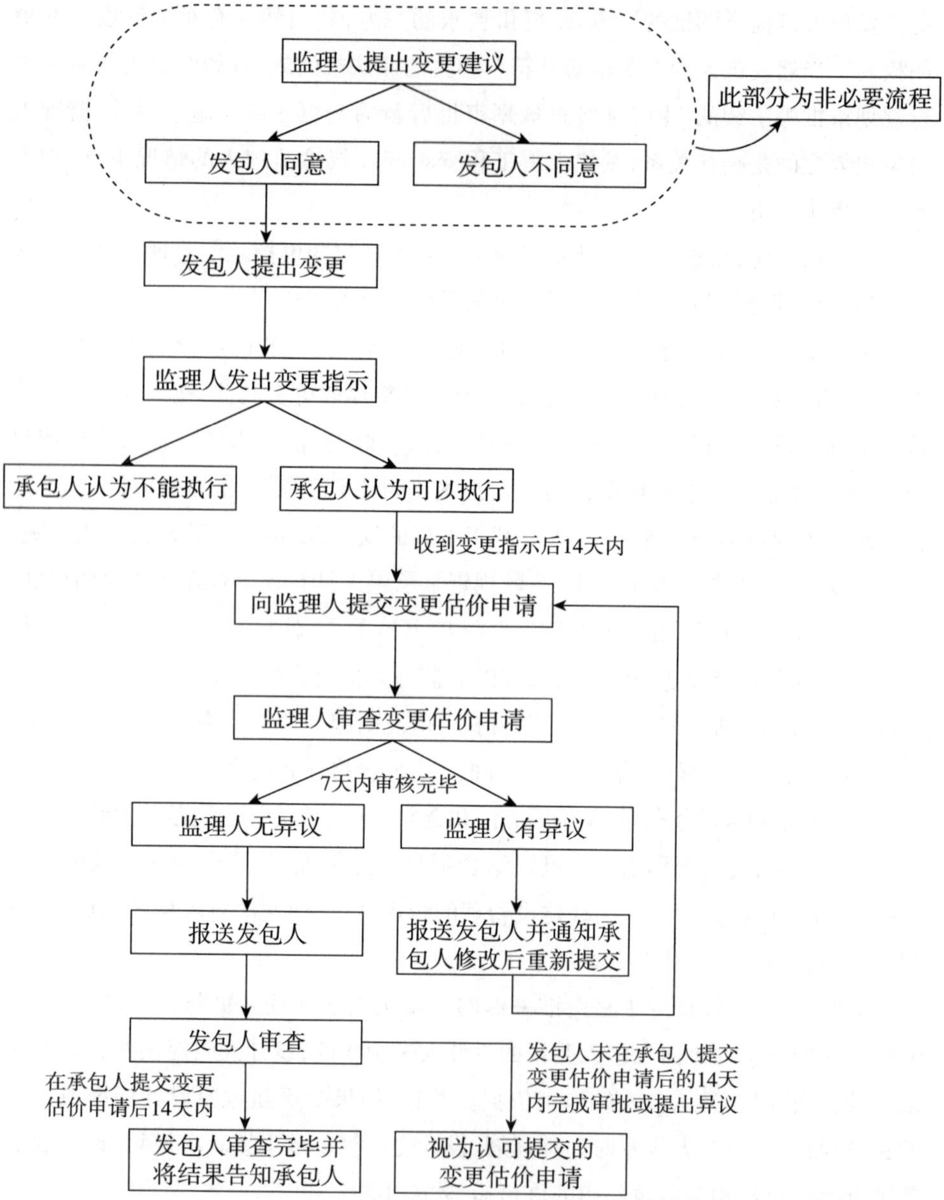

图 9－3　工程变更程序、变更估价原则和变更估价程序

上述程序中有一项“视为认可”的制度设计，即“发包人应在承包人提交变更估价申请后 14 天内审批完毕。发包人逾期未完成审批或未提出异议的，则可视为认可提交的变更估价申请”，这项制度设计主要是为了遏制实践中经常出现的发包人拖延变更估价审查的现象。发包人在施工过程中不积极进行变更估价审查，往往是堆到工程结算时，才将所有变更一并处理，这样的安排乍一看好像对发包人有利，但仔细想想其实不利于发包人的造价管控。一方面，由于发包人未及时将变更的造价纳入造价管控范围内，未能及时发现变更事项对造价控制目标的影响；另一方面，结算时往往离变更实施时已经过去较长时间，各方对于事实的记忆和理解都可能存在偏差，如果存在争议，也往往难以回溯查清当时的情况，会导致争议扩大。因此，笔者建议，发包人和承包人在施工过程中都要充分重视变更管理，承包人要及时向发包人递交变更估价申请文件，及时主张应得价款，发包人要积极审查承包人的变更估价申请，如有不实之处，能够及时发现并制止承包人的不合理要求，并加以证据固定，避免产生争议。

五、工程量争议的处理

实际施工过程中，工程量的增减是常有的事，如双方对工程量产生争议，又应如何处理？为此，《施工合同司法解释（一）》第 20 条作出了明确规定：“当事人对工程量有争议的，按照施工过程中形成的签证等书面文件确认。承包人能够证明发包人同意其施工，但未能提供签证文件证明工程量发生的，可以按照当事人提供的其他证据确认实际发生的工程量。”

按照上述规定，当发承包双方对工程量产生争议时，按照以下原则处理：第一，按照双方的签证文件处理。签证实际上是施工过程中双方对具体事项的确认文件，对双方都是有约束力的；第二，如果双方没有相关的签证文件，但是承包人能够证明发包人同意其施工，则按照当事人提供的其他证据确认实际发生的工程量。

针对签证文件的常见法律问题，值得注意的是：

第一，关于签证文件的形式。签证文件不仅指工程签证单这一种形式的文件，还包括补充协议、会议纪要、工程联系单、工程变更单、工程对账单以及有关往来函件、记录等形式的文件，只要上述文件中涉及对工程量予以确认的事实且是双方当事人真实的意思表示，就应当作为核算工程量的依据。

第二，关于签证文件的效力。因为签证文件直接涉及发承包双方的经济利益,因而对签证文件的签字人是有特别要求的。通常,发承包双方会在合同中明确约定有权确认签证文件的具体人员。但实践中存在很多不规范的行为,如签证文件上的签字人员不是合同中约定的特定人,或者双方未在合同中约定具体的签字人等,此时就产生该签证文件是否有效的问题。司法实践中的做法并不统一,但笔者比较认可浙江省高级人民法院民事审判第一庭《关于审理建设工程施工合同纠纷案件若干疑难问题的解答》中的观点,其第 11 条规定:"施工过程中谁有权利对涉及工程量和价款等相关材料进行签证、确认? 要严格把握工程施工过程中相关材料的签证和确认。除法定代表人和约定明确授权的人员外,其他人员对工程量和价款等所作的签证、确认,不具有法律效力。没有约定明确授权的,法定代表人、项目经理、现场负责人的签证、确认具有法律效力;其他人员的签证、确认,对发包人不具有法律效力,除非承包人举证证明该人员确有相应权限。"

六、工程审价与工程审计

(一)工程审价与工程审计是两个不同的法律行为

工程审价是指工程项目通过竣工验收合格后,发包人与承包人依据合同约定的结算原则计算已完工程造价的一项民事活动。双方可以自由协商确定工程造价,也可以约定委托有资质的审价单位对已完工程的造价进行审价。工程审计是指国家行政主管机关对国有资金投资项目的效益、质量、投资过程及所涉工程造价进行监督的行政行为,体现的是国家审计机关对国有资金投资效果的检查权与监督权。

工程审价与工程审计是两个不同的法律行为:审价是民事法律行为,是作为平等主体的发承包双方对工程造价的审查、核对以确定最终结算的一种方法。当事人可以委托有审价资质的机构审价,也可由双方协商一致自行确定。审计则是政府行政行为,它以政府的规章及规范性文件为依据,是项目投资的所有者对经营者的经营行为的监督。

2001 年 4 月 2 日发布的最高人民法院《关于建设工程承包合同案件中双方当事人已确认的工程结算价款与审计部门审计的工程决算价款不一致时如何适用法律问题的电话答复意见》(〔2001〕民一他字第 2 号)规定:"……审计是国家对建设单位的一种行政监督,不影响建设单位与承建单位的合同效力。建设工程承包合同案件应以当事人的约定作为法院判决的依据。只有在合同明确约定以审计结论作为结算依据或者合同约定不明确,合同约定无效的情况下,才能将审计结论作为判决依据。"2001 年 4 月 24 日最高人民法院《关于常州证券有限责任公司与常州星港幕墙装饰有限公司工程款纠纷案的复函》(〔2001〕民一他字第 19 号)中答:"江苏省高级人民法院:你院关于常州证券有限责任公司(以下简称证券公司)与常州星港幕墙装饰有限公司工程款纠纷案的请示收悉。经研究,笔者认为,本案中的招投标活动及双方所签订的合同合法有效,且合同已履行完毕,依法应予保护。证券公司主张依审计部门作出的审计结论否定合同约定不能支持。"

根据最高人民法院的上述指导意见,在三种情形下审计结论可作为结算依据并作为法院的判决依据:

第一,双方在合同中明确约定以审计结论作为工程价款的结算依据;

第二,合同对工程价款的结算依据约定不明;

第三,合同是无效合同。

除上述三种情形外,审计结论不是结算依据,不得作为法院的判决依据。

但是,有专家认为对以上第一种情况,如果双方在合同中明确约定以审计结论作为工程价款的结算依据,则依约定,以审计结论作为结算依据是符合法理的,而对第二种、第三种情况,直接规定以审计结论为依据,还是显得有些牵强。

(二)对《上海市审计条例》第 14 条的评析

2012 年 9 月 26 日,上海市人大常委会第 36 次会议表决通过的《上海市审计条例》第 14 条第 3 款规定:"政府投资和以政府投资为主的建设项目,按照国家和本市规定应当经审计机关审计的,建设单位或者代建单位应当在招标文件以及与承包人签订的合同中明确以审计结果作为工程竣工结算的依据。审计机关的审计涉及工程价款的,以招标投标文件和合同关于工程价款及调整的约定作为审计的基础。"

自 2012 年 7 月初《上海市审计条例(草案)》[以下简称《条例(草案)》]公布以来,针对意见稿中涉及的"以审计结果作为工程竣工结算依据"问题,行业协会、律师界、专业媒体和多家企业召开了多次研讨会,通过各种途径,从立法的角度、执法的角度、市场经济规律的角度、行业健康发展的角度和法条可操作性的角度等反映业内人士对此问题的认识和看法,并表达了对相应问题极大的担忧。《建筑时报》作为中国建筑业的产业报,就此问题作了超过十期的报道,代表行业大声疾呼,诸多法律界、实务界的专家撰文阐述观点、提出意见和建议;律师界的一些前辈、专家也通过各种途径向相关部门和机构反映行业和法律界的观点、意见。

2017 年,《全国人民代表大会常务委员会法制工作委员会法规备案审查室关于对地方性法规中以审计结果作为政府投资建设项目竣工结算依据有关规定提出的审查建议的复函》(法工备函〔2017〕22 号)明确:“在充分调研和征求意见的基础上,我们研究认为,地方性法规中直接以审计结果作为竣工结算依据和应当在招标文件中载明或者在合同中约定以审计结果作为竣工结算依据的规定,限制了民事权利,超越了地方立法权限,应当予以纠正。我们已经将全国人大常委会法工委《对地方性法规中以审计结果作为政府投资建设项目竣工结算依据有关规定的研究意见》印送各省、自治区、直辖市人大常委会。目前,有关地方人大常委会正在对地方性法规中的相关规定自行清理、纠正,我们将持续予以跟踪。”

而后,2017 年 11 月 23 日上海市第十四届人民代表大会常务委员会第四十一次会议通过《关于修改本市部分地方性法规的决定》,将《上海市审计条例》(2017 年修订)第 14 条第 3 款修改为:“政府投资和以政府投资为主的建设项目,按照国家和本市规定应当经审计机关审计的,建设单位或者代建单位可以在招标文件以及与施工单位签订的合同中明确以审计结果作为工程竣工结算的依据。审计机关的审计涉及工程价款的,以招标投标文件和合同关于工程价款及调整的约定作为审计的基础。”将 2012 年规定“应当在招标文件以及与施工单位签订的合同中明确以审计结果作为工程竣工结算的依据”中的“应当”改为可“可以”,恢复了合同当事人是否将审计结果作为工程竣工结算依据的选择权。

七、工程造价的鉴定

一般情况下,当工程建完并竣工验收合格后,发承包双方就进入工程结算阶段。如双方对结算原则约定明确,按照合同约定的自行审价或委托审价程序进行审价即可,若对审价结果没有争议,那么该审价结果就成为发包人支付工程款的依据。如双方对结算原则约定不明,或者虽约定明确但对发包人自行审价或委托审价的结果不满意的,这时争议就产生了。双方经协商对争议仍然无法达成一致意见的,一旦进入司法程序,就可能需要通过法院或仲裁机构选定具有审价资质的审价机构进行造价鉴定来确定工程造价。

在涉及工程造价鉴定时,当事人应当重点把握以下内容,再结合自身情况对进行司法鉴定的可行性、利与弊加以判断并制定相应的对策。

(一)双方约定以固定价结算工程价款的,在合同约定风险范围内的固定价格部分不予鉴定

《施工合同司法解释(一)》第 28 条规定:“当事人约定按照固定价结算工程价款,一方当事人请求对建设工程造价进行鉴定的,人民法院不予支持。”这是最高人民法院对工程造价司法鉴定范围的规定。如何理解这里的“固定价格”?

笔者认为,此处的“固定价格”应当理解为:不论合同约定采用的是固定总价合同还是固定单价合同,如果该固定价格包含了合同约定的风险范围,则对风险范围以内的固定价格部分是不予鉴定的。但如果发生了设计变更导致工程费用增加的情况,结合《施工合同司法解释(一)》第 19 条第 2 款“因设计变更导致建设工程的工程量或者质量标准发生变化,当事人对该部分工程价款不能协商一致的,可以参照签订建设工程施工合同时当地建设行政主管部门发布的计价方法或者计价标准结算工程价款”之规定,双方对因设计变更引起的工程价款调整方法无法达成一致的,可以向法院申请对该变更部分的工程造价进行司法鉴定。

(二)仅对有争议的事实进行鉴定

《施工合同司法解释(一)》第 31 条规定:“当事人对部分案件事实有争议的,仅对有争议的事实进行鉴定,但争议事实范围不能确定,或者双方当事人请求对全部事实鉴定的除外。”据此,工程造价鉴定并不是全盘鉴定,而只是针对有争议的事实进行鉴定。实践中,有的审价单位会超出双方的争议事实范围,对无争议事实范围也作出鉴定,对此,法院不应组织对该部分超出范围的鉴定内容进行质证,即使法院提出质证要求,当事人也有权拒绝质证。另外,工程造价的鉴定内容是对有争议的“事实”进行核查、确认,而不是对与争议相关的合同或其相关法律问题作出定性处理,如有的审价单位在未经法院判决的前提下擅自确认发承包双方提交的施工合同无效,于是抛开合同约定的结算原则,以其他计价方法进行审价等。当事人在司法鉴定的过程中要对此加以注意。

(三)鉴定单位不得擅自否定发承包双方的签证文件

《施工合同司法解释(一)》第 19 条第 1 款规定:“当事人对建设工程的计价标准或者计价方法有约定的,按照约定结算工程价款”;第 20 条规定:“当事人对工程量有争议的,按照施工过程中形成的签证等书面文件确认……”但司法鉴定

中,部分鉴定单位在司法鉴定过程中常常会对已经发承包双方确认的签证文件予以否定,或者对签证文件中的内容进行"加工处理",出现鉴定结果与签证文件所载事实不符的情形。

笔者认为,签证文件是双方当事人在合同履行过程中按照合同约定达成的新的一致意见,对双方均具有约束力。一份签证文件,当它的内容是真实且明确的,签字的人是有权限的人,那么它就应当是一份合法有效的签证文件。鉴定单位不是这份签证文件的当事方,其仅仅是作为一个第三方受到委托来鉴定相关造价,没有任何权利及法律依据可以擅自否认签证文件或是变更其中的内容。如实践当中当事人遇到类似情况,一定要以上述最高人民法院的司法解释为法律依据据理力争,避免合法利益受损的情形发生。

(四)诉讼前已经对结算达成协议,不允许再申请造价鉴定

《施工合同司法解释(一)》第 29 条规定:"当事人在诉讼前已经对建设工程价款结算达成协议,诉讼中一方当事人申请对工程造价进行鉴定的,人民法院不予准许";第 30 条规定:"当事人在诉讼前共同委托有关机构、人员对建设工程造价出具咨询意见,诉讼中一方当事人不认可该咨询意见申请鉴定的,人民法院应予准许,但双方当事人明确表示受该咨询意见约束的除外。"

由于造价鉴定本身所需时间较长、费用也不低,会较大程度上增加当事人解决争议的成本,因此,总的来说,法院对司法鉴定的思路就是能不通过鉴定就可以确定结算工程价款的,则不作鉴定;必须通过鉴定才能结算工程价款,也要尽可能减少鉴定的次数,同时尽可能缩小鉴定的范围。但是,根据《施工合同司法解释(一)》第 32 条第 1 款的规定,"当事人对工程造价、质量、修复费用等专门性问题有争议,人民法院认为需要鉴定的,应当向负有举证责任的当事人释明。当事人经释明未申请鉴定,虽申请鉴定但未支付鉴定费用或者拒不提供相关材料的,应当承担举证不能的法律后果",如果法院释明需要鉴定的,那么负有举证责任的当事人也需予以配合,以免因需鉴定而未鉴定,陷入举证不能的不利局面。

八、典型案例

【案情简介】

原告:A 建设集团有限公司

被告:B 房地产开发公司

2010 年 3 月,原告与被告就某商业中心项目签订《建设工程施工合同》,合同采取固定总价包干,价款为 7500 万元,工期 540 天。由于施工期间内钢材等原材料价格的大幅度上升,加之在投标报价过程中的漏算、少算,原告认为其存在巨大亏算,要求被告对材料上涨部分予以补偿,被告认为其与原告签订的为固定总价合同,此部分风险应由原告承担,拒绝支付此部分工程款。因双方未能达成一致意见,故原告于 2013 年 5 月提起诉讼,请求法院判令被告承担因原材料上涨导致的损失共计 1500 余万元。

【争议焦点】

本案的焦点问题是:在固定总价合同下,施工单位能否因施工期间内的原材料涨价大幅上涨主张发包人承担此部分损失。

【审理结果】

法院认为,涉案工程采用的合同为固定总价包干,并且在合同中明确约定,合同价款中已考虑施工期间各类建材的涨跌价和国家政策性调整等所有风险系数,并计入综合单价中,工程结算时除签证、变更、设计变更、图纸审查回复外合同内容均不作调整。同时根据本案具体情况,原材料大幅上涨均在原定施工期间内发生,并不存在因被告原因导致工期顺延的情形。因此,法院判决驳回原告的诉讼请求。

【合规建议·仲裁选择】

本案中,双方当事人约定的合同价格形式为固定总价。一般而言,固定总价合同有如下特点:一是固定总价合同一经签订,承包人即承担了合同约定风险范围内的全部工程量和价格风险,除有设计变更及合同另行约定外,一般不允许调整合同价格。二是固定总价合同一般适用于工程期限较短、工程内容较为明确和简单的项目,因为工程建设本来就是十分复杂的系统性工作,工期越长、工程内容不确定性越大,实施过程中难以预见的风险越多,如果对于工期长、工程内容不确定性大的项目采用固定总价合同,对承包人而言,承担的风险恐将过大,需谨慎对待。

本案中,承包人主张材料涨价要求调整合同价格,而材料涨价恰恰是属于合同约定的风险范围内的因素,故法院未支持其诉讼请求。如笔者在本章前文所述,固定总价是在对应合同约定的风险范围内固定,并非绝对不变,因此,采用固定总价时,合同双方当事人应当重视合同价格风险范围的约定,合理确定风险范围,并且应明确超出合同风险范围的情形以及合同价格调整的依据和原则,以减少双方争议。

专题十

签证与索赔

【本专题内容概览】

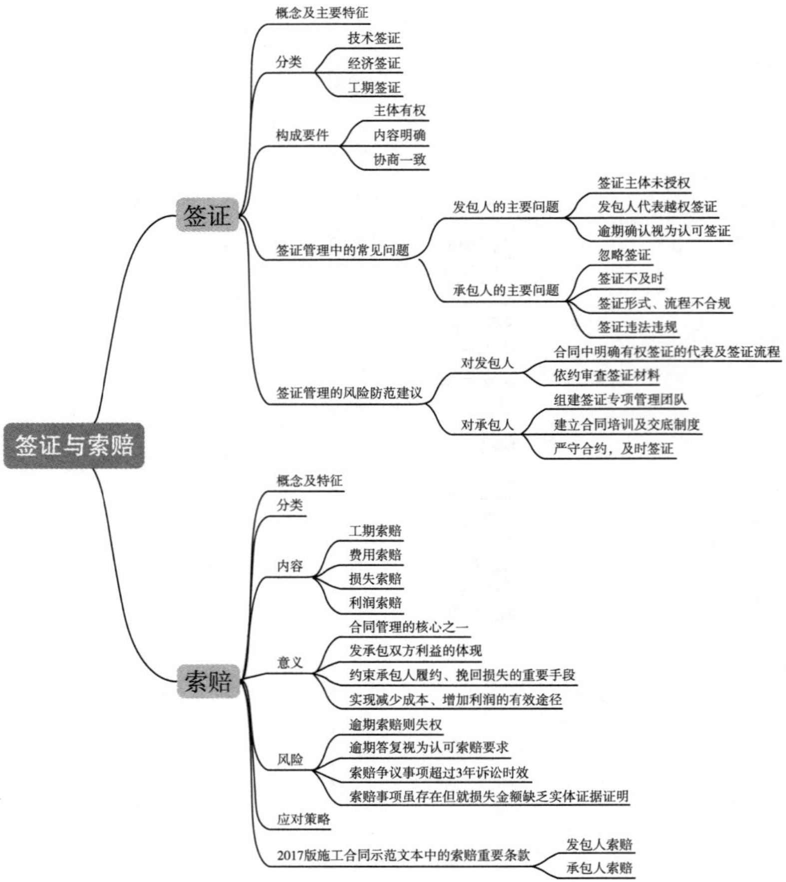
签证与索赔
签证
概念及主要特征
分类
技术签证
经济签证
工期签证
构成要件
主体有权
内容明确
协商一致
签证管理中的常见问题
发包人的主要问题
签证主体未授权
发包人代表越权签证
逾期确认视为认可签证
承包人的主要问题
忽略签证
签证不及时
签证形式、流程不合规
签证违法违规
签证管理的风险防范建议
对发包人
合同中明确有权签证的代表及签证流程
依约审查签证材料
对承包人
组建签证专项管理团队
建立合同培训及交底制度
严守合约，及时签证
索赔
概念及特征
分类
内容
工期索赔
费用索赔
损失索赔
利润索赔
意义
合同管理的核心之一
发承包双方利益的体现
约束承包人履约、挽回损失的重要手段
实现减少成本、增加利润的有效途径
风险
逾期索赔则失权
逾期答复视为认可索赔要求
索赔争议事项超过3年诉讼时效
索赔事项虽存在但就损失金额缺乏实体证据证明
应对策略
2017版施工合同示范文本中的索赔重要条款
发包人索赔
承包人索赔

合同管理是项目管理的核心,而签证与索赔的管理又是合同管理的核心。相对而言,我国的发承包双方对签证与索赔的管理能力较为薄弱。一方面,在工程实践中,大多数发承包人在签约时不重视签证与索赔相关的合同条款,履约时对应签证事件及可索赔事件没有足够的敏感度等,导致双方在合同履行过程中错失了很多签证与索赔的良好时机;另一方面,整个建筑市场的不规范操作也给签证与索赔的管理带来极大的挑战。且在实践中,发承包双方在履行合同过程中常以"人情"为主线,不注重"契约精神",也因此致使很多口头达成的"君子协议"在产生争议后均"化为乌有"。

2017 版施工合同示范文本规定了三十余项发包人可向承包人主张费用、工期以及损失的条款,同时规定了十余项承包人可向发包人主张费用、工期以及合理利润的条款。此外,示范文本中设置了逾期索赔即失权和逾期答复视为认可索赔要求的制度,这对发承包双方加强项目的精细化管理提出了迫切要求,其中签证与索赔尤为重要。

一、签证

(一)签证的概念及主要特征

1. 签证的概念

签证并不是法律术语,而是在工程实务中形成的行业术语,一般指发承包双方在施工过程中按合同约定对支付各种费用、顺延工期、赔偿损失所达成的意思表示一致的补充协议,互相书面确认的签证即成为工程结算或最终结算增减工程造价的凭据。原《施工合同司法解释》第 19 条首次使用了"签证"一词,即"当事人对工程量有争议的,按照施工过程中形成的签证等书面文件确认。承包人能够证明发包人同意其施工,但未能提供签证文件证明工程量发生的,可以按照当事人提供的其他证据确认实际发生的工程量",使得"签证"有了明确的法律依据。

2. 签证的主要特征

结合签证的概念可知,签证主要具有以下特征:

第一,签证是发承包双方的真实意思表示协商一致的结果,是双方法律行为,其本质就是一份合同。建设工程施工合同周期长,发生变更是极为常见的。因此,在不违反我国《招标投标法》《建筑法》等相关法律法规的前提下,双方结合工程的实际情况对合同履行过程中出现的新情况达成的补充协议,对双方均具有约束力,是整个工程合同的组成部分。

第二,工程签证是发承包双方主张权利的凭证,如承包人向发包人主张顺延工期、确认变更的工程价款;发包人主张减少工作内容或变更技术要求等。原则上,签证涉及的利益已经确定,可直接作为结算工程价款的依据。在结算阶段,不论是发包人自行审价、委托审价或是在司法鉴定程序中委托法院审价,审价单位均无须对一份有效的签证是否可以计入造价再行确认,仅需按签证记载内容计算实际对应的工程造价即可。

(二)签证的分类

实践中,签证主要有如下几类:

1. 技术签证

技术签证是发承包双方对某一施工环节技术要求或具体施工方法进行联系确定的一种方式,包括技术联系单、技术核定单等,是对施工组织设计方案的具体化和补充。

2. 经济签证

经济签证也可称为费用签证,是指在工程施工期间由于施工内容变化、施工条件或施工环境变化、发包人要求变化、其他非承包人原因引起的造成承包人需要追加合同价款的各类签证。比如,因发包人设计变更引起工程量增加或工程价款调整的签证,因发包人要变更项目使用功能导致费用增加或已完工程返工的签证,因现场不具备施工条件需变更施工方案而引起工程价款调整的签证,等等。

3. 工期签证

工期签证是指在工程实施过程中,针对合同约定的承包人可申请工期顺延的情形,按照合同约定的程序向发包人提出工期顺延的签证。如关键线路的设计变更导致工期增加、发包人指令延迟或提供图纸延迟等导致工期受影响、发包人逾期付款或因发包人原因暂停施工时,承包人都需向发包人发出书面的工期顺延申请,才能实现合同工期的调整。一般来说,工期顺延大都会涉及费用问题,比如停工期间额外支付的人员成本等,与费用索赔往往紧密关联。因此,在发生停工缓建等情形时,除提出工期顺延的申请外,还需要同时考虑相应的费用索赔。

(三)签证的构成要件

签证的表现形式有很多,有的企业对签证单实行专项管理,直接以“签证单”

为文件的抬头名称。但实践中更为常见的是,签证以各类工程联系单、会议纪要、备忘录、核定单、报告等形式出现。不论签证的表现形式为何,一份有效的签证应同时具备以下要件:

签证主体一般包括发包人、监理单位和承包人。作为发包人一方,签证单需经合同约定的有权确认签证的主体签字(或盖章);作为监理单位一方,签证单需经合同约定的有权限的监理人审核并签字(或盖章);作为承包人一方,签证单须由合同约定的有权申请签证的主体发出并签字(或盖章)。如出现在签证单上签字的某一方主体系无权或越权签证的,除非该主体的行为构成表见代理,否则,这份签证极有可能被认定为一份无效签证。

签证内容必须具体明确。如要求顺延工期,需写明工期顺延的事由、确切天数、起止日期;如要求支付工程价款,需写明工程价款的具体金额并附上计算价款的相关凭证;如增加或减少工程量,需写明增加事由以及具体数额,并附上与工程量变更相关的发包人发出的工程变更指令等相关文件。

签证双方对签证单所涉内容协商一致,是双方的真实意思表示,不存在合同法规定的可变更、可撤销情形。

(四)签证管理中的常见问题

1. 发包人存在的主要问题

(1)签证主体未经授权

通常而言,发包人出具工程签证的主体应为发包人或其授权代理人,除此之外,由项目其他主体签发的文件不属于工程签证,对发包人也不具备法律约束力。在工程实践中,较多发包人对签证程序管控并不规范,往往由无授权的人员代为签署签证文件,使后续双方易因签证的效力问题引发争议。

此外,实务中由监理签证、发包人未签字的情况也较为常见。一方面,很多情况下,发包人经常拒收、拒签相关文件,或者收悉签证申请材料后未及时予以处理,导致承包人不得不要求监理单位先行确认;另一方面,发包人与承包人对部分工程量争议较大,承包人有时也会直接要求监理予以签字认可。根据北京市高级人民法院《关于审理建设工程施工合同纠纷案件若干疑难问题的解答》第 10 条,"工程监理人员在监理过程中签字确认的签证文件,涉及工程量、工期及工程质量等事实的,原则上对发包人具有约束力,涉及工程价款洽商变更等经济决策的,原则上对发包人不具有约束力,但施工合同对监理人员的授权另有约定的除外"。

实践中,除北京地区以外的其他法院,也经常认定监理签字的工程量对发包人有约束力。一方面,监理系工程五方主体之一,系发承包双方以外的第三方,且全程参与项目施工监督管理,其作出的确认有一定客观性,能够反映工程事实;另一方面,从合同关系来看,监理由发包人委托,与发包人存在一定的关联关系,基于委托关系,其出具的对承包人有利的签认工程量,对发包人亦具有法律约束力。

(2)发包人代表越权签证

发包人代表在授权范围内的签证属于职务行为,具有法律效力,法律后果由发包人承担,但这并不意味着发包人代表越权签署的签证对发包人就没有约束力。如发包人代表超越内部授权签证的行为构成表见代理,即承包人有理由相信发包人代表是在授权范围内签证,则签证的法律后果仍由发包人承担。在工程实践中,由于发包人代表的授权范围不明确,导致发包人代表经常出现超越内部授权签发签证的情况。一旦上述签证被认定构成表见代理,则发包人将受到对其不利的签证约束的风险。

(3)逾期确认视为认可签证

根据《建设工程工程量清单计价规范》(GB 50500 - 2013)第 9.14.2 款的规定,发包人应在收到现场签证报告后的 48 小时内对报告内容进行核实,予以确认或提出修改意见。发包人在收到承包人现场签证报告后的 48 小时内未确认也未提出修改意见的,应视为承包人提交的现场签证报告已被发包人认可。据此,采用工程量清单计价的建设项目,双方施工合同对于发包人逾期签证的后果未作出明确约定的,则有可能按照上述规则,对逾期签证视为认可。如承包人证明已向发包人发出签证通知或提供资料,而发包人未在约定期限内书面回复承包人意见的,则可能承担不利的法律后果。在实践中,不少发包人对承包人发出的签证文件不置可否,未能及时在约定期限内给出书面回复,此时,承包人能够证明自己在约定时间内向发包人提交签证单并送达的,视为发包人认可承包人签证通知的内容,由发包人承担不利后果。

2. 承包人存在的主要问题

(1)忽略签证

签证是对当时当地事件的客观情况的反应,即使签证的内容未得到监理人或发包人的确认,只要签证事项具有合同依据,并且承包人严格按照合同约定的签证程序进行,通过拍照、摄影等形式固定了现场证据,涉诉后承包人仍可通过相应的书面证据还原事实,据以获得相应的费用增加或使工期得以延长。

但实践中，不少承包人考虑到与发包人、监理单位的下一步合作或者人情关系，或是项目经理和技术负责人的缺乏索赔意识，在施工过程中不签证，对出现的索赔事件也不提，事后产生争议主张赔偿时又无相应的证据支撑，在法庭上只能是“哑巴吃黄连，有苦说不出”。根据《建设工程工程量清单计价规范》（GB 50500－2013）第9.14.4款的规定，合同工程发生现场签证事项，未经发包人签证确认，承包人便擅自施工的，除非征得发包人书面同意，否则发生的费用应由承包人承担。

（2）签证不及时

有的发包人代表在施工过程中经常通过口头形式向承包人发指令，比如新增零星工作、设计变更、临时清理非承包人施工范围内的垃圾等，并与承包人口头协商费用，事后也未以书面指令覆盖口头指令。承包人只顾着按照指令完成相应工作，既没有向发包人发出书面签证单，也没有固定现场证据，结算时才发现需要补办签证。而工程进入结算阶段，项目部的大多数人员已撤换，补签非常麻烦，易造成签证被认定伪造的风险；而且部分工作可能属于隐蔽工程或措施工程，也无法通过现场核查予以还原，因此这些未及时办理的签证最终无法获得对应价款。

（3）签证形式或流程不合规

如前所述，签证的本质就是一份补充协议，即一份合同。因此，一份有效的签证单必须符合前述三个构成要件。实践中，有的签证单上确认人不是合同约定经委托授权的特定人员；有的签证单载明的签证事由及要求含糊不清，如签证金额不确定、工期顺延起止日期不明确等；有的签证因程序流程不符合合同约定、所附资料不足等，因此无法将其直接作为结算依据。

（4）签证违法违规

有的项目经理或相关技术负责人在施工过程中与监理单位串通，恶意进行签证，比如虚报工程量、虚报停窝工人数等，以此向发包人骗取多得利益。这样的签证背离了合同当事人双方，即发包人与承包人之间的真实意思表示，是违法违规签证。承包人要注重项目管理，杜绝出现此类行为。一旦出现违法违规签证，将会破坏发包人与承包人之间的信任基础，并且也会对正常合法的签证产生不利影响。

（五）签证管理的风险防范建议

为防范签证管理过程中的一系列风险，发承包双方均应当重视及规范签证相关流程及手续，针对发包人、承包人分别提出如下风险防范建议：

1. 对发包人的风险防范建议

(1)在合同中明确有权签证的代表及签证流程

发包人可在施工合同中明确约定工程签证申请、审核、签署的流程及相应的主体,明确约定发包人现场代表和工程监理的签证权限及范围。比如,工程签证的一定范围内的价款确定权由发包人代表行使,并规定工程签证的上限金额,如超过该限额,则必须由发包人加盖公章确认方才有效,以便发包人控制工程造价,防止因发包人越权签署签证而承担不利后果。

(2)依约审查签证材料

发包人应对承包人提交的签证材料进行严格审查,及时对相关签证事项进行核实确认,对不应当签证的(如由承包人造成的损失、承包人擅自变更的、超过时限的、无法核实的)不予签证并在约定期限内及时予以书面答复;如缺少证明材料的,亦应及时书面通知要求承包人补充。

2. 对承包人的风险防范建议

(1)组建签证专项管理团队

承包人要组建一支签证专项管理团队,对项目中的签证工作进行专项管理。团队成员中应至少配备一名造价人员、技术人员、法务专员,分别从施工技术、工程造价、法律规定及合同约定等四个角度对签证进行全面把关,确保每一份经过监理单位及发包人审核确认的签证都是一份有效签证,可直接作为结算依据,同时避免过期补签、签而无效的情形出现。完成签证后,承包人还应做好工程签证的归档工作,即安排专员对签证进行分类管理,并保留好每一份签证的原件、证明资料、书面答复,以及与之对应的发文记录、签收记录和审核结果。

(2)建立合同培训及交底制度

承包人可根据项目性质、规模及合同价款情况,就大中型项目设立合同培训及交底制度,可聘请专业律师团队对合同内容进行全面解读,并对项目人员进行指导和培训,将合同的有利条款和风险条款、操作注意事项通过合同培训及交底的方式明确告知合同履约人员,让每一个参与项目的技术、供应、预算、财务等管理人员对合同内容都有所了解,对自己的工作职责做到心中有数。如此,承包人的签证单质量才可不断提高。只有项目部人员的签证和索赔的意识转化成实际行动,才能为承包人预防风险,开创效益。

(3)严守合约,及时签证

实际施工过程中,不少发包人代表经常在工程例会上提出变更等要求,事后又不及时补发书面通知；还有不少项目经理在出现可签证情形时不及时签，只顾埋头苦干，而缺乏书面签字确认意识。为了现场后续履行顺利，相关项目经理也希望尽量减少可能与建设单位存在的争议，导致很多签证未及时办理。对此，承包人应更新陈旧观念，要善于利用进场后施工单位对现场的控制及优势地位，协调工程各环节的处理，提交签证时可采用缓和用词，但提交时间、程序均应严格按照合同约定，该签则签，刻不容缓。

总而言之，对于签证，发承包双方均应秉承“过程管理、文来文往”的原则，同时遵循“实事求是”原则，依法依约予以处理。

二、索赔

（一）索赔的概念及特征

1. 索赔的概念

工程索赔是指发承包双方中的任何一方，依据施工合同约定，向对方提出经济补偿和（或）时间补偿的要求，弥补不应自行承担的损失。索赔的实质，是希望对合同进行适当的公正的调整，使施工合同的风险分担程度趋于合理。

2. 索赔的主要特征

与签证的主要特征对比，索赔主要有如下特征：（1）签证是双方法律行为，其本质是施工合同的补充协议，而索赔则是双方未能就费用、工期或利润协商一致产生的单方主张，索赔内容能否得到支持要结合相关证据予以确定。（2）签证涉及的利益已经确定，可直接作为工程结算的依据，而索赔涉及的利益尚未确定，主张索赔的一方是否获偿以及获偿多少是待定的。

（二）索赔的分类

按照不同的标准，可对索赔作出不同的分类：

按干扰事件，可将索赔分为：工期延误索赔，工程中止索赔，合同解除索赔，其他索赔（如货币贬值、物价上涨、法律变化、发包人拒绝支付工程款引发的索赔）等。

按合同类型，可将索赔分为：总承包合同索赔、分包合同索赔、劳务合同索赔等。

按索赔要求，可将索赔分为：工期索赔、费用及利润索赔等。

(三)索赔的内容

1. 工期索赔

在实际施工过程中,常常会出现各类因素影响施工的正常进行的情形。如工程出现工期延误时,发承包双方需要通过相应证据厘清工期增加的原因,并据此判断相应损失应由谁承担。如工期延误是由于发包人原因导致的,承包人可按照合同约定的程序向发包人提出工期索赔。如工期延误是由于承包人原因导致的,发包人可按照合同约定的程序向承包人主张违约金。

2. 费用索赔

可以提出费用索赔的内容主要包括:人工费、材料费、机械使用费、总包管理费、总包配合费、现场管理费、租赁费、融资成本等。一般来说,只要是非因自己的过错导致工程成本的增加部分,均可以向相关责任方提出索赔。针对不同的事件引起的索赔,具体索赔项目也不一样。实践中,哪些索赔内容会获得支持,要根据现有的书面证据、合同约定及相关法律规定等因素进行综合论证。

3. 损失索赔

对于因一方过错导致的财产损失,发承包人可依据合同主张责任方赔偿损失。发承包双方均有过错的,由双方根据其责任分别承担损失。

4. 利润索赔

2017 版施工合同中规定了 17 项涉及承包人可以索赔合理利润的条款。因此,在针对具体的事件提出索赔时,要注意区分具体的索赔内容。如可以主张合理利润的,应在索赔报告中一并提出,同时应提交相应的计算依据。

关于合理利润的计算方法(本书中涉及合理利润的计算方法时,如无特别说明,则均按以下方法确立的原则进行计算),如承包人与发包人签订了补充协议,那么其中的利润补偿则按照补充协议的约定进行计算;如承包人与发包人未签订补充协议,则利润补偿的计算根据实际情况,大致可以分为以下三种:

第一,合同中有明确约定索赔时利润补偿如何计算的,按照合同约定进行计算。

第二,合同中虽未明确约定索赔时利润补偿如何计算,但约定了索赔时费用如何计算的,则按照约定计算出相应的费用,再按照该项工作承包人原报价中的利润率进行计算(如承包人原报价中没有体现该项工作的利润率,则可以参照行业的平均利润率进行计算)。

第三，合同中既未约定索赔时利润补偿如何计算，也未约定索赔时费用如何计算的，则按照合同中的变更估价原则和工作相应的利润率（承包人原报价中的利润率或行业平均利润率）进行计算。

（四）索赔的意义

1. 索赔管理是合同管理的核心之一

如前所述，签证与索赔管理是合同管理的核心，整个索赔处理的过程就是执行合同的过程。自开工起，发承包双方就应该严格按照合同约定的索赔程序，对实际施工过程中发生的事件进行全面分析，确定是否应当提出索赔。如果经过论证认为该事件属于可索赔事件，则应当在合同约定的索赔期限内提出，并按照约定的索赔程序提交索赔资料及其相关证明文件。

2. 索赔是发承包双方利益的体现

从某种意义上讲，索赔是对于合同履行过程中出现的风险费用的转移或再分配。这种风险包括合同一方当事人违约的风险、不诚信的风险、意外事件的风险、政策性风险、第三人风险，等等。不论风险来自何方，对发承包双方的权利义务均产生相应的影响。因此，索赔也是发承包双方利益和风险分担原则的体现。

3. 对发包人而言，索赔是约束承包人履约、挽回损失的重要手段

在施工合同履行过程中，时常会出现由承包人造成的工程质量不合格、工期延误、费用增加等情况，并给发包人造成一定的经济损失。此时，工程索赔作为发包人维护自身合法权益的重要手段，是其挽回损失的重要途径。通过向承包人进行索赔，可部分甚至全部挽回发包人受到的损失，权责相当，也符合公平原则。发包人工程索赔宛若一道警戒线，可对承包人产生有利的震慑和约束，使其对违约后可能产生的法律风险与后果有所顾忌，从而提高其履约的自觉性，鞭策其如约履行合同、达成合同目标。

4. 对承包人而言，索赔是实现减少成本、增加利润的有效途径

长久以来，国内建筑市场发包、分包不规范及招投标秩序的紊乱的问题未能解决，尽管国家及各地出台了诸多纠正和整治工程违法分包转包的规定和文件，但挂靠、违法分包、非法转包的情况仍屡见不鲜，未招先定、围标串标等违法行为屡禁不止。加上建设用地出让减少、常规的房建项目竞争愈发激烈，对于很多无法在基础设施、仓储物流或生态项目中形成有力竞争的承包人来讲，企业生存危机已迫在眉睫。很多承包人为了承接项目，不得不压低报价，而人工费、材料费不

断上涨的趋势又再次给承包人的低报价带来沉重打击。因此,施工过程中的签证与索赔管理就成为承包人实现减少成本、增加利润的有效途径,或者说是唯一途径。这并不是鼓励承包人采用低报价、高索赔的模式来竞价承接工程,而是希望承包人在低利润率的模式下,能够通过有效的合同管理、施工管控,尽可能地提高工程利润率。当施工过程中出现工程变更、工期延误等索赔事件时,承包人应珍惜并把握契机,在每一个细节上实现"减损增利"。

(五)索赔的四项风险

第一,逾期索赔则失权的风险。2017 版施工合同第 19.1 款、第 19.3 款规定发生索赔情形后,发承包人需要在 28 天内提出索赔,否则丧失索赔权,这对建筑行业长期以来不规范的签证和索赔程序提出了严峻考验。此外,2017 版施工合同还约定了承包人接受索赔的最迟期限条款,即所有与工程履约相关的索赔必须在颁发接受证书前提出,此后提出的均不予接受。如果不采用 2017 版施工合同,则应注意相应索赔在结算确认前提出。发承包人一定要严格按照合同约定进行索赔,杜绝出现逾期失权的不利后果。

第二,逾期答复视为认可索赔要求的风险。2017 版施工合同第 19.2 款、第 19.4 款规定收到索赔报告或有关索赔的进一步证明材料后,需要在 28 日内答复索赔处理结果,否则视为认可索赔要求。

第三,索赔争议事项超过 3 年诉讼时效的风险。如提出索赔后,发承包双方对索赔事项发生争议未能达成一致的,则提出索赔方应自争议发生之日起 3 年内主张权益。超过 3 年仍不主张的,索赔争议事项因超过诉讼时效可能丧失法律保护。这里需要提醒发承包双方注意的是:就索赔事项发生的争议,双方后续的合同履行行为不能当然引起诉讼时效中断,双方需明确就有争议事项提起诉讼,或权利人提出主张,或义务人同意履行才能引起诉讼时效的中断。

第四,索赔事项虽存在但就损失金额缺乏实体证据证明。《中华人民共和国民事诉讼法》(2021 年修正,以下简称《民事诉讼法》)第 67 条第 1 款规定:"当事人对自己提出的主张,有责任提供证据。"当事人的主张能否成立,取决于其举证的质量。客观事实与法律事实不同,客观事实是确实发生的事件,而法律事实需要强有力的证据证明,法律事实是对客观事实的还原,还原程度则由相应证据的证明力予以确定。因此,尽管实践中出现了很多可索赔事件,却因未及时进行签证或未采取有效措施保全证据导致索赔没有证据支撑,使当事人得不到应有的赔偿。故发承包双方务必要强化同步收集、整理、固定证据的意识，高度重视索赔证据的收集与管理：

为了及时发现和收集到充分、确凿的证据，在收集证据前应认真研究已有的合同及相关材料，并在此基础上制订收集证据的计划，确定收集证据的方向、调查的范围和对象，以及应当采取的步骤和方法，同时应考虑到可能遇到的难题，以及应对措施。

收集证据的程序、方式必须符合法律规定，违反法律规定收集的资料不得作为证据使用，如以贿赂的方式让证人作证或以监听等非法的手段获取的被调查人的录音录像等证据，均难以被法庭采信。

收集证据必须深入细致、及时主动，证据虽然是客观存在的事实，但易受到外部环境或外部条件的变化影响，且施工建设是一个动态的进程，行动不及时即可能错过收集证据的良好时机。因此，应当组建专项团队负责签证和索赔证据的收集整理，必要时，建议聘请专业的律师团队参与整个项目的合同管理，提供专项法律服务，及时给予过程指导和建议。

（六）常见的索赔风险及应对策略

2017 版施工合同示范文本保留了逾期 28 天索赔即失权的条款。下面，笔者对 2017 版施工合同中的索赔条款进行了细致分析，以期给予发承包人相关操作指引，助力企业在实践中更好地维护自身的合法权益。

1. 发包人面临逾期不答复视为认可索赔的风险及应对策略

根据 2017 版施工合同示范文本第 19.2 款，在收到承包人索赔时，发包人及监理人应按以下流程处理：(1) 监理人应在收到索赔报告后 14 天内完成审查并报送发包人。监理人对索赔报告存在异议的，有权要求承包人提交全部原始记录副本。(2) 发包人应在监理人收到索赔报告或有关索赔的进一步证明材料后的 28 天内，由监理人向承包人出具经发包人签认的索赔处理结果。发包人逾期答复的，则视为认可承包人的索赔要求。(3) 承包人接受索赔处理结果的，索赔款项在当期进度款中进行支付；承包人不接受索赔处理结果的，按照第 20 条“争议解决”约定处理。

该条是对发包人处理承包人索赔的规定。笔者将发包人处理索赔的流程用图 10－1 进行展现：

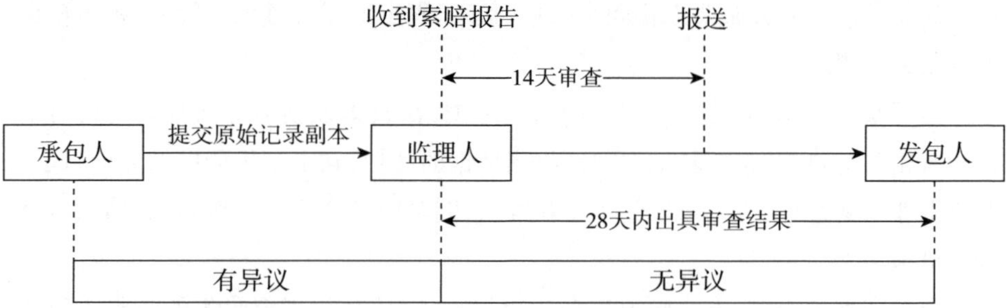

图 10 –1　发包人处理索赔的流程

从图 10 –1 可知,发包人处理索赔的流程主要有以下内容:第一,监理人审查并提交发包人;第二,发包人审查并向承包人出具答复处理意见。此处与承包人逾期 28 天未提出索赔意向通知书即失权相对应的是,发包人逾期 28 天未作出答复的,视为认可承包人的索赔。

根据《施工合同司法解释(一)》第 21 条的规定:"当事人约定,发包人收到竣工结算文件后,在约定期限内不予答复,视为认可竣工结算文件的,按照约定处理。承包人请求按照竣工结算文件结算工程价款的,人民法院应予支持。"从工程实践操作上,需提示发包人注意以下几个方面:

第一,发包人答复的期限起点为自监理人收到索赔报告或有关索赔的进一步证明材料后的 28 天,而非自发包人收到监理转交的索赔报告之日起 28 天,因为此处的 28 天已经包含了监理审查和报送发包人的期限。如果发包人逾期未答复,则视为认可承包人的索赔请求。

第二,与第 19.1 款约定的承包人逾期索赔失权不同,第 19.2 款约定的 28 天起算条件是"收到索赔报告"。如前所述,承包人提交的索赔报告与索赔意向书不同,索赔报告应当详细说明索赔理由以及要求追加的付款金额和(或)延长的工期,并附必要的记录和证明材料,若承包人提交的仅为索赔意向书,监理人可要求承包人补充索赔资料,则发包人的审查期限可予以延长。

第三,发包人作出最终处理结果的起算时间为监理人收到索赔报告之日,而非发包人收到监理人的审查报告之日,从流程上缩短了发包人作出决定的时间;如监理经审核认为承包人的索赔依据不充分、要求补充资料时,承包人需进一步提交补充资料,此时发包人作出处理结果的时间点应为收到进一步补充资料之日起 28 天。换言之,发包人可以通过不认可索赔依据的方式不断要求承包人提供资料,以达到拖延支付该索赔款项。

2. 承包人面临逾期索赔失权的风险及应对策略

(1)承包人逾期28天丧失索赔权的风险

根据2017版施工合同示范文本第19.1款,承包人认为根据合同约定有权得到追加付款和(或)延长工期的,应按以下程序向发包人提出索赔:①承包人应在知道或应当知道索赔事件发生后28天内,向监理人递交索赔意向通知书,并说明发生索赔事件的事由;承包人未在前述28天内发出索赔意向通知书的,丧失要求追加付款和(或)延长工期的权利。②承包人应在发出索赔意向通知书后28天内,向监理人正式递交索赔报告;索赔报告应详细说明索赔理由以及要求追加的付款金额和(或)延长的工期,并附必要的记录和证明材料。③索赔事件具有持续影响的,承包人应按合理时间间隔继续递交持续索赔通知,说明持续影响的实际情况和记录,列出累计的追加付款金额和(或)工期延长天数。④在索赔事件影响结束后28天内,承包人应向监理人递交最终索赔报告,说明最终要求索赔的追加付款金额和(或)延长的工期,并附必要的记录和证明材料。

该条款主要对承包人索赔的内容和程序进行了规定,2017版施工合同明确将承包人索赔内容定义为费用、工期及合理利润。结合近些年建设工程领域的实践来看,承包人的索赔是极为复杂的。基于发包人违约、第三方原因、不可抗力等各种因素引发的索赔事件不仅给承包人造成实际损失,还导致承包人失去了相当一部分本应由其获得的合理利润。因此,2017版施工合同示范文本规定了17项承包人可以向发包人索赔费用、工期及合理利润的条款。同时,该条明确约定,当承包人在实际施工过程中出现可索赔事件时,必须按照严格的步骤向发包人提出索赔。每个步骤之间都是紧密联系、环环相扣的。任何一个步骤未做到位,都可能对索赔是否成功产生决定性影响。笔者将承包人的索赔流程用图10－2进行展现:

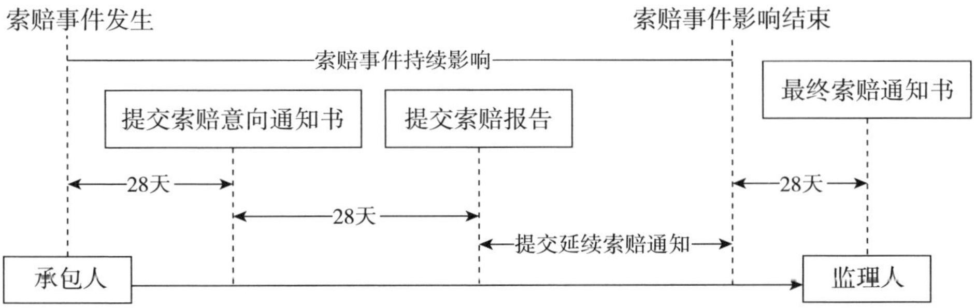

图10－2　承包人的索赔流程

从图 10－2 可知，一个完整的承包人索赔流程主要包括以下四个步骤：第一步，提交索赔意向通知书；第二步，递交正式索赔报告；第三步，持续事件定期递交索赔报告；第四步，递交最终索赔通知书。

（2）承包人接收竣工证书后无权提出此前发生的任何索赔的风险

2017 版施工合同示范文本第 19.5 款对承包人提出索赔的期限规定如下：①承包人按第 14.2 款“竣工结算审核”约定接收竣工付款证书后，应被视为已无权再提出在工程接收证书颁发前所发生的任何索赔。②承包人按第 14.4 款“最终结清”提交的最终结清申请单中，只限于提出工程接收证书颁发后发生的索赔。提出索赔的期限自接受最终结清证书时终止。

这个条文主要包含两层意思：

第一，承包人接收竣工付款证书后，不得再就工程接收证书颁发前发生的任何索赔事件向发包人提出索赔。这就要求承包人必须严格做好竣工结算和最终结清工作，尤其是竣工结算时应详细审查结算中是否包含了工程价款、违约金、赔偿金等发包人应支付的全部款项，并按约向发包人提交结算报告，及时对发包人作出的审查结果进行确认或提出异议。

第二，承包人提交最终结清申请单时，只能向发包人提出工程接收证书颁发后发生的索赔事件引起的索赔，并且该项索赔同样要遵循第 19.1 款规定的“28 天”索赔期限，逾期则丧失索赔权。第 19.5 款的约定不能免除承包人的逾期索赔失权责任，承包人仍然应当按照第 19.1 款的约定自知道或者应当知道索赔事件发生后的 28 天内向监理人发出索赔意向通知书，否则承包人即丧失索赔的权利。

（七）2017 版施工合同示范文本中的索赔重要条款

1. 发包人索赔的重要条款

（1）因承包人原因造成工程质量不合格，发包人可以索赔因此增加的费用及工期

“5.4.1　因承包人原因造成工程不合格的，发包人有权随时要求承包人采取补救措施，直至达到合同要求的质量标准，由此增加的费用和（或）延误的工期由承包人承担。无法补救的，按照第 13.2.4 项〔拒绝接收全部或部分工程〕约定执行。”

本条款旨在于明确因承包人原因造成的工程质量不合格的处理原则与责任分担原则，并赋予了发包人拒绝接收经整改仍不合格的工程的权利。同时，若因

不合格工程导致其他工程不能正常使用的，承包人还应采取措施确保相关工程的正常使用，由此增加的费用和（或）延误的工期由承包人承担。

《施工合同司法解释（一）》第 12 条规定："因承包人的原因造成建设工程质量不符合约定，承包人拒绝修理、返工或者改建，发包人请求减少支付工程价款的，人民法院应予支持。"建议发包人在提出工程质量索赔时注意以下几个方面：

第一，如遇到工程质量不合格的情况，发包人应先确定是工程整体问题还是局部问题，着重考察工程的整体质量是否合格。

第二，查明质量缺陷的成因，确定责任主体。若因承包人原因造成工程不合格的，应注意保存相关证据，及时索赔。通常承包人承担质量责任主要情形包括：承包人未按技术文件进行施工；承包人未按技术规范施工；承包人未按约定要求检验建材等。

第三，发包人向承包人提出损失索赔的前提为承包人拒绝返修或对不合格工程无法进行补救。一般情况下，发包人未经请求承包人返修，法院不会直接支持发包人行使赔偿请求权。

第四，在发现工程不合格情形下，发承包双方仍有义务避免损失扩大。若承包人发现工程质量缺陷后未及时补救，而是放任损失扩大，发包人有权可要求承包人承担损失扩大部分的赔偿责任。反之，发包人发现工程质量出现问题后，也应当积极履行防止损失扩大，否则，也应承担一定责任。

（2）因承包人原因造成工期延误的，发包人可以索赔逾期竣工违约金

"7.5.2　因承包人原因导致工期延误

因承包人原因造成工期延误的，可以在专用合同条款中约定逾期竣工违约金的计算方法和逾期竣工违约金的上限。承包人支付逾期竣工违约金后，不免除承包人继续完成工程及修补缺陷的义务。"

工期作为建设工程施工合同中的实质性内容，工期的延误往往会导致发承包双方的成本均大幅增加，并将给发包人带来重大不利影响，因此发包人针对承包人工期延误产生的索赔在实践中极为常见。通常而言，承包人引起工期延误的常见原因有：承包人的劳动力、材料、设备和资金有欠缺，承包人对分包单位的管理不力，因施工质量、安全问题被政府部门或发包人责令返工或停工，等等。本条款明确约定因承包人原因造成工期延误的违约责任，发包人可以依法依约进行索赔，可以要求承包人支付工期延误违约金、赔偿金。

在司法实践中，如建设工程施工合同中约定了节点工期违约责任，发包人只

需证明实际竣工日期晚于约定竣工日期。而承包人需证明工期延误并非自身原因导致。此外,还需要证明非自身原因导致的工期延误事件处于关键线路上、工期延误事件对总工期的影响天数等。从举证责任分配上,对发包人更为有利。

一旦出现工期延误的情形,除按照合同约定要求承包人承担违约责任外,发包人还可要求承包人及时采取合理、有效的赶工措施,尽量减少工期延误,并要求承包人承担因此增加的费用。在工程实施过程中,发包人应加强对施工过程的管理,通过控制和反馈达到实时监控工期进度的效果,一旦发现工程实际进度滞后于施工进度计划的情形,发包人有权要求承包人及时提交修订后的施工进度计划和改进措施,并据此合理调整投入资金计划,以保障后续工程施工资金的供应。

(3)承包人在保修期内未履行维修义务的,发包人可以索赔因此增加的费用及工期

"15.4.1　保修责任

工程保修期从工程竣工验收合格之日起算,具体分部分项工程的保修期由合同当事人在专用合同条款中约定,但不得低于法定最低保修年限。在工程保修期内,承包人应当根据有关法律规定以及合同约定承担保修责任。

发包人未经竣工验收擅自使用工程的,保修期自转移占有之日起算。

……

16.2.1　承包人违约的情形

在合同履行过程中发生下列情形,属于承包人违约:……⑥承包人在缺陷责任期及保修期内,未能在合理期限对工程缺陷进行修复,或拒绝按发包人要求进行修复的;承包人发生上述违约情况时,监理人可向承包人发出整改通知,要求其在指定的期限内改正。"

工程保修责任是从工程竣工验收合格或视为竣工验收合格之日开始起算的,承包人应在保修期内承担保修责任。若承包人未按期完成保修义务的,应在监理人指定的期限内履行工程缺陷的修复义务、积极整改,并承担由此而增加的费用。若因承包人原因造成工程的缺陷或损坏,承包人拒绝维修或未能在合理期限内修复缺陷或损坏,且经发包人书面催告后仍未修复的,发包人有权自行修复或委托第三方修复,所需费用由承包人承担。但修复范围超出缺陷或损坏范围的,超出范围部分的修复费用由发包人承担。

根据《建设工程质量管理条例》第 40 条的规定,"在正常使用条件下,建设工

程的最低保修期限为：（一）基础设施工程、房屋建筑的地基基础工程和主体结构工程，为设计文件规定的该工程的合理使用年限；（二）屋面防水工程、有防水要求的卫生间、房间和外墙面的防渗漏，为5年；（三）供热与供冷系统，为2个采暖期、供冷期；（四）电气管线、给排水管道、设备安装和装修工程，为2年。其他项目的保修期限由发包方与承包方约定……"

保修期内，工程已交由发包人占有，承包人对工程现状难以了解，发包人在发现工程质量问题后，应及时向承包人发出维修通知，要求其在指定期限内对工程缺陷进行修复，维修通知应载明需维修部位、期限及要求。若发包人不履行通知义务，自行修复或委托第三方修复的，其修复费用则很难向承包人主张。

作为承包人，在接到发包人的维修通知之后，应当积极进行现场查看及了解质量缺陷形成原因，在分清责任并做好证据保全之后再予以维修。如承包人拒绝履行维修义务的，发包人可以委托第三人维修，产生的费用可以直接在工程款或质保金内抵扣，不足以弥补发包人损失的，发包人可以继续向承包人索赔。针对工程修复后产生的费用，如发包人存在过错的，也应承担相应责任。

2. 承包人索赔的重要条款

（1）因发包人原因未能及时办理完毕法律规定的许可、批准或备案，承包人可以索赔因此增加的费用、工期及合理利润

"2.1　许可或批准

发包人应遵守法律，并办理法律规定由其办理的许可、批准或备案，包括但不限于建设用地规划许可证、建设工程规划许可证、建设工程施工许可证、施工所需临时用水、临时用电、中断道路交通、临时占用土地等许可和批准。发包人应协助承包人办理法律规定的有关施工证件和批件。

因发包人原因未能及时办理完毕前述许可、批准或备案，由发包人承担由此增加的费用和（或）延误的工期，并支付承包人合理的利润。"

根据相关规定，发包人应负责取得项目合法性、开工合法性等相关证件及审批文件，并协助承包人取得各项规定的施工证件和批件，以便承包人顺利进场施工。如果项目未能依法取得规划许可、施工许可等合法建设手续，承包人有权拒绝进场；如果发包人、监理人在项目不具备开工条件的情形下发出开工指令，承包人有权提出异议。因此造成的承包人停窝工损失，发包人应予以赔偿。一般情况下，建议发承包双方在合同中约定延期开工的风险天数，如超过一定期限的，双方此前的报价基础可能会发生调整，此时基于公平原则，应当赋予合同双方调整价

格的权利。

(2)发包人提供的材料或工程设备不符合合同要求,承包人可以索赔因此增加的费用、工期及合理利润

"8.5.3 发包人提供的材料或工程设备不符合合同要求的,承包人有权拒绝,并可要求发包人更换,由此增加的费用和(或)延误的工期由发包人承担,并支付承包人合理的利润。"

本条是对发包人提供的材料或工程设备的要求。首先,发包人提供的材料或工程设备必须符合国家标准及行业标准,双方可根据项目的具体情况对质量作出约定,但不得低于国家及行业标准;其次,发包人提供的材料或工程设备应与合同约定的型号、数量、性能、规格、包装、运输、贮存等要求一致。如发包人提供不符合合同要求的材料或工程设备的,因发包人的违约行为致使项目的人员、机械设备可能发生停窝工,项目需要等待合格材料到场后才能继续进行下一道工序。在此情形下承包人可以向发包人索赔增加的费用,延误的工期及合理的利润。如因发包人违约使得合同具备解除条件并予以解除的,则承包人可要求发包人承担违约责任,且包括承包人对整个项目的预期可得利益损失。

实践中,承包人应加强对材料和设备的检验工作,发包人提供的材料到场后,应协同监理一并验收,并要求发包人提供相应的指令合格证明文件。遇到发包人提供材料不合格时,应及时拒绝,并发出催告发包人更换成符合合同要求的合格材料或设备的书面函件,同时抄送监理单位。

(3)发包人认可的替代材料和工程设备在无相同项目也无相似项目时可按照合理的成本与利润构成计算价格

"8.7.3 发包人认可使用替代材料和工程设备的,替代材料和工程设备的价格,按照已标价工程量清单或预算书相同项目的价格认定;无相同项目的,参考相似项目价格认定;既无相同项目也无相似项目的,按照合理的成本与利润构成的原则,由合同当事人按照第 4.4 款〔商定或确定〕确定价格。"

使用替代材料或替代工程设备是对合同的一项变更。除经发包人书面要求,或根据合同约定申请变更材料且获发包人书面确认,其他情况下承包人均不能擅自使用替代材料或替代设备。如未经发包人认可,承包人擅自使用替代材料或替代设备,即便是出于对于发包人有利的目的,也是一项违约行为。另外,发包人对于使用替代品的同意并不免除或减轻承包人对替代品应承担的质量和安全保证责任。

(4)保修期内非因承包人原因造成工程的缺陷、损坏,承包人可以索赔修复费用及合理的利润

“15.4.2　修复费用

保修期内,修复的费用按照以下约定处理:

(1)保修期内,因承包人原因造成工程的缺陷、损坏,承包人应负责修复,并承担修复的费用以及因工程的缺陷、损坏造成的人身伤害和财产损失;

(2)保修期内,因发包人使用不当造成工程的缺陷、损坏,可以委托承包人修复,但发包人应承担修复的费用,并支付承包人合理利润;

(3)因其他原因造成工程的缺陷、损坏,可以委托承包人修复,发包人应承担修复的费用,并支付承包人合理的利润,因工程的缺陷、损坏造成的人身伤害和财产损失由责任方承担。”

保修期内出现工程缺陷和损坏的,修复费用的承担原则应按照造成缺陷和损坏的不同原因进行区分:如因承包人原因造成工程的缺陷、损坏的,修复费用承包人自己承担;如因发包人使用不当造成工程的缺陷、损坏的,发包人可以委托承包人进行修复的,并向承包人支付修复费用及合理的利润;如因其他原因造成工程的缺陷、损坏的,发包人可以委托承包人进行修复并向承包人支付修复费用及合理的利润;若同时造成人身伤害和财产损失的,由责任方承担赔偿责任。

承包人在保修期内收到发包人的维修通知后,应及时派人去勘察现场,查明工程存在缺陷或损坏的原因,如果是承包人自身原因造成的,应及时维修并自行承担修复费用。如发现工程存在缺陷或损坏的原因并非承包人自身原因造成的,应及时通过拍照、录像等有形形式固定现场证据,并以书面形式向发包人就责任承担提出异议,并提出修复可能产生的费用及合理的利润。如发包人对承包人提出的修复费用及合理利润不予认可,承包人有权拒绝修复,同时应及时向发包人发出书面函件表明立场,履行合理通知义务,以免损失进一步扩大。

(5)因发包人违约解除合同的,承包人可以索赔因此增加的费用和合理的利润

“16.1.3　因发包人违约解除合同

除专用合同条款另有约定外,承包人按第16.1.1项〔发包人违约的情形〕约定暂停施工满28天后,发包人仍不纠正其违约行为并致使合同目的不能实现的,或出现第16.1.1项〔发包人违约的情形〕第7目约定的违约情况,承包人有权解除合同,发包人应承担由此增加的费用,并支付承包人合理的利润。”

根据该条款,承包人行使解除权需满足如下条件:第一,承包人已就发包人违约行为发出要求纠正的书面通知;第二,发包人收到通知后未纠正违约行为、违约持续 28 天;第三,因发包人未纠正违约行为,承包人书面通知发包人暂停施工且已满 28 天;第四,发包人在 28 天停工期满仍未纠正其违约行为,并致使合同目的不能实现。承包人应对发包人违约是否足以致使合同目的不能实现承担证明责任;因发包人违约是否足以致使合同目的不能实现的证明标准有相当大的弹性,司法实践中对此将如何认定还有待观察。

根据本条款,承包人可以索赔的内容主要包括:因发包人违约行为给承包人造成的损失;因发包人违约行为引起承包人暂停施工,该暂停施工期间产生停工窝工损失;合同解除情况下、承包人未完工程的预期利润。

相应地,合同解除后,双方需结清合同履行过程中产生的各类款项,移交有关的材料、设备、工程资料及已完工程并退场。原则上,合同解除后,承包人占据现场的合同依据即丧失,且工程作为不动产,已不存在留置权问题。因此,如承包商以未结算为由占据现场,亦可能面临由此导致的发包人损失。

三、典型案例

【案情简介】

2015 年 1 月 31 日,江苏公司与上海公司签订《某研发大楼及培训中心消防工程合同》,约定由江苏公司承建上海公司某研发大楼及培训中心消防工程,并对工程总造价、计价方式、工期等作出约定。

2015 年 3 月,经上海公司发出书面开工指令,江苏公司即进场施工。然而,自 2015 年 5 月起,由于发包人上海公司原因,该工程经常被迫停工。江苏公司于 2015 年 8 月致函上海公司,要求其就各幢楼消防工程停工期限问题进行书面回复,否则江苏公司将退场。因上海公司未作答复,故江苏公司于 2015 年 9 月 20 日退场。2015 年 10 月,上海公司致函江苏公司,要求江苏公司在 10 月底前完成某研发大楼 1 ~2 楼消防工程;同时某研发大楼 A、B 栋暂不施工,具体施工日期待上海公司再行通知;就江苏公司回函中提出的进场费问题,上海公司明确表示不予接受等。2015 年 10 月 28 日,江苏公司复函,表示工程停窝工系上海公司造成,江苏公司重新进场施工的前提条件是双方协商顺延该工程工期,并支付其进场费。后因双方交涉未果,江苏公司即向法院提起诉讼,请求解除双方签订的施工承包合同,并要求上海公司支付江苏公司工程款及赔偿停工、窝工损失 2136.8

万元。审理中，经江苏公司申请，法院委托上海某工程造价咨询有限公司对系争工程造价、停工、窝工损失进行审价，确定工程造价4427.456万元，停工、窝工损失1896.3007万元。

【争议焦点】

本案争议焦点：(1)上海公司是否应当赔偿江苏公司停工、窝工损失。(2)如应当赔偿，相应的停窝工损失如何确定。

【审理结果】

上海公司虽然在庭审中否认工程停工、窝工是由于其原因而造成的，但其于2015年10月发给江苏公司的信函中，明确指令某研发大楼A、B栋暂不施工，而且江苏公司在履约期间也一再催问上海公司何时复工，上海公司均未给予答复，所以法院认定上海公司应对停工、窝工的损失承担责任，并赔偿江苏公司损失。由于合同未对停工、窝工损失计算标准进行约定，且双方对损失金额未达成一致，所以法院委托审价部门对此予以审价，以此确定损失的具体金额。

经审理，法院判决解除江苏公司与上海公司签订的某研发大楼及培训中心消防工程合同；判令上海公司支付江苏公司剩余工程款2214.456万元，赔偿江苏公司停工、窝工损失1896.30万元。

【合规建议·仲裁选择】

承包人因停工、窝工引起的工程索赔在司法实践中较为常见，本案便是关于停、窝工索赔的一起典型案件。在工程建设过程中，发包人应当按照合同约定履行自己的义务，为承包人的建设工作提供必要的条件，保证工程建设顺利进行。如果因发包人的原因致使工程建设无法按照约定的进度进行，承包人可以停建或者缓建，并要求发包人承担停、窝工损失。

《民法典》第804条规定，因发包人的原因致使工程中途停建、缓建的，发包人应当采取措施弥补或者减少损失，赔偿承包人因此造成的停工、窝工、倒运、机械设备调迁、材料和构件积压等损失和实际费用。该条款便是关于因发包人原因造成工程停建、缓建所应承担责任的规定。

此外，根据《民法典》第591条第1款的规定，“当事人一方违约后，对方应当采取适当措施防止损失的扩大；没有采取适当措施导致损失扩大的，不得就扩大的损失要求赔偿”。也就是说，承包人对停窝工损失负有减损义务，在施工过程中发生停窝工的，承包人应对工程的前景有合理的预见，对风险有较理性的把握，应积极采取措施降低损失，及时做好人员、机械的撤离工作。

本案中，当事人提供的证据足以证明上海公司要求江苏公司停工，而且江苏公司在履约期间也一再催问上海公司何时复工，上海公司均未给予答复，所以可以认定涉诉工程的停工、窝工是由于上海公司的行为所致，因而上海公司应就江苏公司停、窝工损失承担赔偿责任。

专题十一

工程款的支付管理

【本专题内容概览】

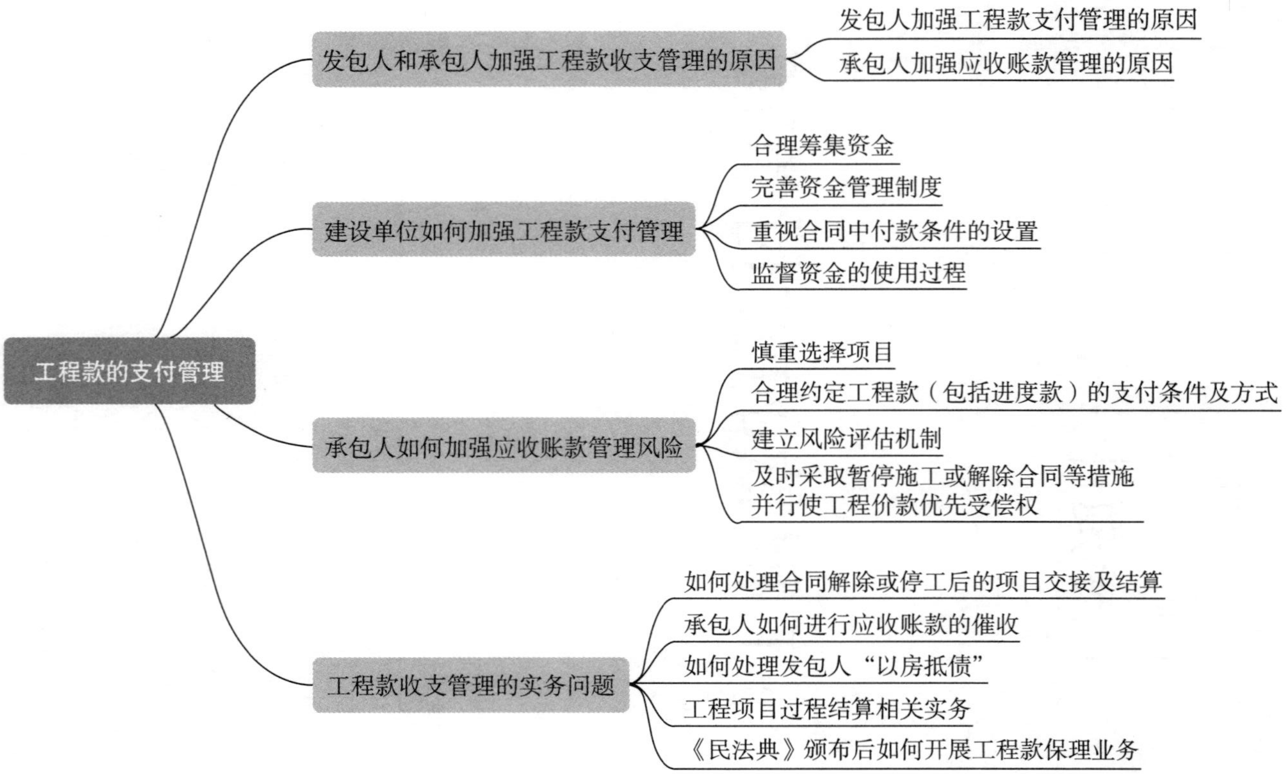
工程款的支付管理
发包人和承包人加强工程款收支管理的原因
发包人加强工程款支付管理的原因
承包人加强应收账款管理的原因
建设单位如何加强工程款支付管理
合理筹集资金
完善资金管理制度
重视合同中付款条件的设置
监督资金的使用过程
承包人如何加强应收账款管理风险
慎重选择项目
合理约定工程款（包括进度款）的支付条件及方式
建立风险评估机制
及时采取暂停施工或解除合同等措施并行使工程价款优先受偿权
工程款收支管理的实务问题
如何处理合同解除或停工后的项目交接及结算
承包人如何进行应收账款的催收
如何处理发包人“以房抵债”
工程项目过程结算相关实务
《民法典》颁布后如何开展工程款保理业务

工程款的支付涉及发包人、承包人、供应商等各方切身的经济利益，直接关系到建设项目投资风险的管理与控制，因此一直以来都是一项十分重要的基础性工作，无论对发包人还是承包人都是工程项目建设中最主要的风险点。一方面，实践中因发包人资金管理水平不足、缺乏合理的管理机制，项目资金管理混乱、企业面临巨额损失或诉讼的情形屡见不鲜；另一方面，由于建设工程项目具有标的大、周期长、涉及法律主体众多且法律关系复杂等特点，经常使承包人大量的应收账款不能按时收回。作为企业资金管理的一项重要内容，工程款的支付管理直接影响到发包人和承包人运营资金的周转和经济效益。

一、发包人和承包人加强工程款收支管理的原因

（一）发包人加强工程款支付管理的原因

从发包人角度出发，加强工程款的支付管理主要有以下五大原因：

第一，以符合国家和地方政府关于建设单位工程款支付的强制性规定，提高企业整体合规管理水平；

第二，工程款支付作为项目管理的关键一环，有利于提高企业和相关业务部门人员的项目管理水平；

第三，有利于将工程款管理纳入企业内部财务和资金管理体系，增强企业财务管理抗风险能力；

第四，防止出现拖欠工程款问题，确保企业信用等级，维护企业自身对外形象；

第五，减少项目工程款结算和支付争议，有效防范企业诉讼风险。

（二）承包人加强应收账款管理的原因

从承包人角度出发，加强应收账款管理主要有以下五大原因：

第一，及时收回款项，不仅可以用来承接新的高利润工程，也可以用来从事资本运作或资本密集的高利润行业，实现转型升级目的。

第二，与融资成本相比，收回应收账款的成本相对低廉。如于银行融资审批较严，对工程领域承包人设定的利率标准及授信额度偏低；如承包人收款不及时，常常需转向其他融资租赁公司或以非典型性担保的方式进行项目融资，以维持项

目运营,贷款年息通常在 18% 以上,成本较高。

第三,应收账款不回收,且不考虑有无利息以及利息多寡,时间越长,变数越大,可收回的可能性越低;近年来,部分开发商因资金链断裂等原因,资不抵债被申请破产的情形频发,而承包人作为最大的债权人之一,无法正常回款,必须等待破产清算或重整程序,回款周期以及金额方面均会受到严重影响。如果没有工程款优先权的,甚至会存在资产在清偿了优先债权后,已无钱可分的情况。

第四,如今是一个高通货膨胀的经济时代,迟延 1 年收回应收账款已大大贬值,更何况 2 年、3 年,甚至更长时间。

第五,诚实守信不仅仅是指及时履行义务,也包括作为权利人积极行使应有的权利。从另一个层面看,怠于收款很可能会导致承包人无力支付应支付的工人工资、分包工程价款和材料款等,最终导致自己的信用受损。

二、建设单位如何加强工程款支付管理

(一)合理筹集资金

工程项目在资金筹措的实践中存在资金获得方式单一、筹集资金成本较高、筹集风险大等问题,直接影响到项目资金的供给和工程款的支付开拓。因此为保障建设单位的履约能力,避免因施工过程中资金不足而导致项目风险发生,建设单位应首先考虑采用多元化的资金筹集方式,以拓宽筹集渠道,减少筹集风险,如供应链金融等,其通过对供应链上下游不同企业之间的资金筹措和流动统筹安排,合理分散资金成本,从而实现整个总包项目整体的财务成本最小化。

同时,项目建设资金的使用应在项目开工前予以明确落实到位,否则可能影响项目建设进度。根据 2019 年 12 月 30 日发布的《保障农民工工资支付条例》(以下简称《农民工支付条例》)第 23 条,“建设单位应当有满足施工所需要的资金安排。没有满足施工所需要的资金安排的,工程建设项目不得开工建设;依法需要办理施工许可证的,相关行业工程建设主管部门不予颁发施工许可证”。建设期内的各类融资款项亦应做好相应衔接,确保建设过程中资金链不存在断裂进而影响项目实施的可能。

(二)完善资金管理制度

工程项目的资金管理本身就存在复杂性、特殊性的特点,需要建立完整的建设资金管理制度,坚持资金的使用达到“专款专用”的相关要求,并通过建立科学

合理的工程资金使用、审批、确认、支付程序等流程化手段确保资金管理制度的健全。在实际工作中，可以设立专门的财务经理，明确经理具有的责任和权利，保证其能够与相关部门进行合理沟通，提高资金管理的效率。在工程建设阶段，需要编制科学合理的资金使用的相关计划、设备采购计划等，并且通过科学地计算成本、费用，制订完整的采购资金使用计划，保证资金管理工作真正落实到每一个环节中。

（三）重视合同中付款条件的设置

根据 2020 年 5 月 1 日生效实施的《农民工支付条例》第 24 条第 1 款、第 2 款，“建设单位应当向施工单位提供工程款支付担保。建设单位与施工总承包单位依法订立书面工程施工合同，应当约定工程款计量周期、工程款进度结算办法以及人工费用拨付周期，并按照保障农民工工资按时足额支付的要求约定人工费用。人工费用拨付周期不得超过 1 个月”。如建设单位未依法提供支付担保的，则根据《农民工支付条例》第 49 条及第 57 条的规定，建设单位不仅面临项目停工及行政罚款的风险，如导致农民工工资被拖欠的，还可能被县级以上地方人民政府限制其新建项目，并记入信用记录，纳入国家信用信息系统进行公示；进而对银行贷款或其他经济活动产生影响。

根据 2020 年 9 月 1 日生效施行的《保障中小企业款项支付条例》第 6 条第 1 款，“机关、事业单位和大型企业不得要求中小企业接受不合理的付款期限、方式、条件和违约责任等交易条件，不得违约拖欠中小企业的货物、工程、服务款项”。第 15 条规定：“机关、事业单位和大型企业迟延支付中小企业款项的，应当支付逾期利息。双方对逾期利息的利率有约定的，约定利率不得低于合同订立时 1 年期贷款市场报价利率；未作约定的，按照每日利率万分之五支付逾期利息。”

因此，在合同签订过程中，建设单位应对支付条款的设置做认真的解读和分析，付款条件的设置应符合法律规定。同时，在合同履行过程中一定要严格按照合同约定的付款条件进行完善付款申请的审批和支付，如与承包人因工程数量、质量、造价等产生争议的，建设单位也不得因争议而拒绝拨付工程款中的人工费用，否则导致农民工工资拖欠的，建设单位应当以未结清的工程款为限先行垫付被拖欠的农民工工资。

另外，随着营改增的实施，合同履行过程中需要特别注意发票问题。开具发票是承包人的附随义务，如果合同中约定承包人开具发票后再付款，那么建设单位在支付前应当及时审查承包人的开票义务是否已经履行到位；此外，由于建设工程可能存在 EPC、指定分包等情况,付款和开票应注意保持“三流合一”,避免虚开增值税发票的风险。

(四)监督资金的使用过程

加强对资金流出情况的监督,能够保证资金真正被使用在需要的地方,同时可以帮助建设单位规避资金的使用风险,提高资金的使用效率。一方面,需要加强资金的使用审批程序,完善相关审批制度,严格控制资金的流出,保证资金能够在合理的情况下被使用。另一方面,还需要在施工过程中加强对一些关键点中的资金流动情况的监督工作,并且通过建立适合的内部控制相关体系,完善收入或者支出的程序以及反馈制度,促使资金管理工作能够顺利实施。

实践中,笔者也经常会遇到发包人超付的情形。超付与进度款的付款比例过高存在关联,但更重要的是,发包人对于过程计量或过程结算的审核不严格,未结合图纸、签字及现场情况进行仔细复核。对于项目周期较长且非固定总价的工程项目而言,笔者建议发包人设立跟踪审计制度,委托第三方专业的造价咨询公司,对进度计量进行审核,减少资金超付的风险。

三、承包人如何加强应收账款管理风险

(一)慎重选择项目

承包人的收益高低,往往是由好的项目、好的合作伙伴决定的。由于国内建筑业市场为“买方市场”的特性,造成了承包人为承接项目进行激烈的竞争,恶性竞争的现象也不少见。同时,随着国家固定资产投资的减少,房地产宏观调控的加强,国内施工行业大环境也面临着重大变化,建筑行业竞争激烈,也面临着更大的风险。在这种背景下,承包人更应要谨慎调研选择工程项目,慎用甚至放弃“以量求胜”的策略,对看上去利润丰厚的项目更要慎之又慎。

承包人承接项目时应把握以下核心重点:一方面,应注重对发包人资信状况的核查,具体可以根据发包人的不同性质设置不同的资信核查标准。另一方面,加大对工程项目本身的情况调研,调研内容主要包括两个方面:一是核查发包人是否已经取得工程的用地规划、工程规划及土地证等项目建设的前期手续,并足额支付了土地款,确保项目的合法性,也减少后续土地出让金及欠缴土地税款方面的风险;二是围绕项目的性质、位置、当地政府对所在区域的规划等信息进行调查,对项目的商业发展前景或经济效益进行调研并作出判断(详情参见本书专题

一“项目尽职调查”)。

(二)合理约定工程款(包括进度款)的支付条件及方式

施工合同中关于进度款支付方式的约定是合同的重点条款,也是保障承包人权利的关键。施工合同约定的支付条件及方式不明确影响了许多承包人款项的回收,导致其在施工过程中大量拖欠农民工工资及材料商货款,进而引发了一系列诉讼纠纷。即使承包人最终通过司法裁判等程序解决了纠纷,并收回工程款,但已经耗费了承包人大量的精力、物力和财力,增加了自身的维权成本。

所以,承包人应当对施工合同中进度款的支付条件和方式加以重视。第一,在签订合同前应根据发包人和项目的调查情况,慎重考虑是否垫资施工、垫资的时间和金额。根据《政府投资条例》第 22 条的规定,“政府投资项目所需资金应当按照国家有关规定确保落实到位。政府投资项目不得由施工单位垫资建设”。同时,《农民工支付条例》第 23 条第 2 款亦明确规定,“政府投资项目所需资金,应当按照国家有关规定落实到位,不得由施工单位垫资建设”。另外,《保障中小企业款项支付条例》第 8 条第 1 款亦规定,“机关、事业单位从中小企业采购货物、工程、服务,应当自货物、工程、服务交付之日起 30 日内支付款项;合同另有约定的,付款期限最长不得超过 60 日”。因此,如遇到此类项目,承包人可援引相关法律规定,与发包人进行协商谈判,争取有利条件。第二,施工合同中应明确约定进度款支付条件、时间及付款比例,争取对承包人最为有利的进度款支付方式。所谓最为有利的支付方式,并不是仅指付款比例高,还要综合支付的条件加以判断,对承包人来讲,有利的进度款支付方式应该是明确的、通过承包人自身的控制和实施即可实现或达到,且承包人易于通过客观证据证明付款条件成就。实际中应尽量避免设置“符合发包人要求”等需通过发包人主观评价来判断是否成就的付款条件。

(三)建立风险评估机制

由于工程的复杂性、周期长的特性,工程施工过程中往往存在大量的设计、施工变更等导致施工合同价款调整的情形。对此,承包人应做好进场施工后对应收账款的风险评估。一方面要认真做好工程施工,另一方面更要做到“勤签证”“勤结算”,即一旦出现工程设计变更、工程量增等情况时应及时办理工程签证及索赔,严格按照施工合同约定时间和方式向发包人报送已完工程量,及时要求发包人确认并支付进度款、结算款及相关索赔款。

此外，承包人应确立专人，对项目到期进度款、索赔工程款等进行逐项统计，建立承包人自身的应收账款管理及风险评估机制，根据风险系数的高低区别对待，采取针对性措施，及时结算催收。对风险系数较高的款项，最好聘请律师提前介入，以免陷入工程款、违约金、索赔款等久拖不决的窘境。

（四）及时采取暂停施工或解除合同等措施并行使工程价款优先受偿权

在特定情形下果断采取适当措施，及时撤出危局，也是承包人把控应收账款风险、防止损失扩大的有力手段。在施工过程中，承包人仍有必要对发包人的资信情况进行动态核查，一旦发现发包人资信出现问题，拖延支付到期进度款时，应当及时引入风险评估，对高风险项目应立即暂停施工，甚至解除合同，并积极主张行使工程价款优先受偿权，而不能轻信发包人的“口头承诺”“画饼”等无支付担保的“空头支票”。实践中，承包人因未及时采取止损措施而陷入泥潭的情况屡见不鲜。

如承包人解除合同的，须同时注意工程款优先权的行使期限，避免超过除斥期间而无法行权的后果。《施工合同司法解释（一）》第 41 条规定：“承包人应当在合理期限内行使建设工程价款优先受偿权，但最长不得超过十八个月，自发包人应当给付建设工程价款之日起算。”可见，承包人的工程款优先受偿权的行使期限为 18 个月，超过 18 个月则丧失优先受偿权。在解除合同时，承包人应注意合同约定的结算和付款周期，在相应付款周期届满后 18 个月内，如仍未达成一致结算意见的，应及时向发包人主张工程款优先权，谨慎起见，建议承包人主张工程款优先受偿权应以诉讼/仲裁等方式提出。

四、工程款收支管理的实务问题

（一）如何处理合同解除或停工后的项目交接及结算

建设单位和承包人应管理好现场，对已完成的工程量进行结算，并同时对施工过程中的变更、索赔证据等予以整理，并及时开展谈判工作。

1. 合同解除的情况下，承包方双方除面临已完工程量的结算外，还涉及退场及项目移交问题

对此，笔者有如下建议：

（1）对于已完工程的施工界面，施工现场的材料、设备、人员等重要信息，承包方双方应采取拍照、录像等有形方式对现场情况提前固定，尽可能通过双方（建设单位与承包人）或三方（建设单位、承包人及新的施工单位）以书面形式对已完工程情况进行确认，将现场材料进行轻点入册、相应工作界面在图纸上予以标注明确，避免新的施工单位涌入现场后，双方因无法区分已完施工界面、无法确认相关损失等事宜引发争议。如发承包任一方不配合的，可考虑委托公证，并邀请监理单位、设计单位、物业公司、居委等第三方单位进行见证。

（2）承包人应在施工界面固定后，应及时办理退场手续，避免由此影响建设单位后续施工或其自行使用。未及时退场的，可能需要赔偿建设单位相应损失。如建设单位尚未委托新施工单位，则承包方双方可根据实际需要，就现场保管等事项签署补充协议进行明确。

（3）对于工程结算，承包人应根据已确认的施工界面编制结算资料。对于单价结算的项目，合同解除后的结算相对清晰，双方根据已完工程量清单进行汇总计量即可；但对于固定总价结算的合同，中途解除后如何结算，实务中对于此类工程应该打开计量还是根据完工比例计算，争议较多。其中，江苏省高级人民法院2018年6月出台的《关于审理建设工程施工合同纠纷案件若干问题的解答》第8条规定，“建设工程施工合同约定工程价款实行固定总价结算，承包人未完成工程施工，其要求发包人支付工程款，发包人同意并主张参照合同约定支付的，可以采用‘按比例折算’的方式，即由鉴定机构在相应同一取费标准下计算出已完工程部分的价款占整个合同约定工程的总价款的比例，确定发包人应付的工程款。但建设工程仅完成一小部分，如果合同不能履行的原因归责于发包人，因不平衡报价导致按照当事人合同约定的固定价结算将对承包人利益明显失衡的，可以参照定额标准和市场报价情况据实结算”。

2. 项目停工后的处理

实践中，项目停工可能由于多方面原因造成，如发包人变更设计、指令停工、逾期付款等，或由于政策变化导致施工方案或工艺需调整等。出现此类情况时，发承包双方应积极沟通确认停工期限，进而明确现场人材机的处理。一般情况下，如停工期限较长的，双方则应考虑现有人材机先行退场，待复工条件具备后再行进场。

对于发包人明确指令要求相关人员、设备退场的，双方应在退场前对相关设施材料进行清点，并做好记录；必要时双方应约定明确的补偿标准。如发包人未明确的,基于止损原则,承包人也应及时与发包人书面确认,是否需要退场;并自行做好停工期间的现场人员签到、设施设备记录等,通过合同索赔条款,及时行使权利,避免失权。

另外,对于停工项目,原则上承包人仍需承担现场保障及已完工程保护的工作。建议承包人提前提交现场保护方案,并与发包人协商好留守的管理人员及安保人员清单,以此作为后续主张费用增加的依据,避免后续双方发生争议。

(二)承包人如何进行应收账款的催收

应收账款催收途径主要有公司催款函、律师函、专人登门催款、司法途径等。承包人要根据应收账款的具体情况,如拖欠的账龄、欠款金额等确定优先收款的对象。如果发包人属于生产经营正常、有偿债能力的,要加紧联系,尽快回收;对于无偿债能力或故意拖欠的发包人,应及时采取诉讼、仲裁等法律措施予以收回。同时,建议承包人完善内部激励和约束措施,对造成坏账损失的部门和人员予以惩罚,对积极推进清欠工作并做出成效的部门和人员予以奖励。

(三)如何处理发包人"以房抵债"

因"以房抵债"协议在司法实践中效力认定不一,不同阶段的抵债、抵债后是否办理过户等对协议性质、效力的认定均会产生不同程度的影响。承包人应注意,在发包人作为房产公司资金匮乏时不应轻易同意以房抵债,但也不要拒绝拿房。

首先,应尽量协助发包人进行融资或第三方债权转让,并让其提供担保。其次,如发包人资金链确有可能断裂,以房抵债也不失为一种快速解决办法,但需综合评估房屋建设进度、经济效益,并聘请专业律师进行周密策划,以防承包人无法办理房产过户、抵房协议无效导致的法律风险。

(四)工程项目过程结算相关实务

目前,我国建设工程实际操作中的价款结算仍是以竣工结算为主,但由此而产生的价款结算困难、结算周期长、争议分歧多、处理时间冗长、工程款和农民工工资拖欠等问题也一直难以解决,可见落后的结算方式已经无法满足逐渐发展的建设市场。而随着我国建设市场的现代化水平不断提高,以时间和以建筑节点为结算期的过程结算方法也逐步为实践所接受。

总体而言，过程结算能够减少发承包双方因为现场签证和工程变更等工程量改变所造成的价款变化而产生的矛盾，减少重复审核工作，为未来减少竣工结算的工作量和工作周期提供保障，具有高效、便捷的特征。同时，通过过程结算和支付，能够帮助承包人及时拿到进度款，消除垫资施工的现象及其对承包人带来的损失，同时可以改善农民工工资拖欠问题，能够有效解决发承包双方以及农民工之间的争议。

为了能够顺利地推进和落实工程价款结算，在办理过程结算过程中应注意以下几点：

1. 完善工程过程结算的政策保障措施

当前，我国在过程结算方面的保障性政策措施尚不完备，缺少统领性的指导文件。一方面，缺少过程质量的检验规范使建设单位对施工单位的过程质量和进度存在疑问，担心产生质量安全和工程款超付问题。另一方面，如建设单位拖欠结算款的，承包人也缺少相应的制约措施，只能通过停工等极端方式维权。因此，在顶层设计方面，应当先完善过程结算政策保障措施，例如由行业领导企业或者政府为过程质量的检验编制详细的实施办法，为过程结算提供依据，加强建设方对施工过程质量的信心。另外，可以优先考虑推动政府投资为主和公共建设项目的过程结算，为过程结算实施提供借鉴和参考。

2. 发承包双方应做好合同管理和跟踪审计工作

在合同签订过程中，发承包双方应对过程结算具有清晰明确的约定，从而做到在过程结算时有章可循，降低双方产生纠纷的概率。同时，应当提高发承包双方管理人员的业务水平和职业操守，把结算的重点放在对合同实施的监控上，在保证工程量计量准确性的同时，严格控制工程变更、索赔与价格调整等事项，将施工现场的变更或签证资料及时书面反映在结算管理过程中。

公路工程领域的工程款计量可以作为其他类似项目过程结算的参考。对于公路项目，一般会将过程计量作为最终结算的基础，其得益于过程计量资料的细化和严密。对于房屋或市政基础设施项目，亦可以参照公路工程进行计量和过程计算的革新，通过按月计量或按形象进度计量，将工程量和造价审核的工作前移，以过程中跟踪审计的工程量直接作为最终结算的依据文件，通过过程管理，亦可降低承包人最终结算时虚高送审价等可能。

3. 完善造价动态管理机制

在施工过程中，发承包双方应当完善造价动态管理机制，加强结算周期内的工程量和价款的结算能力，通过与监理、造价人员的相互配合，全面及时掌握现场签证、变更情况，整理收集工程技术材料。同时，在有条件的情况下，造价人员应通过运用 BIM(Building Information Modeling，建筑信息模型)和信息技术，加强对工程进度的控制，进一步提高工程量和价款计算的精度，实现对造价进行动态管理。另外，双方还应注意对过程结算的动态纠偏工程，为进度款结算提供坚实依据，避免在竣工结算和审核中出现超付问题引起的纠纷。

4. 合理解决过程结算纠纷

清单计价规范和施工合同示范文本均强调工程价款处理的及时性，但是由于发承包双方管理水平差异等原因，造价纠纷可能不能得到及时有效处理。因此，在运用过程结算方式时，应要求争执双方处理纠纷的具有现场性和时效性，确保过程结算的科学性，以利于明确责任。双方在协商或发挥造价调解机制作用的基础上，可引入第三方工程争议解决的专业机构或专家，及时处理过程结算争议，避免将争议拖延到竣工阶段。

(五)《民法典》颁布后如何开展工程款保理业务

近年来，由于保理业务与建设工程项目资金需求量大的特点较为契合，其在工程领域得到了越来越多的推广和应用。而《民法典》的出台以及“保理合同”章节的增设，对于建设工程保理业务的开展也带来了积极影响，具体包括：

1. 新增单独章节将保理合同作为有名合同予以规范

为适应我国保理行业发展和优化营商环境的需要，此次《民法典》在第三编合同编第二分编“典型合同”中新增了“保理合同”一章，至此保理合同在《合同法》时代下被作为无名合同予以规范的时代正式终结。同时，过去法院案由规定中并无“保理合同”的专门案由，导致有的法院将保理合同的案由作为“其他合同纠纷”，甚至是“借款合同纠纷”来对待。而随着此次《民法典》的颁布，最高人民法院在修改后的《民事案件案由规定》中也相应增补了“保理合同纠纷”。

2. 明确将“将有的应收账款”纳入保理范围

过去，承包人能否以尚未实际形成的应收账款转让给保理人开展保理业务，在司法实践中存在争议。此次《民法典》第 761 条将“保理合同”定义为：应收账款债权人将现有的或者将有的应收账款转让给保理人，保理人提供资金融通、应收账款管理或者催收、应收账款债务人付款担保等服务的合同。根据该条的规定可知，保理业务的核心要素即为应收账款的转让，而且明确将“将有的应收账款”

纳入了保理的范围。

3. 注重对于保理人权益的制度保障

在《民法典》保理合同章节相关条款中，有多数条款涉及对于保理人权益保护的保障措施，例如第763条明确了在债权人与债务人虚构应收账款情形下保理人的救济途径；第764条赋予了保理人向债务人发出应收账款转让通知的权利；第765条通过限制债权人和债务人之间基础合同交易的变更和终止保障保理人的权益；以及第768条明确了同一应收账款订立多个保理合同情形下的受偿顺序等，使过去保理合同纠纷中涉及的主要司法裁判观点通过法律形式得到了进一步明确，对于保理业规范化发展起到了重要的推动作用。

4. 将保理业务分为有追索权和无追索权两种类型

《民法典》第766条、第767条明确将保理业务分为了有追索权和无追索权两种类型，这种分类方式也符合保理实务中的业务特点。根据该两条的规定，当事人约定有追索权保理的，保理人有权向债权人或债务人追索，且从条款表述来看并未限定保理人在行使追索权时的优先顺序；约定无追索权保理的，则应向债务人主张应收账款债权，但该条款也并未说明保理人在任何情况下均不能向债权人主张权利，因此笔者认为未来保理合同中所体现的当事人真实意思表示和具体条款安排将会显得尤其重要。

虽然《民法典》的出台对于我国保理合同法律制度的建立起到了至关重要的一步，但仅仅十余条法律条款也无法解决目前保理业务实务中的所有问题。特别是考虑到建设工程保理业务所具有的特殊性，其可能发生的风险也有别于通常的保理业务。因此，未来保理业务的规范化运作，还有赖于后续配套司法解释的进一步出台。实践中，具体值得重点关注的问题包括：

（1）建设工程保理业务纠纷的诉讼管辖问题

在建设工程保理业务中，保理人依据保理合同起诉发包人或承包人时的诉讼管辖问题在司法实践中观点并不统一。在部分案件中，法院认为保理合同纠纷属于普通的合同纠纷。而在部分案件中，法院认为保理业务的本质为债权的转让，因此保理合同纠纷的管辖应适用债权转让的有关规定。因此，在保理合同管辖条款的设计过程中，应当结合《民法典》及其配套司法解释，特别是《民法典》出台后各地方法院的司法审判案例对建设工程保理业务的诉讼管辖问题进行合理设置，避免产生因管辖条款违反级别管辖和专属管辖的规定而被认定无效的情况。

(2)保理人对于发包人和承包人追索权的行使问题

如前所述,根据保理业务的实践特点,《民法典》将其区分为有追索权和无追索权两种类型,但是对保理人行使其对于债权人和债务人追索权的具体方式,法律目前并无明确规定,且在司法实践中也尚未形成统一的观点。

在有追索权的建设工程保理业务中,虽然当前《民法典》并未强调保理人行使追索权时的优先顺序,换言之,保理人可以同时向发包人和承包人主张相应的债权。但是实务中,追索的责任顺序仍存在争议。除此之外,保理人除了在保理合同中约定其向发包人和承包人的追索权外,通常还会约定在债务人违约情况下承包人作为债权人对于应收账款的回购义务,而保理人能否同时向债务人主张债务清偿和向债权人主张回购应收账款在司法实践中也存在争议。

同样地,在无追索权的建设工程保理实务中,也大量存在保理人在保理合同中约定在特定条件下要求施工企业作为债权人回购应收账款或者承担违约责任的现象,间接加大了施工企业的风险,也进一步加剧了在债务人违约情形下保理人和债权人之间的纠纷。这些问题在司法审判中的具体认定都值得重点关注。

(3)保理人是否享有建设工程价款优先受偿权问题

《民法典》第 769 条的兜底条款规定,"保理合同"章节中没有规定的,适用合同编第六章债权转让的有关规定。而《民法典》第 547 条第 1 款又规定,债权人转让债权的,受让人取得与债权有关的从权利,但是该从权利专属于债权人自身的除外。依据该条的规定,承包人就建设工程价款享有优先受偿权,在承包人将应收账款转让给保理人后,保理人是否因此取得优先受偿权,目前司法判例以及地方法院司法文件中的观点也都不一致。

工程价款优先受偿权的取得对于保理人的权益保护会起到关键作用,特别是在债务人资不抵债进入破产阶段,工程款优先权将成为最后的"救命稻草"。但是,由于当前司法实务界对该问题的争议较大,最高人民法院有必要通过出具相关司法解释的方式对该问题进行明确。而在相关司法解释出台前,保理业务参与方也应关注各地已有的建设工程价款优先受偿权的相关规定及司法案例,通过合理有效的条款安排实现权利的转让目的,并注意遵循建设工程优先受偿权行使的相关规定,例如行使期限等的特殊限制。

(4)业务违规问题导致的建设工程保理合同效力问题

此次《民法典》第 763 条对债权人和债务人虚构应收账款的法律后果进行了明确规定,对于保理人的权益保护起到了重要作用。但是,在建设工程领域,除了应收账款虚构,诸如施工合同无效、阴阳合同、应收账款未作确认等也是实务中经常会碰到的问题。由于2014年4月3日发布的《商业银行保理业务管理暂行办法》第13条第1款已明确规定,商业银行不得基于不合法基础交易合同开展保理融资业务,这些违规行为的发生都有可能对保理合同的效力认定以及各方的权益保障产生不利影响,同时也会导致其他的或有法律风险发生。

因此,在建设工程保理业务的开展过程中,各方还应当重视对于基础交易合同即施工合同及其相关履约行为合规性的尽职调查,并结合上述问题的相关司法案例,做好对保理合同条款的完善和其他风险的应对安排。

五、典型案例

【案情简介】

2013年,A建筑公司与B房产公司签订了《建设工程施工合同》,约定由A建筑公司承建B房产公司开发的某住宅工程,全部工程于2016年12月完成竣工验收。然而,B房产公司在拖延近两年后,才于2018年9月出具结算书。至2019年1月,B房产公司仍有2000多万元工程款尚未支付完毕,并以各种名目企图克扣应付工程款。双方多次交涉无果后,A建筑公司决定通过诉讼途径解决。

【争议焦点】

B房产公司拖欠A建筑公司的工程款及利息金额巨大,且B房产公司开发的房产已近销售完毕(仅剩5套,总价值不超过200万元),A建筑公司的债权能否获得清偿存在极大风险。

因B房产公司延期开工而造成的停窝工损失及人工费差价损失等已近1000万元。由于该损失产生于2014年且A建筑公司在结算时并未提出主张,因此该部分费用的索赔可能会面临已超过诉讼时效风险。

【审理结果】

该案最终由双方调解结案。

【合规建议·仲裁选择】

1. 加强尽职调查,做好财产保全,防止诉讼“白条”

本案中,由于B房产公司投资运营项目较多,且拖欠工程款项数额较大,因此其资金状况对于A建筑公司应收账款的回笼有重大利害关系。对承包人而言,诉讼只是手段,最终目的是实现债权,收回欠款。否则,即使判决生效,若B房产公司前期将财产转移，在执行时也会存在无财产可供执行的风险。鉴于此，律师在接受代理后立即展开 B 房产公司名下财产的调查工作，并在提起诉讼后随即申请财产保全，查封了 B 房产公司尚未销售的房产及其所投资公司的股权。在股权被保全的压力下，B 房产公司最终接受了 A 建筑公司的调解方案。

为了顺利实现债权，承包人可以考虑在起诉或申请仲裁的同时，向法院申请财产保全，通过事先的财产保全保障后续款项执行；同时，如债权人较多时，先行提起诉讼并实施保全，可以帮助承包人在无担保债权的情况下，获取优先清偿的顺位。需注意的是，诉讼财产保全需要提供相应担保。实践中各地法院对财产保全担保的要求不尽相同，需要承包人事先做好准备。

2. 重视诉讼时效制度，及时主张权利，避免应收账款“打水漂”

本案中，B 房产公司不能提供开工条件，以及拆迁延误造成施工现场不能按时移交等原因，客观上导致了 A 建筑公司长期停工窝工，造成了人、材、机的巨大损失。根据法律规定，诉讼请求是有时效限制的，除法律另有规定外，债权人在法律规定的时效内未及时主张权利，将会丧失胜诉权。

因此，对于承包人而言，通过诉讼或仲裁方式解决纠纷，尤其是针对应收账款方面的纠纷时，应当特别重视诉讼时效的法律规定，避免发包人的欠付工程款因已过诉讼时效而“打水漂”。

对于工程款、补偿款等应收账款，具备仲裁或诉讼条件的，承包人应在诉讼时效届满前向仲裁机构或法院提出，尚不具备条件的，应及时索赔或采取措施以中断诉讼时效。

专题十二

工程款结算支付与清偿工程款债权的几点突破

【本专题内容概览】

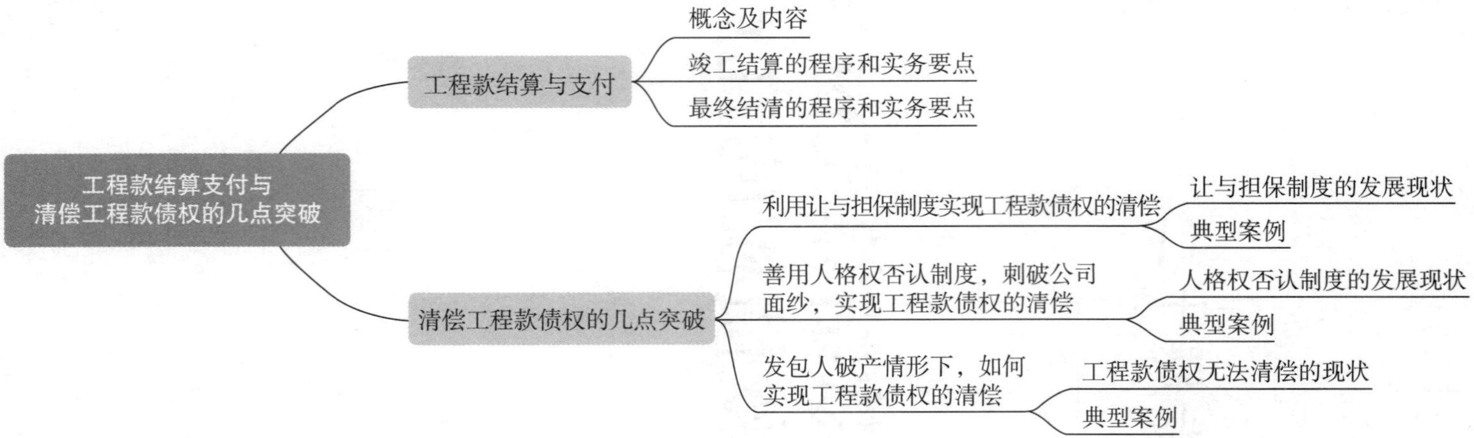
工程款结算支付与
清偿工程款债权的几点突破
工程款结算与支付
概念及内容
竣工结算的程序和实务要点
最终结清的程序和实务要点
清偿工程款债权的几点突破
利用让与担保制度实现工程款债权的清偿
让与担保制度的发展现状
典型案例
善用人格权否认制度，刺破公司面纱，实现工程款债权的清偿
人格权否认制度的发展现状
典型案例
发包人破产情形下，如何实现工程款债权的清偿
工程款债权无法清偿的现状
典型案例

工程结算是发承包双方对于工程建设应支付对价进行清算和支付的过程，是整个施工进程中最为关键的环节，在程序上的设置也是很精细的，建筑企业必须准确理解合同条款的内容，并在实践当中做好、用好相关内容，才能发挥其对建筑企业有利的功效。而建筑企业为按时足额拿到工程款，除了通过结算程序确认工程款债权外，还需要确保工程款债权的支付清偿有相应的资金来源，否则即使工程款债权已经过发包方确认乃至形成了生效判决，仍可能面临无法得到清偿的情况。尤其在传统地产行业增速放缓的大背景下，发包方挪用资金、资金链断裂乃至破产清算导致的工程款债权不能得到全额清偿的情形并不少见。在此情形下，如何通过法律手段突破这些困局，最终实现工程款债权的清偿成了很多企业非常关注的问题。

一、工程款结算与支付

（一）概念及内容

根据《建设工程价款结算暂行办法》第3条的规定，工程结算是指“……对建设工程的发承包合同价款进行约定和依据合同约定进行工程预付款、工程进度款、工程竣工价款结算的活动”。即工程结算只包括预付款、进度款、竣工结算款三个部分，违约金、索赔款等不属于工程结算的范畴。

而2017版施工合同中所指的结算是“大结算”概念。根据第14.1款的规定，除专用条款另有约定外，竣工结算申请单中应包括以下四部分内容：(1)竣工结算合同价格；(2)发包人已支付承包人的款项；(3)应扣留的质量保证金，已缴纳履约保证金的或提供其他工程质量担保方式的除外；(4)发包人应支付承包人的合同价款；同时结合2017版施工合同第19.5款“承包人按第14.2款〔竣工结算审核〕约定接收竣工付款证书后，应被视为已无权再提出在工程接收证书颁发前所发生的任何索赔……”之规定，竣工结算不仅包括预付款、进度款、按约定的合同价格形式计算出的工程造价尾款，还包括因发包人违约产生的违约金、索赔款等在整个工程建设过程中产生的应由发包人支付给承包人的所有费用。

综上，工程结算与支付主要内容如图12-1所示。

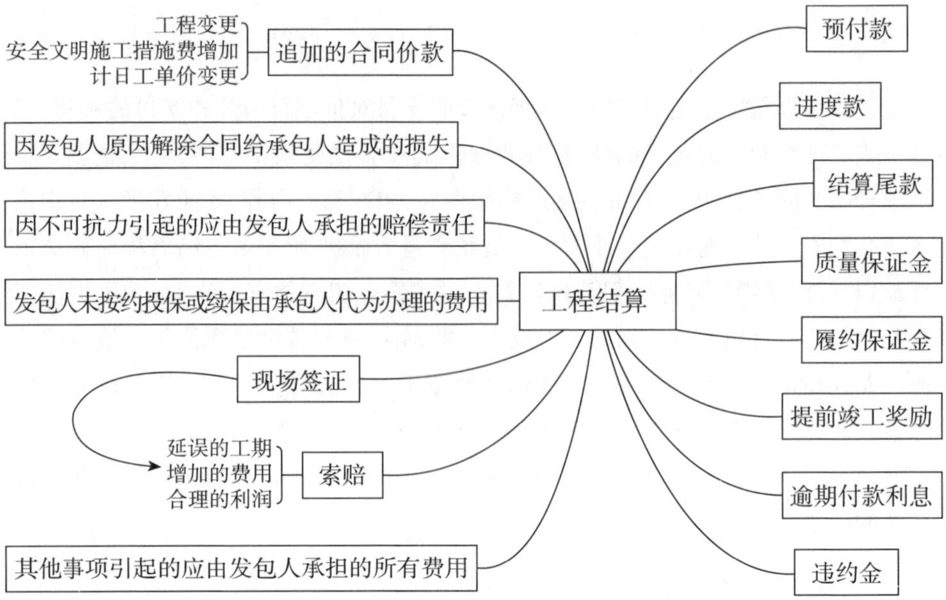

图 12－1　工程结算与支付的主要内容

(二)竣工结算的程序和实务要点

通常,竣工结算的程序主要为竣工结算申请和结算审核两个阶段,其中竣工结算申请阶段的内容主要涉及承包人在工程竣工验收合格后,向发包人和监理人提交竣工结算申请单并提交完整的结算资料;竣工结算审核阶段主要涉及监理人对竣工结算申请单的核查和发包人的审批,最终由监理人向承包人签发经发包人签认的竣工付款证书。根据 2017 版施工合同关于竣工结算条款的约定,整个竣工结算审核程序如图 12－2 所示。

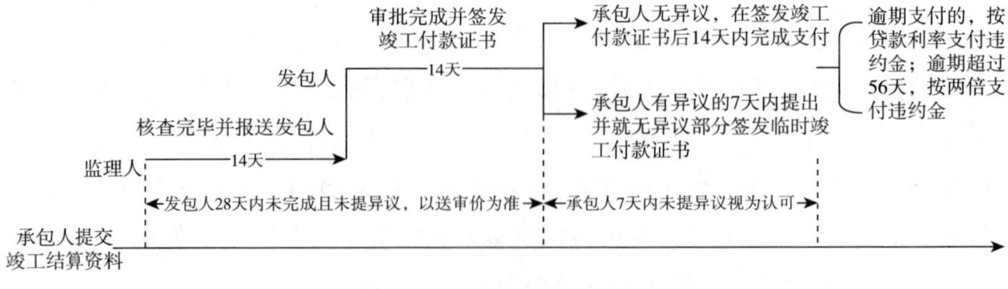

图 12－2　竣工结算审核程序

结合 2017 版施工合同约定的上述程序要求,实践中发承包双方在竣工结算阶段应特别关注以下操作要点：

第一，在签约时，发承包双方应特别注意与竣工结算相关的合同条款，在专用条款中明确约定承包人需要提交的有关竣工结算申请单的资料清单和份数，避免在工程结算阶段，发包人以承包人提交的结算资料不完整或不符合合同要求为由拖延结算。

第二，由于2017版施工合同中所指的竣工结算是"大结算"，因此承包人提交的结算资料中须包括所有应当由发包人支付的款项，包括工程预付款、进度款、工程造价尾款、逾期付款的利息、违约金、赔偿金等全部内容，并附上相应的证明文件。对索赔款来说，承包人应当附上其按照合同约定的索赔程序予以主张及提交的所有与索赔有关的资料，包括索赔意向通知书、索赔报告以及监理人和发包人的签收凭证等。

第三，承包人应确保竣工结算资料的完整、齐全，竣工结算资料必须经发包人签收或其授权的相关人员签收，该签收人员必须是合同中明确约定且有权签收结算资料的人员或有发包人书面授权其签收结算资料的人员。相应地，发包人也有权按合同约定，要求承包人提供符合条件的完整竣工结算资料。

第四，发包人收到竣工结算文件后，应在约定的时间内及时答复，有异议或意见应及时提出，否则根据《施工合同司法解释（一）》第21条，当事人约定，发包人收到竣工结算文件后，在约定期限内不予答复，视为认可竣工结算文件的，如发包人未按期答复，承包人可请求按照竣工结算文件结算工程价款。

第五，承包人收到竣工付款证书后应在合同约定时间内就有异议部分向发包人提出书面异议，并就无异议部分要求发包人立即签发临时竣工付款证书。

第六，发包人在签发竣工付款证书（包括临时竣工付款证书）后，应在合同约定时间内完成付款，包括已付部分款项仍有部分未付清的也应按约定付清，否则发包人需向承包人按照合同约定的标准支付违约金。

（三）最终结清的程序和实务要点

根据2017版施工合同第14.4款的规定，最终结清是指承包人在缺陷责任期终止证书颁发后，按合同条款约定的份数向发包人提交最终结清申请单，并提供相关证明材料。最终结清中请单应列明质量保证金、应扣除的质量保证金、缺陷责任期内发生的增减费用。发包人应在收到承包人提交的最终结清申请单后完成审批并向承包人颁发最终结清证书，并在颁发最终结清证书后约定期限内完成支付。

结合 2017 版施工合同的上述约定，实践中发承包双方在最终结清阶段应特别关注以下操作要点：

第一，除非双方另有约定，承包人应于缺陷责任期届满后 7 天内向发包人发出缺陷责任期届满通知，发包人应在收到缺陷责任期满通知后 14 天内核实承包人是否履行缺陷修复义务，承包人未能履行缺陷修复义务的，发包人有权扣除相应金额的维修费用。发包人应在收到缺陷责任期届满通知后 14 天内，向承包人颁发缺陷责任期终止证书。因此，承包人首先应当从发包人处取得缺陷责任期终止证书。取得该证书后，才能进入最终结清程序。

第二，在工程接收证书颁发后至最终结清申请单提交前的时间段内新出现的索赔事件，承包人应当严格按照合同约定程序及时向发包人索赔，并在最终结清申请单中列明索赔金额，同时提交相关的索赔证明材料。

第三，除非双方另有约定，如发包人在颁发最终结清证书后 7 天内未完成付款，承包人应及时向其发出催款通知，包括支付欠付本金及其利息的通知。

第四，如双方对最终结清证书有异议的，按照争议解决程序的约定办理。

二、清偿工程款债权的几点突破

（一）利用让与担保制度实现工程款债权的清偿

1. 让与担保制度的发展现状

根据《九民纪要》第 71 条以及 2020 年 12 月 31 日发布的最高人民法院《关于适用〈中华人民共和国民法典〉有关担保制度的解释》（以下简称《担保制度司法解释》）第 68 条，让与担保是指债务人或者第三人与债权人订立合同，约定将财产形式上转让至债权人名下，债务人到期清偿债务，债权人将该财产返还给债务人或第三人，债务人到期没有清偿债务，债权人可以对财产拍卖、变卖、折价偿还债权的一种非典型担保安排。

《民法典》出台前，让与担保曾经历坎坷的立法和尺度不一的裁判状况。2007 年 3 月 16 日发布的《中华人民共和国物权法》（以下简称《物权法》）草案中曾设“让与担保”章节，但正式出台的《物权法》却删除了让与担保的规定。加上《物权法》规定的“物权法定”“禁止流质流押”的原则，司法实践有很长一段时间对让与担保持极为保守的态度。主流观点认为让与担保无效，不具备担保功能。

近些年，随着市场经济发展，中小企业及民营企业的融资担保需求不断增加，金融制度、担保模式、增信措施和融资工具也不断创新，让与担保逐渐被更多市场主体选择。司法实践亦逐渐意识到让与担保作为融资工具的重要价值，开始朝着承认让与担保效力的方向转变。

2015 年 9 月，最高人民法院颁布实施《关于审理民间借贷案件适用法律若干问题的规定》（法释〔2015〕18 号），其中第 24 条规定在一定程度上被认为间接承认了让与担保。

2017 年 9 月，最高人民法院民事审判第二庭第 4 次法官会议纪要较为明确地转变了对让与担保效力的认知。该纪要意见认为，让与担保合同是双方的真实意思表示，在不违反强制性规定时，应为有效。

2019 年 11 月，最高人民法院印发的《九民纪要》第 71 条首次明确定义并承认让与担保法律效力。根据该纪要精神，让与担保合同有效，仅其中的“到期未清偿债务，财产归债权人所有”条款无效。该纪要虽非司法解释，但明确可作为法院裁判的说理依据。

2020 年 12 月，最高人民法院印发的《担保制度司法解释》第 68 条进一步确认了《九民纪要》第 71 条下关于让与担保的裁判规则，并在其基础上进行了梳理和细化，并明确了溢价回购安排应参照让与担保的规定处理。

2. 典型案例

【案情简介】①

2014 年 6 月 14 日，西钢公司与刘某平签订《股权转让协议》，西钢公司将其持有翠宏山公司的 64% 股权转让给刘某平，并办理了工商变更登记手续。

2014 年 6 月 20 日，西钢公司与刘某平另签订一份《协议书》。根据协议书内容，西钢公司此前累计共向刘某平借款 723606136.82 元（本息合计），西钢公司由于无力偿还，同意将其持有的翠宏山公司 64% 的股权转让给刘某平。签订协议的目的，是以股权转让的形式来保证刘某平债权的实现；当借款本息全部还清时，刘某平应将受让翠宏山公司的股权份额全部转回。

2015 年 8 月 13 日，西钢公司与刘某平签订《补充协议书》，约定：2014 年 6 月 20 日，西钢公司将持有翠宏山公司的 64% 股权未按对价原则阶段性转让给刘某平，以保证刘某平债权的安全和实现。经协商，双方达成补充协议如下：截至 2015 年 6 月 20 日，西钢公司向刘某平借款本息合计 849232648.54 元，若还款期

① 黑龙江闽成投资集团有限公司与西林钢铁集团有限公司、第三人刘某平民间借贷纠纷案，（2019）最高法民终 133 号（公报案例）。

限超过6个月,按年税后利率18%付息。

法院另查明:约定由刘某平出借的款项,系由闽成公司实际完成支付。同时刘某平与闽成公司还另签有《股权代持协议》,约定闽成公司自愿委托刘某平作为闽成公司的代表,对西钢公司所欠借款进行清算,并经甲方同意代持西钢公司持有的翠宏山公司64%的股份(7.23亿元)。刘某平为名义持有人并愿意接受闽成公司的委托,代为行使该相关股东权利及权益,闽成公司为代持股份的实际出资人。

2017年11月,闽成公司向一审法院起诉,请求:(1)西钢公司偿还借款本息,(2)闽成公司对刘某平所持有的翠宏山公司64%股权的折价、拍卖、变卖所得价款有权优先受偿。

庭审中,刘某平认可案涉借款的实际权利人均为闽成公司。主张其系闽成公司下属子公司员工,其与西钢公司所签全部借款协议、补充协议等,都是代表闽成公司签订,其个人没有本案所涉大额资金的出借能力,与各方没有业务往来。刘某平确认由此产生的债权、股权都归属闽成公司,其对本案涉及的全部借款、股权不主张任何权利。

2018年5月,在本案诉讼过程中,西钢公司其他债权人以西钢公司不能清偿其到期债务,资产不足以清偿全部债务且明显缺乏清偿能力为由,申请对西钢公司进行重整。2018年6月,法院受理该重整申请。在重整过程中,闽成公司主张其有权就该股权优先受偿,西钢公司表示反对。

【争议焦点】

闽成公司是否有权主张以翠宏山公司64%的股权优先受偿。

【审理结果】

最高人民法院二审裁判认为:

(1)刘某平所持股权的真实性质为让与担保。西钢公司与刘某平签订的《协议书》及《补充协议书》均明确,股权转让是为了"保证乙方债权的安全和实现",且双方确认"乙方也没有实质持有翠宏山矿业公司股权的意愿"。可见,双方签订股权转让协议的目的并非真正的股权转让,而是以股权转让形式保证刘某平债权的实现,担保西钢公司按协议约定偿还借款,即让与担保。

(2)本案让与担保约定有效。本案中,西钢公司将翠宏山公司64%的股权转让至闽成公司代持股人刘某平名下,目的是为闽成公司的巨额借款提供担保,而非设立股权转让民事关系,符合让与担保法律特征,且双方约定内容真实、自愿、合法。作为民商事活动中广泛运用的非典型担保,让与担保并不违反法律、行政法规效力性强制性规定,且应当认定有效。

(3)以翠宏山公司64%的股权设定的让与担保具有物权效力,让与担保权人可就该股权价值优先受偿。对于前述股权让与担保是否具有物权效力,应以是否已按照物权公示原则进行公示,作为核心判断标准。本案讼争让与担保中,担保标的物为翠宏山公司64%的股权。根据《公司法》第32条第2款、第3款的规定,公司应当将股东的姓名或者名称向公司登记机关登记;登记事项发生变更的,应当办理变更登记。未经登记或者变更登记的,不得对抗第三人。可见,公司登记机关变更登记为公司股权变更的公示方式。结合《物权法》第208条、第226条及第229条①规定,在股权质押中,质权人可就已办理出质登记的股权优先受偿。举轻以明重,已将作为担保财产的股权变更登记到担保权人名下的让与担保,担保权人形式上已经是作为担保标的物的股权的持有者,其作为担保的股权享有优先受偿的权利,更应受到保护,原则上具有对抗第三人的物权效力。这也正是股权让与担保的核心价值所在。

债权人闽成公司代持股人刘某平,已和债务人西钢公司依约办妥公司股东变更登记,形式上刘某平成为该股权的受让人。因此,刘某平依约享有的担保物权优于一般债权,可对抗西钢公司其他一般债权人。本案相关协议虽以刘某平名义签订,但借款实际由闽成公司或其关联公司汇出,且刘某平亦承认真正的债权人为闽成公司。在闽成公司与西钢公司之间存在真实的债权债务关系、闽成公司与刘某平对于股权代持关系并无争议的情况下,闽成公司主张就翠宏山公司64%股权优先受偿,应予支持。

(4)认定让与担保权人有优先受偿权,不构成2006年8月27日发布的《中华人民共和国企业破产法》(以下简称《破产法》)第16条规定所指的个别清偿行为。《破产法》之所以规定法院受理破产申请后的个别清偿行为无效,一是因为此种行为减少破产财产总额;二是因为此类行为违反公平清偿原则。而《破产法》第109条同时规定“对破产人的特定财产享有担保权的权利人,对该特定财产享有优先受偿的权利”。在当事人以股权设定让与担保并办理变更登记后,让与担保人进入破产程序时,认定让与担保权人就已设定担保的股权享有优先受偿权,是让与担保法律制度的既有功能,是设立让与担保合同的目的,并不属于个别

① 现规定在《民法典》第425条、第443条、第446条。

清偿。

本案中，基于西钢公司、闽成公司的确认，刘某平将为担保闽成公司债权已设立而让与担保的股权，又出质给西钢公司的债权银行，故该债权银行对翠宏山公司 64% 的股权应优先于闽成公司（刘某平）受偿。

【合规建议 · 仲裁选择】

民法典时代，让与担保应如何约定才能保障债权人利益？笔者认为，应重点注意以下几点：

(1) 让与担保不直接产生所有权转移的法律后果，需完成物权公示才能具备物权效力，担保权人才能优先受偿。

由于借贷关系中，债务人处于弱势地位，法律禁止流质流押的最终目的，正是为防止债权人借机谋取不当利益，损害债务人或第三人的合法权益，因此要求通过清算程序来实现担保财产的公允价值，以更好地平衡各方利益。依据《九民纪要》第 71 条，如果当事人约定了流押、流质条款，未安排清算规则的，则仅对于流质流押部分的规定无效，不影响其他部分的效力。《民法典》在延续该等精神的基础上，进一步调整了交易规则。相较《物权法》严格“禁止流押流质”的规定，《民法典》第 401 条和第 428 条对约定“流质流押”的法律后果进行了明确，虽未认可所有权转移，但却明确赋予和肯定了担保权人就担保财产优先受偿的权利。

物权的设立变更需要公示。让与担保要具备物权效力，亦需以完成物权变动公示为判断核心。不动产权利变动的公示方式是登记（法律另有规定除外），动产权利变动的公示方式是交付。让与担保与抵押权、质押权同属担保物权，让与担保的担保财产，既有可能是不动产，亦有可能是动产或者财产性权利。因此，让与担保要获得对抗第三人的物权效力及优先受偿的权利，需根据让与担保财产的不同性质，分别参照不动产抵押、动产质押和权利质权的设立方式，进行物权公示。股权和动产让与担保的争议不大，股权以完成工商变更登记为原则，动产质押以交付担保物为原则。对于以不动产设立的让与担保，鉴于《民法典》明确强调不动产登记簿是物权归属和内容的依据，因此，如果不动产让与担保完成了不动产的变更登记，受让人的权利即应得到保护。在以商品房买卖合同的方式提供让与担保的情况下，当事人进行网签备案、预告登记、过户登记的情况均存在。除过户登记是严格、完整的物权转让登记外，司法实践对于网签备案和预告登记是否也属于完成了物权变动的公示的争议较大。

主流观点认为，网签备案不具有物权公示效力。债务人与债权人仅签订不动产买卖合同、未过户的情况下，并未实际让渡不动产所有权，而是让渡物权期待权。房屋网签备案，实际上是商品房买卖的公示而非抵押或者担保的公示，不能当然地赋予其物权登记的公示效力。这也与2020年12月29日发布后的最高人民法院《关于审理民间借贷案件适用法律若干问题的规定》（2020年修订，以下简称《民间借贷司法解释》）的精神一致。该规定第23条（原法释〔2015〕18号第24条）仅规定，当事人以订立买卖合同作为民间借贷合同的担保，法院按民间借贷法律关系作出判决并生效后，债务人不履行债务时，债权人有权申请拍卖合同标的物，但未赋予债权人就拍卖价款优先受偿的权利。

而对预告登记是否属于不动产变更登记，不同法院的认定亦有不同。个别法院案例认为，对担保的不动产已经进行预告登记的，具备了对抗第三人的效力，应当视为进行了物权公示，而赋予债权人对担保物具有优先受偿的权利。不过，多数法院仍持保守态度，认为如果仅有商品房预告登记，不动产亦无法被视为已经转至债权人名下。笔者认为，预告登记虽然具有准物权效果，但与网签备案同属于对房屋买卖的公示。因此，在房屋等不动产完成所有权转移登记前，均不能认定已完成物权变动，不具备物权公示效力。

（2）债权人应约定明确让与担保财产的清算抵债原则。根据《民法典》规定，担保财产的价值需通过清算程序来实现。不过，对于清算是否必须通过法院拍卖等财产变现程序，实践中仍有争议。

根据《民法典》第410条及第436条的规定，在债务人不履行到期债务或者发生当事人约定的实现抵押权、质押权的情形时，担保物权人可以与抵押人或质押人协议折价或者以拍卖、变卖该担保财产进行清偿；采用折价或变卖方式的，应参照市场价格。该两条规定同时赋予了担保物权人，在未就担保物权的实现方式达成协议的，请求人民法院拍卖、变卖该财产的权利；并且规定，如折价、变卖担保财产的协议损害其他债权人利益的，其他债权人可请求法院撤销该协议。

结合上述规定，笔者倾向于认为，当财产处置价格符合市场价值时，应当认可债权人自力清算的法律效力。因此，当事人在采用让与担保的交易安排时，建议事先在合同中约定好清算规则，包括但不限于使用归属清算方式还是处分清算方式、担保物价值的确定方法、是否选定评估机构、采何种评估方法、“多退少补”的具体安排，等等。

（3）让与担保适用受让人善意取得制度。

债权人无权处分担保财产，否则可能面临损害赔偿责任。《民法典》时代，让与担保虽然形式上使得债权人享有担保物所有权的外观,但本质上仍仅享有担保物权。因此,当债权人超出担保目的,对外处分担保财产时,即构成无权处分。此时,如果受让人满足善意取得的构成要件,即受让人并不知晓让与担保的情况、受让财产时为善意,并非以不合理的低价或无偿受让的方获得担保标的物,且受让的动产或不动产依法应登记的已登记、无须登记的已交付,那么根据《民法典》关于善意取得的规定,受让人即可取得相应担保财产的所有权。

《民法典》第 311 条第 2 款的规定,"受让人依据善意取得的规定取得不动产或者动产所有权的,原所有权人有权向无权处分人请求损害赔偿"。因此,当债权人擅自处分了担保财产后,依法需向提供担保标的物的债务人或第三人赔偿。

(4)股权让与担保中,作为名义股东的债权人不承担股东未履行或者未全面履行出资义务、抽逃出资等责任。

《民法典》出台前,让与担保的名义股东应否承担实质股东义务,亦是争议的焦点之一。民法典出台后,《担保制度司法解释》第 69 条对名义股东是否需承担出资义务及法定连带责任作出了明确规定。该条规定:"股东以将其股权转移至债权人名下的方式为债务履行提供担保的,公司或者公司的债权人以股东未履行或者未全面履行出资义务、抽逃出资等为由,请求作为名义股东的债权人与股东承担连带责任的,人民法院不予支持。"

(二)善用人格权否认制度,刺破公司面纱,实现工程款债权的清偿

1. 人格权否认制度的发展现状

公司人格独立和股东有限责任是公司法的基本原则,公司和股东彻底分离是公司取得独立人格的前提,也是股东有限责任原则的基础。公司人格否认制度,是指在个案中否认公司的法人独立人格,并由滥用公司法人独立地位和股东有限责任的股东对公司债务承担连带责任。公司法通过这种特殊的制度设计,为股东有限责任创设了例外,其立法目的在于防止公司有限责任制度的滥用对债权人的合法利益造成的损害。

《九民纪要》将《公司法》第 20 条第 3 款规定的"公司股东滥用公司法人独立地位和股东有限责任"分为三类常见情形,即人格混同、过度支配和控制、资本显著不足。根据《九民纪要》第 10 ~ 12 条的规定,人格混同指公司不具有独立意志和独立利益,最主要的表现是公司的财务或者财产与股东的财务或者财产混同,公司的财产不独立;过度支配、控制指因为控股股东或实际控制人滥用控制权,过

度支配与控制公司，操纵公司的决策过程，使公司不再具有独立意志和独立利益；资本显著不足指公司设立后在经营过程中，股东实际投入公司的资本数额与公司经营所隐含的风险相比明显不匹配。

在工程建设领域新建项目时，基于风险隔离、税务、融资等方面的考虑，项目投资人经常新设项目公司作为建设单位。但是，设立项目公司一定可以达到风险阻断的作用吗？答案是否定的。如果经营管理过程中，股东不尊重项目公司的法人人格独立性，那么，很可能会出现股东与项目公司之间人格混同的情况，风险仍然会从项目公司穿透到股东。另外，项目公司资产通常较为有限，如出现拖欠大额工程款的情况，则施工单位债权的受偿无法得到很好的保障，容易陷入官司打赢了也执行不到钱的困境中。结合笔者多年的工程法律争议解决实践经验来看，股东、关联公司滥用项目公司的法人独立地位和股东有限责任制度，恶意转移项目公司财产的情况时有发生。因此，无论是对于建设单位，还是对于施工单位，公司人格否认都是一个值得关注和探讨的话题。

2. 典型案例

【案情简介】①

艾某平同时系青海景洲房地产开发有限公司（以下简称青海景洲公司）、江西景洲实业有限公司（以下简称江西景洲公司）股东。东建建设集团有限公司（以下简称东建公司）与青海景洲公司签订《建设工程施工合同》，并约定由东建公司承建涉案工程项目。东建公司向青海景洲公司邮寄竣工结算资料后，青海景洲公司未按时向东建公司支付工程价款。东建公司向法院提起诉讼，主张青海景洲公司与艾某平及江西景洲公司之间构成人格混同，应对案涉工程款债务承担连带责任。

【争议焦点】

青海景洲公司与艾某平及江西景洲公司之间是否构成人格混同，两者应承担连带责任。

【审理结果】

最高人民法院认为，根据法院查明事实，首先，青海景洲公司和江西景洲公司具有相同的业务范围，均为房地产开发。其次，该二公司存在人员混同的情形，具体表现为：(1)艾某平同为青海景洲公司和江西景洲公司的法定代表人，分别持有二公司100%和99%的股权，艾某平对江西景洲公司的决策具有绝对控制权；

---

①　东建建设集团有限公司、青海景洲房地产开发有限公司建设工程施工合同纠纷案，(2018)最高法民终915号。

(2)在青海省高级人民法院出具的(2017)青民初105号民事调解书中,委托诉讼代理人均为二公司的总工程师程军正;(3)青海景洲公司向青海省人力资源和社会保障厅出具的申请书中,将江西景洲公司、青海景洲公司设立的银行账户均称为"我公司银行账户",可知该二公司在财务上亦存在混同情形。此外,在二审期间,青海景洲公司与艾某平及江西景洲公司系以同一份上诉状共同提起上诉,一并交纳诉讼费用,且未能区分各自份额,该事实亦可证明三者之间存在人员和财产上的混同。综合上述情况,最高人民法院认为青海景洲公司与艾某平及江西景洲公司之间人格混同,并判决艾某平、江西景洲公司与青海景洲公司就支付工程款承担连带责任。

【案情简介】①

霍州煤电集团晋北煤业有限公司(以下简称晋北煤业)与山西建筑工程(集团)总公司(以下简称山西建筑公司)签订了建设工程施工合同,晋北煤业未及时足额支付工程价款,山西建筑公司诉至法院要求其支付欠付工程款,并要求其股东霍州煤电集团有限责任公司(以下简称霍州煤电)为晋北煤业承担责任。

【争议焦点】

霍州煤电对晋北煤业的管理、监督行为,是否损害了晋北煤业的独立法人地位,构成股东权利的滥用,并损害了债权人的利益。

【审理结果】

最高人民法院认为,首先,在本案建设工程施工合同的履行过程中,晋北煤业在涉案工程设计变更、增加施工项目、调整材料价格、增加工程费用投资等方面均须按照霍州煤电要求,向霍州煤电请示,经其批准,方可履行。霍州煤电作为晋北煤业的股东,应当通过董事会、股东会等符合公司法规定的方式履行表决权,行使其权利。而霍州煤电的未经批准晋北煤业不能对外履行合同义务这一要求,损害了晋北煤业的法人独立地位。其次,在山西建筑公司与晋北煤业均签字盖章认可案涉工程的造价审核结果后,又因霍州煤电不同意该审核结果,晋北煤业又否认了该审核报告,直接造成晋北煤业未按已达成的工程价款数额及期限履行义务的结果。霍州煤电对案涉工程结算等具体事务直接干预,过度的管理行为构成滥用股东权利,直接损害了山西建筑公司的工程款债权利益,因此其应对晋北煤业承担连带责任。

---

① 山西建筑工程(集团)总公司与霍州煤电集团有限责任公司、霍州煤电集团晋北煤业有限公司建设工程施工合同纠纷案,(2016)最高法民申字918号。

【合规建议 · 仲裁选择】

第一，在诉讼或仲裁案件中，如债务人偿债能力不足，为尽可能拓宽可用以清偿债权的资产范围，建议债权人可以关注债务人与其股东、关联公司之间是否存在人格混同情形，如存在的，则可以争取将债务人的股东、关联公司列为共同被告，扩大用以清偿债权的资产范围，提高债权受偿的可能性。

第二，在企业经营管理过程中，为防止被认定为人格混同，进而需要互相承担连带责任，企业要注意以下几个方面：

一是应当注意与自己的股东、关联公司之间做到财产边界分明。具体而言，应当注意：避免互相之间无偿使用资金或财产；财产、收益等应有独立、清晰、制作规范的账簿予以区分；对外进行工程款项支付时，避免直接由股东或者关联公司的账户进行支付。

二是应当注意与自己的股东、关联公司之间做到人员边界分明。具体而言，应当注意避免互相之间高级管理人员、业务专业人员的混同，如果进入诉讼程序的，还需注意在代理人、出庭人员和文书上作出区分，以免加深法官对混同的主观印象。

三是在平时的经营过程中，对外出具任何文件，均需对公司抬头、落款、印鉴（如公章、合同章、业务章、财务章和法人章等）作出明确的区分，以免对外造成混淆。

大型企业集团要重视内部管理制度，尊重子公司的独立法人人格，避免过度干预子公司管理，构成对其过度支配和控制，股东在合法、合理管理公司与过度支配控制之间应达到一个平衡点。具体而言，应当注意：(1)公司股东若想把股东意志转化为公司意志，应当通过董事会、股东会等符合公司法以及公司章程规定的程序履行表决权，行使其权利，并应就已履行法定表决程序留有书面记录，例如董事会、股东会决议等；(2)股东对于公司事务的管理应当具有一定的限度，并符合公司法以及公司章程规定的职权范围，避免对公司日常事务中的任何细节问题均进行巨细无遗的管理、干预。

（三）发包人破产情形下，如何实现工程款债权的清偿

1. 工程款债权无法清偿的现状

近年来，我国市场经济各行业的增长模式已由过去的高速增长模式转为高质量增长模式。受经济增长周期、商品房限购政策以及新冠疫情等多重因素的综合

影响,企业包括发包人、承包人破产的案例都屡见不鲜。

当企业破产后,无论是进入破产重整还是破产清算,"游戏规则"都会发生重大变化。如果说诚实信用是民商事活动领域的最基本原则,各债权人公平受偿则是破产领域的第一要义,维护各个债权人之间的利益平衡也将成为破产法院及破产管理人的价值判断标尺。如在承包人破产的情况下,发包人应如何应对?为避免因发包人破产而导致工程款债权不能最终实现的情况,承包人有哪些自我保护措施?

2. 典型案例

【案情简介】

原告安徽G公司与被告安徽Y公司之间的建设工程施工合同纠纷案由某中级人民法院(以下简称中院)立案审理。立案后,安徽G公司向中院申请了诉讼财产保全,中院作出保全裁定及协助执行通知书,依法冻结了安徽Y公司在某县国土资源局应退还的土地出让金2000万元。之后,双方在中院主持下达成调解。2016年7月30日,中院作出民事调解书确认:由安徽Y公司于调解书作出后7日内,一次性支付安徽G公司2300万元(包括工程款、返还保证金、赔偿损失及截至调解协议签订日止的逾期利息)。

2016年8月30日,因安徽Y公司未自觉履行,安徽G公司向中院申请强制执行。进入执行程序后,中院分别向某县财政局、某县国土资源局发出执行裁定书和协助执行通知书,要求提取土地出让金2000万元。2016年10月30日,县财政局将土地出让金2000万元汇入中院执行款专户。

然而,2016年10月25日,安徽Y公司所在的县法院,以县法院尚有多起未结的执行案件为由,向中院递交了执行案件参与分配申请函。2016年11月30日,中院向县法院发函告知,涉案财产将依照冻结的先后顺序予以分配,安徽Y公司的其他债权人如有异议,须在收到通知之日起30日内向安徽Y公司住所地法院申请破产。2016年12月5日,其他债权人向Y公司住所地的县法院申请破产,县法院审查后作出破产裁定书。

至此,划转至中院执行款专户的2000万元如何归属,各方产生了非常大的争议。中院认为,由于本案涉及执行程序转破产程序,县财政局尚未将土地出让金2000万元划转至中院执行款专户前,县法院已向中院发出了参与分配函,因此中院无权处分划转到执行款专户的2000万元,后安徽Y公司破产,已划转至中院执行款专户的2000万元属于被执行人安徽Y公司的破产财产,故中院作出决定并将2000万元移送至破产法院,由破产法院统一处置分配。

安徽G公司不服,向中院提出执行异议申请。中院裁定驳回了安徽G公司的执行异议申请。之后,安徽G公司向省高级人民法院申请复议。

省高级人民法院审查后认为,中院裁定错误,撤销了中院驳回执行异议申请的裁定并予以纠正。省高级人民法院认为:法院依据生效法律文书和申请执行人的申请依法执行,符合法律规定;对已执行到位的执行款,也应当及时交付给债权人;本案中,中院在执行过程中,从某县财政局提取了2000万元土地出让金至中院执行款专户,该专户资金实质上是中院为申请执行人代为保管,2000万元土地出让金已脱离了安徽Y公司的实际控制,视为已完成向权利人的交付,不再属于破产财产。

省高级人民法院的复议裁定书作出后,安徽Y公司的破产管理人不服,向最高人民法院提起申诉。

【争议焦点】

划转至中院执行款专户的2000万元是否属于破产财产?

【审理结果】

最高人民法院组成合议庭审查后认为:要判断中院执行款专户的2000万元资金是否属于破产财产,关键是审查法院受理破产申请时,执行程序是否已经终结,财产权利归属是否发生变动。如执行程序已终结,已向申请人交付了执行款,因财产权利归属已发生变动,故这2000万元不再属于破产财产;如执行程序尚未终结,尚未完成执行款的交付,因财产权利归属尚未发生变动,这2000万元则仍属于破产财产。

安徽G公司先是通过诉讼保全,查封了安徽Y公司在县国土资源局的未提取收入2000万元土地出让金;在取得民事调解书胜诉后,申请强制执行并成功将2000万元土地出让金提取到法院执行款账户。原本可以高枕无忧地坐等收款,却突然遭遇安徽Y公司破产,安徽G公司未能顺利收回工程款债权,"到手的鸭子"不翼而飞。

【合规建议·仲裁选择】

从发包人的角度来看,建议将承包人破产作为约定解除权的一种情形。如遇承包人破产,则及时通过发函、诉讼等方式,及时行使解除权并变更承包人,以尽量减少其对工期等方面的影响。

从承包人的角度来看,为最大程度降低发包人破产可能给工程款债权回收带来的不确定风险,可以从以下几个方面着手并进行努力:

第一,争取建设工程价款优先受偿权。2021 年 1 月 1 日起最新施行的《施工合同司法解释(一)》第 41 条规定:"承包人应当在合理期限内行使建设工程价款优先受偿权,但最长不得超过十八个月,自发包人应当给付建设工程价款之日起算。"《施工合同司法解释(一)》的最大变化,是将建设工程价款优先受偿权的行使期限,从自发包人应当给付建设工程价款之日起算的"六个月",变更为"最长不得超过十八个月"。在目前的破产潮下,《施工合同司法解释(一)》将优先受偿权的期限变更为"最长不得超过十八个月",可以很好地保障施工企业的工程价款优先受偿权。

第二,寻找其他连带责任人,列为案件的共同被告。核实发包人的股东是否存在认缴出资额到期后仍未缴足、抽逃出资及前股东在未缴足出资的情况下转让出资等情形,是否与母公司、关联企业等存在财产混同问题,是否属于一人有限责任公司,以及如属于夫妻制公司能否将其视为一人有限公司。如有上述情形,则将其他连带责任人一并列为案件共同被告。

第三,取得胜诉结果后,不可懈怠,应抓紧推进执行程序。根据目前司法实践的倾向性意见,在判断是否属于破产财产时,关键是审查法院受理破产申请时,执行程序是否已经终结,财产权利归属是否已经发生变动。因此,如果法院已将执行款交付给申请人,并作出裁定书"终结执行程序",因财产权利归属已发生变动,不再属于破产财产。因此,取得胜诉结果后,切勿懈怠,应抓紧推进执行程序,取得执行款并终结执行程序。

第四,时时谨防来自其他债权人的挑战和风险。尽管最新施行的司法解释大幅放宽了主张建设工程价款优先受偿权的期限,笔者还是建议工程款债权人在竣工验收或结算后,及时行权。否则,一旦发包人破产,承包人的工程款优先受偿权将受到银行等其他金融机构债权人的挑战。银行等其他金融机构债权人通过提起第三人撤销之诉的目的,就是"打掉"承包人的工程款优先受偿权。虽然只是小概率事件,但依然不可掉以轻心。

第五,如果遇到案例中的情形,也请债权人不要放弃,可以继续通过合法途径积极维权:

一是如执行法院怠于履行职责,建议依法申请国家赔偿。

如执行法院怠于履行职责,工程款债权人可以依据 2017 年 2 月 27 日发布的最高人民法院《关于执行款物管理工作的规定》第 10 条第 1 款"执行人员应当在收到财务部门执行款到账通知之日起三十日内，完成执行款的核算、执行费用的结算、通知申请执行人领取和执行款发放等工作”的规定，审查执行法院的延缓发放是否符合法定情形。

如果执行法院的延缓发放存在执行错误，侵犯工程款债权人的合法权益，造成申请执行人无法获得期待利益的，申请人根据最高人民法院《关于民事、行政诉讼中司法赔偿若干问题的解释》第 1 条的规定，依法申请国家赔偿。

例如，2018 年 11 月 13 日，最高人民法院发布的国家赔偿典型案例——丹东益阳投资有限公司申请丹东市中级人民法院错误执行国家赔偿案中，丹东市中级人民法院的错误执行行为给申请执行人造成了无法通过其他渠道挽回的实际损失。最高人民法院赔偿委员会认为，“在人民法院执行行为长期无任何进展、也不可能再有进展，被执行人实际上已经彻底丧失清偿能力，申请执行人等已因错误执行行为遭受无法挽回的损失的情况下，应当允许其提出国家赔偿申请”。该案中双方最终自愿达成赔偿协议，由丹东市中级人民法院支付申请执行人国家赔偿款 300 万元。

二是及时追回执行成本。

如果涉案款项被认定为破产财产，对于申请执行人在执行程序中因评估拍卖所垫付的成本，申请执行人可以通过申请法院退还、申报为共益债务等方式，优先对其进行收回。比如，在海南伟亚实业有限公司、孙某申请破产清算执行审查类执行裁定案中，法院就基于当事人申请，退还了当事人垫付的公告费、评估费、拍卖费等财产处理费用。

Part

04

第四篇

工程项目的HSE合规

专题十三

工程项目的环保合规要求与环境公益诉讼风险

【本专题内容概览】

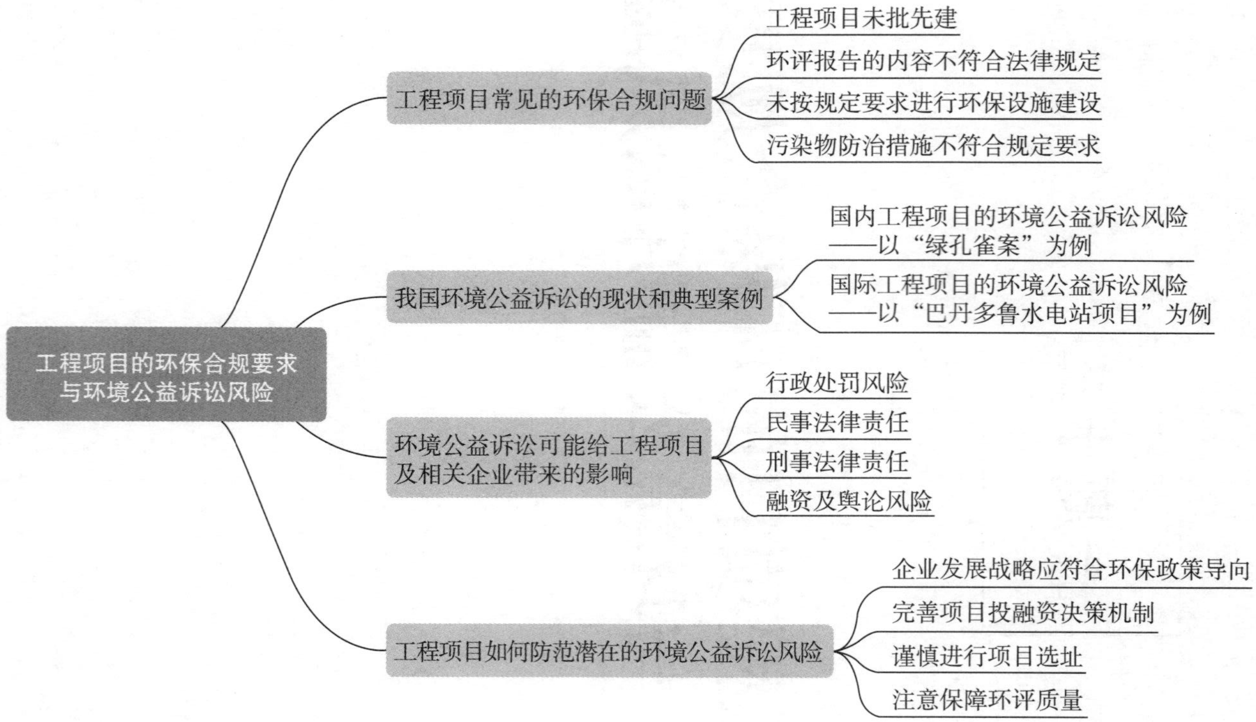
工程项目的环保合规要求与环境公益诉讼风险
工程项目常见的环保合规问题
工程项目未批先建
环评报告的内容不符合法律规定
未按规定要求进行环保设施建设
污染物防治措施不符合规定要求
我国环境公益诉讼的现状和典型案例
国内工程项目的环境公益诉讼风险——以“绿孔雀案”为例
国际工程项目的环境公益诉讼风险——以“巴丹多鲁水电站项目”为例
环境公益诉讼可能给工程项目及相关企业带来的影响
行政处罚风险
民事法律责任
刑事法律责任
融资及舆论风险
工程项目如何防范潜在的环境公益诉讼风险
企业发展战略应符合环保政策导向
完善项目投融资决策机制
谨慎进行项目选址
注意保障环评质量

根据我国法律规定，在进行项目建设时，应先进行环境影响评价，未依法进行环境影响评价的建设项目不得开工建设。我国同时执行“三同时”制度，是指建设项目中防治污染的设施，应当与主体工程同时设计、同时施工、同时投产使用。那么，具体实施项目建设时，常见的环保合规问题有哪些？因环保不合规引发的环境公益诉讼可能给工程项目及相关企业带来什么样的影响？对于此类环境公益诉讼风险又该如何进行防范？本专题将逐一进行阐述。

一、工程项目常见的环保合规问题

工程项目开工前，建设单位应当根据建设项目对环境可能造成的影响大小，编制环境影响报告书、填报环境影响登记表，对建设项目可能造成的环境影响进行评价，并根据规定要求完成环保设施建设。

实践中，工程项目常见的环保合规问题有：

（一）工程项目未批先建

1. 未批先建的主要情形

未批先建，是指建设单位尚未办理环评手续，或者环评手续尚未经批准，擅自开工建设的违法行为。实践中，因为赶工期、完成政绩工程等各种原因，出现了很多未批先建工程。

2. 法律后果

根据2014年4月24日发布的《中华人民共和国环境保护法》（2014年修订，以下简称《环境保护法》）第61条，“建设单位未依法提交建设项目环境影响评价文件或者环境影响评价文件未经批准，擅自开工建设的，由负有环境保护监督管理职责的部门责令停止建设，处以罚款，并可以责令恢复原状”。

同时，2018年12月29日发布的《中华人民共和国环境影响评价法》（2018年修正，以下简称《环境影响评价法》）第31条第1款规定：“建设单位未依法报批建设项目环境影响报告书、报告表，或者未依照本法第二十四条的规定重新报批或者报请重新审核环境影响报告书、报告表，擅自开工建设的，由县级以上生态环境主管部门责令停止建设，根据违法情节和危害后果，处建设项目总投资额百分之一以上百分之五以下的罚款，并可以责令恢复原状；对建设单位直接负责的主管人员和其他直接责任人员,依法给予行政处分。"

(二)环评报告的内容不符合法律规定

1. 环评报告的内容不合法的主要情形

环评报告的内容不符合法律规定的情形主要包括:环评文件直接抄袭、环评文件遗漏关键内容、环评报告记载的数据结论造假以及环评报告所依据的工作程序错误等。

2. 法律后果

根据《环境影响评价法》第 32 条的规定:

(1)针对建设单位:如建设项目环境影响报告书或环境影响报告表存在基础资料明显不实,内容存在重大缺陷、遗漏或者虚假,环境影响评价结论不正确或者不合理等严重质量问题的,由设区的市级以上人民政府生态环境主管部门对建设单位处罚款,并对建设单位的法定代表人、主要负责人、直接负责的主管人员和其他直接责任人员处罚款。

(2)针对技术单位:接受建设单位委托编制建设项目环境影响报告书、环境影响报告表的技术单位,如存在违反国家有关环境影响评价标准和技术规范等规定,致使其编制的建设项目环境影响报告书、环境影响报告表存在基础资料明显不实,内容存在重大缺陷、遗漏或者虚假,环境影响评价结论不正确或者不合理等严重质量问题的,由设区的市级以上人民政府生态环境主管部门对技术单位处所收费用 3 倍以上 5 倍以下的罚款;情节严重的,禁止从事环境影响报告书、环境影响报告表编制工作;有违法所得的,没收违法所得。

如存在前述违法行为的,编制主持人和主要编制人员 5 年内禁止从事环境影响报告书、环境影响报告表编制工作;构成犯罪的,依法追究刑事责任,并终身禁止从事环境影响报告书、环境影响报告表编制工作。

(三)未按规定要求进行环保设施建设

1. 环保设施建设的基本要求

建设单位应当根据建设工程环境影响评价文件以及污染物排放的具体情况,对需要配套建设各类环境保护设施(包括但不限于水污染、大气污染、噪声污染、固体废弃物污染、海洋污染物等方面防治设施)的建设项目,同时实施报告书(表)以及环境影响评价文件审批部门审批意见中提出的环境保护对策措施。在环境保护设施建成后,建设单位应按照国务院环境保护行政主管部门规定的标准和程序,对配套建设的环境保护设施进行验收,编制验收报告并向社会公开。

2. 法律后果

《建设项目环境保护管理条例》(2017 年修订)第 22 条第 2 款规定:"违反本条例规定,建设单位在项目建设过程中未同时组织实施环境影响报告书、环境影响报告表及其审批部门审批决定中提出的环境保护对策措施的,由建设项目所在地县级以上环境保护行政主管部门责令限期改正,处 20 万元以上 100 万元以下的罚款;逾期不改正的,责令停止建设。"第 23 条第 1 款规定:"违反本条例规定,需要配套建设的环境保护设施未建成、未经验收或者验收不合格,建设项目即投入生产或者使用,或者在环境保护设施验收中弄虚作假的,由县级以上环境保护行政主管部门责令限期改正,处 20 万元以上 100 万元以下的罚款;逾期不改正的,处 100 万元以上 200 万元以下的罚款;对直接负责的主管人员和其他责任人员,处 5 万元以上 20 万元以下的罚款;造成重大环境污染或者生态破坏的,责令停止生产或者使用,或者报经有批准权的人民政府批准,责令关闭。"

(四)污染物防治措施不符合规定要求

1. 污染物防治措施的基本要求

施工过程中产生的建筑垃圾,即新建、改建、扩建和拆除各类建筑物、构筑物、管网等以及居民装饰装修房屋过程中所产生的弃土、弃料及其他废弃物,应该按照规定的流程,进行清理处置。针对施工过程中产生的污水、扬尘、噪声等,也应采取污染物防治措施。此外,遇有在城市市区范围内施工和在夜间施工的,还应特别注意采取措施。

2. 法律后果

2020 年 4 月 29 日发布的《中华人民共和国固体废物污染环境防治法》第 111 条规定:"违反本法规定,有下列行为之一,由县级以上地方人民政府环境卫生主管部门责令改正,处以罚款,没收违法所得:……(三)工程施工单位未编制建筑垃圾处理方案报备案,或者未及时清运施工过程中产生的固体废物的;(四)工程施工单位擅自倾倒、抛撒或者堆放工程施工过程中产生的建筑垃圾,或者未按照规定对施工过程中产生的固体废物进行利用或者处置的……单位有前款第一项、第七项行为之一,处五万元以上五十万元以下的罚款;单位有前款第二项、第三项、第四项、第五项、第六项行为之一,处十万元以上一百万元以下的罚款;个人有前款第一项、第五项、第七项行为之一,处一百元以上五百元以下的罚款。"

2017 年 6 月 27 日发布的《中华人民共和国水污染防治法》第 91 条规定:"有下列行为之一的,由县级以上地方人民政府环境保护主管部门责令停止违法行为,处十万元以上五十万元以下的罚款;并报经有批准权的人民政府批准,责令拆除或者关闭:(一)在饮用水水源一级保护区内新建、改建、扩建与供水设施和保护水源无关的建设项目的;(二)在饮用水水源二级保护区内新建、改建、扩建排放污染物的建设项目的;(三)在饮用水水源准保护区内新建、扩建对水体污染严重的建设项目,或者改建建设项目增加排污量的。"

2018 年 10 月 26 日发布的《中华人民共和国大气污染防治法》(2018 年修正)第 115 条规定:"违反本法规定,施工单位有下列行为之一的,由县级以上人民政府住房城乡建设等主管部门按照职责责令改正,处一万元以上十万元以下的罚款;拒不改正的,责令停工整治:(一)施工工地未设置硬质围挡,或者未采取覆盖、分段作业、择时施工、洒水抑尘、冲洗地面和车辆等有效防尘降尘措施的;(二)建筑土方、工程渣土、建筑垃圾未及时清运,或者未采用密闭式防尘网遮盖的。

违反本法规定,建设单位未对暂时不能开工的建设用地的裸露地面进行覆盖,或者未对超过三个月不能开工的建设用地的裸露地面进行绿化、铺装或者遮盖的,由县级以上人民政府住房城乡建设等主管部门依照前款规定予以处罚。"

2018 年 12 月 29 日发布的《中华人民共和国环境噪声污染防治法》(2018 年修正)第 48 条规定:"违反本法第十四条的规定,建设项目中需要配套建设的环境噪声污染防治设施没有建成或者没有达到国家规定的要求,擅自投入生产或者使用的,由县级以上生态环境主管部门责令限期改正,并对单位和个人处以罚款;造成重大环境污染或者生态破坏的,责令停止生产或者使用,或者报经有批准权的人民政府批准,责令关闭。"

2021 年 12 月 24 日发布的《中华人民共和国噪声污染防治法》第 73 条规定:"违反本法规定,建设单位建设噪声敏感建筑物不符合民用建筑隔声设计相关标准要求的,由县级以上地方人民政府住房和城乡建设主管部门责令改正,处建设工程合同价款百分之二以上百分之四以下的罚款……"

二、我国环境公益诉讼的现状和典型案例

2020 年 5 月,最高人民法院发布了《中国环境资源审判(2019)》(白皮书)和《中国环境司法发展报告(2019)》(绿皮书)。可以看出,我国环境公益诉讼案件

的数量呈上涨趋势。2019 年，全国法院共受理环境公益组织提起的环境民事公益诉讼案件 179 件，审结 58 件，同比分别上升 175.4%、262.5%。受理检察机关提起的环境公益诉讼 2309 件，审结 1895 件，同比分别上升 32.9%、51.4%，其中受理环境民事公益诉讼案件 312 件，审结 248 件；受理环境刑事附带民事公益诉讼 1642 件，审结 1370 件；受理环境行政公益诉讼案件 355 件，审结 277 件。受理生态环境损害赔偿案件 49 件，审结 36 件，同比分别上升 145%、350%，其中受理生态环境损害赔偿司法确认案件 28 件，审结 23 件；受理生态环境损害赔偿诉讼案件 21 件，审结 13 件。

除经媒体曝光的环境污染事件外，环保公益组织往往是通过关注行政机关处罚公告、督查结果通报、检察机关公益诉讼线索等信息，在了解潜在的环境公益诉讼线索后再进行筛选。除此之外，环保公益组织还会开通专门的举报热线，甚至会通过与各地环保组织合作等方式，了解当地可能存在污染风险的工程建设项目。

（一）国内工程项目的环境公益诉讼风险——以"绿孔雀案"为例

2017 年，北京市朝阳区自然之友环境研究所（以下简称自然之友）向云南省昆明市中级人民法院提起了环境污染责任纠纷案，被告为中国水电顾问集团新平开发有限公司（以下简称新平公司）、中国电建集团昆明勘测设计研究院有限公司（以下简称昆明设计院）。自然之友在起诉书中主张，云南省红河干流为珍稀濒危物种绿孔雀的最后一片比较完整的栖息地，戛洒江一级水电站建设项目将给该片区域带来破坏性影响，极有可能造成绿孔雀种群的区域性灭绝。因此，自然之友向法院提出了判令新平公司及昆明设计院共同消除戛洒江一级水电站建设对绿孔雀、苏铁等珍稀濒危野生动物以及热带季雨林和热带雨林的侵害危险，立即停止水电站建设，不得截流蓄水，不得对水电站淹没区内植被进行砍伐，并要求新平公司及昆明设计院共同支付自然之友因本案产生的维护社会公共利益的合理费用等诉讼请求。

在自然之友提起环境公益诉讼后，该项目受到舆论的广泛关注。2017 年 7 月 21 日，生态环境部办公厅向新平公司发出《责成后评价函》，责成新平公司就该项目建设开展环境影响后评价，采取改进措施，并报生态环境部备案。生态环境部办公厅同时要求，在后评价工作完成前，戛洒江一级水电站项目不得蓄水发电。

本案历经一审及二审程序，法院结合生态环境部责成新平公司对项目开展后评价工作的情况，及戛洒江一级水电站未对绿孔雀采取任何保护措施等事实，考虑到水电站淹没区生态系统的一体性、完整性以及生态价值的独特性等因素，从生态环境损害后果的严重性来看，案涉项目淹没区动植物种类丰富，生物多样性价值及遗传资源价值无法估量；认定戛洒江一级水电站的建设对以绿孔雀栖息地为代表的淹没区域整个生态系统生物多样性和生物安全存在重大风险，判决新平公司立即停止案涉水电站项目建设，待其按生态环境部要求完成环境影响后评价及备案工作后，再由相关行政主管部门视具体情况依法作出决定。

在诉讼过程中，由于生态保护红线范围的调整，戛洒江一级水电站库区的大部分被划入生态保护红线范围，项目实际上已经无法继续推进。经建设单位新平公司申请，其股东中国电力建设股份有限公司作出了《关于水电顾问集团终止云南省红河（元江）干流戛洒江一级水电站工程建设事项的批复》。戛洒江一级水电站项目在可预见范围内将不再继续开展。

本案是中国首个旨在保护濒危野生动物的预防性环境公益民事诉讼，突破了“无损害即无救济”的诉讼救济理念，开创了在环境损害发生前即提起环境公益诉讼的先河，是《环境保护法》第 5 条“保护优先、预防为主”原则在环境司法中的重要体现，其核心要素是存在对“环境”可能造成重大损害危险的重大风险。本案带来了生态保护的规模效应，为中国未来通过司法制度保护濒危物种和生态系统提供了参考，是近年来中国最具影响力的野生动物保护公益诉讼之一。“绿孔雀案”之后，类似案件层出不穷。

（二）国际工程项目的环境公益诉讼风险——以“巴丹多鲁水电站项目”为例

2012 年，印度尼西亚政府宣布将在巴丹多鲁河上建造一座水电站，印度尼西亚苏门答腊巴丹多鲁（Batang Toru）水电站项目由此展开。该水电站是印度尼西亚当前规模最大的水电站（在建），4 台涡轮机组的总发电量将达到 510 兆瓦。项目总投资高达 16.68 亿美元，单位千瓦投资为 3270 美元；其中 EPC 价格将近 12 亿美元，单位千瓦造价为 2300 美元，预计于 2022 年全面投入运营。本项目由印度尼西亚本土的北苏门答腊水力资源公司（PT North Sumatra Hydro Energy）开发，2017 年 12 月，我国民营上市公司浙富控股集团股份有限公司、中国水电建设集团国际工程有限公司与印度尼西亚巴丹多鲁水电站项目建设及运营主体 NHSE（North Sumatra Hydro Energy）签署了合作框架协议。中国银行作为银团贷款牵头行,与项目公司签署了贷款协议,该银团还包括中国民生银行及中国进出口银行。

为早日完成项目,巴丹多鲁水电站工程于 2017 年 9 月正式开工。当时银行贷款尚未到位。项目开工后不久,因为环境保护问题,遭到了当地环保机构以及平民的强力抵制,反对者担心该项目会破坏多种野生动物的栖息地及增大地震风险。2018 年,印度尼西亚最大的环保组织印尼环境论坛(Wahana Lingkungan Hidup Indonesia,或 Walhi)对巴丹多鲁水电站项目提起了诉讼,主张该项目环评报告不合规,且威胁濒危物种塔帕努里红猩猩的生存环境和当地物种多样性。2018 年 6 月,25 名全球顶尖的环境科学家向印尼总统佐科·维多多联名发出倡议,要求停止对巴丹多鲁地区的进一步开发。环保机构也以写信、拉横幅等方式向中国银行及中国驻印度尼西亚大使馆表达诉求。

在巴丹多鲁水电站项目案一审中,印度尼西亚苏门答腊岛莫丹地方法院根据该水电站的环境可行性报告,认为该项目符合印度尼西亚现行的法律规定,驳回了环保公益组织的诉讼请求。该环保公益组织随后选择了上诉。

2020 年 7 月,印度尼西亚最高法院在终审中,判决巴丹多鲁水电站项目的环评许可完整且有效,环保公益组织再次败诉,巴丹多鲁水电站项目得以继续实施。但是,环境公益诉讼已然给巴丹多鲁水电站项目带来了不可忽视的影响。

三、环境公益诉讼可能给工程项目及相关企业带来的影响

企业或项目如涉及环境公益诉讼,除传统的行政处罚风险外,企业将可能会面临民事、刑事等多方面的法律风险。

(一)行政处罚风险

2014 年《环境保护法》修订后,环境执法行动呈常态化趋势,我国也逐渐加大对环境污染的惩处力度,对于环境违法行为的惩处措施不断增多。企业事业单位和其他生产经营者违反法律法规规定排放污染物,造成或者可能造成严重污染的,县级以上人民政府环境保护主管部门和其他负有环境保护监督管理职责的部门,可以查封、扣押造成污染物排放的设施、设备。

以土壤污染防治为例,2019 年 1 月 1 日,《中华人民共和国土壤污染防治法》(以下简称《土壤污染防治法》)开始实行后,随着土壤执法工作的深入,相关污染防治行政责任诉讼也不断增多。例如,对于建设用地地块,如未达到土壤污染风

险评估报告确定的风险管控、修复目标的,将因违反《土壤污染防治法》的规定而受到处罚,除项目停工及罚款外,建设单位还可能被责令停止建设相关项目,以及被吊销相关许可证等。

(二)民事法律责任

根据《民法典》第 1230 条,因污染环境、破坏生态发生纠纷,行为人应当就法律规定的不承担责任或者减轻责任的情形及其行为与损害之间不存在因果关系承担举证责任。由于举证责任倒置,在环境公益诉讼中建设单位自始居于不利地位。同时,由于国家对于环境公益诉讼的支持,环境污染的追责主体不断扩大,环境公益诉讼中原告的证据取得也更加便捷。例如,原告可以通过全国排污许可证管理平台查询具体项目是否具有排污许可证及是否到期、排污是否超量等,也可以从各省重点污染源自行监测信息公开平台查询具体项目的相关污染信息,还可以充分利用被告公示的相关报告。由于原告取证及举证难度的下降,建设工程项目面临环境公益诉讼的风险也随之增加。

除此之外,在环境公益诉讼中,原告常常会提出"在媒体上对工程项目破坏生态环境的行为公开赔礼道歉"、"消除工程项目建设对生态环境侵害的危险"、"赔偿生态环境受到损害至恢复原状期间服务功能损失费用"以及"永久停止案涉建设项目"等诉讼请求。其中,前三项诉讼请求如果得到法院支持的话,建设单位往往需要按照要求限期实施生态环境修复工作,并赔偿一定数额的生态环境修复费用,在原告、支持起诉单位和社会公众监督下用于生态修复以及自然保护区内的其他生态治理,该笔款项通常为数百万元。但是,如果法院支持原告"永久停止案涉建设项目"的诉讼请求,会导致项目前期准备及施工阶段的人力及资金投入无法收回,因项目终止而产生的一系列违约也可能使建设单位面临更多纠纷和损失。

(三)刑事法律责任

2021 年 6 月 15 日,中共中央印发了《关于加强新时代检察机关法律监督工作的意见》,明确要求检察机关积极稳妥拓展公益诉讼案件范围。该意见将"加大生态环境和资源保护"列为公益诉讼的重点领域之一。随着检察机关对环境公益诉讼案件的关注和介入的提升,建设工程项目的环保压力会进一步扩大。与环保公益组织相比,检察机关的权限更大,且检察机关完全可能视情况依法启动刑事程序，排污者将有可能面临严重的刑事风险。

建设工程项目在环境影响评价及相关审批阶段可能涉及出具证明文件重大失实罪、提供虚假证明文件罪以及环境监管失职罪等。在项目开工建设及运营阶段可能涉及的环境刑事责任主要有污染环境罪、投放危险物质罪、过失投放危险物质罪、非法储存危险物质罪、危险物品肇事罪、妨害公务罪、非法处置进口的固体废物罪、擅自进口固体废物罪、走私废物罪、非法占用农用地罪。

在上述罪名中，最常见的为“污染环境罪”。根据2020年12月26日发布的《中华人民共和国刑法》（2020年修正，以下简称《刑法》）第338条规定，污染环境罪是指违反国家规定，排放、倾倒或者处置有放射性的废物、含传染病病原体的废物、有毒物质或者其他有害物质，严重污染环境，应受到刑事处罚的行为。构成污染环境罪的，处3年以下有期徒刑或者拘役，并处或者单处罚金；情节严重的，处3年以上7年以下有期徒刑，并处罚金。在项目实施过程中雇请无危险废物经营许可资质的他人清理、转运、倾倒施工现场垃圾，土方回填项目违规倾倒垃圾导致地块周边污染等行为都可能构成污染环境罪。

（四）融资及舆论风险

环境保护的相关舆论监督机制将会不断完善，环境治理能力将在技术进步与结构效应基础之上不断改善，舆论对于环境保护的关注度逐渐上升。在我国，自然之友等环境公益组织正慢慢发展壮大，舆论和大众的环境意识也已慢慢觉醒，工程项目可能存在的环境公益诉讼风险越来越不容小觑。

以印度尼西亚巴丹多鲁水电站项目为例，2019年3月，中国银行在其英文官网发表声明，表示其已经注意到一些环保组织对印度尼西亚巴丹多鲁水电站项目的关注，并声称中国银行将对项目进行认真评估，从促进绿色金融、履行社会责任、遵守商业原则等方面进行慎重决策。这也影响了该项目后续的放贷进度。对电力开发等大型工程项目而言，断贷、抽贷的影响是巨大的。由于银行贷款迟迟未到账，浙富控股集团股份有限公司竭力以自有流动资金为项目注资，才得以保证工程进度，继续推进该项目。

四、工程项目如何防范潜在的环境公益诉讼风险

如何控制项目建设对当地生态系统和生物多样性的影响，实现地区经济发展和生态环境保护的兼顾，避免涉入环境公益诉讼，已经成为建设工程项目众多参

与者亟待解决的一个问题。为防范环境公益诉讼风险,在建设工程项目中可以关注以下要点:

(一)企业发展战略应符合环保政策导向

2016 年,中国《"十三五"生态环境保护规划》(2016—2020)明确提出"构建生态廊道和生物多样性保护网络,全面提升各类自然生态系统稳定性和生态服务功能"。2020 年 8 月,中国环境与发展国际合作委员会(China Council for International Cooperation on Environment and Development ,CCICED)也向中国政府提出了一系列政策建议,倡导将"基于生态保护红线和保护区的生态廊道建设目标"纳入联合国《生物多样性公约》2020 年后全球生物多样性保护框架中。主题为"生态文明:共建地球生命共同体"的联合国《生物多样性公约》第十五次缔约方大会于 2021 年 10 月在昆明举行,有 196 个缔约方、联合国有关机构、相关国际组织等官员参会,共同就全球生物多样性保护目标进行磋商。

对工程项目投资人而言,有必要顺应政策导向,从只注重经济发展到可持续建设、绿色建设的方向转变,将对生态环境的保护纳入企业发展战略层面,从源头上建立防范机制。

(二)完善项目投融资决策机制

当前,世界银行、亚洲开发银行、亚洲基础设施投资银行等多边金融机构在投融资项目层面,都已经具备较成熟的环境社会保障政策,可以相对准确地识别区域层面的生物多样性风险。相较之下,中资金融机构在环境社会风险管理上尚处于发展阶段,仍然具有很大的进步空间。尽管国内的主要银行基本上都设有环境尽职调查,但大多数还处于传统的环评报告层面,缺乏对于跨境、跨行业及长期的环境风险识别和管理能力。

而对于项目的建设单位、投资方及工程承包商而言,在进行项目投资决策时,更应提前关注环保问题对回款安全及投资稳定性的影响,否则忽略环境保护因素可能会导致项目中断或终止。绿色金融与投资是未来发展的趋势,项目参与方有必要从项目带来的经济、环境、社会等多方面的效益进行考虑,将预防性的环境保护建设费用纳入项目的投资成本中进行核算,通过引入开发性金融或公益型资本与一般商业资金相结合的混合融资(Blended Finance)模式降低相关建设项目的投融资成本。

(三)谨慎进行项目选址

建设工程的选址过程中,应确认选址具体位置、平面布置,选址选线周围的环境敏感点,拟定的水源和排放点、纳污水体,拟定的大气污染物排放源和固体废物去向,厂址的土地性质和归属等。若涉及自然保护区、风景名胜区、饮用水源保护区、基本农田保护区以及其他需要特殊保护的区域的,应当谨慎考量生态环境保护相关因素。

除此之外,建设项目还应谨慎处理需要开展风险管控或治理修复的区域,确认待施工地块是否曾为化工厂等重度污染源厂址。以重庆某小区的开发项目为例,该小区为重庆某农药公司原厂址,在修复工程通过评估后,该地块经过招拍挂程序,由某开发商竞得,后进行了房地产项目开发。然而,在建设施工过程中,异味土壤点被陆续发现,为此,项目产生了异味土壤治理工程的增量部分。尽管该项目已经取得预售许可证且开始销售,但直至临近交房日期,异味土壤清运也未能完成。由于场地土壤污染问题未解决,暂不满足住宅用地土壤环境质量要求,开发商发出的房屋交付通知被当地生态环境局紧急叫停。在生态环境局的发文中,政府部门明确要求"不得开展与土壤污染治理无关的建设活动。在项目场地完成治理并通过验收前,不得将房屋交付购房者使用"。最终,由于土地质量迟迟未能达到交付条件,开发商被迫与小业主们解除商品房买卖合同,也为此支付了巨额的违约金。

(四)注意保障环评质量

第一,突出建设单位主体责任。建设单位在项目开工前应依法依规组织开展环评工作,并对环评文件内容和结论负责。在委托技术单位编制环评文件时,可参考环评信用平台和生态环境部门相关考核结果,选用信用良好、技术能力强的环评单位,并在合同中明确环评文件质量要求。在环评过程中应当如实提供相关基础资料,加强组织管理,掌握环评工作进展,查阅环评文件的资料和档案,并对环评文件的内容和结论进行审核。建设单位应与环评单位共同研究制定生态环境保护措施,落实环境保护投入和资金来源。对编制环境影响报告书的项目,应按要求开展环评公众参与工作,对公众参与的真实性和结果负责。

第二,强化环评单位直接责任。环评单位对环评文件内容和结论承担相应责任。应当建立覆盖全过程的质量控制制度,形成可追溯的编制工作完整档案。应当对有关单位提供的技术报告、数据资料等进行审核。确保环评文件内容真实、客观、全面和规范,如实向建设单位反映环评结论。编制主持人应当组织现场踏勘,全过程组织参与环评文件编制工作,并加强统筹协调。

结语

自 2015 年起,随着《环境保护法》《土壤污染防治法》《大气污染防治法》《环境噪声污染防治法》等相关法律法规的先后修订,我国环境领域的执法越来越严,因环保不合规导致项目停工、停建的情形时有发生。另外,环境公益诉讼案件数量也呈现了逐年上涨的态势。根据最高人民法院发布的《中国环境资源审判(2019)》(白皮书)和《中国环境司法发展报告(2019)》(绿皮书),2019 年后环境公益诉讼案件呈现了陡增趋势。这就要求企业在投资或参与项目建设时,高度重视环境问题,把环保合规列为与造价控制、工期控制、质量控制同等重要的问题。笔者认为,企业在投资决策环节就应高度关注环境问题,谨慎进行项目选址,重视环评报告并确保环评文件不流于形式,最大程度降低环境问题可能给项目建设造成的不利影响。

专题十四

环境基础设施项目的环保合规

【本专题内容概览】

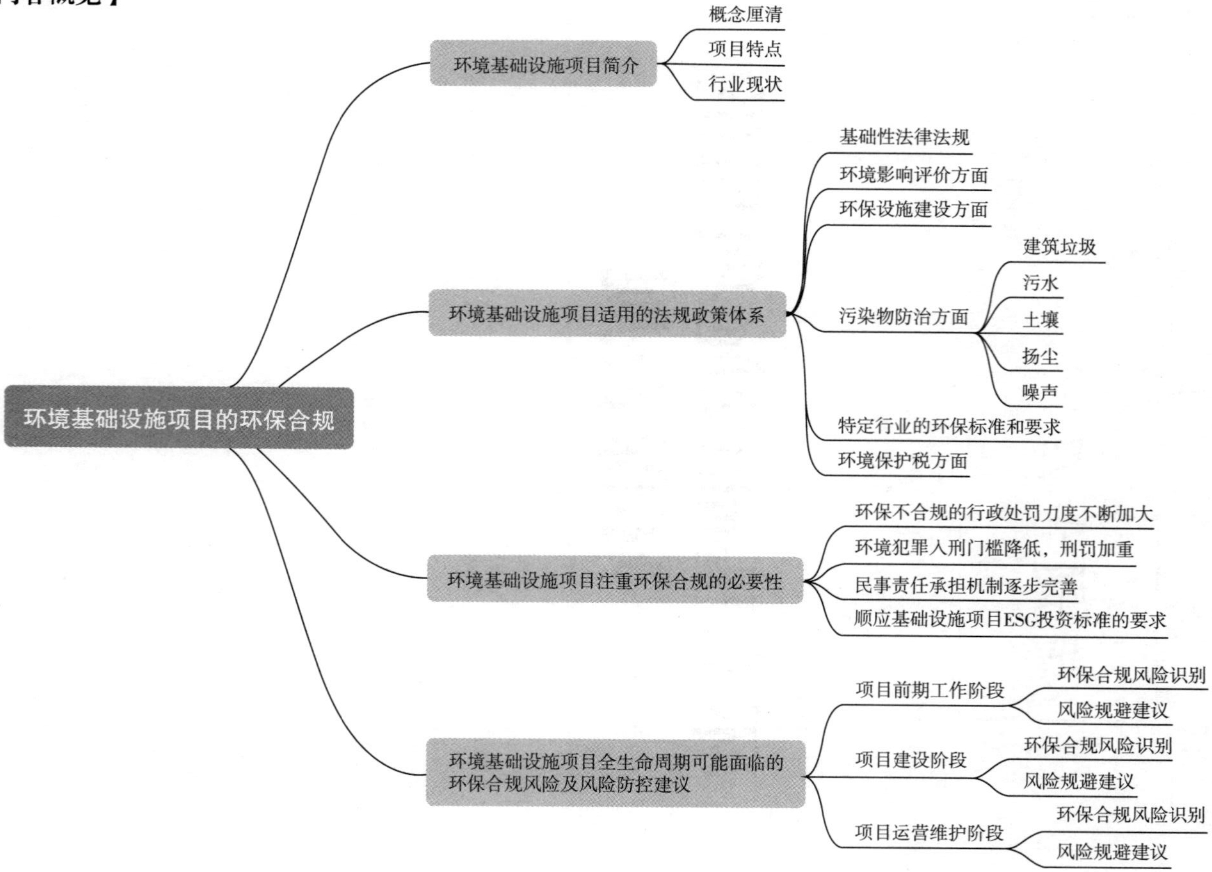

环境基础设施项目的环保合规
环境基础设施项目简介
概念厘清
项目特点
行业现状
环境基础设施项目适用的法规政策体系
基础性法律法规
环境影响评价方面
环保设施建设方面
污染物防治方面
建筑垃圾
污水
土壤
扬尘
噪声
特定行业的环保标准和要求
环境保护税方面
环境基础设施项目注重环保合规的必要性
环保不合规的行政处罚力度不断加大
环境犯罪入刑门槛降低，刑罚加重
民事责任承担机制逐步完善
顺应基础设施项目ESG投资标准的要求
环境基础设施项目全生命周期可能面临的环保合规风险及风险防控建议
项目前期工作阶段
环保合规风险识别
风险规避建议
项目建设阶段
环保合规风险识别
风险规避建议
项目运营维护阶段
环保合规风险识别
风险规避建议

近年来，在“绿水青山就是金山银山”的理念指引下，生态治理与环境保护越发受到重视，随着我国环境保护方面的法规政策日趋完善，建设项目环保合规标准不断得到完善，而环境基础设施项目作为身处生态治理修复与环境保护第一线的基建设施，面临着更高的环保合规要求。本专题将对环境基础设施项目的行业现状、适用法规政策进行介绍，分析此类项目开展环保合规的必要性，对其在全生命周期内的环保合规风险进行识别并提出切实可行的防控建议。

一、环境基础设施项目简介

（一）概念厘清

目前，对于环境基础设施项目并无法律层面的明确定义。在具体项目类型上，结合财政部政府和社会资本合作中心“全国 PPP 综合信息平台项目管理库”中“生态建设和环境保护”行业分类下的项目信息，笔者认为，环境基础设施项目是为保护生态环境目的所实施的基础设施建设类项目，可以包括：流域综合治理、城乡污水处理、城乡垃圾处理、植树造林与湿地建设、生态修复与环境综合治理、土地的保护与利用、固体废弃物处理等。

（二）项目特点

环境基础设施项目与其他行业基础设施项目的不同之处在于，生态环保基础设施项目直接为生态治理修复与环境保护服务，其对于生态环境的影响是直接性的。一方面，环境基础设施项目的产出能够直接改善与提升项目所在地的生态环境，为当地居民创造更为友好的生产生活环境；另一方面，环境基础设施项目在建设和运营维护过程中，直接接触生态破坏和环境污染的因素（物质），若操作不慎，极易引发严重的生态破坏和环境污染事件。因此，环境基础设施项目的这一特点，决定了其在环保合规方面的要求相较于其他行业基础设施项目更为严格。

（三）行业现状

生态环境部于 2020 年 11 月 6 日发布《2020 中国环保产业发展状况报告》，对 2019～2020 年我国环保产业的规模、分布、结构、发展能力、发展环境、进展、存在的主要问题、发展趋势等方面进行了综合分析。根据该报告数据，经测算，2019

年全国环保产业营业收入约 17800 亿元,较 2018 年增长约 11.3%,其中环境服务营业收入约 11200 亿元,同比增长约 23.2%;从投融资能力看,2019 年环保产业融资以银行及信用社贷款为代表的间接融资方式为主,水污染防治、固体废物处理处置与资源化领域依然为年度环保产业投资热点,与 2018 年相比,2019 年上述企业环境治理项目投资额提高了 32.4%。但是,我国环保产业发展仍面临诸多问题,主要表现为项目过度依赖政府资金投入,环境治理需求向市场化转化难,环保产业可持续发展难度加大;政企合作地位不对等,地方政府处于绝对主导地位,贯穿项目全生命周期,沟通博弈成本大;价费机制不健全,产业持续发展动力不足;项目实施重工程建设轻运行维护,项目自身造血能力差、实施模式不成熟等。

二、环境基础设施项目适用的法规政策体系

环境基础设施项目作为特定行业的建设项目,首先应当遵循建设项目通用的环保合规法律体系,在此基础上还应符合特定行业的环保标准或要求。

(一)基础性法律法规

我国早在 1989 年就出台了《环境保护法》,对我国环境保护及防治污染工作作出规定。其后,为了对建设项目环境保护进行专门规范,我国又于 1998 年 11 月 29 日颁布《建设项目环境保护管理条例》,作为规范建设项目环保合规、防止建设项目产生新的污染、破坏生态环境的重要法规。该两部法律法规在发布后又历经修订,与其他一系列配套法规及政策文件,共同构建起我国建设项目环保合规法律体系。

(二)环境影响评价方面

根据《环境保护法》《环境影响评价法》等相关规定,我国实行建设项目环境影响评价制度,建设项目在建设前应当开展环境影响评价,并根据项目对环境可能造成影响的大小制作相应的评价文件(环境影响报告书、环境影响评价表或环境影响登记表),未依法进行环境影响评价的建设项目不得开工建设。

(三)环保设施建设方面

若建设项目可能会对环境产生影响,则根据其前期环境影响评价文件、污染

物排放具体情况以及行政主管部门对项目环境影响评价文件的审核结果，项目需要配套建设各类环境保护设施，用以防治项目建设、运营维护过程中可能产生的环境污染以及生态破坏。根据《环境保护法》第 41 条的规定，建设项目中防治污染的设施，应当与主体工程同时设计、同时施工、同时投产使用；防治污染的设施不得擅自拆除或者闲置。

（四）污染物防治方面

基础设施项目建设、运营维护过程中，可能产生多种污染物，根据相关法律法规政策文件的要求，项目建设单位、运营维护单位需要针对不同类型污染物采取不同的污染防治措施：

1. 建筑垃圾

根据 2005 年 3 月 23 日发布的《城市建筑垃圾管理规定》（建设部令第 139 号）、《固体废物污染环境防治法》等相关规定，建设项目的建设单位应当及时清运工程施工过程中产生的建筑垃圾，并按照城市人民政府市容环境卫生主管部门的规定处置，遵守相关行政审批及操作流程要求，防止污染环境。

2. 污水

我国实行污水排放许可制度，根据《水污染防治法》、2013 年 10 月 2 日发布的《城镇排水与污水处理条例》（国务院令第 641 号）等相关法律法规规定，对于项目建设、运营维护过程中产生的污水，项目建设单位、运营维护单位应当取得排污许可证，污水应该按照相关规定要求进行处理和排放。

3. 土壤

根据《土壤污染防治法》等相关规定要求，项目建设单位应当采取有效措施，防止、减少土壤污染，项目开工建设前依法进行环境影响评价，在环境影响评价文件中应当包括对土壤可能造成的不良影响及应当采取的相应预防措施等内容；对于建设和运行污水集中处理设施、固体废物处置设施，项目建设单位应当依照法律法规和相关标准的要求，采取措施防止土壤污染。

4. 扬尘

根据《大气污染防治法》等相关规定要求，项目建设单位应当向负责监督管理扬尘污染防治的主管部门备案，并在项目建设、运营维护过程中采取设置硬质密闭围挡、覆盖、分段作业、择时施工、洒水抑尘、冲洗地面和车辆等有效防尘降尘措施，有效防治扬尘污染。

5. 噪声

根据《环境噪声污染防治法》等相关法规的要求，对于项目建设、运营维护过程中所产生的干扰周围生活环境的声音，项目建设单位、运营维护单位应当采取措施进行治理，必须保持防治环境噪声污染的设施的正常使用；如果项目施工过程中使用机械设备可能产生环境噪声污染，则在工程开工 15 日以前，施工单位必须向工程所在地县级以上地方人民政府生态环境主管部门申报该工程的项目名称、施工场所和期限、可能产生的环境噪声值以及所采取的环境噪声污染防治措施的情况；在城市市区噪声敏感建筑物集中区域内，禁止夜间进行产生环境噪声污染的建筑施工作业。

（五）特定行业的环保标准和要求

对于污水、垃圾等污染物处理类的环保设施，除需满足建设项目的通用环保合规要求外，还需要符合处理后污染物排放的国家标准、地方标准或行业标准。例如，针对城镇污水处理厂排放的污染物，原国家环境保护总局（已撤销）于 2002 年发布了《城镇污水处理厂污染物排放标准》（GB 18918—2002），浙江省人民政府于 2018 年批准发布了省级强制性地方标准《城镇污水处理厂主要水污染物排放标准》（DB 33/2169—2018）等。

（六）环境保护税方面

根据 2018 年 1 月 1 日发布的《中华人民共和国环境保护税法》（2018 年修正，以下简称《环境保护税法》）的相关规定，如果基础设施项目直接向环境排放污染物，则其建设单位、运营单位应当作为环境保护税的纳税人，根据《环境保护税法》所附的《环境保护税税目税额表》《应税污染物和当量值表》规定的大气污染物、水污染物、固体废物和噪声，及时足额缴纳税款。但是，如果基础设施项目向依法设立的污水集中处理、生活垃圾集中处理场所排放应税污染物，或在符合国家和地方环境保护标准的设施、场所贮存或者处置固体废物，则不属于直接向环境排放污染物，项目建设、运营单位不需要缴纳相应污染物的环境保护税。

三、环境基础设施项目注重环保合规的必要性

（一）环保不合规的行政处罚力度不断加大

我国环保合规监管随着环保法规的修订而日趋严格，适应相关法规的监管要

求、对生态环保基础设施项目开展环保合规工作是项目得以顺利实施的重要保障。一旦项目环保合规工作不到位导致环境污染、生态破坏等严重后果，将会给项目及其建设单位、运营维护单位带来行政处罚的风险。2014 年最新修订的《环境保护法》对环境污染和生态破坏的行政处罚力度不断加大。该法第 59 条确定了按日连续处罚机制，这使违法排放污染物的企事业单位和其他生产经营者受到的行政处罚上不封顶。

澎湃新闻与公众环境研究中心（Institute of Public and Environmental Affairs，IPE）联合发布的《中国上市公司环境绩效动态榜单和解读报告》显示，国中（秦皇岛）污水处理有限公司因水污染物排放超标问题多次被环保部门处以罚款，仅 2019 年以来，该公司就涉及 9 次环境行政罚款，累积金额 1500 余万元。

（二）环境犯罪入刑门槛降低，刑罚加重

《刑法》第 338 条规定了污染环境罪，将危害行为描述为“排放、倾倒或者处置有放射性的废物、含传染病病原体的废物、有毒物质或者其他有害物质，严重污染环境”，而最高人民法院、最高人民检察院于 2016 年 12 月 23 日发布的《关于办理环境污染刑事案件适用法律若干问题的解释》扩大了“严重污染环境”的情形，进行了更为详细具体的列举；2020 年 12 月 26 日，全国人大常委会审议通过的《中华人民共和国刑法修正案（十一）》[以下简称《刑法修正案（十一）》]第 40 条，进一步对《刑法》第 338 条进行修改，对于四类情形加重一档刑期，处 7 年以上有期徒刑，并处罚金。

（三）民事责任承担机制逐步完善

2021 年 1 月 1 日开始施行的《民法典》侵权责任编第七章专章规定了“环境污染和生态破坏责任”，因污染环境、破坏生态造成他人损害的，侵权人应当承担侵权责任。而最高人民法院《关于审理环境民事公益诉讼案件适用法律若干问题的解释》（2020 年修正）则在原有法规和司法解释的基础上进一步完善了我国的环境公益诉讼制度。

（四）顺应基础设施项目 ESG 投资标准的要求

ESG 是英文 Environmental（环境）、Social（社会）和 Governance（治理）的缩写，其基本理念是关注企业环境、社会、治理绩效，而非仅关注传统的财务绩效。

通过构建 ESG 评价体系,投资者可以考察企业 ESG 绩效,评估其投资行为和企业(投资对象)在促进经济可持续发展、履行社会责任等方面的贡献。而生态环保基础设施项目,尤其是利用世界银行、亚洲开发银行等外国金融机构贷款建设运营的项目,对于 ESG 方面的合规要求较高,生态基础设施项目开展环保合规工作也能够顺应 ESG 投资理念的高标准要求。

四、环境基础设施项目全生命周期可能面临的环保合规风险及风险防控建议

环境基础设施项目的实施过程,主要可以分为前期工作阶段、建设阶段、运营维护阶段等。在项目实施的全生命周期内的各阶段,环境基础设施项目会面临不同的环保合规风险。

(一)项目前期工作阶段

1. 环保合规风险识别

在项目前期工作阶段,环境基础设施项目尚未开始建设及运营维护,本阶段主要工作包含项目勘察设计、报批报建(含对项目开展环境影响评价)、征地拆迁及建设场地通平等。因此,本阶段主要项目潜在环保合规风险在于:

(1)环境基础设施项目参与方对于项目所在地土壤、水环境、空气及其他环境条件的现状及其周边的环境历史沿革没有清晰准确的认知,对项目未来可能面临的环保风险预估不足;

(2)项目环境影响评价不充分、不到位,环境影响评价文件要求采取的环保措施不能满足项目环保合规要求。

2. 风险规避建议

针对项目环境现状及过往环境历史沿革不清晰、对项目未来可能面临的环保风险预估不足的风险,建议委托第三方专业机构对项目所在地及其周边开展详尽的环保尽职调查,全面充分地了解项目所在地及其周边过往是否存在环境污染、生态破坏事件,是否造成严重后果,该等环境污染、生态破坏事件的影响是否已经通过污染治理与生态修复得到消除,是否会对环境基础设施项目的后续建设和运营维护产生负面影响,等等。

针对项目环境影响评价不充分、不到位的风险,建议在开展前期环保尽职调查、对项目所在地及其周边地区环保历史沿革有着充分认知的基础之上,综合把

据项目环境影响评价工作的深度和广度,并在设计项目预备建设的环保设施和采用的环保措施时留出足够的设计冗余,以应对项目建设、运营维护过程中可能突发的环境污染、生态破坏事件。

(二)项目建设阶段

1. 环保合规风险识别

在项目建设阶段,环境基础设施项目所面临的潜在环保合规风险主要包括:(1)环保设施建设不到位;(2)环保设施验收手续不完备;(3)项目建设过程中污染物防治不到位。

2. 风险规避建议

针对项目环保设施建设不到位的风险,建议项目建设单位严格按照项目环境影响评价文件中的环保设施标准要求进行项目环保设施建设,并按照《环境保护法》的要求,确保项目环保设施与主体工程同时设计、同时施工、同时投产使用。

针对项目环保设施验收手续不完备的风险,建议项目建设单位严格遵循基础设施项目建设流程,做好环评设施的验收及备案工作,在项目建设完成后及时办理排污许可申请。

针对项目建设过程中污染物防治不到位的风险,建议项目建设单位严格遵守环境影响评价文件中的污染防治措施,并按照《大气污染防治法》《环境噪声污染防治法》《固体废物污染环境防治法》《土壤污染防治法》《水污染防治法》等法律的要求,对项目建设过程中产生的扬尘、废水、噪声、建筑垃圾等污染物依法合规进行处置,避免对生态环境产生污染或破坏。

(三)项目运营维护阶段

1. 环保合规风险识别

环境基础设施项目建设完成后即进入运营维护期,环境基础设施项目开始发挥其环境保护和生态修复的功能,为社会公众提供符合标准的公共服务。在运营维护阶段,项目所面临的潜在环保合规风险主要有:(1)未能建立健全项目运营环境合规体系;(2)项目运营维护过程中污染物防治不到位。

2. 风险规避建议

环境基础设施项目的运营维护期一般较长,这要求项目运营维护阶段的环保合规工作需要具备可持续性与长效性。建议项目运营维护单位依照环境影响评价文件的要求和各项环保法规政策的规定，建立健全与项目运营特点、运营维护人员结构与能力相匹配的环保合规管理体系，制定切实可行的各项环境管理制度、污染物处置制度、岗位操作手册、环境台账与记录等配套制度、文件，全方位无死角地监控、排查项目运营维护过程中可能出现的环保合规风险。

针对项目运营维护过程中污染物防治不到位的风险，建议项目运营维护单位严格落实环境影响评价文件中的污染防治措施，并按照《大气污染防治法》《环境噪声污染防治法》《固体废物污染环境防治法》《土壤污染防治法》《水污染防治法》等法规要求，对项目运营维护过程中产生的扬尘、废水、噪声、固体废弃物等污染物依法合规进行处置，避免对生态环境产生污染或破坏。

结语

“打铁必须自身硬”，环境基础设施项目作为能够直接提升和改善项目所在地及周边地区生态环境的基础设施项目，只有项目自身在环保合规方面做到“高标准、严要求”，才能更好地产出为社会公众改善生态环境的公共服务产品。环境基础设施项目各参与方应当在项目全生命周期各阶段充分预估风险并采取切实有效的风险防控措施，确保项目自身环保合规达标，让环境基础设施项目真正发挥治理环境污染、修复生态破坏方面的功能，还人民一片绿水青山，为“绿水青山就是金山银山”打下坚实的基础。

专题十五

“高质量发展”时代，节能改建工程风险管理

【本专题内容概览】

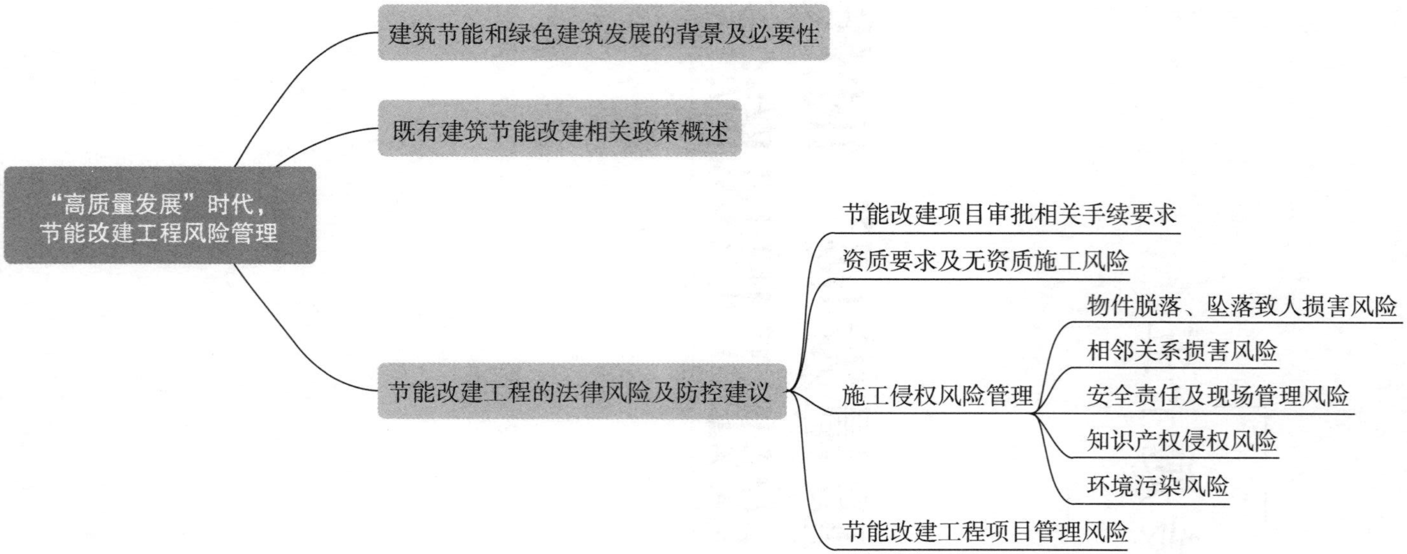

“高质量发展”时代，节能改建工程风险管理
建筑节能和绿色建筑发展的背景及必要性
既有建筑节能改建相关政策概述
节能改建工程的法律风险及防控建议
节能改建项目审批相关手续要求
资质要求及无资质施工风险
施工侵权风险管理
物件脱落、坠落致人损害风险
相邻关系损害风险
安全责任及现场管理风险
知识产权侵权风险
环境污染风险
节能改建工程项目管理风险

2017年10月18日，习近平总书记在党的十九大报告中指出，坚持人与自然和谐共生，必须树立和践行“绿水青山就是金山银山”的理念，坚持节约资源和保护环境的基本国策；2018年5月，习近平总书记又在全国生态环境保护大会上指出，要通过加快构建生态文明体系，确保到2035年，生态环境质量实现根本好转，美丽中国目标基本实现。

2020年5月28日，十三届全国人大三次会议表决通过了《民法典》，自2021年1月1日起施行。《民法典》将“绿色原则”作为一项基本法律原则，要求民事主体从事民事活动，应当有利于节约资源、保护生态环境。

2020年9月22日，习近平总书记在第七十五届联合国大会上讲话时提出，中国二氧化碳排放力争于2030年前达到峰值，努力争取2060年前实现碳中和，用时约30年。2020年，中央经济工作会议明确将做好碳达峰、碳中和工作确定为2021年八大重点任务之一。

从“节约资源、保护环境”的基本国策，到“绿色原则”作为基本法律原则，再到“碳达峰”“碳中和”的目标……这些理论及实践要求的变化，意味着现阶段经济发展的要求，不仅是从“粗放型”向“集约型”的转变，更是向“高质低碳发展”的转变。而如何降低能耗、提高资源利用效率，是“高质低碳发展”时代的一大重点和焦点。

一、建筑节能和绿色建筑发展的背景及必要性

工业、交通与建筑是当今能源消耗的三个主要领域。自2000年以来，全球建筑领域的能源消耗稳步增加。根据相关数据统计，2018年，建筑建造和运行的终端能源消耗占全球总能耗的35%，其中建造能耗占6%，运行能耗占30%（国际能源机构2020年数据）。根据清华大学建筑节能研究中心的核算结果，2018年中国建筑能耗占全社会总能耗的37%，建筑领域相关二氧化碳排放占全社会二氧化碳总排放量42%。建筑领域能耗和二氧化碳排放占比均略高于全球整体水平（清华大学建筑节能研究中心2020年研究数据）。

2030年实现碳达峰和2060年实现碳中和目标的提出，对建筑领域能源结构的转型提出了新的要求。一方面需要控制建筑总体规模，另一方面则需要推进建筑节能和绿色建筑发展。根据清华大学气候变化与可持续发展研究院发布的

《〈中国长期低碳发展战略与转型路径研究〉综合报告》，过去 20 年中，中国已经完成了大量的房屋和基础设施建设，中国人均建筑面积已经接近发达国家水平，甚至已经超过部分欧洲和亚洲发达国家，即便城镇化率未来继续增长，按照现有人均建筑面积水平，需要新增的房屋规模也十分有限。因此，在下一阶段，建筑领域将由大规模建设逐渐转为大规模维修、改造和功能提升，即由“大拆大建”转为“延寿升质”。

而既有建筑节能改建，是缓解能源短缺，提高能源利用的重要手段，是实现节能减排目标的重要组成部分，对实现碳达峰、碳中和目标具有重要意义。如何降低建筑在用电、供暖和制冷等方面造成的直接或间接二氧化碳排放，是建筑领域未来发展面临的主要挑战和机遇。

二、既有建筑节能改建相关政策概述

节能是社会发展不可忽视的重要因素和环节，受到各界尤其是建筑领域的关注和重视。节能改建可以最大程度减低能源消耗、合理利用资源，同时减少环境的压力，提高经济效益和生态效益。建筑节能法治化是推进建筑节能的根本保证。

为了解决我国能源日益紧迫与经济快速增长的矛盾，全国人大常委会 1997 年颁布了《中华人民共和国节约能源法》，2005 年又颁布了《中华人民共和国可再生能源法》，其中都包含了建筑节能的指导性规定。

由于建筑节能的重要性和特殊性，迫切需要以行政法规的形式，就建筑节能相关主体的权利和义务、法律责任、管理办法等进行细化，国务院相关部门于 2005 年及 2006 年相继发布了以下文件：

1. 2005 年 4 月 15 日，原建设部发布《关于新建居住建筑严格执行节能设计标准的通知》，对新建居住建筑节能各方责任进行了严格界定。

2. 2005 年 5 月 31 日，原建设部发布《关于发展节能省地型住宅和公共建筑的指导意见》：以建筑“四节”（节能、节地、节水、节材）为工作重点和突破口，并确定了我国建筑节能总体目标：到 2020 年，我国住宅和公共建筑建造与使用的能源资源消耗水平要接近或达到现阶段中等发达国家的水平。

3. 2006 年 1 月 1 日，原建设部发布实施新版《民用建筑节能管理规定》，与 2000 年颁布的《民用建筑节能管理规定》相比，新规定更明确和细化，以更好地加强民用建筑节能管理，提高能源利用效率，改善室内热环境质量。

4.2008 年 8 月 1 日,国务院发布《民用建筑节能条例》,首次专门针对民用建筑节能公开立法。

我国现行建筑节能法律法规政策文件如表 15 - 1 所示。

表 15 - 1 现行建筑节能法律法规政策文件

分类	文件名称	发文字号	发布部门	实施时间
法律	《中华人民共和国节约能源法》(2018 年修正)	中华人民共和国主席令第 16 号	全国人大常委会	2018 - 10 - 26
	《中华人民共和国循环经济促进法》(2018 年修正)	中华人民共和国主席令第 16 号	全国人大常委会	2018 - 10 - 26
	《中华人民共和国可再生能源法》(2009 年修正)	中华人民共和国主席令第 23 号	全国人大常委会	2010 - 04 - 01
行政法规	《公共机构节能条例》(2017 年修订)	中华人民共和国国务院令第 676 号	国务院	2017 - 03 - 01
	《民用建筑节能条例》	中华人民共和国国务院令第 530 号	国务院	2008 - 10 - 01
部门规章	《民用建筑节能管理规定》	中华人民共和国建设部令第 143 号	建设部(已撤销)	2006 - 01 - 01
规范性文件	《关于印发绿色建筑创建行动方案的通知》	建标〔2020〕65 号	住房和城乡建设部等	2020 - 07 - 15
	《关于印发建筑节能与绿色建筑发展“十三五”规划的通知》	建科〔2017〕53 号	住房和城乡建设部	2017 - 03 - 01
	《关于印发“十三五”节能减排综合工作方案的通知》	国发〔2016〕74 号	国务院	2016 - 12 - 20
	《民用建筑节能信息公示办法》	建科〔2008〕116 号	住房和城乡建设部	2008 - 07 - 15
	《民用建筑工程节能质量监督管理办法》	建质〔2006〕192 号	建设部(已撤销)	2006 - 07 - 31

三、节能改建工程的法律风险及防控建议

节能改建工程项目由于参与主体众多、施工工艺复杂,影响因素众多,存在不

可忽视的诸多风险。同时,由于节能改建项目的运行周期相对较长,众多项目影响因素间存在复杂的关联关系,项目风险防控的难度也因此进一步增加。因此,有必要通过识别并分析节能改建工程项目各阶段的风险,探究风险防控的要点。

(一)节能改建项目审批相关手续要求

2017 年 6 月 14 日发布的住房和城乡建设部办公厅、银监会办公厅《关于深化公共建筑能效提升重点城市建设有关工作的通知》(建办科函〔2017〕409 号)要求各地政府引导公共建筑按照《既有建筑绿色改造评价标准》(GB/T 51141—2015)要求进行绿色化改造,并积极申报绿色建筑运行标识。当前,各地陆续出台了节能改建工程项目的审批政策。现有节能改建项目常常涉及对建筑内的供配电和照明系统、采暖通风空调、外围护结构热工性能、可再生能源利用等实施节能改造,这也是当前审批政策关注的主要方面。除此之外,不少地方出台了相关规定,对改造后建筑面积平均节能率提出了要求。如南京市城乡建设委员会等多个单位联合印发的《南京市公共建筑能效提升重点城市建设项目和资金管理办法》,该办法即要求申报节能改建政府补贴的项目,改造后实现建筑面积平均节能率不低于 15%。

节能改建项目的申报主体也可能存在特定性要求。例如,《南京市建筑节能示范项目申报指南》要求,“政府组织实施的项目由实施单位或部门组织申报,其他由产权人或其委托的单位申报。采用合同能源管理方式的,由产权人与合同能源管理服务企业共同申报”。申报的审批材料除相关工程建设报批手续证明材料外,通常还包括信用承诺书、项目改造实施方案、建筑物的产权证、节能改造前的能源消费账单及能耗设备明细;合同能源管理项目还需提供合同能源管理合同。在准备审批手续时,建设单位应咨询当地住房和城乡建设局等相关机构,确认具体要求。

在竣工验收时,除常规建设工程项目需提交的材料外,节能改建项目还可能需提交节能材料、产品或技术的相关检测报告;项目正常运行后,还应由具有能效测评资质的第三方节能率核定机构进行节能率核定。

在上述过程中,相关单位和个人如果存在违法违规情形的,将承担相应的法律责任。以吉林省财政厅、吉林省能源局印发的《吉林省电能清洁取暖奖补资金管理办法》为例,该办法规定:如相关单位和个人存在弄虚作假和挤占、挪用、虚列、套取、骗取资金等财政违法行为的,需要承担相应的行政责任,情节严重构成犯罪的，还会被依法追究刑事责任；如果存在失信行为的，还将面临失信联合惩戒和多项惩处。除此之外，第三方节能率核定机构也需对出具的报告负责，出具虚假报告的，该机构出具的报告将不再作为项目的验收依据，并将移交有关管理部门按规定处置。

（二）资质要求及无资质施工风险

节能改建项目的核心内容为运用新兴技术对原有建设项目或其设施进行更新迭代。节能改建项目本质上仍属于工程项目，因此亦需遵循建设工程的资质管理规定。与此同时，由于节能改建主要针对取暖、保温等能耗类工程或设备进行升级及技术改造，除了常规工程项目所需的资质及手续外，还会涉及部分特种工程或特种设备，需要同时取得特种设备的相应审批许可。

如锅炉节煤改造类项目，经常涉及对锅炉燃烧方式的技术升级和服务改造。而根据2009年1月24日发布的《特种设备安全监察条例》（2009年修订）、2004年11月16日发布的国家质量监督检验检疫总局《关于〈锅炉安装改造单位监督管理规则〉执行过渡问题的意见》（质检特函〔2004〕64号）、2014年10月30日发布的《特种设备目录》的规定，涉案承压蒸汽锅炉系特种设备，从事锅炉改造等活动的单位，应取得国家机关颁发的许可资质（特种设备安装改造维修资质）。《民法典》第153条规定，违反法律、行政法规的强制性规定的民事法律行为无效。因此，如未取得相关资质即签约施工的，合同可能会因此被认定无效，进而影响到相关当事人主张原本应有的合同权利。届时，项目亦可能面临取缔、罚款、没收违法所得等行政处罚。

除此之外，根据《中华人民共和国安全生产法》（以下简称《安全生产法》）的规定，无资质施工的，将被责令限期改正，没收违法所得，并视违法所得金额决定是否对单位单处或并处罚款；对其直接负责的主管人员和其他直接责任人员处以罚款；导致发生生产安全事故给他人造成损害的，发包方与承包方将承担连带赔偿责任。构成重大责任事故罪的，将被追究刑事责任。

因此，相关单位在开展节能改建项目时，应根据不同项目性质确认节能改建项目配套的工程内容所需要的资质，并在合同等文件中作出要求，避免违反法律法规规定，进而产生合规风险。

（三）施工侵权风险管理

由于节能改建项目的工程实施对象和技术的特殊性，在施工过程中可能会出现多种侵权情形。节能改建项目有以下几种常见施工侵权风险：

1. 物件脱落、坠落致人损害风险

节能改建项目的实施对象往往是城市中正在使用中的建筑物。由于市区建筑密集，施工场所周边环境复杂，人口密度较高，相邻损害及高空坠物一直是建设工程项目中多发的重要风险。

《民法典》第 1253 条规定："建筑物、构筑物或者其他设施及其搁置物、悬挂物发生脱落、坠落造成他人损害，所有人、管理人或者使用人不能证明自己没有过错的，应当承担侵权责任。所有人、管理人或者使用人赔偿后，有其他责任人的，有权向其他责任人追偿。"第 1254 条规定："……从建筑物中抛掷物品或者从建筑物上坠落的物品造成他人损害的，由侵权人依法承担侵权责任。……物业服务企业等建筑物管理人应当采取必要的安全保障措施防止前款规定情形的发生；未采取必要的安全保障措施的，应当依法承担未履行安全保障义务的侵权责任。发生本条第一款规定的情形的，公安等机关应当依法及时调查，查清责任人。"

另外，2020 年 12 月 26 日，第十三届全国人大常委会第二十四次会议表决通过《刑法修正案（十一）》，规定"从建筑物或者其他高空抛掷物品，情节严重的，处一年以下有期徒刑、拘役或者管制，并处或者单处罚金"。这一修正案的颁布实施，标志着"高空抛物"正式入刑。

因此，如在项目施工过程中出现凌空抛掷建筑垃圾等情形，不仅对周边建筑或居民造成严重影响，作为侵权人的施工方和物业管理人都可能承担民事责任；如情况严重的，侵权人还可能涉嫌刑事责任。

2. 相邻关系损害风险

由于待改建的建筑物质量参差不齐，而节能改建项目的大部分施工内容往往依托原有建筑和设施，若改建对象的建筑结构形式较脆弱或年代较久远，贸然施工很有可能造成原有建筑物的损坏，影响建筑物内住户的日常居住，甚至引发安全事故，产生巨额赔偿。

《民法典》第 237 条规定，"造成不动产或者动产毁损的，权利人可以依法请求修理、重作、更换或者恢复原状"；第 238 条规定，"造成权利人损害的，权利人可以依法请求损害赔偿……"如果此类事件影响范围较大的话，还可能导致住户反对施工项目、提出巨额索赔，施工也可能因此中断。

对于这一类施工不当导致的损害，责任应由施工单位承担还是建设单位承担，不同地区的司法实践及裁判观点截然不同。笔者对近几年上海、江苏等地因施工导致相邻关系损害的案例进行了类案检索，结论如表 15－2 所示。

表 15－2 上海、江苏等地因施工导致相邻系损害的案例分布

单位：%

地区	建设单位承担责任	建设单位不承担责任	
		施工单位承担责任	原告未证明因果关系
上海	22	0	39
江苏	0	28	11

从表 15－2 的数据可以看出，上海地区裁判倾向于建设单位先承担责任；而江苏等地倾向于施工单位承担侵权责任。上海地区的司法观点认为，建设单位是建设工程的组织者、所有人和受益人，勘察、设计、施工以及行政审批行为等均为其服务，系内部法律关系，不构成相对于受害人而言的外部侵权关系，不应直接面对受害人承担责任。而江苏地区大多援引《民法典》第 1193 条（2003 年最高人民法院《关于审理人身损害赔偿案件适用法律若干问题的解释》第 10 条）的规定，"承揽人在完成工作过程中造成第三人损害或者自己损害的，定作人不承担侵权责任。但是，定作人对定作、指示或者选任有过错的，应当承担相应的责任"。因此，在建设单位选聘施工方程序合法，施工方亦具备资质的情况下，一般认定建设单位对损失的发生无过错，直接判决施工单位承担责任。

为避免项目施工过程中出现相邻关系侵权情况，在项目启动前，建设单位应当充分进行可行性论证，并且做好相应安全评价和安全设施的审批；施工单位则应当在施工前充分了解施工环境，勘察待改建建筑及相邻建筑的基本情况，确认是否存在风化、裂缝、沉降等不利因素。同时，还可以考虑通过购买保险规避风险，尤其是对于靠近轨道交通或老旧居民楼的项目，应重视潜在风险，通过购买保险实现风险对冲，避免因小失大。

3. 安全责任及现场管理风险

除前述物件脱落、坠落致人损害及相邻关系损害等风险外，节能改建项目还应重视安全责任及现场管理风险。在节能改建项目的施工过程中，可能会出现有毒有害气体或其他危险源，如果在应对此类重大危险源时出现管理失当，很有可能会引发安全责任事故。例如，2021 年 6 月，重庆市某大厦在对空调系统进行维修改造时，由于施工操作不规范及维修质量不合格，导致制冷剂泄漏并与空气混合形成爆炸性混合物，引发了一起严重的爆炸事故，导致 1 人死亡，4 人受伤，部分设施、周边房屋和车辆受损。①

2021 年 6 月 10 日，第十三届全国人大常委会第二十九次会议表决通过了《关于修改〈中华人民共和国安全生产法〉的决定》。修改后的《安全生产法》将于 2021 年 9 月 1 日起施行。新的《安全生产法》将“安全生产责任制”修改为“全员安全生产责任制”，要求落实“三管三必须”，即“安全生产工作实行管行业必须管安全、管业务必须管安全、管生产经营必须管安全”，并且全面加大了违法处罚的力度，除对主要负责人和安全生产管理人员等进行罚款外，对违反规定且拒不整改的生产经营单位，要求按日连续处罚；政府部门在一定条件下还有权提请关闭生产经营企业并吊销有关执照。

在新的《安全生产法》颁布实施的大背景下，为避免安全责任及现场管理风险，节能改建项目应注意排查整治各类事故隐患，构建安全生产长效机制。为此，建设单位及施工单位应注意以下几点：(1)选择具有相应资质的承包人；(2)配备独立的安全仪表系统，接入风险监测预警系统；(3)在施工前对危险设备进行安全设计诊断；(4)在项目施工过程中，落实安全管理制度，认真践行安全风险研判和承诺公告制度，制定并实施安全生产事故隐患排查治理制度；(5)对于专业性的特殊作业，应加强管理，需要专业证照的，应核实操作人员及管理人员持证上岗情况；(6)施工场所应限制人员出入，避免盲目抢进度而忽视现场管理秩序。

4. 知识产权侵权风险

作为技术性、政策性、前沿性都非常强的项目，节能改建会不可避免地运用到新兴科学技术或器械设备。如果相关资源未经授权即投入使用的，可能涉及专利、商标、著作权、地理标志、商业秘密等知识产权侵权问题。

在党的十九届四中全会上，国家强调了要建立知识产权侵权惩罚性赔偿制度，自此之后，立法、司法机关及国家各部委对于知识产权保护的重视程度不断提升。节能改建项目中常见的知识产权侵权风险主要包括：承包人在施工过程中侵害施工方法发明专利、承包人按照未获授权的图形/设计作品进行施工、使用侵犯他人商标专用权或专利权的设备或建材等行为。对于被认定存在以上知识产权侵权情形的建筑，由于拆除侵权工程会造成重大利益失衡，法院通常会根据最高人民法院《关于当前经济形势下知识产权审判服务大局若干问题的意见》(法发〔2009〕23 号)的规定，判决侵权方作出合理赔偿。

---

① 《警示！违规更换制冷剂 R134a，致 1 死 4 伤！》，载搜狐网 2021 年 9 月 1 日，https://www.sohu.com/a/487069305_121124532。

在节能改建项目中，建设单位及施工单位应注意以下要点，做到知识产权合规，降低自身直接或间接侵犯知识产权的风险：(1)在项目签约过程中，应要求相关责任主体出具不侵犯第三方知识产权及承担相应责任的承诺；(2)加强对分包合同、采购合同、租赁合同的管理，在合同文本中，应列明涉及的知识产权、产权证明或授权文件，并进行专利检索和确认；(3)在项目全过程中，应禁止对外披露对方商业秘密及具体保护措施；(4)在施工前，应对设备及材料进行进场审查，确认设备的产权状况、材料的供应商及生产商的专利证书或授权使用证书等授权材料；(5)注意证据留存，妥善保存招投标、合同签署、进场审核及现场使用情况等相关证据。

5. 环境污染风险

《民法典》将“绿色原则”列入基本法律原则，要求所有民事主体在进行民事法律行为时，应当节约资源、保护环境。

对于节能改建项目而言，除施工扬尘、噪声等建设工程常见环境污染事项外，还可能存在有毒有害物质泄漏等风险。例如，在进行楼宇空调或采暖改造项目时，若不当拆除及处置旧设备，将有可能导致设备内的残余的氟利昂或防腐阻垢剂等泄漏，很容易造成周边环境污染。而且待改建项目往往很难找到历史遗留污染情况的记录，一定程度上也加大了节能改建项目的环境合规难度。

为减少环境污染风险，建设单位有必要在项目规划阶段就核查项目对于环境的影响，充分结合项目地周边环境条件，考虑施工对于人群居住和活动的影响。对于需要进行环评的项目，建议关注以下几点：(1)就工程环境影响进行回顾性评价，梳理已经存在的环保问题及相关整改措施；(2)充分调查生态环境现状，预测工程施工对周边环境的影响程度和范围；(3)如果必要的，应考虑增加生态恢复措施。

除完善项目环评外，在施工过程中，应加强对环保施工的管理。2021 年 12 月 24 日发布的《噪声污染防治法》将建筑施工噪声污染防治单独列章进行规范。第 40 条第 1 款规定“建设单位应当按照规定将噪声污染防治费用列入工程造价，在施工合同中明确施工单位的噪声污染防治责任”。第 42 条规定，“在噪声敏感建筑物集中区域施工作业，建设单位应当按照国家规定，设置噪声自动监测系统，与监督管理部门联网，保存原始监测记录，对监测数据的真实性和准确性负责”。随着后续各类环保法律法规的更新及颁布，对于施工环保的要求也将进一步提高。改建过程中，应按照新规定规范施工行为，提高施工过程中产生的建筑垃圾的清理效率,防控噪声和扬尘,减少建筑垃圾的污染范围,实现绿色文明施工。

(四)节能改建工程项目管理风险

在住宅小区和办公楼宇节能改建项目中,物业公司往往基于与业主之间的物业服务管理合同等约定,代表业主实际负责节能改建工程项目,在此过程中存在的项目管理风险其也应高度重视。物业公司如果未能妥善管理节能改建项目,导致节能改建项目中途停摆,无法按照预期投入使用,会导致物业公司前期投入的人力、物力、财力无法获得相应的期待利益,被搁置的节能设施也会产生相应的维护费用及毁损风险;前述问题还可能引发与项目承包方及业主的矛盾,进而产生相应的管理风险。因此,物业公司在项目实施过程中也应加强管理,如物业公司并非委托节能改造或能源管理的单位的,必要时应通过三方协议或其他方式介入合同,通过管理评价等机制对节能服务公司形成制约,进而实现节能改造及能源服务的最终目的。

以西安市临潼区骊山物业服务有限公司(以下简称骊山物业公司)与北京市众诚恒祥能源投资管理有限公司(以下简称众诚恒祥公司)技术服务合同纠纷案为例[①],2017 年 9 月 22 日,骊山物业公司与众诚恒祥公司签订《合同能源管理项目效益分享型合同书》(以下简称节能改造合同),约定众诚恒祥公司负责对骊山物业公司管理的临潼区石油城小区进行燃气、电节能改造服务,并有权就改造后产生的节能效益与骊山物业公司进行分成。后在项目实施过程中,因政府部门要求对新上燃气锅炉进行低氮燃烧改造并达到排放标准要求,合同双方就节能效益分享等事项发生争议并成讼。本案经一审、二审,最终法院判决骊山物业公司需向众诚恒祥公司支付 2017 ~ 2018 年度的能源管理效益分享款及滞纳金,并赔偿众诚恒祥公司 2018 ~ 2023 年预期能源管理效益分享款 400000 元。

从此类案件可以看出,由于节能效益合同存在能源管理的特殊合作形式,在项目的运作过程中存在着巨大的风险,能否收回成本完全依赖于用能单位的商业诚信。在节能服务公司施工完毕或者设备已经完成供货后,用能单位却由于各种不同的原因拒绝付款或者拖延付款时间,给节能服务公司造成损失等违约情况并不鲜见。

此外,因合同约定条款过于简略、对合同中约定的节能量认识发生分歧而导

---

① 参见陕西省高级人民法院民事判决书,(2021)陕民终 345 号。

致双方纠纷的情况也十分常见。因此，合同双方应在项目合同签订之前，充分论证和调研。笔者建议在合同中应至少约定以下内容：(1)本项目对节能服务公司的资质要求及项目审批手续要求，避免部分项目因缺乏资质或手续不完备而无效的风险。(2)服务费用计算标准或节能效益分享机制，以及费用支付周期。考虑到节能服务企业的投入，如有必要的，可以对节能项目和设施约定所有权保留，约定款清时所有权转移的条款。(3)应明确用能单位提供节能改造相关资料的配合义务，以便节能服务公司因地制宜地设计节能改造方案。(4)应约定对节能服务项目建成后的节能率的要求，以及项目验收合格的标准和用能单位的救济权利。设定节能量预估和节能效益测算时，应尽可能考虑到影响节能量的特殊情况，并明确此类情况发生时节能效益应以何种方式调整，明确调整节能效益计算方式的具体条件。(5)由于节能设备一般价值较高，其运行过程中难免会出现意外致使设备毁损或者灭失，所以针对是否对节能设施进行投保，投保何种险种、由谁来支付保险费用、保险的受益人是哪一方等，合同中均应加以明确约定。

结语

我国是碳排放大国，在2060年前实现碳中和的目标任重道远，因此需统筹规划，以重点行业为抓手，稳步推进减排工作，实现经济社会的发展与生态环境的保护协同并行。支持和推行节能改建工作即是国家为实现“双碳”目标而采取的一项重要举措。而实践中，节能改建项目的进行往往会牵扯多方法律主体、涵盖多种法律关系，前期手续不完备、改建施工过程中的相邻侵权、改建后的服务收益分配等均可能导致法律风险产生。事先约定相对完备的合同条款、事中提升技术标准并加强项目管理、事后及时催告付款等都是防控风险的重要举措。参与节能改建的合同双方应统筹规划，必要时引入专业律师提供全过程法律服务，才能共同助力“节能减排”和“碳中和”目标的早日实现。

专题十六

建筑工人工资支付法律合规风险与应对

【本专题内容概览】

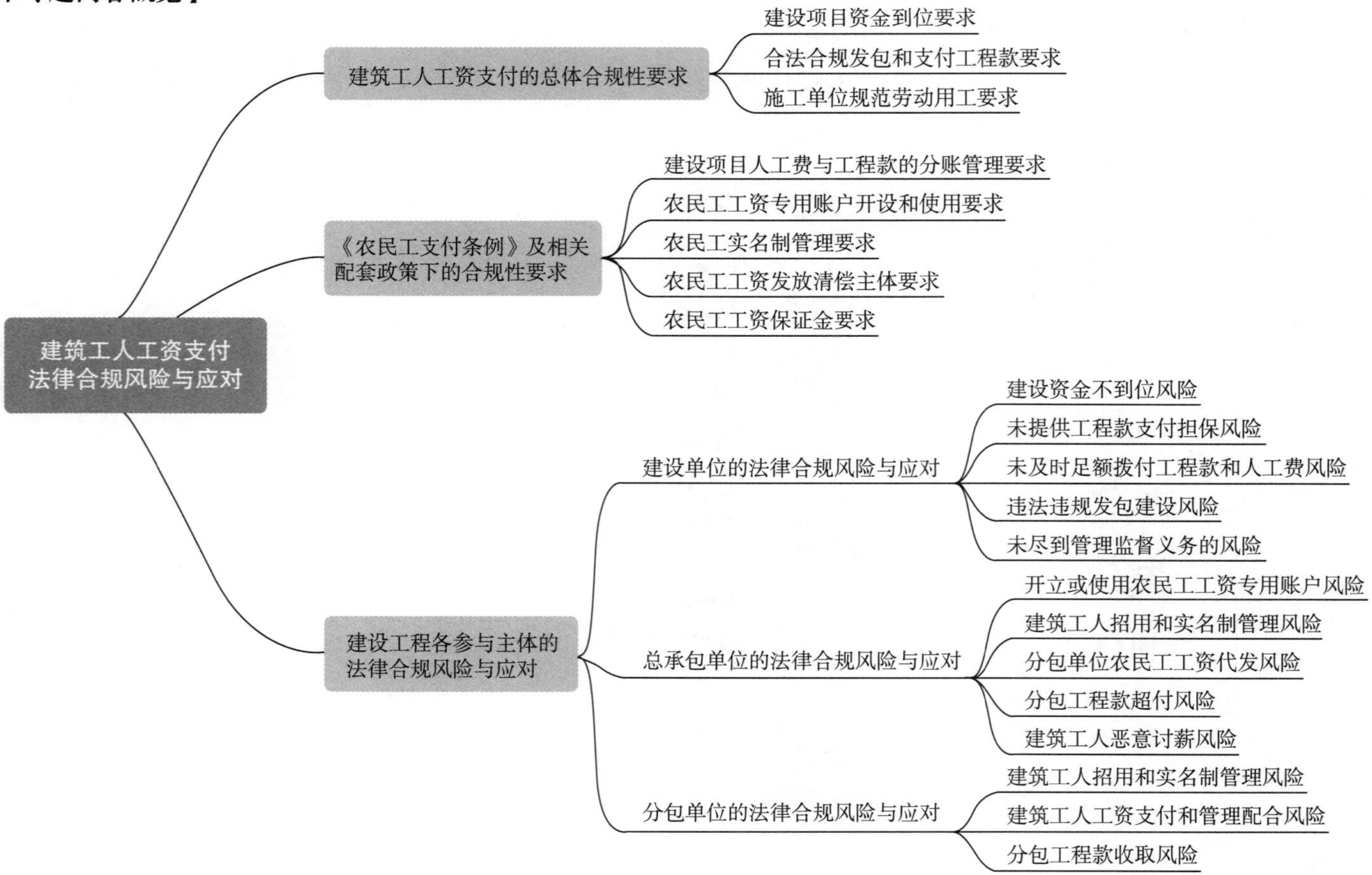
建筑工人工资支付法律合规风险与应对
建筑工人工资支付的总体合规性要求
建设项目资金到位要求
合法合规发包和支付工程款要求
施工单位规范劳动用工要求
《农民工支付条例》及相关配套政策下的合规性要求
建设项目人工费与工程款的分账管理要求
农民工工资专用账户开设和使用要求
农民工实名制管理要求
农民工工资发放清偿主体要求
农民工工资保证金要求
建设工程各参与主体的法律合规风险与应对
建设单位的法律合规风险与应对
建设资金不到位风险
未提供工程款支付担保风险
未及时足额拨付工程款和人工费风险
违法违规发包建设风险
未尽到管理监督义务的风险
总承包单位的法律合规风险与应对
开立或使用农民工工资专用账户风险
建筑工人招用和实名制管理风险
分包单位农民工工资代发风险
分包工程款超付风险
建筑工人恶意讨薪风险
分包单位的法律合规风险与应对
建筑工人招用和实名制管理风险
建筑工人工资支付和管理配合风险
分包工程款收取风险

建筑工人工资支付涉及广大建筑工人群体的切身利益以及社会的和谐稳定，历来受到党和国家的高度重视。有关部门相继出台了一系列政策，其中最为主要的是2020年5月1日起正式施行的《保障农民工工资支付条例》（以下简称《农民工支付条例》）以及其配套政策。该条例设专章规定了工程建设领域农民工工资保障问题，其覆盖源头治理、过程监管、事后惩戒的全过程制度建设，对建设单位、施工总承包单位和分包单位提出了新的要求。本专题围绕《农民工支付条例》出台前后国家发布的法规政策以及市场实践情况，就建设工程各参与方关于建筑工人工资支付的法律合规要求进行了梳理，并就相关风险的防范与应对提出了建议。

一、建筑工人工资支付的总体合规性要求

建筑业作为国民经济的支柱产业以及劳动密集型产业，自改革开放以来吸纳了大量农村转移劳动力，带动了众多关联产业和相关就业，对经济发展和民生改善作出了重要贡献。然而建筑业也存在着监管体制不健全、管理组织方式粗放、违法违规行为较多等问题，从业人员的权益常常不能得到完善保障，特别是拖欠建筑工人工资的现象较为普遍，甚至已经成为我国社会治理过程中的一大顽疾。与此同时，由于建设工程项目合同链条长、参与方众多，建筑工人工资拖欠成因较为复杂，建设单位、总承包单位、专业分包单位、劳务作业单位中的任何一个环节出现问题，都可能导致处于末端环节的建筑工人被拖欠工资，并且向上追讨工资涉及的法律事实和关系十分复杂，建筑工人单纯依靠法律手段获得救济难度较大。

针对上述情况，国家有关部门相继出台了一系列法规政策，包括国务院办公厅《关于全面治理拖欠农民工工资问题的意见》等拖欠建筑工人工资的相关治理措施，以及《政府投资条例》等规范政府投资行为和建设市场秩序的法律法规等，以规范和保障建筑工人的工资支付，并取得了积极的成效。而针对农民工工资拖欠的专门性行政法规《农民工支付条例》于2020年5月1日起正式施行，更进一步强化了建筑工人工资支付的法律制度保障，标志着根治建筑工人工资拖欠问题进入了规范化、法治化时代。

在我国目前的法规政策体系下，对于建筑工人工资支付的总体合规性要求贯

穿工程建设和款项支付的各个环节，主要分为以下几个层次：

（一）建设项目资金到位要求

建筑工人的工资从源头上来自建设单位的资金，该资金到位情况将实质上影响末端环节的建筑工人工资能否到位。而目前无论是社会投资项目还是国有投资项目，均有部分项目存在建设资金不能足额及时到位的情形，在经济增长放缓的大背景下此类情形更为突出。对此，我国相关法律法规就工程项目资金到位提出了要求，主要包括：

1. 工程项目开工建设前应已落实满足施工所需的资金来源，并作为建设单位申领施工许可证时应作出的承诺和前提条件。如《建筑法》第 8 条第 1 款第 5 项规定，申请领取施工许可证应当具备的条件之一即为“有满足施工需要的资金安排”；《建筑工程施工许可管理办法》（2021 年修正）第 4 条规定，建设单位申请领取施工许可证时，“应当提供建设资金已经落实承诺书”；《农民工支付条例》第 23 条第 1 款规定，“建设单位应当有满足施工所需要的资金安排。没有满足施工所需要的资金安排的，工程建设项目不得开工建设；依法需要办理施工许可证的，相关行业工程建设主管部门不予颁发施工许可证”。

2. 对于必须招标的项目，应当在招标前即落实相应资金来源，特别是政府投资项目，还应完成相应的投资决策审批手续等开工建设条件，且不得由施工单位垫资建设。如《招标投标法》第 9 条第 2 款规定，“招标人应当有进行招标项目的相应资金或者资金来源已经落实，并应当在招标文件中如实载明”；《政府投资条例》第 20 条第 1 款规定，“政府投资项目开工建设，应当符合本条例和有关法律、行政法规规定的建设条件；不符合规定的建设条件的，不得开工建设”；《政府投资条例》第 22 条和《农民工支付条例》第 23 条第 2 款规定，政府投资项目所需资金应当按照国家有关规定确保落实到位，不得由施工单位垫资建设。

（二）合法合规发包和支付工程款要求

建设工程项目合同链条较长，相关工作通常按总承包单位、专业分包单位、劳务作业单位的顺序将进行分解和发包，而工程款也是按这一顺序逐级向下支付。任何环节出现问题，都将影响上述企业雇佣的建筑工人的工资支付，而目前建设市场存在的转包挂靠、违法分包等违法违规行为进一步增加了工资拖欠风险。对此，我国相关法律法规就合法合规发包和支付工程款提出了要求，主要包括：

1. 建设单位应将工程依法发包给具有资质的施工单位并订立书面合同，提供工程款支付担保，并按合同约定及时拨付工程款。如《建筑法》第22条规定，发包单位应当将建筑工程发包给具有相应资质条件的承包单位，第24条规定，建筑工程的发包单位不得将应当由一个承包单位完成的建筑工程肢解成若干部分发包给几个承包单位；《民法典》第789条规定，建设工程合同应当采用书面形式，第799条规定，验收合格的，发包人应当按照约定支付价款；《农民工支付条例》第29条规定，建设单位应当按照合同约定及时拨付工程款，并将人工费用及时足额拨付至农民工工资专用账户。

2. 施工单位应自行完成建筑工程主体结构的施工，将专业工程和劳务作业依法分包给有资质的分包单位，分包单位不得将其承包的工程再分包。如《建筑法》第28条规定，"禁止承包单位将其承包的全部建筑工程转包给他人，禁止承包单位将其承包的全部建筑工程肢解以后以分包的名义分别转包给他人"；第29条规定，"建筑工程总承包单位可以将承包工程中的部分工程发包给具有相应资质条件的分包单位；但是，除总承包合同中约定的分包外，必须经建设单位认可。施工总承包的，建筑工程主体结构的施工必须由总承包单位自行完成……禁止总承包单位将工程分包给不具备相应资质条件的单位。禁止分包单位将其承包的工程再分包"。

（三）施工单位规范劳动用工要求

在建设工程项目中，总承包单位、专业分包单位、劳务作业单位都可以招用建筑工人以实施其承接的工作，这些单位与建筑工人之间成立的用工关系直接决定了建筑工人的工资支付条件。但目前市场上大量存在施工单位未能规范劳动用工的情况，包括不与建筑工人及时订立劳动合同，以包工头带队形式提供劳务服务，拖欠或拒绝支付建筑工人劳动报酬等。对此，我国相关法律法规对施工单位规范劳动用工提出了要求，主要包括：

1. 施工单位应及时与建筑工人依法订立劳动合同。2012年12月28日发布的《中华人民共和国劳动合同法》（2012年修正，以下简称《劳动合同法》）第7条、第10条第1款分别规定，用人单位自用工之日起即与劳动者建立劳动关系，建立劳动关系，应当订立书面劳动合同。《关于加快培育新时代建筑产业工人队伍的指导意见》第3条第9项规定，"用人单位应与招用的建筑工人依法签订劳动合同，严禁用劳务合同代替劳动合同，依法规范劳务派遣用工"。《农民工支付条例》第 28 条规定,施工总承包单位或者分包单位应当依法与所招用的农民工订立劳动合同并进行用工实名登记。

2. 施工单位应按照合同约定,以合法合规的方式向建筑工人支付劳动报酬。如《劳动合同法》第 30 条第 1 款规定,“用人单位应当按照劳动合同约定和国家规定,向劳动者及时足额支付劳动报酬”;《农民工支付条例》第 11 条规定,“农民工工资应当以货币形式,通过银行转账或者现金支付给农民工本人,不得以实物或者有价证券等其他形式替代”,第 31 条第 3 款规定,“施工总承包单位根据分包单位编制的工资支付表,通过农民工工资专用账户直接将工资支付到农民工本人的银行账户,并向分包单位提供代发工资凭证”。

二、《农民工支付条例》及相关配套政策下的合规性要求

自 2020 年 5 月 1 日起正式施行的《农民工支付条例》是在深入分析农民工欠薪根源、梳理现有治理农民工欠薪政策落实情况、总结治理欠薪实践经验基础上专门制定的行政法规,是具有规范化、权威性和有效性的法律保障机制。《农民工支付条例》颁布后,相关部委又出台了一系列配套政策,包括 2020 年 12 月 25 日发布的《关于做好防止农民工工资专用账户资金和工资保证金被查封、冻结或者划拨有关工作的通知》(人社部发〔2020〕93 号,以下简称《专用账户查封等工作通知》)、2021 年 7 月 7 日发布的《工程建设领域农民工工资专用账户管理暂行办法》(人社部发〔2021〕53 号,以下简称《专用账户管理办法》)、2021 年 8 月 17 日发布的《工程建设领域农民工工资保证金规定》(人社部发〔2021〕65 号,以下简称《工资保证金规定》)等。需要注意的是,尽管上述法规政策严格意义上仅适用于农民工,即为用人单位提供劳动的农村居民,但实践中仍可能覆盖建设项目的所有建筑工人。下面就《农民工支付条例》及相关配套政策下的合规性要求进行介绍和分析:

(一)建设项目人工费与工程款的分账管理要求

在以往的建设工程项目中,建设单位仅需按照总承包合同中的支付节点向施工总承包单位的账户支付工程款,且工程款通常是根据当月工程量和综合单价计算,或者按照里程碑的比例计算,并不会将人工费单独拆解出来进行支付。而《农民工支付条例》则要求将建设项目的人工费用与工程款实行分账管理,两者的支付条件和支付路径均有所区别:

1.《农民工支付条例》第 24 条规定，建设单位应在与施工总承包单位的工程施工合同中约定“工程款计量周期、工程款进度结算办法以及人工费用拨付周期，并按照保障农民工工资按时足额支付的要求约定人工费用。人工费用拨付周期不得超过 1 个月”。根据上述规定，人工费用的拨付周期与工程款的计量周期是分开约定的，并且最长不得超过 1 个月。

2.《农民工支付条例》第 29 条规定，建设单位应当按照合同约定及时拨付工程款，并将人工费用及时足额拨付至农民工工资专用账户。根据上述规定，人工费用应拨付至施工总承包单位的农民工工资专用账户，而工程款的支付路径则没有特别要求，可根据合同约定支付至施工总承包单位的日常经营所用账户，并用于支付工程项目上的其他支出。

（二）农民工工资专用账户开设和使用要求

2016 年 1 月 17 日，国务院办公厅下发的《关于全面治理拖欠农民工工资问题的意见》（以下简称《农民工工资问题意见》）就明确提出建立健全工资专用账户管理，而《农民工支付条例》的施行将专用账户制度上升为法定制度，并就开立要求和责任主体、账户资金使用要求、账户注销条件等进行了具体规定，包括：

1.《农民工支付条例》第 26 条规定，“施工总承包单位应当按照有关规定开设农民工工资专用账户……开设、使用农民工工资专用账户有关资料应当由施工总承包单位妥善保存备查”；《专用账户管理办法》第 6 条规定，“……总包单位应当在工程施工合同签订之日起 30 日内开立专用账户。……总包单位应当在专用账户开立后的 30 日内报项目所在地专用账户监管部门备案……”根据上述规定，农民工工资专用账户开设和使用的责任人为施工总承包单位，且其应在规定的时间内开立账户并进行备案。

2.《农民工支付条例》第 26 条规定，农民工工资专用账户，专项用于支付该工程建设项目农民工工资，第 31 条第 3 款规定，施工总承包单位根据分包单位编制的工资支付表，通过农民工工资专用账户直接将工资支付到农民工本人的银行账户；《专用账户管理办法》第 7 条第 2 款规定，“开户银行不得将专用账户资金转入除本项目农民工本人银行账户以外的账户，不得为专用账户提供现金支取和其他转账结算服务”。根据上述规定，农民工工资专用账户资金应专门用于向农民工本人账户支付工资，不能用于其他支付用途。

3.《农民工支付条例》第 27 条第 2 款规定，“工程完工且未拖欠农民工工资的，施工总承包单位公示30日后，可以申请注销农民工工资专用账户，账户内余额归施工总承包单位所有”；《专用账户管理办法》第9条第1款规定，需要撤销专用账户的，总包单位将本工程建设项目无拖欠农民工工资情况公示30日，并向项目所在地人力资源社会保障行政部门、相关行业工程建设主管部门出具无拖欠农民工工资承诺书。根据上述规定，工程完工且未拖欠农民工工资的，施工总承包单位才可申请注销农民工工资专用账户，此时如账户中尚有余额的，该余额归施工总承包单位所有。

4.《农民工支付条例》第33条规定，“除法律另有规定外，农民工工资专用账户资金和工资保证金不得因支付为本项目提供劳动的农民工工资之外的原因被查封、冻结或者划拨”；《专用账户查封等工作通知》第3条规定，对农民工工资专用账户中明显超出工程施工合同约定并且明显超出足额支付该项目农民工工资所需全部人工费的资金，人民法院经认定可依法采取冻结或者划拨措施。根据上述规定，农民工工资专用账户不得被工资支付以外的原因查封冻结，但对于其中超出工资所需的资金除外。

（三）农民工实名制管理要求

建设工程项目存在现场建筑工人数量多、流动性大的特点，这也导致了劳动用工确认难、工人工资核算难的问题。2016年的《农民工工资问题意见》就明确提出要全面实行农民工实名制管理制度，2019年2月住房和城乡建设部、人社部下发了《建筑工人实名制管理办法（试行）》（建市〔2019〕18号），而《农民工支付条例》又进一步加强了建筑工人实名制和工资支付的联动和衔接，具体包括：

1.《农民工支付条例》第28条规定，施工总承包单位或者分包单位应当依法与所招用的农民工订立劳动合同并进行用工实名登记，具备条件的行业应当通过相应的管理服务信息平台进行用工实名登记、管理；《专用账户管理办法》第16条第1款规定，“……总包单位和分包单位对农民工实名制基本信息进行采集、核实、更新，建立实名制管理台账。工程建设项目应结合行业特点配备农民工实名制管理所必需的软硬件设施设备”。根据上述规定，施工总承包单位和分包单位对所招用的农民工应依法订立劳动合同并进行实名登记管理，同时应结合行业特点配备必需的设施设备。

2.《农民工支付条例》第28条第2款规定，未与施工总承包单位或者分包单位订立劳动合同并进行用工实名登记的人员，不得进入项目现场施工；《专用账户管理办法》第 16 条也进行了相同规定。根据上述规定，已订立劳动合同并进行实名登记是人员进场施工的前提条件。

3.《农民工支付条例》第 28 条规定，施工总承包单位应当在工程项目部配备劳资专管员，对分包单位劳动用工实施监督管理，掌握施工现场用工、考勤、工资支付等情况；《专用账户管理办法》第 17 条第 1 款规定，“施行总包代发制度的，分包单位以实名制管理信息为基础，按月考核农民工工作量并编制工资支付表，经农民工本人签字确认后，与农民工考勤表、当月工程进度等情况一并交总包单位，并协助总包单位做好农民工工资支付工作”。根据上述规定，实名制管理信息将作为农民工工作量考核和工资发放的基础。

（四）农民工工资发放清偿主体要求

建设工程项目具有合同链条长，法律关系复杂的特点，这也导致发生农民工工资拖欠后往往难以及时确定清偿主体并进行追索，严重影响了拖欠农民工工资问题的快速解决。为此，《农民工支付条例》进一步明确了农民工工资的发放主体和清偿责任主体，以保障农民工工资得到及时支付，具体包括：

1.《农民工支付条例》第 31 条第 1 ~ 3 款规定，“工程建设领域推行分包单位农民工工资委托施工总承包单位代发制度。分包单位应当按月考核农民工工作量并编制工资支付表，经农民工本人签字确认后，与当月工程进度等情况一并交施工总承包单位。施工总承包单位根据分包单位编制的工资支付表，通过农民工工资专用账户直接将工资支付到农民工本人的银行账户，并向分包单位提供代发工资凭证”；第 35 条规定，“……承包单位与分包单位因工程数量、质量、造价等产生争议的……施工总承包单位也不得因争议不按照规定代发工资”。根据上述规定，国家鼓励总承包单位代发分包单位的农民工工资，以解决原先支付链条过长和层层盘剥的现象；且一旦采用代发模式，施工总承包单位将成为发放责任主体，不得因存在争议而停发工资。

2.《农民工支付条例》第 30 条规定，分包单位拖欠农民工工资的，由施工总承包单位先行清偿，再依法进行追偿。工程建设项目转包，拖欠农民工工资的，由施工总承包单位先行清偿，再依法进行追偿。第 31 条规定，施工总承包单位将建设工程分包给个人或者不具备合法经营资格的单位，导致拖欠农民工工资的，由施工总承包单位清偿。施工单位允许其他单位和个人以施工单位的名义对外承揽建设工程，导致拖欠农民工工资的，由施工单位清偿。根据上述规定，施工总承包单位不仅在转包、违法分包、挂靠的违法违规情形下应承担清偿责任，在不存在违法违规的情形下，也应就分包单位拖欠的农民工工资承担清偿责任。

3.《农民工支付条例》第29条第2款规定，“因建设单位未按照合同约定及时拨付工程款导致农民工工资拖欠的，建设单位应当以未结清的工程款为限先行垫付被拖欠的农民工工资”；第35条规定，“建设单位与施工总承包单位……因工程数量、质量、造价等产生争议的，建设单位不得因争议不按照本条例第二十四条的规定拨付工程款中的人工费用……”；第36条规定，建设单位将建设工程发包给个人或者不具备合法经营资格的单位，导致拖欠农民工工资的，由建设单位清偿；第37条规定，“工程建设项目违反国土空间规划、工程建设等法律法规，导致拖欠农民工工资的，由建设单位清偿”。根据上述规定，建设单位应按照合同约定拨付工程款，且不得因存在争议而停止拨付其中的人工费用，否则应以未结清的工程款为限垫付拖欠的农民工工资。除此之外，建设单位只有当存在违法发包、违法建设的违法违规行为时，才需承担清偿责任。

（五）农民工工资保证金要求

为预防和解决农民工工资拖欠问题，我国在工程建设领域实行了农民工工资保证金制度，即由施工总承包单位按照规定的比例缴存保证金，发生拒不支付或者无力支付农民工工资情况的，由主管部门启用保证金予以清偿。《农民工支付条例》以及《工资保证金规定》将该制度进一步落实并进行了合理化，具体包括：

1.《农民工支付条例》第32条第1款规定，“施工总承包单位应当按照有关规定存储工资保证金，专项用于支付为所承包工程提供劳动的农民工被拖欠的工资”；《工资保证金规定》第8条第1款规定，“施工总承包单位应当自工程取得施工许可证（开工报告批复）之日起20个工作日内……在经办银行开立工资保证金专门账户存储工资保证金”。根据上述规定，施工总承包单位应当在规定时间内办理工资保证金。

2.《农民工支付条例》第32条规定，工资保证金可以用金融机构保函替代；《工资保证金规定》第15～17条规定，施工总承包单位可选择以银行保函替代现金存储工资保证金，保函担保金额不得低于按规定比例计算应存储的工资保证金数额；银行保函应以属地人力资源社会保障行政部门为受益人，保函性质为不可撤销见索即付保函；施工总承包单位应在其工程施工期内提供有效的保函，保函有效期至少为1年并不得短于合同期。根据上述规定，施工总承包单位可以用符合规定的保函替代工资保证金,缓解保证金对施工总承包单位的资金占用问题。

3.《农民工支付条例》第32条规定,工资保证金实行差异化存储办法,对一定时期内未发生工资拖欠的单位实行减免措施,对发生工资拖欠的单位适当提高存储比例。《工资保证金规定》第11条、第12条规定,工资保证金按工程施工合同额(或年度合同额)的一定比例存储,原则上不低于1%,不超过3%。承建工程连续2年未发生工资拖欠的,其新增工程应降低存储比例,降幅不低于50%;连续3年未发生工资拖欠且按要求落实用工实名制管理和农民工工资专用账户制度的,其新增工程可免于存储工资保证金。2年内在工资保证金管理地区承建工程发生工资拖欠的,工资保证金存储比例应适当提高,增幅不低于50%;因拖欠农民工工资被纳入"严重失信主体名单"的,增幅不低于100%。根据上述规定,施工总承包单位提供的保证金比例应介于合同额的1%至3%,但可根据其之间的工资拖欠情况予以调整。

4.《农民工支付条例》第33条规定,"除法律另有规定外,农民工工资专用账户资金和工资保证金不得因支付为本项目提供劳动的农民工工资之外的原因被查封、冻结或者划拨";《专用账户查封等工作通知》第3条规定,对工资保证金账户中超出工资保证金主管部门公布的资金存储规定部分的资金,人民法院经认定可依法采取冻结或者划拨措施。根据上述规定,工资保证金不得被工资支付以外的原因查封冻结,但其中超出资金存储规定部分的资金除外。

三、建设工程各参与主体的法律合规风险与应对

(一)建设单位的法律合规风险与应对

1. 建设资金不到位风险

受到经济下行和疫情影响,实践中不时会出现建设项目因资金不到位停工缓建,乃至烂尾的现象。在简政放权背景下,尽管办理开工建设手续时建设单位就资金到位情况仅需作出承诺,但根据《农民工支付条例》第23条、第59~61条的规定,建设资金不到位仍可能导致工程项目不能开工建设和取得施工许可证,引起农民工工资拖欠,还可能导致建设单位受到处罚、建设单位负责人受到处分。因此,建设单位在投资决策前即应就项目建设的资金来源作出明确安排,包括以何种方式为项目进行融资,并在项目开工建设前及时落实,拟出工程预算表并取得相应的资金来源,保证顺利开工。特别是对于政府投资项目,应特别注意避免未经批准立项建设、擅自扩大建设规模、擅自增加投资概算的情况。项目建设过

程中,对资金支付计划进行实时跟踪管理,避免因资金缺口造成拖欠农民工工资问题。

2. 未提供工程款支付担保风险

早在《农民工支付条例》出台之前,《工程建设项目施工招标投标办法》等文件就已要求招标项目中的建设单位,如要求承包人提供履约担保的,则应当同时提供工程款支付担保。但实践中建设单位主动提供或承包人坚持要求提供支付担保的情形并非常态,支付担保要求往往并不被重视。而《农民工支付条例》不仅在第 24 条明确要求建设单位应当向施工单位提供工程款支付担保,并且在第 49 条、第 57 条规定建设单位未依法提供工程款支付担保的,将面临限制新建项目并记入信用记录公示的风险,并应由相关主管部门责令限期改正,逾期不改正的,责令项目停工,并处 5 万元以上 10 万元以下的罚款。因此,建设单位应重视支付担保的提供,如确不需要支付担保的,应在合同中明确约定并取得承包人同意。

3. 未及时足额拨付工程款和人工费风险

根据《农民工支付条例》第 29 条的规定,因建设单位未按合同约定及时拨付工程款导致农民工工资拖欠的,应以未结清的工程款为限先行垫付。需要注意的是,实践中建设单位未及时拨付工程款的主要原因除资金短缺以外,还包括和施工单位之间存在未决争议。但根据《农民工支付条例》第 35 条、第 57 条的规定,建设单位不得因与施工总承包单位存在争议而不按照规定拨付工程款中的人工费用,由相关主管部门责令限期改正,逾期不改正的,责令项目停工,并处 5 万元以上 10 万元以下的罚款。因此,即使建设单位和施工总承包单位存在争议,也建议按时拨付工程款中的人工费用至专用账户,并保留好已足额拨付的证据,以避免产生行政责任,而对于人工费用以外的工程款,则可按照合同约定处理。建设单位与施工单位签订合同时,也需要特别注意就人工费与其他工程款的支付方式进行区分,并按照《农民工支付条例》的支付条件、方式和周期要求进行明确约定。

4. 违法违规发包建设风险

根据《农民工支付条例》第 29 条、第 36 条、第 37 条的规定,因建设单位未按合同约定及时拨付工程款导致农民工工资拖欠的,仅需以未结清的工程款为限先行垫付;但是如果建设单位存在将工程发包给个人或不具备经营资格的单位,或存在违反规划、工程建设法律法规的行为,导致拖欠农民工工资的,则应承担清偿责任。因此,违法违规发包建设将给建设单位带来较重的清偿责任,并且由于存在违法违规情况,工资拖欠的实际责任方即农民工的招用方可能为资信较差的个人或企业，建设单位清偿后向实际责任方追讨存在一定困难，可能会因此遭受双倍损失。因此，建设单位在工程项目土地、立项、规划、施工等环节，应确保合法合规，重视有关行政手续及证照办理，杜绝未批先建、超规建设、无证开工等情况；在工程项目发包时，对总承包单位的资质和资信应做好审查。

5. 未尽到管理监督义务的风险

根据《农民工支付条例》第 29 条的规定，建设单位应当以项目为单位建立保障农民工工资支付协调机制和工资拖欠预防机制，督促施工总承包单位加强劳动用工管理，妥善处理与农民工工资支付相关的矛盾纠纷。除此之外，根据第 24 条、第 57 条的规定，建设单位应当将工程施工合同保存备查，拒不提供或者无法提供工程施工合同的，由相关主管部门责令限期改正，逾期不改正的，责令项目停工，并处 5 万元以上 10 万元以下的罚款。因此，尽管建设单位并非农民工的用工主体，也并非农民工专用账户和实名制管理的责任主体，但仍需要尽到相应的管理监督义务，并建立专门的档案管理制度，确认专人负责，相关的保管、回复、审批流程等应进行规范和落实，便于对各类文件的保管，避免因此承担行政责任，或在未来的纠纷中承担举证不利的后果。

（二）总承包单位的法律合规风险与应对

1. 开立或使用农民工工资专用账户风险

农民工工资专用账户是保障农民工工资支付的核心机制，施工总承包单位应及时开设、正确使用，并妥善保管相关资料。根据《农民工支付条例》第 55 条、第 57 条的规定，施工总承包单位未按规定开设、使用农民工工资专用账户或提供有关资料的，由相关主管部门按照职责责令限期改正；逾期不改正的，责令项目停工，并处 5 万元以上 10 万元以下的罚款；情节严重的，给予施工单位限制承接新工程、降低资质等级、吊销资质证书等处罚。实践中，施工总承包单位通常能够及时开立该账户，但需要注意的是，由于该账户的资金只能专项用于向农民工支付工资，其中的金额在项目建设期内处于“锁定”状态。因此，为尽量减少资金占用问题，总承包人应对拨入农民工工资专用账户的人工费用审慎评估。工程款中剥离的“人工费用”既要能涵盖农民工工资，也要适当合理，否则会挤占材料费等其他工程款，可能导致施工总承包单位在支付下游款项时陷入被动。

2. 建筑工人招用和实名制管理风险

建设工程项目中，施工总承包单位可选择自行招用或通过分包单位招用建筑工人开展现场工作。总承包单位选择自行招用建筑工人的，应依法订立劳动合同和进行实名制管理，否则根据《农民工支付条例》第 55 条应由相关主管部门按照职责责令限期改正；逾期不改正的，责令项目停工，并处 5 万元以上 10 万元以下的罚款；情节严重的，给予施工单位限制承接新工程、降低资质等级、吊销资质证书等处罚。与此同时，总承包单位还应对分包单位的劳动用工实施监督管理，在施工现场设立维权信息告示牌，否则根据《农民工支付条例》第 56 条，应由相关主管部门按照职责责令限期改正；逾期不改正的，责令项目停工，并处 5 万元以上 10 万元以下的罚款。实践中，由于现场工人数量众多、流动性大、劳动保护意识差等原因，时常出现有工人未及时订立劳动合同或纳入实名制管理的情况。对此，施工单位应严格遵守劳务用工实名制及合同管理的相关规定，设立专职劳资管理员，严格规范落实监督管理制度和流程，建立相应的上下级对接关系及问题反馈、处理机制。

3. 分包单位农民工工资代发风险

《农民工支付条例》第 31 条规定了分包单位农民工工资委托施工总承包单位通过专用账户直接支付至农民工本人账户的代发制度，且实践中已经广泛开展。在这一模式下，总承包单位发放工资的基础是分包单位编制的工资支付表，但实践中分包单位编制的支付表未必准确，有可能发生总承包单位已经按支付表进行了代发，但仍然有建筑工人主张存在工资欠付的情况。在此情况下，根据《农民工支付条例》第 30 条、第 35 条的规定，施工总承包单位应先行清偿欠付工资，而对于后续支付也不得因争议不按照规定代发工资。对此，建议总承包单位在签订分包合同时，对相关的责任予以分配落实，认真核实对分包单位提交的工资支付表，核实工程进度和用工管理台账，防止分包单位通过虚假的工资表骗取工程款或未足额发放工资给农民工。

4. 分包工程款超付风险

《农民工支付条例》第 30 条第 3 款规定，“分包单位拖欠农民工工资的，由施工总承包单位先行清偿，再依法进行追偿”。根据上述规定，即使施工总承包单位已经足额支付分包工程款，并且不存在违法分包等问题，但由于分包单位的拖欠克扣，农民工仍不能及时收到工资款，此时总承包单位仍需承担连带清偿责任。在此情形下，总承包单位将产生对外超付，超付款项只能向分包单位进行追偿，导致资金风险和诉讼成本增加。对此，总承包单位可考虑从下列角度进行应对：

(1)首先在分包合同订立环节，即应严格审查分包单位的资质，选择有信用和可靠的分包单位,避免违法分包行为。在分包合同中,注意对相关责任包括违约金和追索费用的承担,以及发现分包单位存在欠付工程款的救济措施进行详细和严格的约定,为后续追偿提供支撑。

(2)在工程实施过程中,应严格监督管理分包单位对于所招用建筑工人的工资支付,包括要求分包单位提供工资支付台账和凭证,且应涵盖"支付周期,支付日期、支付对象姓名、身份证号码、联系方式,工作时间,应发工资项目及数额……银行代发工资凭证或者农民工签字"等内容,如发现分包单位未及时足额支付的,可通过代为支付等方式进行补救。

(3)如果已经发生超付的,可区分不同情况进行追偿:与总承包单位签订合同的分包单位发生拖欠工人工资的,可根据分包合同的约定要求返还超付部分;与总承包单位没有合同关系的劳务分包乃至当地班组老板等发生拖欠工人工资的,可以不当得利要求发生欠付的分包单位或班组老板返还,或尝试根据分包合同的约定从与总承包单位签订合同且对欠付情形有责任的分包单位处要求返还超付部分并进行赔偿。

5. 建筑工人恶意讨薪风险

建设工程施工项目中若出现建筑工人恶意讨薪事件,施工总承包单位可以和建设单位联合起来,考虑通过法律途径解决。尤其是如分包老板或班组带头人存在煽动农民工采取激进手段要挟、勒索以获取非法利益等"恶意讨薪"行为的,因其行为妨碍社会治安,涉嫌违反《治安管理处罚法》第 23 条、第 26 条规定;情节严重的,有可能构成敲诈勒索罪或寻衅滋事罪,可以依法向公安机关提起控告。同时建议施工总承包单位注意搜集有关恶意讨薪行为的证据以及已经按约向建筑工人进行了支付的证据,包括照片、书面资料及录音视频,用工管理文件和农民工工资专用账户对外支付凭证等,争取通过协商谈判的方式解决劳务纠纷问题。

(三)分包单位的法律合规风险与应对

1. 建筑工人招用和实名制管理风险

《农民工支付条例》第 30 条第 1 款规定,"分包单位对所招用农民工的实名制管理和工资支付负直接责任"。分包单位作为工程项目中最主要的建筑工人直接招用人,应负责与农民工签订劳动合同并进行实名制管理。分包单位应要求农民工对自身提供的信息真实性进行保证,并就实名制管理制度的具体实施进行落实,可选择专人及时对信息内容更新,针对每一项目可设立一个专门的信息档案,由此支出的费用建议可作为工程价款。分包单位应注意提高自身的劳动用工管理能力，严格管理施工现场的用工、考勤和工资支付，用工方面需签订劳动合同、在信息管理平台进行实名制信息录入；考勤方面需严格记录建筑工人出勤情况、实际工作情况、参与工程情况等，并由建筑工人签字确认；工资支付方面需按照分包合同对于工程款支付情况的约定、工人出勤情况、与建筑工人的劳动合同对工资支付的规定等方面综合编制，并交由建筑工人本人签字。

2. 建筑工人工资支付和管理配合风险

作为建筑工人的直接招用人，分包单位应就其工资支付负直接责任。此类责任除了最核心的按照劳动合同足额及时支付工资外，还包括现场的管理和配合，包括建立用工管理台账制度和合同资料管理制度，按月考核农民工工作量、编制工资支付表并经农民工本人签字确认，配合施工总承包单位对其劳动用工进行监督管理等。另外，分包单位经常采取的将建筑工人工资卡集中管理的手段，与《农民工支付条例》第 31 条第 4 款“用于支付农民工工资的银行账户所绑定的农民工本人社会保障卡或者银行卡，用人单位或者其他人员不得以任何理由扣押或者变相扣押”的规定，也存在一定冲突。根据《农民工支付条例》第 56 条，分包单位未完成相关管理配合义务的，由相关主管部门责令限期改正，逾期不改正的，处 5 万元以上 10 万元以下的罚款。分包单位进行上述管理和配合工作一方面是为了适应法律法规的规定，确保农民工工资的正常发放外；另一方面是为了提高自身管理能力，在未来可能需要承担举证责任的情况时，不至于因文件管理不善而承担举证不能的不利后果。

3. 分包工程款收取风险

分包单位对建筑工人支付的工资来源于总承包单位支付的分包工程款，因此保证了分包工程款的收取，才能及时对建筑工人进行支付。实践中，分包单位在签订分包合同时，需要注意分包工程款的支付条件应与向农民工支付工资的要求相匹配，尽量避免接受高风险的“背靠背”条款，并可要求将人工费的支付安排单独予以约定，包括采取总承包单位代发工资的模式（需约定人工费总额、人工费支付周期、支付比例、支付条件等），并应在复核分包单位农民工实际人员、人工款及其他可能存在的开支的情况下，先作预算再作约定。分包合同履行过程中，分包单位编制的农民工工资支付表应当符合分包合同人工费支付条款（时间、周期、比例等）的相关约定，以便顺利获得农民工工资，防止工资发放延误。而总承包单位拖延支付分包工程款时，分包单位可通过向政府有关部门投诉或直接起诉的方式索要工程款，或者通过代位权诉讼及《施工合同司法解释（一）》下的实际施工人相关条款，向建设单位直接主张款项支付。

结语

《农民工支付条例》作为专门保护农民工权益的特别立法，是近年来治理欠薪工作成功经验的制度化提升，其全过程制度建设的要求，切实解决了农民工工资“哪里来”“放在哪”“怎么发”“发给谁”以及拖欠时“向谁要”“如何罚”的问题，打通了农民工工资支付的各个环节。特别是《农民工支付条例》规定了有关建设单位和施工单位的代付机制及直接清偿责任，对建设单位和施工单位都是新的考验，也为建筑市场秩序的优化和规范化发展提供了契机。但《农民工支付条例》部分条款也存在因立法技术问题导致市场主体面临适用困境的情况，目前有关部门在《农民工支付条例》出台后也在对相关制度作出进一步明晰和细化，各企业应在工程管理、资金周转、信用体系建设等方面提前安排，适应政策变化，做到有的放矢。

专题十七

安全合规管理与事故调查处理

【本专题内容概览】

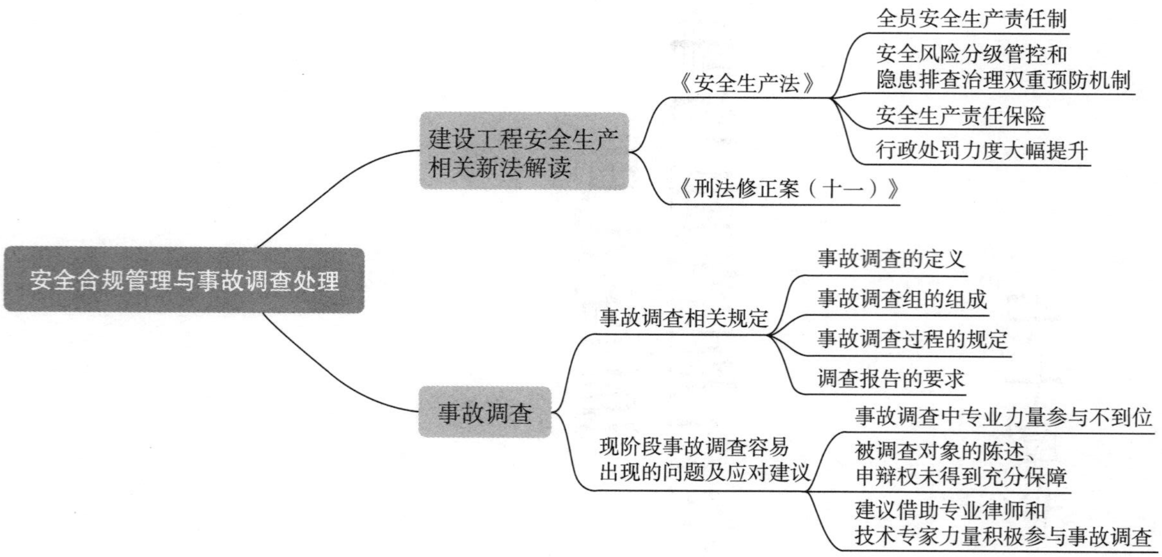
安全合规管理与事故调查处理
建设工程安全生产相关新法解读
《安全生产法》
全员安全生产责任制
安全风险分级管控和隐患排查治理双重预防机制
安全生产责任保险
行政处罚力度大幅提升
《刑法修正案（十一）》
事故调查
事故调查相关规定
事故调查的定义
事故调查组的组成
事故调查过程的规定
调查报告的要求
现阶段事故调查容易出现的问题及应对建议
事故调查中专业力量参与不到位
被调查对象的陈述、申辩权未得到充分保障
建议借助专业律师和技术专家力量积极参与事故调查

像“安全生产，人人有责”“安全生产责任重于泰山”这样的口号人们都耳熟能详，但安全事故的消息仍频频见报，令人痛心，可见安全生产形势之严峻。对于个人而言，事故往往意味着命运遭受极大的改变，生命健康受到重大损害；对于企业而言，一旦发生安全生产事故，则同时要面临事故带来的停工停产、行政处罚甚至刑事处罚的风险，企业可能失去发展的重要机会，从此一蹶不振。那到底应该如何着力，才能使口号真正落地，将安全风险降低呢？

近年来，国家对安全生产相关法律法规作了多次修改，与时俱进，从全员安全生产责任制、安全风险防控、保险、事故调查与处置等多方面强化、细化了对安全生产的要求，企业需及时更新相关知识，完善企业安全合规管理体系，提高应急救援能力，妥善应对和处置事故，方能在激烈的市场竞争中保持长期稳定的竞争优势。

一、建设工程安全生产相关新法解读

生产安全一直是我国立法机关关切的重要领域，在安全生产管理领域，存在大量纵向衔接及横向交叉监管的安全生产法律规范。下面，笔者结合近年来新法修订动态，就建设工程行业安全生产相关的重要规定进行解析。

（一）《安全生产法》

2021 年 6 月 10 日，全国人大常委会通过了《关于修改〈中华人民共和国安全生产法〉的决定》，新修正的《安全生产法》自 2021 年 9 月 1 日起施行。新《安全生产法》进一步强化和落实了生产经营单位主体责任，以法律形式确立了“全员安全生产责任制”；要求构建安全风险分级管控和隐患排查治理双重预防体系，将安全管控关口前移，强化风险防控；进一步明确地方政府、应急管理部门和行业管理部门的相关监管职责，并加大了对安全生产违法行为的处罚力度；引入安全生产责任保险制度，高危行业、领域必须投保安全生产责任险。

1. 全员安全生产责任制

为贯彻落实中共中央、国务院于 2016 年 12 月 9 日印发的《关于推进安全生产领域改革发展的意见》中关于企业实行全员安全生产责任制的要求，全面落实企业安全生产主体责任，进一步提升企业的安全生产水平，推动全国安全生产形势持续稳定好转，2017年，国务院安全生产委员会办公室印发了《关于全面加强企业全员安全生产责任制工作的通知》（安委办〔2017〕29号）。该通知要求应高度重视、建立健全企业全员安全生产责任制，加强对企业全员安全生产责任制的监督检查。2021年修正的新《安全生产法》在第4条明确要求生产经营单位建立健全全员安全生产责任制，以法律形式确立了全员安全生产责任制。

新《安全生产法》第5条规定："生产经营单位的主要负责人是本单位安全生产第一责任人，对本单位的安全生产工作全面负责。其他负责人对职责范围内的安全生产工作负责"，同时，新《安全生产法》在第21条、第25条分别对生产经营单位的主要负责人、安全生产管理机构以及安全生产管理人员安全生产的职责作了规定。

生产经营单位的主要负责人对本单位安全生产工作负有下列职责：（1）建立健全并落实本单位全员安全生产责任制，加强安全生产标准化建设；（2）组织制定并实施本单位安全生产规章制度和操作规程；（3）组织制定并实施本单位安全生产教育和培训计划；（4）保证本单位安全生产投入的有效实施；（5）组织建立并落实安全风险分级管控和隐患排查治理双重预防工作机制，督促、检查本单位的安全生产工作，及时消除生产安全事故隐患；（6）组织制定并实施本单位的生产安全事故应急救援预案；（7）及时、如实报告生产安全事故。

生产经营单位的安全生产管理机构以及安全生产管理人员履行下列职责：（1）组织或者参与拟订本单位安全生产规章制度、操作规程和生产安全事故应急救援预案；（2）组织或者参与本单位安全生产教育和培训，如实记录安全生产教育和培训情况；（3）组织开展危险源辨识和评估，督促落实本单位重大危险源的安全管理措施；（4）组织或者参与本单位应急救援演练；（5）检查本单位的安全生产状况，及时排查生产安全事故隐患，提出改进安全生产管理的建议；（6）制止和纠正违章指挥、强令冒险作业、违反操作规程的行为；（7）督促落实本单位安全生产整改措施。

新《安全生产法》划定了每个人的安全生产责任范围，那就是各自的"职责范围"，至于每个岗位的职责范围具体是什么，就需要根据各行业、各企业的具体情况来加以明确了。

没有人愿意发生事故，没有人愿意将自己或他人置于危险之中，但是，当很多人一起协作的时候，尤其是在工程建设这样的主体众多、人员复杂、作业内容庞杂的现场，人们往往不清楚自己应该做什么可以消除隐患，保护自己和他人。因此，越是复杂的项目，越要将每个人应该做的事情理清楚，只有每个人履行好自己的职责，才能及早发现安全隐患，消除安全风险。

对此，笔者建议，各企业要结合企业自身情况（行业特点、企业规模、生产流程、项目管理特点等），对公司的安全生产管理制度进行梳理，在合法、合规的基础上，更要符合公司实际经营管理情况，确保制度能够落地。尤其要对各岗位的职责予以明确，让各个岗位上的员工清楚知道自己能够为安全生产做什么，要承担什么样的责任。将安全生产这样一个宏大、抽象的概念，分解落实为一件件分内之事，让每个人都能参与到安全生产中，让“安全生产，人人有责”不再是挂在墙上的一句标语，而是每个人心中清清楚楚的职责。

2. 安全风险分级管控和隐患排查治理双重预防机制

中共中央、国务院于 2016 年 12 月 9 日印发的《关于推进安全生产领域改革发展的意见》提出，构建风险分级管控和隐患排查治理双重预防工作机制，严防风险演变、隐患升级导致生产安全事故发生。2021 年修正的新《安全生产法》在第 4 条明确要求，生产经营单位要构建安全风险分级管控和隐患排查治理双重预防机制，并且在第 21 条中，将组织建立并落实安全风险分级管控和隐患排查治理双重预防工作机制纳入生产经营单位主要负责人的安全生产工作职责。

新《安全生产法》第 41 条进一步明确：生产经营单位应当建立安全风险分级管控制度，按照安全风险分级采取相应的管控措施。生产经营单位应当建立健全并落实生产安全事故隐患排查治理制度，采取技术、管理措施，及时发现并消除事故隐患。事故隐患排查治理情况应当如实记录，并通过职工大会或者职工代表大会、信息公示栏等方式向从业人员通报。其中，重大事故隐患排查治理情况应当及时向负有安全生产监督管理职责的部门和职工大会或者职工代表大会报告。县级以上地方各级人民政府负有安全生产监督管理职责的部门应当将重大事故隐患纳入相关信息系统，建立健全重大事故隐患治理督办制度，督促生产经营单位消除重大事故隐患。同时，该法第 101 条规定，生产经营单位“未建立安全风险分级管控制度或者未按照安全风险分级采取相应管控措施的”和“未建立事故隐患排查治理制度，或者重大事故隐患排查治理情况未按照规定报告的”，责令限期改正，处 10 万元以下的罚款；逾期未改正的，责令停产停业整顿，并处 10 万元以上 20 万元以下的罚款，对其直接负责的主管人员和其他直接责任人员处 2 万元以上 5 万元以下的罚款；构成犯罪的，依照刑法有关规定追究刑事责任。

建设工程项目由于参与主体多、合同关系复杂、工作界面交叉、涉及专业面大、现场人员众多、建设周期长等原因，风险因素十分复杂，各阶段的重点风险也存在区别，故应当根据企业及项目实际情况，对安全风险因素进行全面辨识，并科学评定安全风险等级。这是有效管控安全风险的必要前提，否则，“眉毛胡子一把抓”，将导致防控措施不到位、防控漏洞多，长此以往，还将严重挫伤安全管理人员的信心，导致安全管理流于形式。

国务院安全生产委员会办公室 2016 年发布的《关于实施遏制重特大事故工作指南构建双重预防机制的意见》提出，“双重预防机制”包括：(1)全面开展安全风险辨识；(2)科学评定安全风险等级；(3)有效管控安全风险；(4)实施安全风险公告警示；(5)建立完善隐患排查治理体系。部分地方也出台了具体的实施指南，如上海市应急管理局出台《上海市企业安全风险分级管控实施指南》(沪应急行规〔2019〕2 号)，该实施指南适用于上海市范围内化工、医药及危险化学品企业，冶金、有色、建材、机械、轻工、纺织、烟草、商贸等工贸企业的风险辨识、评估、分级、管控。其他行业企业的风险辨识、评估、分级、管控，应当遵循行业主管部门相应要求；如无专门要求的，可以参照该实施指南执行。

建议企业可以参照相关指南，结合企业自身情况及行业、项目特点，科学制定安全风险分级制度，明确对应级别应采取的隐患排查措施、防控措施和应急救援措施，并在企业内部展开学习，使企业各部门管理人员、各岗位工作人员对各自职责范围内的风险有充分了解，并清楚知道自己在什么情况下应当采取何种措施，使各层级、各岗位员工能够参与到安全管理中。

新《安全生产法》对于行政主管部门事故隐患排查和治理也赋予了更多行政权力。该法第 70 条规定，负有安全生产监督管理职责的部门依法对存在重大事故隐患的生产经营单位作出停产停业、停止施工、停止使用相关设施或者设备的决定，生产经营单位拒不执行，有发生生产安全事故的现实危险的，在保证安全的前提下，经本部门主要负责人批准，负有安全生产监督管理职责的部门可以采取通知有关单位停止供电、停止供应民用爆炸物品等措施，强制生产经营单位履行决定。

3. 安全生产责任保险

安全生产责任保险制度是我国安全生产治理模式改革的一项重要的制度创新，通过安全生产责任保险制度，能够将专业保险机构引入安全风险防控体系中，发挥保险机构参与风险评估管控和事故预防的功能。

2017 年，国家安全监管总局、保监会、财政部制定了《安全生产责任保险实施办法》(安监总办〔2017〕140 号)。该办法规定:安全生产责任保险,是指保险机构对投保的生产经营单位发生的生产安全事故造成的人员伤亡和有关经济损失等予以赔偿,并且为投保的生产经营单位提供生产安全事故预防服务的商业保险。安全生产责任保险的保险责任包括投保的生产经营单位的从业人员人身伤亡赔偿,第三者人身伤亡和财产损失赔偿,事故抢险救援、医疗救护、事故鉴定、法律诉讼等费用。煤矿、非煤矿山、危险化学品、烟花爆竹、交通运输、建筑施工、民用爆炸物品、金属冶炼、渔业生产等高危行业领域的生产经营单位应当投保安全生产责任保险。鼓励其他行业领域生产经营单位投保安全生产责任保险。

这一制度在 2021 年修正《安全生产法》时也被吸收了进来,新《安全生产法》第 51 条规定,"国家鼓励生产经营单位投保安全生产责任保险;属于国家规定的高危行业、领域的生产经营单位,应当投保安全生产责任保险"。其中,"高危行业、领域"是指煤矿、非煤矿山、危险化学品、烟花爆竹、交通运输、建筑施工、民用爆炸物品、金属冶炼、渔业生产等行业领域,与《安全生产责任保险实施办法》规定的应当投保范围一致。建筑施工企业属于必须投保的单位。

与意外险等传统险种相比,安全生产责任保险覆盖群体范围更广、保障更充分,并且强调了事故预防服务功能。2019 年,应急管理部发布了《安全生产责任保险事故预防技术服务规范》(AQ 9010—2019,2020 年 2 月 1 日实施),该标准进一步明确事故预防技术服务是保险机构为防止或减少投保单位发生生产安全事故,降低赔付风险,通过一定的技术措施,协助投保单位开展事故预防工作的服务行为。服务项目主要包括安全生产宣传教育培训,安全风险辨识、评估和安全评价,生产安全事故隐患排查,安全生产标准化建设,生产安全事故应急预案编制和演练,安全生产科技推广应用等。并且,保险机构可以委托安全生产技术与管理咨询机构、安全评价机构、安全生产检测检验机构、安全风险评估机构、安全培训机构、注册安全工程师事务所、高等院校、科研院所和社会组织等为投保单位提供事故预防技术服务。

作为必须投保的建筑施工企业,还需注意,安全生产责任保险实行差别费率和浮动费率,费率动态调整,根据以下因素综合确定:(1)事故记录和等级:费率调整根据生产经营单位是否发生事故、事故次数和等级确定,可以根据发生人员伤亡的一般事故、较大事故、重大及以上事故次数进行调整。(2)其他:投保生产经营单位的安全风险程度、安全生产标准化等级、隐患排查治理情况、安全生产诚信等级、是否被纳入安全生产领域联合惩戒"黑名单"、赔付率等。

也就是说,投保单位的安全管理水平高、出现的事故少、安全生产诚信度高,则可以获得更优惠的费率;如果投保单位的安全管理水平低、事故频发,那么就必须通过更高的价格来购买保险服务。这也是从另一方面督促生产经营单位重视安全生产管理。

4. 行政处罚力度大幅提升

相比原《安全生产法》的规定,新《安全生产法》大幅提高了对违法行为的行政处罚力度,从责任承担的角度督促企业重视和加强安全生产管理,显示了国家对于强化安全生产管理的决心。

(1)对生产经验单位的罚款金额大幅提高

根据新《安全生产法》第 114 条的规定,"发生生产安全事故,对负有责任的生产经营单位除要求其依法承担相应的赔偿等责任外,由应急管理部门依照下列规定处以罚款:(一)发生一般事故的,处三十万元以上一百万元以下的罚款;(二)发生较大事故的,处一百万元以上二百万元以下的罚款;(三)发生重大事故的,处二百万元以上一千万元以下的罚款;(四)发生特别重大事故的,处一千万元以上二千万元以下的罚款。发生生产安全事故,情节特别严重、影响特别恶劣的,应急管理部门可以按照前款罚款数额的二倍以上五倍以下对负有责任的生产经营单位处以罚款。"也就是说,如果发生生产安全事故,生产经营单位面临的罚款最高可达 1 亿元,相比原来规定的最高罚款额 2000 万元具有大幅提高,值得引起企业重视。

(2)对主要责任人的处罚力度明显加大,新增对其他负责人和安全管理人员的罚款

相比原《安全生产法》的规定,新《安全生产法》对生产经营单位的主要负责人的罚款力度明显加大,例如:对于主要负责人未依法履行安全生产管理职责的,罚款从原来的 2 万元以上 5 万元以下,调高为 5 万元以上 10 万元以下;对于发生生产安全事故的,根据一般事故、较大事故、重大事故和特别重大事故的不同,对主要负责人的罚款从原来的上一年度年收入的 30%、40%、60%、80% 提升至 40%、60%、80%、100%。

新《安全生产法》还新增了对严重违法的主要负责人限制担任本行业生产经营单位主要负责人的处罚措施。新《安全生产法》第 113 条规定:"生产经营单位存在下列情形之一的……生产经营单位主要负责人五年内不得担任任何生产经营单位的主要负责人;情节严重的,终身不得担任本行业生产经营单位的主要负

责人：（一）存在重大事故隐患，一百八十日内三次或者一年内四次受到本法规定的行政处罚的；（二）经停产停业整顿，仍不具备法律、行政法规和国家标准或者行业标准规定的安全生产条件的；（三）不具备法律、行政法规和国家标准或者行业标准规定的安全生产条件，导致发生重大、特别重大生产安全事故的；（四）拒不执行负有安全生产监督管理职责的部门作出的停产停业整顿决定的。"

同时，新《安全生产法》还新增了对生产经营单位的其他负责人和安全生产管理人员的罚款。生产经营单位的其他负责人和安全生产管理人员未履行安全生产管理职责的，责令限期改正，处 1 万元以上 3 万元以下的罚款；导致发生生产安全事故的，暂停或者吊销其与安全生产有关的资格，并处上一年年收入 20% 以上 50% 以下的罚款。

（3）新设按日连续处罚制度

根据新《安全生产法》第 112 条的规定，生产经营单位违反该法规定，被责令改正且受到罚款处罚，拒不改正的，负有安全生产监督管理职责的部门可以自作出责令改正之日的次日起，按照原处罚数额按日连续处罚。按日连续处罚制度是本次修法新增的处罚制度，有利于督促生产经营单位加快整改速度，消除违规行为，有助于严格打击安全生产领域"屡禁不止、屡罚不改"的问题。生产经营单位需注意及时落实整改要求，以避免罚款金额按日累积。

（4）处罚决定公开曝光，加强联合惩戒

新《安全生产法》明确规定，负有安全生产监督管理职责的部门应当加强对生产经营单位行政处罚信息的及时归集、共享、应用和公开，对生产经营单位作出处罚决定后 7 个工作日内在监督管理部门公示系统予以公开曝光，明确了公开曝光的时效性和公示平台要求。

同时，新《安全生产法》规定，负有安全生产监督管理职责的部门要将违法行为情节严重的生产经营单位及其有关从业人员，通报行业主管部门、投资主管部门、自然资源主管部门、生态环境主管部门、证券监督管理机构以及有关金融机构，有关部门和机构应当对存在失信行为的生产经营单位及其有关从业人员采取加大执法检查频次、暂停项目审批、上调有关保险费率、行业或者职业禁入等联合惩戒措施。此规定将大大增加违法经营单位及个人的违法成本，有助于提高全社会安全生产诚信水平。

（二）《刑法修正案（十一）》

2020 年 12 月 26 日，全国人大常委会通过了《刑法修正案（十一）》，于 2021

年 3 月 1 日起施行。本次修正新增了“危险作业罪”,并修改了“强令违章冒险作业罪”的规定。

危险作业罪是《刑法修正案(十一)》的新增罪名。《刑法》第 134 条之一规定,“在生产、作业中违反有关安全管理的规定,有下列情形之一,具有发生重大伤亡事故或者其他严重后果的现实危险的,处一年以下有期徒刑、拘役或者管制:(一)关闭、破坏直接关系生产安全的监控、报警、防护、救生设备、设施,或者篡改、隐瞒、销毁其相关数据、信息的;(二)因存在重大事故隐患被依法责令停产停业、停止施工、停止使用有关设备、设施、场所或者立即采取排除危险的整改措施,而拒不执行的;(三)涉及安全生产的事项未经依法批准或者许可,擅自从事矿山开采、金属冶炼、建筑施工,以及危险物品生产、经营、储存等高度危险的生产作业活动的”。

《刑法》第 134 条第 2 款规定,“强令他人违章冒险作业,或者明知存在重大事故隐患而不排除,仍冒险组织作业,因而发生重大伤亡事故或者造成其他严重后果的,处五年以下有期徒刑或者拘役;情节特别恶劣的,处五年以上有期徒刑”。本次修正将“明知存在重大事故隐患而不排除,仍冒险组织作业”的情形纳入强令违章冒险作业罪中。

在此之前,《刑法》原有的各个安全生产类罪名主要关注的是安全事故的危害结果,而危险作业罪则将所关注的时间点提前,重点关注相关行为是否具有造成重大伤亡事故的现实危险。对强令、组织他人违章冒险作业罪的修改,强调了不排除重大事故隐患的情形。这与新《安全生产法》所强调的安全风险分级管控和隐患排查治理双重预防机制互相呼应,体现了安全管控关口前移的理念,要求企业不要抱有侥幸心理,而是要切实安全管理、落实隐患排查工作,及时消除事故隐患。

二、事故调查

根据住房和城乡建设部公布的数据,2018 年,全国共发生房屋市政工程生产安全事故 734 起、死亡 840 人,与 2017 年相比,事故起数增加 42 起、上升 6.1%,死亡人数增加 33 人、上升 4.1%①;2019 年全国共发生房屋市政工程生产安全事故 773 起、死亡 904 人,与 2018 年相比事故起数增加 39 起、死亡人数增加 64 人,

① 参见住房和城乡建设部办公厅《关于 2018 年房屋市政工程生产安全事故和建筑施工安全专项治理行动情况的通报》(建办质函〔2019〕188 号)。

分别上升5.31%和7.62%①。连年上升的事故数量和死亡人数,让人感到工程安全生产形势依然严峻。

事故的发生意味着安全管理存在漏洞,需要通过事故调查,尽可能还原事实,全面、科学地分析事故原因,总结事故发生的教训和规律,提出有针对性的防范和整改措施,并积极促进相关法律法规、技术标准和规范的修改与完善,防止类似事故再度发生。

政府对此也十分关注。中共中央、国务院在2016年12月9日印发的《关于推进安全生产领域改革发展的意见》中提出,要完善事故调查处理机制。坚持问责与整改并重,充分发挥事故查处对加强和改进安全生产工作的促进作用。完善生产安全事故调查组组长负责制。健全典型事故提级调查、跨地区协同调查和工作督导机制。建立事故调查分析技术支撑体系,所有事故调查报告要设立技术和管理问题专篇,详细分析原因并全文发布,做好解读,回应公众关切。对事故调查发现有漏洞、缺陷的有关法律法规和标准制度,及时启动制定修订工作。建立事故暴露问题整改督办制度,事故结案后1年内,负责事故调查的地方政府和国务院有关部门要组织开展评估,及时向社会公开,对履职不力、整改措施不落实的,依法依规严肃追究有关单位和人员责任。

在2021年修正《安全生产法》时,吸收了事故后整改评估制度,新《安全生产法》第86条第3款规定,“负责事故调查处理的国务院有关部门和地方人民政府应当在批复事故调查报告后一年内,组织有关部门对事故整改和防范措施落实情况进行评估,并及时向社会公开评估结果;对不履行职责导致事故整改和防范措施没有落实的有关单位和人员,应当按照有关规定追究责任”。

下面笔者简要介绍事故调查的相关规定,以及现阶段事故调查中容易出现的问题及应对建议。

(一)事故调查相关规定

针对生产安全事故调查的规定,主要以《生产安全事故报告和调查处理条例》(国务院令第493号)为代表,笔者在此谨以《生产安全事故报告和调查处理条例》的规定为基础进行论述。

---

① 参见住房和城乡建设部办公厅《关于2019年房屋市政工程生产安全事故情况的通报》(建办质函〔2020〕316号)。

1. 事故调查的定义

根据《生产安全事故报告和调查处理条例》第三章的规定，事故调查可以概括为：政府（可授权或委托有关部门）组织事故调查组，依法依规查明事故发生的经过、原因、人员伤亡情况及直接经济损失，认定事故的性质和事故责任，提出对事故责任者的处理建议，总结事故教训，提出防范和整改措施，并提交事故调查报告的过程。

2. 事故调查组的组成

《生产安全事故报告和调查处理条例》第 22 ~ 24 条规定，根据事故的具体情况，事故调查组由有关人民政府、安全生产监督管理部门、负有安全生产监督管理职责的有关部门、监察机关、公安机关以及工会派人组成，并应当邀请人民检察院派人参加。事故调查组可以聘请有关专家参与调查。事故调查组成员应当具有事故调查所需要的知识和专长，并与所调查的事故没有直接利害关系。事故调查组组长由负责事故调查的人民政府指定，主持事故调查组的工作。

从上述规定可以看出，调查组主要以行政力量为主导，专业力量为非必需的辅助。

3. 事故调查过程的规定

《生产安全事故报告和调查处理条例》对于调查过程的规定较为粗略，仅规定了事故调查组有权向有关单位和个人了解与事故有关的情况，并要求其提供相关文件、资料，有关单位和个人不得拒绝。事故发生单位的负责人和有关人员在事故调查期间不得擅离职守，并应当随时接受事故调查组的询问，如实提供有关情况。但是调查组如何向被调查对象开展调查、相关程序要求、被调查对象的申辩权利保障等均无具体规定。

4. 调查报告的要求

《生产安全事故报告和调查处理条例》第 30 条明确了对事故调查报告的要求。事故调查报告应当包括下列内容：(1)事故发生单位概况；(2)事故发生经过和事故救援情况；(3)事故造成的人员伤亡和直接经济损失；(4)事故发生的原因和事故性质；(5)事故责任的认定以及对事故责任者的处理建议；(6)事故防范和整改措施。事故调查报告应当附具有关证据材料。事故调查组成员应当在事故调查报告上签名。

综上可见，《生产安全事故报告和调查处理条例》仅对事故调查作了原则性规定，事故调查的开展缺乏具体程序指引，事故调查的深度、精度、全面程度尚无标准可循,主要由调查组的自身水平决定,事故调查质量可能存在参差。

(二)现阶段事故调查容易出现的问题及应对建议

1.事故调查中专业力量参与不到位

工程建设是复杂的系统性工作,参与主体众多、工作面纵横交错、法律关系复杂交叉,一个工程往往同时涉及多家单位、数十份主要合同、数十甚至数百个技术专业领域,工程事故调查需从法律、管理、技术等方面同时展开。虽然行政主管部门对于建设工程行业十分熟悉,但是出于行政主管部门的监管职能,其更关注各建设主体行为的合规性,而非专业性、技术性,这使部分事故调查组没有以事故发生的基础因果关系为核心展开调查,而是以审视各建设主体行为的合规性为调查切入点。

例如,某商业综合体大厅发生坍塌事故,事故调查结论为:钢结构承载力不足导致坍塌,钢结构施工单位承担事故主要责任。其表述的事故原因包括:施工图未经审查;施工单位在高强螺栓代用过程中未经设计单位同意;施工质量存在钢缝高度不足、端板开孔偏大等瑕疵。施工单位的上述行为确属违规操作,但是,钢结构屋架发生坍塌的基础因果关系应当是“承载力<荷载”,上述违规行为并不必然导致钢结构屋架承载力不足。调查组没有进行严谨的力学计算和试验,就贸然得出施工单位承担主要责任的结论,显然不具有说服力。该次事故调查之所以出现这样的情形,很大的原因是调查组并未充分发挥专业力量的作用,未充分尊重专业人员的意见。显然,事故调查中专业力量的参与是十分重要的,而专业力量在事故调查中缺位将导致以下一系列问题。

(1)调查范围判定不准确,致果因素清单存在疏漏

由于当前事故调查组特别是其中的技术调查小组具有临时性,使事故调查这样的技术密集型工作在一种分散的机制、组织中进行,缺乏相应的技术培训、技术程序引导、技术手段支撑,很容易出现事故调查组对事故调查范围判定不准确、致果因素清单存在疏漏的情况。

(2)未能从基本原因出发展开全面调查,导致调查结论说服力弱

事故调查要回归到事故发生的基础原因,再层层推导行为与结果之间的因果关系。例如,压力管道发生爆裂,其基础原因是管道内压力超过了管道承压能力,通过简单的力学推导就能发现,导致管道爆裂的情形可能有以下三种:①管道内压力>管道承压能力≥设计承压能力;②管道承压能力<管道内压力≤设计承压

能力；③管道内压力 > 设计承压能力 > 管道承压能力。无论是哪一种可能，管道内压力、管道承压能力和设计承压能力都是必须展开调查的关键因素。但是，在某起管道爆裂事故中，调查组未对管道当时的压力状况进行调查，在调查报告中也未提及当时的管道内压力和管道承压能力数据，仅仅是以管道材料不符合设计材料要求作为事故直接原因，未免让人觉得说服力不足，禁不起推敲。

（3）对事故发展的规律理解不到位，易忽略关键因素，导致因果关系认定错误

在一起基坑透水事故中，巡防员发现坑底明显积水，立即采取了增加应急泵抽水的措施，但积水仍然猛增，积水在最深处达 1.4 米后则不再上涨。行政主管部门组织调查后认为，事故原因为止水帷幕存在施工质量问题，导致止水失败。但是，施工单位经过自身复查后确认止水帷幕施工质量没有问题。施工单位委托的专家介入调查后，发现之前的调查没有对一个关键问题进行解释——突然上涨又突然停止的情形，并不符合地下水的特征，那么水从何而来？经过调查，专家发现，在基坑发生积水前不久，距离事发基坑约 780 米处曾发生一起沉井施工造成大管径自来水管爆管的事故，但是自来水管爆管后没有引发路面大面积积水情况，水很快就消失了。因此，可以合理推测，基坑的积水可能来源于自来水管爆管的水。结合进一步技术调查和试验，施工单位委托的专家最终推翻了原有的调查结论。在该次事故中，行政主管部门组织的调查没有认识到水位变化的规律，从而没有发现事故的关键因素，导致因果关系认定错误。

（4）因果关系推论过程中，逻辑不严密，以间接原因代替直接原因

通常而言，绝大多数合规性问题是间接原因，而不是直接原因，最典型的当属“无证上岗”：操作员是否有上岗证跟他当时采取的措施是否得当，完全是两个问题，但是在一些事故调查报告中，将操作员没有取得某一项资质视为事故直接原因，而没有调查具体是操作员的何种行为导致事故发生。

清晰地描述事故发生的因果关系路径是事故调查报告的基本要求。但是一些事故调查报告存在事实陈述不清、因果关系不实、逻辑模式不严的情形，未能完成事故调查最根本的任务，这就导致后期无法有效制定事故防范措施，对责任人的处理也未能罪责相符。

上面提到的因专业力量参与不到位引发的问题，在《关于推进安全生产领域改革发展的意见》中也已经得到关注。该意见提出，要建立事故调查分析技术支撑体系，所有事故调查报告要设立技术和管理问题专篇，详细分析原因并全文发

布，做好解读，回应公众关切，期待这能在实践中得到更好的落实。

2. 被调查对象的陈述、申辩权未得到充分保障

《生产安全事故报告和调查处理条例》只规定了被调查对象有接受调查的义务，但是没有明确规定其有陈述、申辩的权利。仅浙江省等少数地区出台的细化规定中对被调查对象的陈述、申辩权进行了明确，大部分地区在实际调查过程中，对被调查对象的陈述、申辩不太重视，采取既不鼓励，也不反对的态度。

在调查过程中，大多数被调查对象只能被动地回答调查组询问的问题，既不知晓其享有陈述、申辩的权利，也不知道应当如何为自己申辩；同时，被调查对象也不知道自己的回答是否准确，会造成怎样的法律后果，直至最后在调查报告中才发现自己不甚准确的表述成为认定己方责任的关键。而被调查对象未充分自我申辩和质证，不仅会损害被调查对象自身的权益，对事故调查也存在不利。

人们总是习惯性认为，调查应当是调查组的工作，其他人只要接受调查即可，最后呈现的调查结果一定是全面、深入、公正的。但是，工程项目本身的复杂性决定了工程事故调查困难的必然性。因此，必须理性看待事故调查，建立起“调查组即便是由行政主管部门和专家组成，尽职尽责地调查，也有可能存在调查漏洞”的意识。想要尽可能修补漏洞，完善调查结论，就必须调动各方力量共同参与。

如果在调查过程中，能够给各方被调查对象充分的陈述、申辩、质证的机会，借助专业律师、技术专家的力量，在调查过程中就对所有支撑调查结论的依据、证据一一进行论证和质证，那么上述的问题，便可以在调查过程中及时发现和修正，能够很大程度地补充、完善调查结论。

现阶段，由于调查过程中，调查组仅仅是对被调查对象进行询问和调查，并未给被调查对象充分的自我申辩和对调查结论提出质疑、进行质证的机会，被调查对象往往是在调查报告经政府批复后才知晓对己方过错和责任的认定。然而，此时调查程序已经结束，调查组也已经解散，调查报告亦已经通过政府批复变成一份具备公信力的政府文件。通常情况下，被调查对象如果对过错、责任认定有异议，无法直接向调查组提出，只能通过行政复议、行政诉讼对政府批复调查报告的行政行为提出异议，而行政复议、行政诉讼程序本身的特点，决定了调查结论很难通过这些程序进行灵活的修正，审查结果只能是维持批复或撤销批复，行政主管部门、调查组和被调查对象都承受着很大的压力。还有一种情况是，被调查对象向行政主管部门就调查结论提出异议后，行政主管部门经过审查，认同被调查对象的观点和证据，但是由于调查组已经解散，行政主管部门也不愿重启调查程序，

最后只能在行政处罚阶段予以调整。这就导致调查报告明确的责任与最终各方认可和落实的责任并不一致,使事故调查的意义大打折扣,也损害了事故调查的公信力。而且,这样的操作也不符合新《安全生产法》对于事故后整改评估的要求。

3. 建议借助专业律师和技术专家力量积极参与事故调查

事故调查的目的是还原事故发展过程,找出事故发生的因果关系,厘清各方当事人在其中的过错,并以此确定相应的责任。在这个过程中,前两者必须依赖技术专家,后两者则是律师发挥作用的重要环节。对于行政主管部门而言,借助专业律师和技术专家的力量,能够更好地查清事实,厘清责任,更大程度地实现事故调查的意义。对于被调查对象而言,通过专业律师和技术专家的沟通协作、密切配合,能够为被调查对象制订出应对事故调查的有效方案,最大程度维护被调查对象的合法权益。因此,笔者认为,需充分重视和发挥专业律师与技术专家力量在事故调查中的作用。

结语

从本章内容来看,法律法规对企业的安全生产提出了很多要求,似乎企业要新增很多支出,但是,在新《安全生产法》“坚持人民至上、生命至上,把保护人民生命安全摆在首位”的理念下,安全对企业管理的重要性进一步提升,如不重视安全投入,可能节约了一时的安全支出,但从长远来看,将给企业带来更多、更大的损失和风险,甚至极大地削弱企业的市场竞争力。因此,希望企业能够充分重视安全合规管理,变被动为主动,将安全管理作为企业经营管理的重要一环,以期将安全投入转化为新的企业生产力。

Part

05

第五篇

工程建设新兴模式和行业

专题十八

轨道交通与市域铁路TOD项目开发的法律风险和防范

【本专题内容概览】

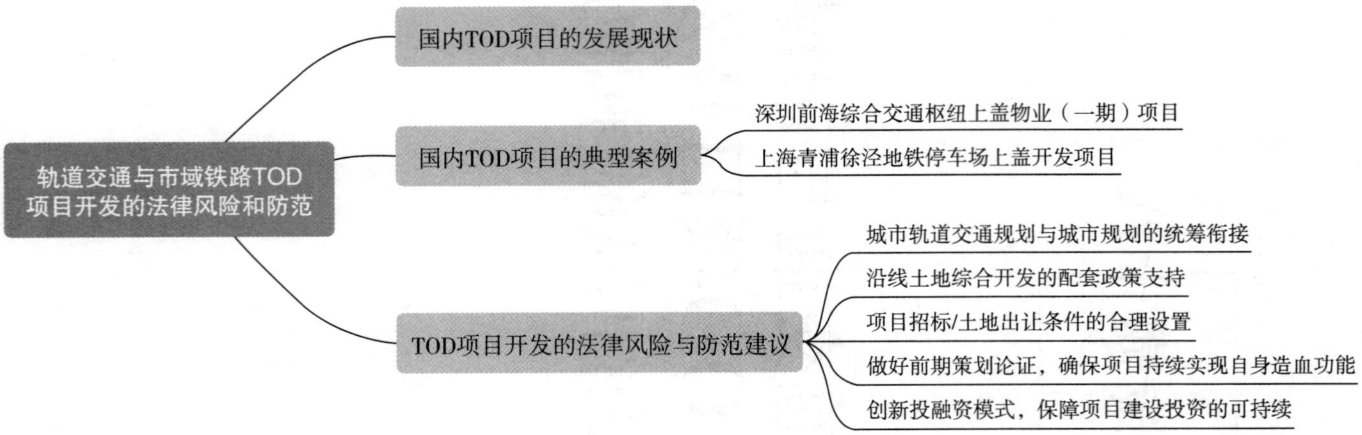

轨道交通与市域铁路TOD项目开发的法律风险和防范
国内TOD项目的发展现状
国内TOD项目的典型案例
深圳前海综合交通枢纽上盖物业（一期）项目
上海青浦徐泾地铁停车场上盖开发项目
TOD项目开发的法律风险与防范建议
城市轨道交通规划与城市规划的统筹衔接
沿线土地综合开发的配套政策支持
项目招标/土地出让条件的合理设置
做好前期策划论证，确保项目持续实现自身造血功能
创新投融资模式，保障项目建设投资的可持续

公共交通导向开发(Transit Oriented Development,TOD)是依托于大众捷运系统的、能够增值的土地综合开发,其本质上是城市与公共交通协同发展的空间组织模式。目前,我国无论是中央还是地方层面都在大力推广 TOD 模式项目。本专题结合现行的法律法规政策与各地城市轨道交通建设案例,从城市轨道交通与市域铁路 TOD 项目推进过程中遭遇的问题着手分析,对困难产生的原因进行深入思考,并从实践角度提出相关对策,期望能够对读者有所启发。

一、国内 TOD 项目的发展现状

为推动经济社会高速高质量发展,增强城市内部组团联动,促进城市人口流通,缓解城市交通压力,当前国内多个核心城市均在积极推动本城市的轨道交通建设发展。但是,轨道交通建设的不断推进,对政府财政也带来了巨大的消耗。为此,早在 2014 年,国务院办公厅下发的《关于支持铁路建设实施土地综合开发的意见》(国办发〔2014〕37 号)中就已提出,鼓励铁路运输企业对既有铁路站场及毗邻地区实施土地综合开发,促进铁路建设投资等主体对新建铁路站场及毗邻地区实施土地综合开发,提高铁路建设项目的资金筹集能力和收益水平。

2020 年,国务院办公厅转发国家发展改革委等单位在《关于推动都市圈市域(郊)铁路加快发展意见的通知》(国办函〔2020〕116 号)中又进一步明确,要加大市域(郊)铁路沿线和站点及周边土地综合开发强度,合理确定综合开发规模和实施方案,统筹地上地下空间复合利用,积极推广地下空间开发、轨道交通上盖物业综合开发等节约用地的技术和模式,打造站城融合综合体。

同时,国家发展和改革委员会也在积极支持地方推广 TOD 项目试点,以成都、广州、深圳、上海、宁波、武汉、南京等为代表的轨道交通城市,也纷纷出台了 TOD 综合开发的指导意见和政策性措施。其中,成都市提出全域 TOD 的设想,对约 700 个轨道交通站点和车辆基地进行统筹安排,分级开发。上海也在 2020 年出台了《关于加快实施本市轨道交通车辆基地及周边土地综合开发利用的意见》(沪府办〔2020〕69 号),以建立符合上海发展实际的轨道交通车辆基地及周边地区综合开发利用模式,促进土地资源的集约利用、城市功能结构的优化提升和轨道交通的持续健康发展。

二、国内 TOD 项目的典型案例

国际上及我国港澳台地区对于城市轨道交通项目与 TOD 结合已经有不少先例。其中,最具代表性的莫过于香港地铁的轨道 + 物业(Rail + Property,R + P)模式。深圳和上海很早就开始了 TOD 项目的探索,并总结和摸索出了一批具有地方特色的 TOD 案例。

(一)深圳前海综合交通枢纽上盖物业(一期)项目

该项目位于前海枢纽上盖物业用地的东北端,由北侧的桂湾一路,东侧的听海大道,南侧前海枢纽上盖物业一、二期分界线,西侧的前海综合交通枢纽工程近远期分界线围合而成。本项目开发周期不超过 6 年,将建设成兼有酒店、商务公寓、商业及办公等功能的综合体。

该项目采用了"协议合作开发 + BT 融资建设"的开发模式进行招标,招标方(建设单位)为深圳地铁公司,招标对象为具有房产开发经验的开发商和施工单位组成的联合体。其中,联合体中的开发商按约定比例获得本项目开发收益的 49%,深圳地铁公司获得本项目开发收益的 51%,开发商与深圳地铁公司共同投资、共担风险、共享收益;联合体中的施工单位负责本项目的施工总承包工作和 BT 融资建设工程范围的施工总承包价款 70% 的融资工作。联合体中的开发商和施工单位共同向深圳地铁公司承担连带责任。

中标后,联合体中的开发商与施工单位组成的联合体与深圳地铁公司签订《合作开发及 BT 融资建设合同》,共同向深圳地铁公司承担连带责任。而在《合作开发及 BT 融资建设合同》签订后,开发商将与深圳地铁公司共同设立一个项目管理公司,开发商与深圳地铁公司将通过项目管理公司进行项目合作开发的管理工作;同时,由开发商与深圳地铁公司按照 49%:51% 的比例共同负责项目对外融资。

在这种模式下,深圳地铁公司通过公开招标选择具备丰富经验和雄厚实力的开发商和施工单位,一方面,在深圳地铁公司主导的前提下,各方各司其职,充分发挥各方的专业优势;另一方面,通过施工单位的 BT 融资安排,减轻了深圳地铁公司进行物业开发的巨额资金压力。

(二)上海青浦徐泾地铁停车场上盖开发项目

该项目所在地块介于在建的轨道交通 17 号线徐泾北站和徐盈路站之间,地块东至徐盈路，南至诸陆西路，西至徐乐路，北至轨道交通用地，出让面积为 26.01 万平方米。土地用途为商业用地、办公楼、街巷、教育用地、公共基础设施用地、居住用地。项目拟打造以轨道交通为导向的综合社区中心，集购物、餐饮、娱乐、游玩、居住、商务为一体。整个项目将由“落地”和“架空”两部分建筑组成，其中，商住办用地将全部架空，架空部分将实行轨道交通停车场上盖开发项目，通过在地铁车辆停车场上加盖的方式来“制造”建设用地，提高土地利用率。

该项目通过采用项目公司股权转让的方式，实现了轨道交通运营单位与开发商的合作开发。2015 年 2 月 2 日，申通资产公司与上海轨道交通上盖物业股权投资基金合伙企业（有限合伙）以 21.9787 亿元竞得青浦徐泾镇徐盈路西侧地块，并设立了上海广欣投资发展有限公司作为项目公司。在竞得地块建设用地使用权半年后的 2015 年 8 月，项目公司 50% 的股权在产权交易所挂牌转让。2015 年 9 月 25 日，在住宅项目开发领域独树一帜的万科公司以 22.011 亿元的总价拿下了本项目 50% 的股权。整个项目交由万科公司来操盘，而申通资产公司将来所获得的收益，将全部用于反哺地铁建设及运营。

一方面，这种合作开发模式确保以申通地铁为主导，能够保障地铁上盖项目实施过程中，优先实现公共交通功能，满足公共交通需求；另一方面，这种合作开发模式引进了成熟的开发商，有利于提高项目开发水平，降低项目开发风险，实现地铁上盖项目长期良好的收益，为地铁建设及运营提供反哺资金。

三、TOD 项目开发的法律风险与防范建议

（一）城市轨道交通规划与城市规划的统筹衔接

建设城市轨道交通是为了城市发展，城市轨道交通建设应当与城市建设紧密结合，但长期以来，由于缺乏明确的规划要求与技术引导，在城市规划的各个阶段，城市功能规划缺乏与城市轨道交通系统规划和工程建设的有效衔接，造成城市轨道交通对城市总体结构引导不足、轨道站点与周边建筑和环境缺乏衔接、空间无序、换乘低效、用地浪费等问题。一旦城市轨道交通无法很好地服务于城市发展，那么其价值将大打折扣，其收入也将难以达到预期，这必然严重影响城市轨道交通项目及周边土地开发的顺利实施。

因此，为有序推进城市轨道交通项目及 TOD 项目开发，首先应当从城市政策方面重视城市轨道交通规划与城市规划从宏观到微观层面的紧密结合，并切实做到“三个只有”。即只有在城市层面将城市发展规划与城市轨道交通发展规划有

机结合,才能以城市轨道交通规划与建设为契机,构筑公共交通支撑和引导城市发展的城市结构;只有全面考虑城市轨道交通线路布局对周边区域的影响并且科学布局合理安排,才能以轨道为核心组织城市生活、构建公共空间,使轨道影响区成为全市的公共活动中心和为周边社区服务的设施配套中心;只有对每个站点进行精心设计,整合轨道出入口和周边建筑及公共空间用地,塑造人车分行、全天候、无障碍的交通枢纽换乘环境,才能提高城市轨道交通服务质量和效率,为城市轨道交通带来更多的客流,创造更多的价值,从而提高城市轨道交通项目本身的盈利能力。

(二)沿线土地综合开发的配套政策支持

TOD 项目的收益主要来源于两个方面:一是城市轨道交通建设带来的土地价格增长差价,二是周边土地综合开发带来的长期收益分成,而实现这两方面收益的关键在于土地使用权如何流转。众所周知,根据我国土地相关法律法规规定,经营性用地需要通过招拍挂的方式出让,而城市轨道交通周边土地用于住宅、商业等物业综合开发,显然属于经营性用地,应当通过招拍挂的方式进行出让。但是,如果通过招拍挂的方式进行土地出让,则开发商难以按照城市轨道交通规划建设前的地价获得土地,也难以获得城市轨道交通建设带来的土地价格增长差价,更不用说以其为主导进行城市轨道交通周边土地的综合开发。

为配套支持城市轨道交通周边土地综合开发,针对城市轨道交通周边土地综合开发的土地使用权获得方式,我国深圳、上海、南宁等地均已出台了具体政策。例如,深圳出台了《深圳市国有土地使用权作价出资暂行办法》,允许通过土地作价出资对深圳地铁公司进行增资。又如,上海出台的《关于加快实施本市轨道交通车辆基地及周边土地综合开发利用的意见》(沪府办〔2020〕69 号)也明确提出,在形成“净地”后,可以通过分层供应方式,将轨道交通车辆基地已建预留结构工程上部或待建预留结构工程上部的建设用地使用权,协议出让给轨道交通建设运营主体。

因此,各地方政府可积极出台相关的地方性政策,为轨道交通周边土地综合开发项目提供更灵活的土地使用权获取方式。另外,考虑到当前城市轨道交通综合开发实施的顶层法律缺失,各地基本还没有形成统一的沿线土地综合开发模式,地方政府可以通过采取一事一议的方式为城市轨道交通 TOD 项目提供支持。同时,还应发挥政府部门间合作联动机制,尽可能减少审批时间,加快项目审批流程，提高政府决策效率。

（三）项目招标/土地出让条件的合理设置

如上所述，除个别地方已出台相关地方性政策，为轨道交通周边土地综合开发项目提供了更灵活的土地使用权获取方式，通过招拍挂的方式进行公开竞价依然是社会资本目前获取轨道交通场站上盖物业或者周边土地使用权的常规方式，因此必然会涉及项目招标或土地出让条件如何合理设置的问题。

由于轨道交通/铁路上盖开发项目的特殊性，其项目建设必须与轨道交通或铁路场站和车辆段等部分实现充分衔接，且项目建设期内必须保证与轨道交通或铁路建设主体有序开展配合，并达到铁路与轨道交通部门的相关要求。因此，在 TOD 项目的出让公告或合同中，首先会对项目开发建设的具体规划、时序和配合事项等提出严格要求，将统一联建的铁路站场、线路工程及相关规划条件、铁路建设要求作为取得项目/土地的前提条件。

同时，由于轨道交通/铁路上盖开发项目具备一定公益性，其合作范围通常还包含了幼儿园、小学、市政道路和政策性住房等公建配套设施的建设，因此，为实现房地产、商业设施和公共设施的协调开发，TOD 项目中还会将相关公建配套建设要求等作为项目招标/土地出让条件予以明确。可见，在项目建设管理和配套资金筹措方面都对参与 TOD 项目的实施主体提出了更高的要求。

（四）做好前期策划论证，确保项目持续实现自身造血功能

TOD 项目的一大特征就是以项目自身财务平衡为目标，通过对轨道交通运营收益进行分析，测算弥补投资缺口所对应的物业开发资源，保证整个项目现金流量基本平稳，使其具有财务可行性，实现项目“投资—建设—运营”平稳运作的良性循环。但是实践中，由于政策、市场等各因素的综合影响，使项目持续实现自身造血功能的难度较大，同时在市场环境评估、项目收益预测、财务模型搭建方面对 TOD 项目的实施主体提出了较高的要求。

对此，为充分发挥 TOD 项目中轨道交通与周边物业开发的综合效益，实施主体应提前做好开发策划工作，增强项目建设与物业开发的良性互动，具体包括对轨道交通沿线市场环境进行全面调研和沿线潜力地块的筛选工作，包括宏观经济、区域经济、房地产市场以及潜在合适地块开发评估等的专题研究。提前开展关于社会资本的市场测试工作，形成对沿线土地开发利用的优化建议，包括沿线

地区综合定位与发展策略、线站位优化及车站衔接建议、沿线可持续发展策略等，并最终确定选定地块的分期开发规模、投资启动时间、开发时序和销售策略。

（五）创新投融资模式，保障项目建设投资的可持续

由于轨道交通运营企业普遍缺乏房地产开发的专业人才和项目管理经验，且难以投入大量资金用于沿线周边或上盖物业的开发，实践中在其获得物业开发权后通常采取公开招标方式选择合作伙伴，引进知名房地产发展商进行合作开发，上述深圳前海综合交通枢纽上盖物业（一期）项目和上海青浦徐泾地铁停车场上盖开发项目就是典型的例子。

但是，一方面，该建设投资模式阻碍了其他类型的社会资本参与 TOD 项目，导致融资渠道无法进一步拓宽；另一方面，以房地产开发为主导的 TOD 项目也无法完全确保公共利益的最大化实现。上海也早在 2016 年出台的《关于推进本市轨道交通场站及周边土地综合开发利用的实施意见》（沪府办〔2016〕79 号）中强调，综合开发主体以协议方式取得的建设用地使用权，不得以改变土地使用权人的出资比例、股权结构等方式变更土地使用权。因此，TOD 项目的建设投资模式也亟待创新。

对此，当前实践中部分地区已在实施“PPP + TOD”的创新投资模式，如佛山地铁 2、3 号线项目、重庆市城轨快线（市郊铁路）璧铜线项目等。PPP，即政府和社会资本合作模式，其不仅是一种投融资模式，更是公共资产经营体制和管理方式的创新，重视契约理念、公共产品与服务的全生命周期的合作以及利益共享和风险共担，强调对项目产生的综合经济效益和社会效益的分享，使社会资本有盈利但不暴利，与实现 TOD 项目综合效益最大化的理念不谋而合。而且，PPP 以采用公开招标方式选择社会资本为主，能够主动吸纳更多类型的社会资金参与轨道交通项目与周边物业开发的建设与运营，拓展项目投融资渠道，利用社会资本的品牌优势、资金优势和人才优势，促进城市轨道交通的可持续发展。

结语

当前，国家大力推广轨道交通和市域铁路沿线与站点及周边土地综合开发，各地也在积极开展 TOD 项目的实践探索，并逐渐步入自我发展、良性循环的轨道，为国内城市轨道交通的可持续发展提供了有益借鉴。同时，TOD 项目实施主体也应谨慎对待项目开发过程中可能遭遇的风险，通过合理的项目开发策划、利

用关于土地使用权灵活出让的地方性政策、开展全面的市场环境调研、采用创新性的项目投融资模式、选择合适的合作开发伙伴等手段，提前防范风险发生，推动 TOD 项目的加速落地。

专题十九

存量PPP项目以EOD模式实施的注意要点

【本专题内容概览】

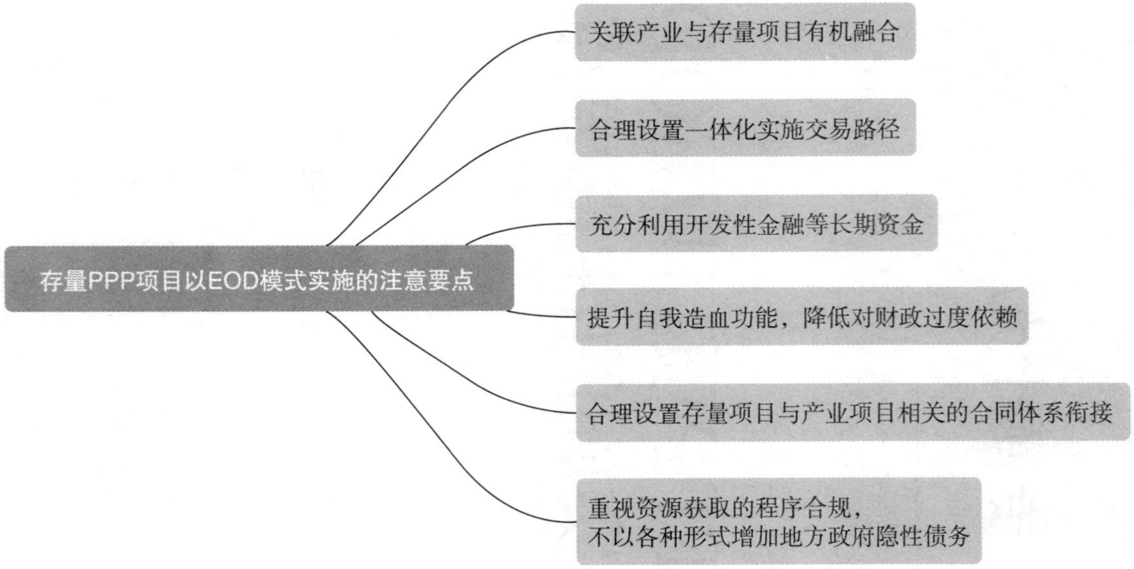
存量PPP项目以EOD模式实施的注意要点
关联产业与存量项目有机融合
合理设置一体化实施交易路径
充分利用开发性金融等长期资金
提升自我造血功能，降低对财政过度依赖
合理设置存量项目与产业项目相关的合同体系衔接
重视资源获取的程序合规，
不以各种形式增加地方政府隐性债务

根据全国 PPP 综合信息平台项目管理库 2021 年半年报，截至 2021 年 6 月末，生态建设和环境保护行业累计 PPP 项目数 956 个、投资额 1.1 万亿元，分别占管理库的 9.4% 和 6.8%。从回报机制来看，生态环保类的 PPP 项目以政府付费和可行性缺口补助方式为主，纯使用者付费的项目很少，说明此类项目公益性较强，难以实现投入产出的自平衡，对地方财政支付资金的依赖性较高，在一定程度上也制约了此类项目的高质量可持续发展。而 EOD 模式的理念，在于通过产业链延伸、联合经营、组合开发等方式，推动公益性较强、收益性差的生态环境治理项目与收益较好的关联产业有效融合，建立产业收益补贴生态环境治理投入的良性机制，实现生态环境治理与产业经济发展的充分融合。因此，采取 EOD 模式对存量 PPP 项目进行升级改造，提升项目整体的自身造血能力，将成为存量 PPP 项目可持续发展的重要方向。就此，笔者尝试结合实践中的具体案例，剖析存量 PPP 项目以 EOD 模式实施的注意要点，探索 EOD 生态产品价值反哺 PPP 项目投入的路径和保障机制，以期为如何以 EOD 模式促进存量 PPP 项目高质量发展提供借鉴和帮助。

一、关联产业与存量项目有机融合

存量 PPP 项目以 EOD 模式实施改造时，应重点考虑以特色生态产业运营为支撑来策划和设计 EOD 产业布局，并综合考虑和评估既有 PPP 项目规划及建设要求，统筹、匹配和衔接区域需求与优势。

以某存量水库项目为例，在原 PPP 模式下，其主要以湿地公园科普宣教区为核心，并在周边开展多项生态综合治理工程，通过生态修复恢复水库饮用水源功能；同时，政府在规划层面明确该区域是以生态保护和水源涵养为主，相关区域禁止工业和房地产项目进驻。后该存量项目采用 EOD 模式进行整合实施，在项目策划和规划时，坚持保护区域优良生态环境本底，兼顾存量水库一期 PPP 项目的规划要求，从流域角度系统解决水质安全问题，导入与生态发展匹配的生态产品销售、生鲜农产品加工及销售、游乐休闲等特色产业，着力开发生态项目的产业价值，提升产业反哺能力。

二、合理设置一体化实施交易路径

存量 PPP 项目实行 EOD 模式改造，尤其是原中选社会资本不退出的，更需兼顾存量 PPP 项目中选社会资本的主体身份,合理设置主体一体化的交易路径。当然,在满足实施主体一体化要求的过程中,涉及国有企业产权转让的,应当遵循企业国有资产交易监管管理规定。

以前述存量水库项目为例,在原 PPP 模式下,政府方已授权项目实施机构通过公开招标方式选定了中选社会资本方,并签订了 PPP 项目合同。为实施 EOD 模式改造,根据河流综合治理与生态修复总体方案等要求,由河流域内相关政府会同相有关体联合组建流域投资公司作为投资主体,并由其控股子公司作为该水库 EOD 项目的实施主体,通过股权转让方式受让原 PPP 项目公司社会资本方股权,推进流域生态修复和关联产业开发一体化实施。尽管上述试行经验和做法仍有待于实践深入进一步验证,但其对于交易路径的探索符合生态环境部办公厅等下发的《关于推荐生态环境导向的开发模式试点项目的通知》(环办科财函〔2020〕489 号)中关于实施路径创新的政策导向,具有较强的借鉴意义。

三、充分利用开发性金融等长期资金

以 EOD 模式改造存量 PPP 项目时,应重视项目融资的可行性以及 EOD 模式的实施可能会对存量 PPP 已有融资安排所造成的影响。例如,前述存量水库 PPP 项目以合同项下应收账款质押,并由中选社会资本提供担保融资,已经完成 PPP 项目项下的融资交割;该项目转为 EOD 模式后,EOD 项目除自有资金外所需项目资金需通过贷款融资,流域投资公司与金融机构签署了银企合作协议,创新融资模式,充分发挥开放性金融作用,强化银企战略合作联系。

因此,其他项目也可借鉴上述水库 EOD 项目多元化的投融资体系,在争取获得政府资金支持下,建立有深度的银企合作关系,引入绿色产业基金,拓宽项目资金来源渠道,提升项目融资能力和水平。

四、提升自我造血功能,降低对财政过度依赖

以 EOD 实施改造的出发点之一就在于有效盘活存量、切实减轻存量 PPP 项目对政府财政资金的过度依赖,而实现该目标的途径即在于打通 EOD 产业收益反哺路径。通过构建循环经济、承接产业转移、发展生态旅游等多方面反哺路径,保障反哺路径畅通,最大化地将生态环境治理带来的经济价值内部化,提升生态环境治理项目自身造血功能,切实减轻政府财政负担。

例如,前述水库 PPP 项目属于公益性项目,采用政府付费的回报机制,即在运

营期间，政府依据项目公司的运营维护绩效考核情况，向其支付资产可用性付费和运维绩效付费。而在该项目以 EOD 实施改造的过程中，构建了多渠道多途径反哺机制，实现面源污染治理政府“零投入”，并以果蔬基地等产业收入反哺湿地等生态环境治理 PPP 项目，从而减少每年政府对存量 PPP 项目的付费投入。

五、合理设置存量项目与产业项目相关的合同体系衔接

对于已进入实施阶段的存量 PPP 项目，通常已确定了中选社会资本且成立了 PPP 项目公司，并签署了 PPP 项目合同、股东协议及章程，就施工、采购等与相关方建立了相应合同关系，形成了 PPP 项目合同体系。在其转为 EOD 模式实施后，涉及的合作主体、合作内容及周期等更为广泛，不仅需要确立 EOD 项目的核心主体，还涉及从实施主体设立到项目投资、建设、运营，再到收益反哺等各个层面的法律安排，合同关系更为复杂、多元。

为满足项目一体化实施要求，EOD 项目势必将对存量 PPP 项目既已确立的合同体系造成不同程度的影响，包括 PPP 项目公司股东调整、施工单位变化、融资结构优化等方面。以 EOD 模式改造存量 PPP 项目时，应当重视存量 PPP 与 EOD 项目的合同体系衔接问题，规避因合同体系调整造成的不必要的风险和争议。

六、重视资源获取的程序合规，不以各种形式增加地方政府隐性债务

为锁定 EOD 项目产业收益，解决环境效益难以转化为经济收益等瓶颈问题，需探索将 EOD 项目与资源、产业开发深度捆绑并融合发展。以前述水库 EOD 项目为例，该项目建立了多渠道多途径的生态环境治理投入反哺机制，包括发展循环经济、承接非首都功能产业转移、发展生态旅游等。其中，产业转移项下配套建设了大型游乐场、商业综合体等设施。此外，为围绕流域环境综合治理谋划产业协同发展路径，政府还同步推进了水库周边土地流转。

因此，从上述 EOD 项目的反哺机制试行经验来看，为导入与生态发展匹配的特色产业，各方应统筹汇集土地资源、水资源、森林资源等资源助推产业发展。但上述资源的获取、使用和流转有其特殊程序要求，相关实施主体在推进一体化实施时，应当重视资源获取的程序合规，不得以试点名义突破现有法律法规政策等要求，不得以各种形式增加地方政府隐性债务。

结语

PPP 前期发展泛化和异化的问题,加之国内经济发展理念的转变和经济社会发展的转型需求,对国内 PPP 项目的发展提出了新的挑战。如何用 EOD 理念来盘活和改造既有存量 PPP 项目,亦成为 PPP 项目高质量可持续发展进程中亟待突破的关键问题。尽管目前存量 PPP 项目以 EOD 模式实施的实务案例较为有限,且其具体操作方法是否具备可复制性仍有待于实践进一步检验和验证,但该等经验可为两者的融合发展提供有益的案例借鉴,起到“先行先试”的良好效果,促进 EOD 模式的创新和规范化发展。

专题二十

基础设施领域EPC+X主要模式分析与实务建议

【本专题内容概览】

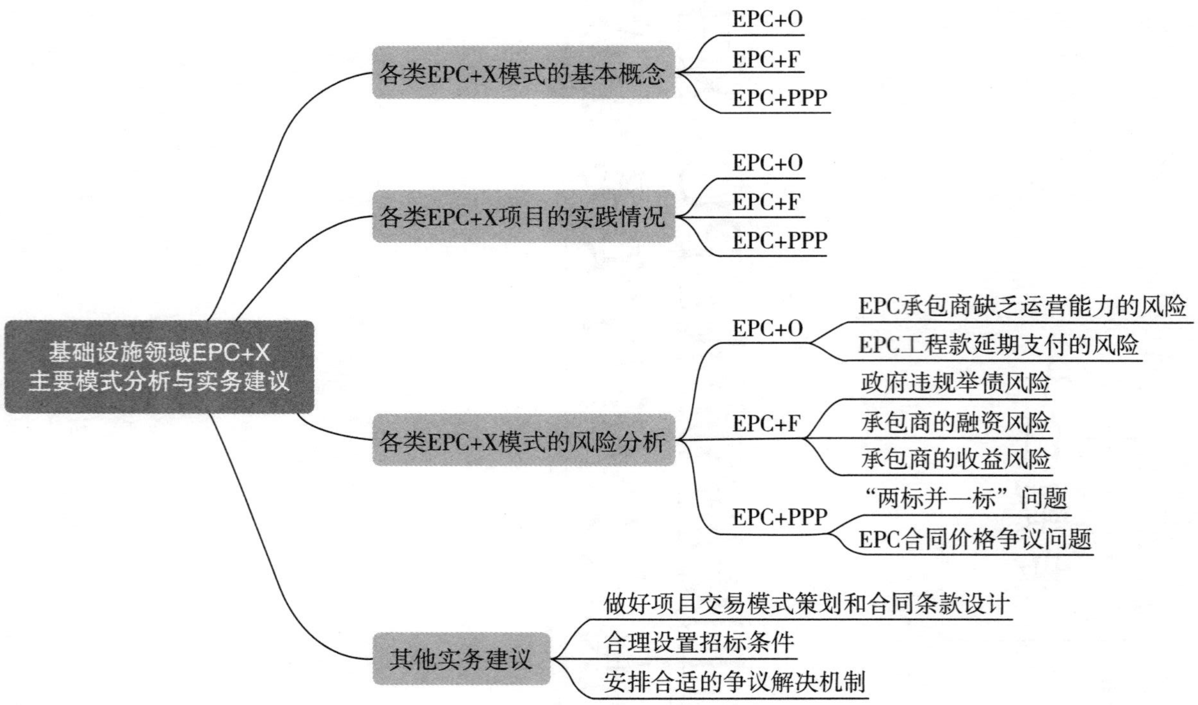
基础设施领域EPC+X
主要模式分析与实务建议
各类EPC+X模式的基本概念
EPC+O
EPC+F
EPC+PPP
各类EPC+X项目的实践情况
EPC+O
EPC+F
EPC+PPP
各类EPC+X模式的风险分析
EPC+O
EPC承包商缺乏运营能力的风险
EPC工程款延期支付的风险
EPC+F
政府违规举债风险
承包商的融资风险
承包商的收益风险
EPC+PPP
“两标并一标”问题
EPC合同价格争议问题
其他实务建议
做好项目交易模式策划和合同条款设计
合理设置招标条件
安排合适的争议解决机制

近年来，随着工程承包商在 EPC 产业链上下端业务的不断延伸和拓展，整合项目不同阶段的 EPC + X 模式已逐渐成为新形势下工程项目投建运方式探索的一种新趋势，并涌现出 EPC + O（运营）、EPC + F（投融资）、EPC + PPP（政府和社会资本合作）等诸多创新性的项目实施模式。本专题主要针对基础设施领域内上述各类不同 EPC + X 模式的基本特征进行分析，并结合相关具体实践案例，简要梳理该等模式在实务中应当注意的要点，以期对项目参与各方有所裨益。

一、各类 EPC + X 模式的基本概念

（一）EPC + O

在我国国家政策文件层面，最早提及 EPC + O 类似概念的文件是 2005 年年底国务院发布的《关于落实科学发展观加强环境保护的决定》，文中要求“推行污染治理工程的设计、施工和运营一体化模式，鼓励排污单位委托专业化公司承担污染治理或设施运营”；其后国务院又陆续出台了《关于加快发展节能环保产业的意见》《关于加快发展生产性服务业促进产业结构调整升级的指导意见》等文件，提出要在环保领域鼓励发展包括系统设计、设备成套、工程施工、调试运行、维护管理的环保服务总承包和环境治理特许经营模式。因此，在上述政策的引导下，设计、施工和运营一体化总承包模式最早开始在国内的环保领域运用，适用范围也最为广泛。

（二）EPC + F

EPC + F（实践中也有写作 F + EPC），即融资 + 设计、采购、施工一体化的总承包模式，通常是指在业主资金不足的情形下，由 EPC 承包商进行投融资，负责解决全部或部分的项目建设资金。该种模式对于承包商的好处主要在于可以发挥投资带动施工的优势，并在部分项目中获取“施工 + 投资”的双重收益。

我国的基础设施领域投资项目按照建设资金来源可区分为政府投资项目和企业投资项目，针对企业投资项目，依照民法领域“法无禁止即自由”的原则，业主与承包商之间采用 EPC + F 模式通常并不涉及对现行法律法规的违反；而针对政府投资项目，尽管目前国家尚未针对该领域的 EPC + F 项目出台专门规定，但财政部于 2021 年 6 月 29 日公布了《财政部对十三届全国人大四次会议第 9528

号建议的答复》(财金函〔2021〕40 号),认为“部分地方开始采用‘授权—建设—运营’(ABO)、‘融资 + 工程总承包’(F + EPC)等尚无制度规范的模式实施项目,存在一定地方政府隐性债务风险隐患”。

(三)EPC + PPP

EPC + PPP(或 PPP + EPC)是 PPP 项目中已经非常成熟的项目实施模式,是指在 PPP 项目中,工程承包商独立或其参与组建的联合体作为中选社会资本与政府方签订 PPP 项目合同,负责提供项目全过程服务,并根据绩效考核获得相应的回报,在合同约定的合作周期届满后将项目设施及资产移交给政府方或其指定部门。在该种模式下,承包商自行或联合其他投资人共同承担了项目投融资、设计、采购、施工、运营、移交等全过程工作,通常需要承包商具备更高的资源整合和统筹能力。

二、各类 EPC + X 项目的实践情况

(一)EPC + O

结合本书第一篇专题二对于 EPC + O 模式及其应用案例分析来看,目前国内基础设施领域 EPC + O 项目实践案例的主要特点如下:采购主体以政府职能部门和派出机构(园区管理委员会)为主,也包括作为地方政府融资平台的城市建设投资类公司;采购方式基本以公开招标为主,也有少部分项目以邀请招标方式进行采购;投标方式上大部分项目接受承包人以组建联合体方式进行投标,并分别对项目的 EPC 部分和运营部分设置招标要求;项目资金来源以财政资金为主(包括上级专项补助资金等)、企业自筹为辅;不同项目的采购竞价标的设置差异较大,大部分项目要求承包商对 EPC 部分和运营部分分别进行报价;从合同文件体系上看,业主方通常要求承包人在设计施工承包合同之外,另行签订运营维护合同。

由此可以看出,由于目前国家层面对于 EPC + O 模式尚缺乏统一、明确的操作细则,因此导致 EPC + O 模式实践中,不同项目在具体操作细节上仍存在一定差异。

(二)EPC + F

根据国内基础设施领域 EPC + F 的项目实践,从项目采购主体来看,既有以

政府或职能部门作为采购主体的，也有以城市建设投资公司、地方国企作为采购主体的；从具体“F”模式来看，既有设立项目公司作为投融资主体的股权型融资，也有非股权型（包括工程款延付型）的融资模式；从承包商所承担的融资范围来看，既有仅承担设计施工采购总承包工程价款范围的融资责任的做法，也有将建设项目全部总投资（包括征地拆迁费用、工程款以外的工程建设其他费用、建设期贷款利息等）全额纳入融资范围的做法。从项目各方的权利与义务角度，不仅需要考虑工程建设方面的权利义务，还要考虑在投融资方面的权利义务；从承包商的收益和退出机制来看，不仅需要在交易架构中考虑其在工程总承包层面的收益实现，同时要考虑其在投融资层面的收益和退出方式，

因此，目前实践中 EPC + F 的具体操作形式也同样呈现出了非常多样化的特点，参与法律主体更多、法律关系也更为复杂，相应地，也需要进行更为复杂和精密的交易架构规划与合同体系设计。

（三）EPC + PPP

在 PPP 项目实践中，绝大部分项目采用了 PPP + EPC 总承包或 PPP + 施工总承包的方式，并由工程企业作为项目的中选社会资本或中选联合体。因该操作模式较为成熟也较为常见，故此处不再赘述。

三、各类 EPC + X 模式的风险分析

（一）EPC + O

1. EPC 承包商缺乏运营能力的风险

EPC + O 的模式下，相比原有的单纯 EPC 模式，不仅需要承包商承担额外的项目运营责任和义务，也需要承包商从全盘角度考虑如何通过建设与运营阶段的整合提高整体效益，这对市场上的传统 EPC 工程承包商是一个不小的挑战。从实操角度出发，笔者建议 EPC 承包商一方面可以通过企业战略调整，加强在运营能力上的发展和建设，提高自身的项目运营水平；另一方面可以考虑通过资本并购等方式收购成熟的运营商，利用其现成的人员和能力，弥补工程承包商自身在运营方面的短板。另外，EPC 承包商还可以通过与外部运营商组建战略合作关系，共同组成联合体参与 EPC + O 项目，分别承担项目不同部分的职责和义务。

2. EPC 工程款延期支付的风险

在 EPC + O 模式下，通常业主应向承包商分别支付 EPC 部分的工程价款和

运营服务费用,且工程价款需要按照合同约定及实际建设工程进度进行拨付,在项目完成竣工验收后全部支付完毕(除质保金外)。但实践中部分以 EPC + O 为名义的项目也存在建设期内仅支付部分工程价款,剩余价款在项目进入运营期后再分期支付的情形,实际上构成一种 EPC + F 的安排。对此,建议 EPC + O 项目在实践中进行合理策划,注意规避相应的法律和政策风险。

(二)EPC + F

1. 政府违规举债风险

如前所述,如果是企业投资项目,采用 EPC + F 模式通常并不违反现行法律法规规定;但对于政府投资项目,采用 EPC + F 模式可能违反《预算法》《政府投资条例》等法律法规及其他规范性文件的规定,并进一步构成政府违规举债的风险。

根据我国《预算法》的规定,除通过发行地方政府债券的方式外,地方政府及其所属部门不得以任何方式举借债务,而 EPC + F 模式显然不属于法定的政府融资举债方式;同时,《政府投资条例》也规定,政府投资项目不得由施工单位垫资建设。由此可见,以 EPC + F 模式实施的政府投资项目,存在违反《预算法》《政府投资条例》等法律法规的风险。另外,自 2014 年以来,国务院及各部委也已多次发文明确禁止地方政府违规举债,如国务院《关于加强地方政府性债务管理的意见》(国发〔2014〕43 号)要求坚决制止地方政府违法违规举债;财政部《关于进一步规范地方政府举债融资行为的通知》(财预〔2017〕50 号)亦重申,地方政府举债一律采取在国务院批准的限额内发行地方政府债券方式,除此以外地方政府及其所属部门不得以任何方式举借债务;国务院于 2021 年发布的《关于进一步深化预算管理制度改革的意见》(国发〔2021〕5 号)中,则强调要健全地方政府依法适度举债机制,防范化解地方政府隐性债务风险。

对此,笔者认为应当区分项目的经营性质,选择适合采用 EPC + F 模式的项目,并在设计交易模式时慎重安排,与政府的财政支付责任脱钩,消除任何会构成政府隐性债务或违规担保的交易安排,合法合规地设置承包商“F”部分资金的进入和退出方式,从而从根源上降低项目参与各方的风险。

2. 承包商的融资风险

在 EPC + F 模式下,项目所需建设资金均由承包商通过股权或债权等方式直接或间接完成资金筹措并供项目业主使用,因此,项目融资风险通常由承包商承担。而当前金融机构对于项目未来收益偿债能力和项目本身的合法合规性审查要求较严苛,特别是2021年《银行保险机构进一步做好地方政府隐性债务风险防范化解工作的指导意见》(银保监发〔2021〕15号)文件的出台,对涉及违规举债或新增隐性债务的项目,从金融机构角度切断了融资来源,更加大了承包商的融资风险。

对此,除前文所述的通过交易模式的合理设置避免被认为政府违规举债的措施之外,建议承包商积极探索多种融资渠道和方式,合法合规地进行项目融资,以确保项目建设资金的充足性,从而推进项目建设等相关工作的实施。

3. 承包商的收益风险

在 EPC + F 项目实践中,承包商无论是以股权还是债权方式为项目业主提供资金,在项目建设完成后,通常都会要求项目业主按照约定的方式返还给承包商,同时会要求项目业主支付一定的融资回报。可见,在此种情形下,承包商能否收回上述融资资金及回报,主要依赖于项目业主的财务水平和资信能力。但实际上,如项目业主自身不具备上述支付能力,则双方关于股权回购或资金偿付的安排将存在不确定性。即便是将项目业主的付费来源直接与地方财政支付责任相挂钩,但正如前文所述,该做法存在合法合规性等问题,能否在项目完工后如期安排财政资金并相应纳入年度财政预算予以支付,存在极大不确定性。因此,对于承包商而言,可能面临其提供的资金无法收回的巨大风险。

对此,建议一方面应提前对项目业主的资信实力和履约能力进行充分评估;另一方面应当要求项目业主提供市场化的增信措施,从而充分降低承包商的风险。此外,对于一些符合政策支持的基础设施项目,还可以积极争取政府的资金补助、配套资源和优惠措施,在不增加政府债务的基础上增强项目的可落地性。

(三)EPC + PPP

对于 EPC + PPP 的模式风险,实务中已有较多的专业文章对此进行分析,通常包括"两标并一标"的风险、EPC 合同价格争议等。

1. "两标并一标"问题

根据《招标投标法实施条例》第9条的规定,"已通过招标方式选定的特许经营项目投资人依法能够自行建设、生产或者提供"的项目可以不进行工程二次招标,由投资人直接进行施工。尽管从理论角度一般认为 PPP 项目与特许经营项目的范围并不能完全等同,但实务中通常都认可将《招标投标法实施条例》第9条的规定扩大适用到 PPP 项目中,即如具体相应资质和能力的 EPC 承包商在中标成为 PPP 项目的社会资本后,一般无须再由项目公司进行工程招标,而是直接由项目公司将工程发包给 EPC 承包商。

另一个关联性的问题是,通过竞争性谈判、竞争性磋商等非招标方式选中 EPC 承包商作为 PPP 项目的社会资本时,是否同样适用“两标并一标”的方式。尽管财政部曾经在《关于在公共服务领域深入推进政府和社会资本合作工作的通知》(财金〔2016〕90 号)等文件中提出,PPP 项目中如“已经依据政府采购法选定社会资本合作方的,合作方依法能够自行建设、生产或者提供服务的,按照《招标投标法实施条例》第九条规定,合作方可以不再进行招标”,即将“两标并一标”的适用采购方式的范围作了扩大。但因其法律位阶较低,与《招标投标法实施条例》的规定并不完全一致,故非招标方式下的“两标并一标”仍存在较大的合法性瑕疵。

2. EPC 合同价格争议问题

该风险主要是指在 PPP 项目中,通常会先由中选社会投资人(同时作为 EPC 承包商)或项目公司按照招标文件要求与政府方实施机构签署 PPP 项目合同,后续再由项目公司与承包商签订 EPC 承包合同。并且对于部分 PPP 项目,在招选社会资本或者签署 PPP 项目合同时,往往设计文件尚未完成,缺乏较为准确的工程量清单,而 PPP 项目合同中关于工程合同计价和调价等相关约定又不够具体和充分,非常容易导致各方就 EPC 合同价格发生争议。

对此,建议政府方及其聘请的咨询机构,应当就 PPP 项目合同与工程总承包合同的计价方式衔接提前做好相应的安排,并合理设置 PPP 项目的采购标的;同时,项目公司应按照 PPP 项目合同的约定与 EPC 承包商签订总承包合同,并在合同中清楚明确地约定计价方式及价格调整的风险范围和调整方法,以利于后续的按约履行。

四、其他实务建议

(一)做好项目交易模式策划和合同条款设计

笔者认为,无论是哪种 EPC + X 模式,都应当结合项目实际情况,合法依规地做好项目整体的交易模式策划和合同细节条款的设计,在各方参与主体之间合理分配权利义务和项目风险,既应当避免造成政府的隐性债务风险,也应当给承包商获取合理收益提供最为恰当的路径和相关措施保障。

(二)合理设置招标条件

我国《招标投标法》第 18 条第 2 款规定:“招标人不得以不合理的条件限制或者排斥潜在投标人,不得对潜在投标人实行歧视待遇。”《招标投标法实施条例》第 32 条规定:“招标人有下列行为之一的,属于以不合理条件限制、排斥潜在投标人或者投标人:……(二)设定的资格、技术、商务条件与招标项目的具体特点和实际需要不相适应或者与合同履行无关;……”因此,无论对于哪一类 EPC + X 项目,在设置招标条件时都应当注意避免出现“与招标项目的具体特点和实际需要不相适应或者与合同履行无关”的情形。

(三)安排合适的争议解决机制

在 EPC + X 模式下,相比原来的 EPC 项目,其涉及主体更多,法律关系也更为复杂,一旦在项目实施过程中发生争议,解决难度也会更大。笔者对此提出以下建议:首先,各方应当提前注意在合同中完善各方权利义务,尽量降低争议事项发生的可能性;其次,可以在争议发生后,通过专家评审和调解机制等方式,尽量在不走司法途径的情形下和谐化解争议,继续推进项目的有序实施;最后,合同中仍有必要明确约定在前述措施都无效情形下的司法救济方式和具体管辖法院或仲裁委员会、适用法律等内容,以切实保障己方的合法权益。

结语

EPC + X 模式是我国基础设施领域模式创新的重要探索方向之一,在此过程中,不但需要依靠各方参与主体通过实践不断进行分析总结和提炼经验,同时亟待国家层面出台相关的政策法规及对应的操作细则加以指导和规范,这一方面利于加强合规保障,切实维护和保障项目各方主体的合法权益;另一方面也利于响应国家政策,加快基础设施补短板建设,促进经济社会发展和民生保障。

专题二十一

医药厂房EPC项目模式分析及实务要点探讨

【本专题内容概览】

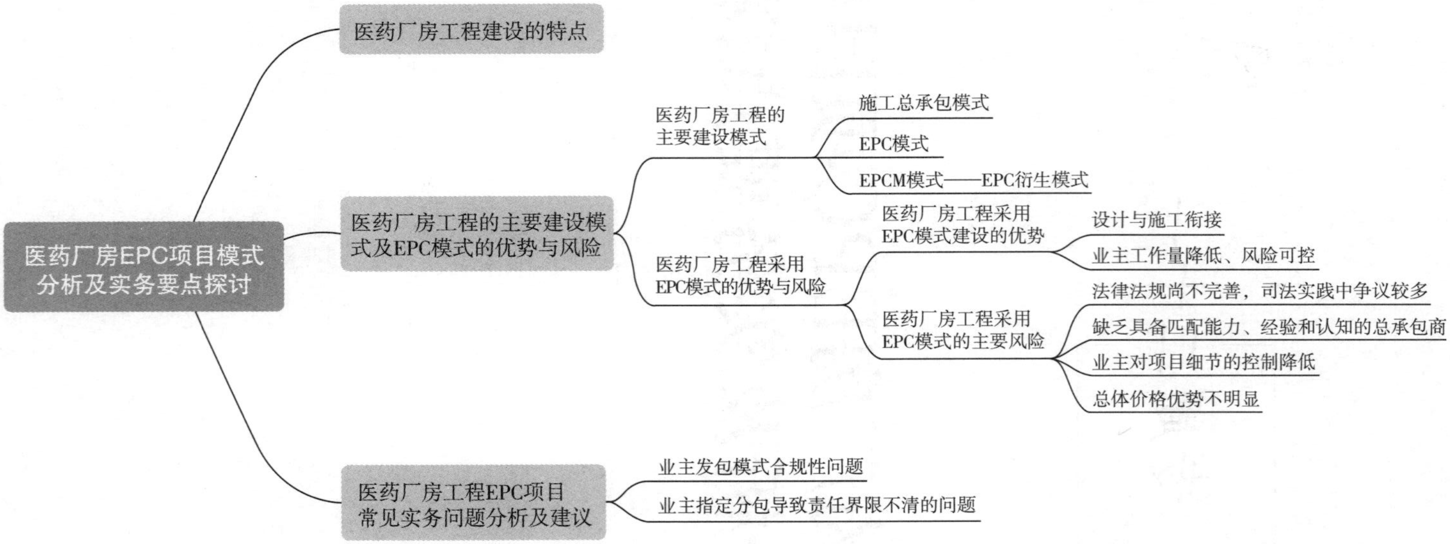

医药厂房EPC项目模式分析及实务要点探讨
医药厂房工程建设的特点
医药厂房工程的主要建设模式及EPC模式的优势与风险
医药厂房工程的主要建设模式
施工总承包模式
EPC模式
EPCM模式——EPC衍生模式
医药厂房工程采用EPC模式的优势与风险
医药厂房工程采用EPC模式建设的优势
设计与施工衔接
业主工作量降低、风险可控
医药厂房工程采用EPC模式的主要风险
法律法规尚不完善，司法实践中争议较多
缺乏具备匹配能力、经验和认知的总承包商
业主对项目细节的控制降低
总体价格优势不明显
医药厂房工程EPC项目常见实务问题分析及建议
业主发包模式合规性问题
业主指定分包导致责任界限不清的问题

近年来,医药工业在我国建设发展中占有较大比重,越来越多的医药企业向着集团化、标准化、规范化发展。医药工业产品质量的好坏直接涉及广大人民群众的生命与健康安全,因此,医药厂房的工程设计与施工、设备的采购等也随之具备较强的特殊性,要求更为严格。EPC 工程总承包是将设计、采购、施工紧密配合的一种建设模式,在 EPC 模式下,设计、采购与施工交叉并行实施,尤其是可以贯彻设计对施工的指导,因此可以应用于医药厂房一类对设计和施工衔接有较高要求的工程项目。本专题将结合医药厂房建设的特点,探讨在医药厂房建设中运用 EPC 模式的优势和风险,并对业主采用 EPC 模式建设医药厂房中的一些实务问题进行分析与建议。

一、医药厂房工程建设的特点

首先,制药行业是关系国计民生的重要行业,医药工业产品质量的好坏直接涉及广大人民群众的生命与健康安全,因此,相比一般的厂房建设项目,医药厂房具有更为复杂的规划、设计、施工与检验标准。如我国原卫生部于 2011 年 1 月发布了《药品生产质量管理规范》(2010 年修订,Good Manufacturing Practice of Medical Products,GMP),其在第四章"厂房与设施"中,对药品生产厂房的选址、设计、布局、建造、改造和维护都进行了明确的规定,如对厂房设施分生产区、仓储区、质量控制区和辅助区分别提出了设计和布局的要求,同时要求药品生产企业对厂房的新建或改造、设备的设计和选型等是否符合需求和 GMP 的要求都要予以确认。此外,为了在医药厂房的设计、建设过程中做到技术先进、经济适用、安全可靠、确保质量,满足节约能源和环境保护的要求,我国住建部门也出台了一系列国家标准,对医药厂房工程的设计标准、工程安全、施工工艺、环保要求等作出了详细的规定。因此,医药厂房的整个建设流程都必须符合这一系列专业程度极高且相当复杂的法律法规和国家、行业标准。

其次,在我国,医药产业的投资主体包括国有企业、外资企业、民营企业等十分多元化的主体,投资的药品类型包括原研药、仿制药、中药饮片等复杂多样的情况,不同投资主体的专业化水平、对工程项目的管控能力以及对项目的投资收益期望都参差不齐,不同类型的药品对于生产设备的技术要求、工期的要求也迥然不同。

此外，一个医药厂房建设项目从开始建设到投入生产、使用，不仅要完成厂房、设备设施等的硬件建设，还必须同步完成人员组织和培训、GMP 体系的建立和实施以及相关医药产品许可申请等的软件建设。因此，这对于项目的协调管理和工期也有极高的要求。硬件建设和软件建设的多项工作之间必须有机结合，同步进行，否则就难以达到顺利建成、通过各方面认证和按时投产的目的。

上述医药厂房项目的特点，都会对医药产业投资主体选择医药厂房的建设模式产生重要的影响。

二、医药厂房工程的主要建设模式及 EPC 模式的优势与风险

（一）医药厂房工程的主要建设模式

1. 施工总承包模式

施工总承包模式，是指施工总承包商按照与业主签订的合同，对建设项目各分项、各专业的全部施工任务实行总承包，并对施工的质量、安全、工期等对业主负责的工程建设组织模式。在该模式下，由业主提供施工图纸和技术规范等技术要求，施工总承包商负责按图施工，设计问题、设计变更涉及的责任和费用由业主承担。

施工总承包模式在我国属于应用时间较长的传统模式，有着较为成熟的管理程序、合同体系、法规制度和司法判例，因此，虽然医药厂房项目从施工技术角度而言对施工总承包单位也会有一定的要求，但由于施工本身（尤其是土建部分）并不会涉及太多制药技术或 GMP 方面的要求，所以施工总承包的模式在我国医药厂房建设项目中有较为广泛的运用。

2. EPC 模式

我国 2020 年 3 月 1 日起施行的《工程总承包管理办法》第 3 条规定："本办法所称工程总承包，是指承包单位按照与建设单位签订的合同，对工程设计、采购、施工或者设计、施工等阶段实行总承包，并对工程的质量、安全、工期和造价等全面负责的工程建设组织实施方式。"因此，原则上房建类的工程总承包应至少包含设计和施工两个阶段，并可分为对工程设计、采购、施工阶段实行总承包的"设计—采购—施工"模式，以及对设计、施工阶段实行总承包的"设计—施工"模式（以下统称 EPC 模式）。

与施工总承包模式相比，业主在 EPC 模式下可以不用过多参与项目，仅需提供功能需求或概念设计（业主要求）；EPC 总承包商负责整个项目的设计、采购、

施工、试运行过程，并最终交付符合业主要求的项目。这有利于整个项目的统筹规划和协同运作，并减少业主在工期、质量、价格等方面的合同风险。但是，由于 EPC 模式在我国还属于较新的模式，配套的法规、制度尚不完善；此外，医药厂房建设项目一般而言属于房建类项目，《工程总承包管理办法》要求承接房建类项目的 EPC 总承包商应当同时具有与工程规模相适应的工程设计资质和施工资质，或者由具有相应资质的设计单位和施工单位组成联合体承接，而国内同时具备匹配的建筑资质、设计和施工经验的承包商较少，因此，EPC 模式在我国医药厂房建设领域还尚未得到非常广泛的运用。

3. EPCM 模式——EPC 衍生模式

项目总承包管理（Engineering Procurement Construction Management，EPCM），是指总承包商全权负责工程项目的设计和采购，并负责施工阶段的管理。在 EPCM 模式下，业主提出投资的意图和要求后，把项目的可行性研究、勘察、设计、材料、设备采购以及全部工程的施工，都交给选中的一家管理公司（EPCM 总承包商）负责实施，由 EPCM 总承包商根据业主的要求，为业主选择、推荐最适合的分包商来协助完成项目。但分包商直接与业主签订合同，总承包商本身与分包商之间并不存在合同关系，因此也无须承担与分包商的合同风险。

和 EPC 模式不同的是，EPCM 模式立足于运用总承包商作为专业管理公司的管理手段和技术优势，协助业主对项目各阶段展开规范管理，以“名义业主”的身份保证向业主交付符合要求的项目。但是，由于这种模式对总承包商的总包能力、综合能力、技术和管理水平以及专业能力的要求较高，而国内大多数施工企业在项目管理、技术创新、信息化建设上与国际水平还有一定的差距，因此，EPCM 模式在国内尚未得到普及和推广，目前国内使用 EPCM 模式的医药厂房项目也极为有限，且大多聘用的为外资背景的项目管理公司。

（二）医药厂房工程采用 EPC 模式的优势与风险

1. 医药厂房工程采用 EPC 模式建设的优势

如前文所述，虽然 EPC 模式在我国的医药厂房工程领域还尚未得到非常广泛的运用，但 EPC 模式作为传统适用于强调功能性、技术含量较高、含有大量非标生产设备的工业类项目的建设模式，在符合前述特征的医药厂房领域也具有非常广阔的适用前景。具体而言，医药厂房工程适用 EPC 模式主要具有以下优势：

(1)设计与施工衔接

EPC 模式的核心特征,即 EPC 总承包商应当同时负责工程的设计和施工。虽然在实践中,有时业主会在发包时根据实际需求将采购单独发包,但是原则上 EPC 至少包含设计和施工两部分内容。而传统的施工总承包建设模式是一种分离的建设模式,项目的设计与施工被分解成两个互相脱离的部分,施工单位通常仅会在当施工遇到阻碍或者对设计图纸有所疑问时才会与设计方进行沟通,造成设计和施工互相脱节。

如前文所述,医药厂房不同于一般的房建类建筑,不仅需要符合 GMP 要求,还需符合一系列复杂的强制标准,有时根据业主的实际业务需求,甚至还需符合欧盟 EU GMP 或美国 FDA 的要求。这不仅对设计单位具有极高的技术要求,同时也对施工单位能否严格按设计图施工,以及施工过程中的工艺、技术、流程等是否符合设计要求具有非常高的要求,需要设计与施工深度融合、设计严格指导施工。因此,采取设计与施工一体化的 EPC 模式可以有效解决医药厂房在设计与施工上的衔接问题,充分发挥设计在整个工程建设过程中的主导作用,以保证施工的准确性与工程质量的可控性。

此外,在工程总承包模式下,由于设计和施工为同一家 EPC 总承包商负责,因此不必等待设计全部完成后再进行施工,设计、采购和施工等各类工作可以根据项目情况有机结合、同步交替进行,这也有利于缩短项目工期、提高工程效率。

(2)业主工作量降低、风险可控

首先,在 EPC 模式下,EPC 总承包商按照“总包负总责”原则,就设计、采购、施工等向业主承担总的责任,有利于减轻建设期各方(特别是设计单位/企业和施工单位/企业间)的责任推诿,减少业主多头协调管理负担。

其次,EPC 合同通常采用固定总价模式,而 EPC 总承包商承担合同价格内所有工程项目质量、安全、工期、成本的合同风险,因此,业主在合同下的质量、进度、造价风险较为可控,可以将建设期间的责任和风险最大限度地转移给 EPC 总承包商。此外,由于 EPC 模式是由 EPC 总承包商负责设计和承担大部分合同风险,一般而言,变更、调价和索赔情形会明显少于施工总承包模式。特别是因工程总承包单位原因引起的设计变更不调整合同价格,因此,EPC 模式的合同价格更为确定。

综上所述,由于医药厂房项目具有情况复杂、各方面要求高的特点,而 EPC 模式下,总承包商对项目的设计、采购、施工负总责,采取以设计全面指导施工和采购的工作模式,可以有效克服三者之间相互脱节的矛盾,加强工作的合理衔接,并在提高建设质量和效率的同时,降低业主管理负担、缩小业主风险,因此在医药厂房建设领域具有一定的优势。

2. 医药厂房工程采用 EPC 模式的主要风险

(1)法律法规尚不完善,司法实践中争议较多

目前而言,我国在工程总承包项目管理方面的法律法规尚未健全,如还没有出台工程总承包招标投标管理办法,已出台的各个法规之间偶尔也会出现矛盾与冲突的情况;针对工程总承包项目的争议,也尚未形成成熟的、体系化的司法观点。在这种情况下,如当事人选择采用 EPC 模式,则当事人之间的权利义务从法律法规的层面上会出现较多的不确定性,这无论是对于业主还是总承包商都会带来较大的风险。

(2)缺乏具备匹配能力、经验和认知的总承包商

医药厂房的建设是一项复杂的工程,因而需要 EPC 总承包商具备与项目相匹配的专业能力、建设经验和先进的项目管理方法,在确保充分发挥 EPC 模式本身所具有的设计、采购、施工一体化优势的基础上,可以符合各类要求、保证项目质量、达成建设目的。这就对总承包商能力、经验和认知以及相应的人才储备,都提出了较高的要求。但是,由于我国之前设计、施工相分离的资质管理模式,目前市场上同时具有较强设计和施工能力的企业较少。对于施工企业而言,即使是配备设计人员的特级施工企业,其设计能力也往往不能完全和其施工能力相匹配,更遑论是对设计要求特别高的医药厂房类项目;而由原本的设计企业发展而来的 EPC 总承包商,设计人员所占比例较大,但施工管理人员储备不足。这样不均衡的人才结构对 EPC 项目的规模及质量会产生一定的局限作用。因此,我国目前医药厂房领域采取真正的 EPC 模式进行建设的项目往往集中于技术要求相对较低的中药饮片类或技术较为成熟的仿制药类项目中,而在技术要求较高的医药产品项目中还较为罕见。

此外,如前文所述,EPC 模式的核心优势在于设计与施工环节的紧密配合,但目前我国部分 EPC 总承包商仍然局限于施工总承包模式的思维中,按照设计与施工割裂的模式来实施 EPC 项目(尤其是在设计企业与施工企业为承接特定项目临时组成联合体的情况中),从而未能将 EPC 模式的优势最大程度地发挥。

(3)业主对项目细节的控制降低

在医药厂房项目中,业主通常都会对项目细节有较高的要求。尤其是在一些

原研药、进口药或生物制剂等对药品生产要求极高的领域,往往业主都会对厂房设计细节、生产设备的采购安装等要求具有直接的控制权,大部分业主会另行聘请设计咨询单位把关设计,并对生产设备采取直接发包的形式来进行采购和安装。

但是,EPC 模式下在设计全部完成前即进行 EPC 发包,且业主仅具有有限的管理权限,因此普遍存在业主对工程项目的各方面,尤其是设计细节以及采购控制度降低的问题。发包阶段越早、业主要求越不明确、业主管理权限越小,质量细节就更为不可控。而若发包后业主提高质量要求,又可能面临工期延误和变更索赔的风险,因此,业主往往需要通过推迟发包阶段、另行聘请咨询单位编制业主要求等方式来保证项目的质量。这也是 EPC 模式在缩小业主工作量的同时所带来的副作用。

(4)总体价格优势不明显

EPC 合同通常采用固定总价的价格模式,且较为强势的业主还会在合同中约定该等固定总价不因工程投入成本增加而调整。如果工程实施过程中发生市场价格上涨、不可预见的物质条件等风险,往往会导致 EPC 总承包商面临巨额亏损。因此在 EPC 模式下,总承包商在报价时很可能将包含较高的风险费用,导致 EPC 合同总价高于施工总承包模式。另外,由于目前市场尚不成熟,实践中低价投标高价索赔、发包时业主要求不清等情况普遍存在,项目实施过程中容易就费用、质量、工作范围等产生争议,从而影响工期和费用控制,导致项目成本上升。因此,在我国 EPC 市场尚不成熟的情况下,比起施工总承包模式,EPC 模式的价格优势尚不明显。

综上所述,EPC 模式具有提高建设质量和效率、降低业主管理负担、缩小业主风险的优势,但在我国 EPC 相关法律制度尚未健全、市场和行业实践尚未成熟的情况下,将 EPC 模式适用于对建设各方面都要求极高的医药厂房类项目中仍然具有一定的风险。

当然,其实建设模式本身之间并没有优劣之分,采用何种建设模式取决于项目业主对整个项目的统筹综合考虑。相信随着我国法律制度的不断完善以及 EPC 项目的不断增多,在 EPC 建设实践趋向完善的同时,会有更多医药厂房项目采用 EPC 模式进行建设。

三、医药厂房工程 EPC 项目常见实务问题分析及建议

医药厂房项目因其在设计、施工等多方面的特殊性,在采用 EPC 模式进行实

施时，也会碰到一些实务问题，特别是医药厂房设备采购安装的特殊性所导致的问题。业主建设医药厂房的目的在于将来可以投产运营，而生产设备是否能否满足业主拟生产特定药品的需求就非常重要。因此，在许多对于生产设备技术要求较高或者生产设备需要进口、有特殊专利和技术要求限制的情况下，设备采购和机电安装往往需要业主自行决定、直接控制，甚至由业主单独发包。但是，这种实践中常见的操作往往可能导致整个 EPC 项目面临以下两个问题：

（一）业主发包模式合规性问题

在医药厂房建设项目中，基于业主的实际使用需求，往往会将同一建筑物划分为功能不同的多个部分，如生产车间、实验室、办公室等。这些不同的功能分区对于建设技术标准的要求差异较大，对承包商的资质、技术水准、能力和经验的要求也大相径庭，因此，实践中业主解决问题的方式之一，是将这些部分分解后发包给不同的承包商来施工，以节省建设成本。如将生产车间发包给资质较高或具备较多医药生产设备相关安装经验的承包商，将办公区域等发包给具有一般施工资质及经验的承包商。

但是，这一发包模式可能会违反我国对支解发包的禁止性规定。我国的相关法律法规明确禁止业主将工程进行支解发包。例如，《民法典》第 791 条规定，发包人不得将应当由一个承包人完成的建设工程支解成若干部分发包给数个承包人。又如，《建筑法》第 24 条规定，禁止将建筑工程支解发包，不得将应当由一个承包单位完成的建筑工程支解成若干部分发包给几个承包单位。对于何为“应当由一个承包人完成的建设工程”，住房和城乡建设部 2019 年颁布的《发承包违法行为管理办法》进一步明确，“建设单位将一个单位工程的施工分解成若干部分发包给不同的施工总承包或专业承包单位的”属于违法发包。对于何为“单位工程”，根据《建设工程分类标准》（GB/T 50841—2013）的规定，是指具备独立施工条件并能形成独立使用功能的建筑物或构筑物。因此，根据现行的法律法规，如果业主将一个单位工程的施工分解后发包给不同的承包商，则有可能构成支解发包。

此外，由于被分解的这些区域无法单独立项报建，因此实践中业主可能会另其中某一家承包商作为名义上的 EPC 总承包商，来实施和完成项目报建、竣工备案等必要的行政审批手续。在这种情况下，除了可能面临相关行政责任的风险外，一旦项目发生争议，也可能导致实际实施工程的承包商和名义 EPC 总承包商之间的责任界限难以划分。

对于上述情况,建议可以采取由多个承包商组成联合体的形式承接 EPC 工程。对业主而言,联合体作为 EPC 工程的总承包商对整个 EPC 工程负责,且联合体成员之间对业主负有法定的连带责任,这样业主就不存在支解发包的问题;对承包商而言,则可以在联合体的内部协议中对互相的分工予以明确,从而达到清晰界定责任的目的。

(二)业主指定分包导致责任界限不清的问题

为解决医药厂房生产设备的特殊性问题,业主的另一种解决方式为将整个厂房作为 EPC 项目发包后,将生产设备的安装作为专业机电安装工程,由业主进行指定分包,EPC 总承包商在施工部分实质上只负责较为简单的土建和主体结构等部分。在这种业主指定分包的情况下,由于指定分包商和 EPC 总承包商二者在设计和施工衔接、施工界面、施工条件以及分包工程验收等诸多方面必然存在工作的交叉,因此也有可能会导致责任界限不明的情况。

根据《建筑法》第 55 条的规定,建筑工程实行总承包的,工程质量由工程总承包单位负责,总承包单位将建筑工程分包给其他单位的,应当对分包工程的质量与分包单位承担连带责任。理论上而言,指定分包商仍然是 EPC 总承包商的分包商,因此,EPC 总承包商仍然需对该等分包工程负责并承担连带责任。但在业主指定分包的情况下,总承包商对于该等分包商其实并无选择权,实践中对该等分包商在现场的施工可能也缺乏管理权,若要求其对该等分包商承担连带责任,显然不符合权利义务相匹配的原则。《施工合同司法解释(一)》第 13 条规定,若发包人直接指定分包人分包专业工程,造成建设工程质量缺陷的,应当承担过错责任。上述司法解释虽然对业主指定分包商所导致的质量责任规定了业主的过错责任,但并未对指定分包商造成的工期延误、额外费用等责任的承担进行规定,现实中往往可能导致 EPC 总承包商与业主、分包商之间的纠纷。

一般在业主指定分包情况下,建议业主可以在与 EPC 总承包商进行磋商时明确对该等专业分包商的选择是基于业主与总承包商共同同意和选择的结果,以一定程度上增加 EPC 总承包商对于该等专业承包商的可预见性。此外,一般而言,如果存在业主指定分包,往往 EPC 总承包商会在 EPC 合同或分包合同下收取一定的配合管理费等类似性质的款项,用于对分包商的管理、协调。业主应当注意在 EPC 合同中基于上述款项对价,明确约定 EPC 总承包商对指定分包商在设计、施工界面协调管理、进度安排、现场照管等方面的义务，防止 EPC 总承包商基于前述原因就指定分包商引起的纠纷而向业主进行索赔。对 EPC 总承包商而言，则应当注意在 EPC 合同磋商、签署的过程中，明确界定业主指定分包商的范围，并对业主指定分包商所导致的工期、费用、工程质量等问题的责任承担进行明确约定。

结语

综上所述，基于医药标准化厂房建设的特殊性，医药厂房采用 EPC 模式在实务中具有明显优势，也具有一定的风险。在实务操作中，应当注意科学选择发包模式，保障发包模式合法合规性的同时，高效统筹设计、采购、施工的各个阶段，并对与药品生产相关的许可与施工进度搭接等问题予以重点关注。

专题二十二

新能源工程工期法律风险和防范

【本专题内容概览】

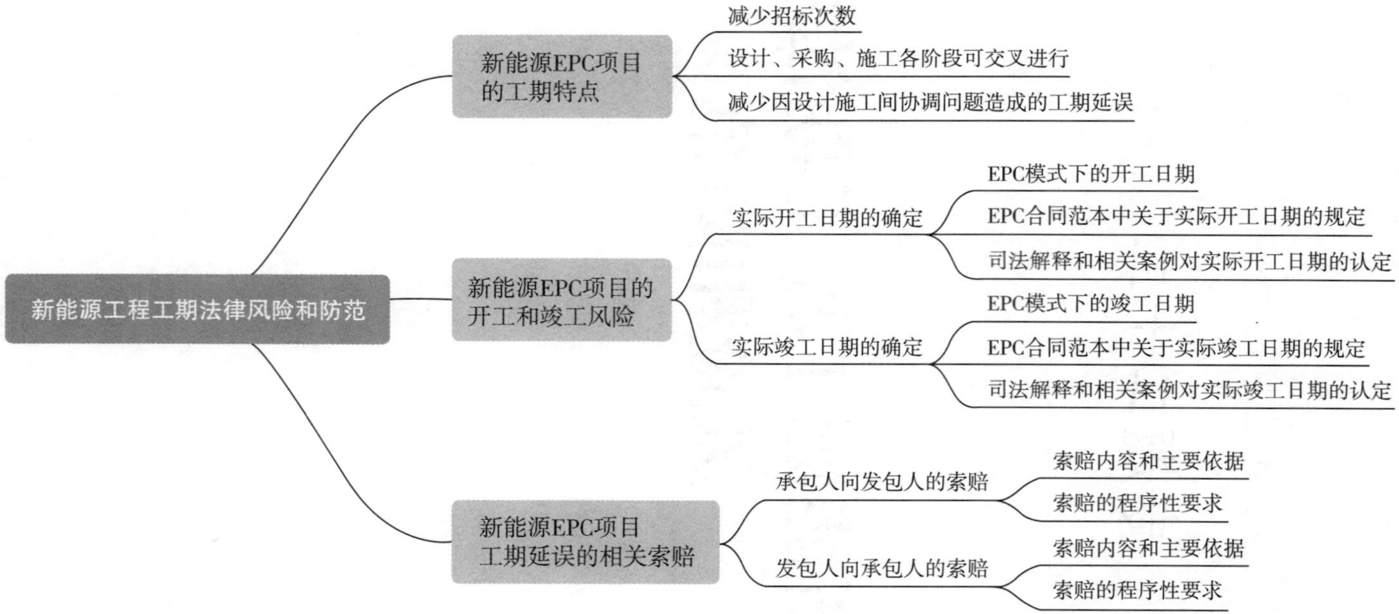
新能源工程工期法律风险和防范
新能源EPC项目的工期特点
减少招标次数
设计、采购、施工各阶段可交叉进行
减少因设计施工间协调问题造成的工期延误
新能源EPC项目的开工和竣工风险
实际开工日期的确定
EPC模式下的开工日期
EPC合同范本中关于实际开工日期的规定
司法解释和相关案例对实际开工日期的认定
实际竣工日期的确定
EPC模式下的竣工日期
EPC合同范本中关于实际竣工日期的规定
司法解释和相关案例对实际竣工日期的认定
新能源EPC项目工期延误的相关索赔
承包人向发包人的索赔
索赔内容和主要依据
索赔的程序性要求
发包人向承包人的索赔
索赔内容和主要依据
索赔的程序性要求

随着国家大力推行能源可持续发展和低碳经济，以及相关产业的技术革新，新能源项目成为投资和建设的热点。由于此类项目具有资金要求高、市场竞争激烈、需赶在特定时点并网发电等特点，往往对工期要求十分严格。而“设计—采购—施工”即 EPC 模式对于有效缩短项目工期、控制项目投资有明显优势，也因此成为新能源项目经常使用的一种建设模式。在本专题中，笔者结合现行法律法规及司法实践经验，对新能源 EPC 项目的工期特点、开工和竣工风险、工期延误的相关索赔等法律问题进行了分析和探讨，以期为新能源 EPC 项目的参与各方提供参考。

一、新能源 EPC 项目的工期特点

首先，新能源基础设施项目通常投资金额较大，对业主的项目资金保障和资金周转能力要求较高，并往往需要通过金融机构等进行外部融资；工程未能按时完工和并网发电也将直接导致电费收取时间的延后，资金成本必然随之增加，给业主带来巨大的经济压力。其次，新能源设备更新换代较快，市场竞争激烈，工程延期可能导致完工后电网接入困难，并面临较低的电费定价。最后，在国家可再生能源补贴逐渐退场的大背景下，很多项目中电费补贴金额随着并网发电时间的延迟而降低甚至取消，能否在特定的日期前完成并网发电对于项目能否获得相应的财政补贴至关重要，甚至引起了市场上的“抢装潮”。

由于新能源项目的上述特点，实践中大部分项目对工期要求很高。而 EPC 模式集设计、采购、施工为一体，不仅可以控制工程投资、提升工程质量和效率，更可以有效缩短项目工期，因此也成为很多新能源项目所选择的建设模式。EPC 模式的工期优势主要体现在如下几个方面：

（一）减少招标次数

根据《招标投标法》和发改委第 843 号文的相关规定，新能源等能源基础设施项目属于关系社会公共利益、公众安全的项目，其相关工程、货物和服务采购达到规定标准以上的，应依法进行招标。在传统施工模式下，设计、采购、施工等各阶段需根据项目推进情况分开进行招标，延长了项目周期；而在 EPC 模式下，最早在项目核准备案后，即可将设计、采购和施工合并进行一次性招标。同时，EPC 项

目经招标后,可分包的部分(暂估价形式项目除外)可直接发包,进一步减少分阶段招标可能导致的工期延长。

(二)设计、采购、施工各阶段可交叉进行

在传统施工模式下,由于遵循线性工作流程,需施工图设计阶段完成后才进入施工阶段,工程项目建设周期较长。而在 EPC 模式下,发包人只需签订一个 EPC 总承包合同,由总承包人协调安排设计、采购、施工等各类工作同步交替进行,在确保各阶段周期合理的前提下缩短总建设周期。

(三)减少因设计施工间协调问题造成的工期延误

在传统施工模式下,设计和施工是由不同单位独立完成的,业主的协调责任较重,且由于设计变更、设计失误、设计图纸未及时到位等时常造成设计施工配合问题、返工情形、责任推诿等,对工程正常推进也会造成不利影响,从而降低工作效率,容易发生工期延误。而在 EPC 模式下,设计、采购、施工均由总承包人实施并由其负总责,可有效减少因设计施工间的协调问题所造成的工期延误。

二、新能源 EPC 项目的开工和竣工风险

(一)实际开工日期的确定

1. EPC 模式下的开工日期

新能源 EPC 项目的总工期是涵盖设计、采购、施工等 EPC 总承包范围内各个实施阶段的时间总和,其起算点应为整个项目开始工作的日期,通常为设计开工日期。而另一较为重要的时点是施工开工日期,在该日期前发包人应按合同约定向承包人移交现场并获得施工所需的相关许可,而承包人应完成施工所需的相关设计工作。相比设计而言,实践中施工部分更易因现场条件不具备或未取得相关许可而延迟开工,但需要注意的是,与传统施工模式下工期自现场施工开始起算不同,EPC 模式下此时总工期已开始起算,承包人应就施工开工日期延迟按合同约定的时间和程序提起工期索赔,否则可能难以实现竣工日期相应顺延。

2. EPC 合同范本中关于实际开工日期的规定

实践中,发承包双方通常会在 EPC 合同的协议书中约定一个具体的开工日期,但该日期一般仅指计划开工日期,而实际开工日期则需要根据 EPC 合同的具体约定确定,一般是指发包人或监理人开工通知中确定的日期。

例如,发改委等九部委发布的《标准设计施工总承包招标文件》(2012 版)所附通用合同条款(以下简称 2012 版《设计施工总承包合同》)第 11.1 款“开始工作”规定,“符合专用合同条款约定的开始工作的条件的,监理人应提前 7 天向承包人发出开始工作通知。监理人在发出开始工作通知前应获得发包人同意。工期自开始工作通知中载明的开始工作日期起计算”。

而国际咨询工程师联合会(Fédération lnternationale Des lngénieurs Conseils, FIDIC)组织发布的 2017 版“设计—采购—施工与交钥匙项目合同条件”(以下简称 2017 版 FIDIC 银皮书)第 1.1.4 项规定,“‘开工日期’系指根据第 8.1 款[工程的开工]发出的业主通知中所述的日期”。第 8.1 款规定,“除非合同协议书中说明了开工日期,业主应在不少于开工日期前 14 天向承包人发出说明开工日期的通知。除非专用条款中另有说明,开工日期应在合同根据第 1.6 款[合同协议书]规定全面生效之日后的 42 天内”。

3. 司法解释和相关案例对实际开工日期的认定

当发承包双方就实际开工日期发生争议时,则可能需要通过司法途径进行认定。在司法实践中,实际开工日期的确定较为复杂,需要结合发包人或监理人的开工通知、具备开工条件的日期、承包人的实际开工时间等多种因素进行认定。

《施工合同司法解释(一)》第 8 条规定,“当事人对建设工程开工日期有争议的,人民法院应当分别按照以下情形予以认定:(一)开工日期为发包人或者监理人发出的开工通知载明的开工日期;开工通知发出后,尚不具备开工条件的,以开工条件具备的时间为开工日期;因承包人原因导致开工时间推迟的,以开工通知载明的时间为开工日期。(二)承包人经发包人同意已经实际进场施工的,以实际进场施工时间为开工日期。(三)发包人或者监理人未发出开工通知,亦无相关证据证明实际开工日期的,应当综合考虑开工报告、合同、施工许可证、竣工验收报告或者竣工验收备案表等载明的时间,并结合是否具备开工条件的事实,认定开工日期”。

尽管上述司法解释原则上仅适用于施工合同,但实践中法院根据具体情况也可能在 EPC 项目争议案件中参照适用上述规定。例如,在(2020)赣民终 64 号案中,发包人主张开工日期应为《EPC 合同》签订之日即 2016 年 12 月 5 日,而承包人主张开工日期实际为 2017 年 2 月 6 日。江西省高级人民法院认为,尽管《EPC 合同》约定案涉工程开工日期是合同签订生效日,但监理单位盖章签发的《工程开工报审表》记载的开工日期是 2017 年 2 月 7 日,依照上述司法解释规定,开工日期应为发包人或者监理人发出的开工通知载明的开工日期,因此结合上述监理签发的开工通知和承包人自述,确认 2017 年 2 月 6 日为开工日期。

(二)实际竣工日期的确定

1. EPC 模式下的竣工日期

新能源 EPC 项目的承包人不仅应负责完成 EPC 合同下的各项工作,还应为工程符合发包人要求和合同预期目的负责。因此,工程建成后,还需通过试运行和相关验收,并消除缺陷项目后才能正式投入运营,以确保工程性能参数满足合同约定和并网发电要求。故新能源 EPC 项目的竣工阶段可能涉及启动验收、试运行验收、并网验收、竣工验收等多个环节,与民用建筑工程项目一般仅涉及竣工验收具有明显区别。由于此类项目的上述特点,实践中时常会就工程的实际竣工日期发生争议,进而影响到工期计算、价款结算、质保期起算、工程风险转移等诸多方面的问题。特别是在相关验收环节中,往往还涉及工程的移交和并网发电等,此时是否视为工程已竣工,实务中尚存在一定争议。

2. EPC 合同范本中关于实际竣工日期的规定

由于新能源 EPC 项目竣工阶段的复杂性,在合同中就实际竣工日期进行明确约定就显得格外重要。实践中,发承包双方通常会在 EPC 合同的协议书中约定一个具体的竣工日期,但该日期一般仅指计划竣工日期,而实际竣工日期则需要根据 EPC 合同的具体约定确定,一般是指发包人签发的接收证书中确定的日期。例如,2012 版《设计施工总承包合同》第 1.1.4.4 目规定,“竣工日期:指第 1.1.4.3 目约定工期届满时的日期。实际竣工日期以工程接收证书中写明的日期为准”。第 18.3.5 项规定,“除专用合同条款另有约定外,经验收合格工程的实际竣工日期,以提交竣工验收申请报告的日期为准,并在工程接收证书中写明”。

而 2017 版 FIDIC 银皮书第 1.1.21 项则规定,“‘竣工日期’系指业主签发的接收证书中所述的日期”。第 8.2 款“竣工时间”进一步规定,“承包人应在工程或每项区段工程(视情况而定)的竣工时间内,完成整个工程和每个区段工程(如有),包括完成合同规定的,为第 10.1 款[工程和区段工程的接收]下的接收目的,工程和区段工程被视为竣工所需要的全部工作”。

3. 司法解释和相关案例对实际竣工日期的认定

当发承包双方就实际竣工日期发生争议时,则可能需要通过司法途径进行认定。尽管上述司法解释原则上仅适用于施工合同,但实践中法院也可能在 EPC

项目争议案件中参照适用上述规定，并且由于新能源 EPC 项目往往在最终竣工验收前会进行移交和并网，该行为可能会被认定为“建设工程未经竣工验收，发包人擅自使用”，从而产生工程视为已竣工的法律后果。

例如，在（2017）最高法民申 4412 号案中，承包人主张，涉案工程已并网发电，应视为工程已竣工验收；而发包人主张工程未经竣工验收，而且存在质量问题，不具备支付工程款的条件。本案一审法院与二审和再审法院就该问题作出了不同认定。一审法院认为，涉案工程属光伏发电工程，依照《光伏发电工程验收规范》（GB/T 50796—2012）的规定，应通过单位工程、工程启动、工程试运和移交生产、工程竣工四个阶段的全面检查验收。承包人未能提供涉案工程已竣工验收合格的证据，且涉案工程因光伏支架基础出现质量问题，承包人对光伏支架基础进行修复及支架临时加固，本案审理中该工程项目亦未完工，因此对承包人的主张不予支持。而二审法院则认为，发包人出具的相关函件载明该项目于 2014 年 3 月光伏区全部并网，由此证实工程已转移由发包人占有使用，根据上述司法解释的规定，工程价款结算条件已成就。再审法院最高人民法院认为，发包人主张光伏行业存在特殊的惯例，并网发电不属于移交生产，但其并未提供充分证据证明其所述惯例。同时，二审判决并未单纯以并网时间作为认定的依据，而是结合了合同约定的计划开工和竣工时间，以及发包人出具的工程并网相关函件，故最终维持了二审判决。

而在（2017）最高法民终 894 号案中，最高人民法院认为，根据一审判决查明的事实，案涉工程虽未经电力、审计、环保、消防、质监等行政主管部门进行综合验收，但发包人已于 2016 年 6 月 30 日接收了涉案工程且实际投入使用，并有发包人盖章的竣工验收签证，以及发包人与供电公司签订的并网调度协议等为证。依据上述司法解释规定，建设工程未经竣工验收，发包人擅自使用的，以转移占有建设工程之日为竣工之日。因此，案涉工程应认定为已经竣工。该案后经最高人民法院再审仍维持原判。

三、新能源 EPC 项目工期延误的相关索赔

（一）承包人向发包人的索赔

新能源 EPC 项目中，虽然按期完成工程是承包人的主要义务，但承包人开展工作也需要发包人和外部条件的配合。实践中，因发包人未能及时支付工程款和提供相关资料，非承包人提供的设备材料延迟到场，以及现场和周边不可预见的

物质条件困难,乃至疫情、恶劣天气等不可抗力因素,都可能导致工期延长。而对于此类非承包人原因导致的工期延长,承包人可以根据合同向发包人提起索赔,以顺延工期并就相关损失获得补偿。

1. 索赔内容和主要依据

《民法典》第 803 条规定,“发包人未按照约定的时间和要求提供原材料、设备、场地、资金、技术资料的,承包人可以顺延工程日期,并有权请求赔偿停工、窝工等损失”。第 804 条规定,“因发包人的原因致使工程中途停建、缓建的,发包人应当采取措施弥补或者减少损失,赔偿承包人因此造成的停工、窝工、倒运、机械设备调迁、材料和构件积压等损失和实际费用”。

因此,就非承包人原因导致的工期延长,首先,承包人需及时提起工期索赔,即要求就竣工时间进行相应顺延。而工期的定量索赔通常较为复杂,所需专业能力较强,并且涉及多种计算方法和技术手段,需要有经验的专业人员进行分析梳理,以形成较为完善的索赔文件。目前国内市场上很多项目存在工期索赔提起不及时或索赔材料不够完善的问题,容易因此发生争议。司法实践中进行工期鉴定的案例也相对较少,而且我国目前并未明确规定工期鉴定机构所需的资质,在鉴定机构的选择和机构专业性上往往也存在不确定性。

其次,承包人需提起的索赔内容还包括工期延长带来的停窝工损失。此类损失组成一般较为复杂,在承包人进行索赔时,需要分门别类进行计算和主张,主要包括管理费损失、措施费损失、材料积压损失、机械设备人员停窝工和进出场损失、设备材料涨价损失以及对分包商和供应商等产生的违约金等。根据《民事诉讼法》“谁主张,谁举证”的原则,停窝工损失应由承包人进行举证,其难点主要在于固定和证明具体的停工时间、停工期间相关损失的明细,以及两者之间的因果关系和损失费用的合理性等。在司法实践中,如没有足够的证据证明承包人确实产生了实际损失,法院很可能不会支持承包人的停窝工损失赔偿请求。

例如,在(2020)冀 06 民终 3555 号案中,因发包人未能完成涉案光伏项目所需用地的拆迁补偿等工作,致使施工受阻,最后导致 EPC 合同无法完成,而承包人也因此被其聘请的多个分包商索赔,故承包人主张应由发包人赔偿相关损失。法院认为,对于承包人和施工分包商的赔偿款,因已在相关案件中经法院生效判决确认,系承包人实际损失,故法院予以采信;而对于承包人和设备分供方的赔偿款,由于仅提交了双方签订的设备采购合同和索赔函,双方对赔偿数额没有进行协商或确认,无法证实其实际损失数额,故法院不予采信。除此以外,考虑到出现阻工亦非发包人的主观意愿,且在违约事实发生后进行了多次协调,故法院本着公平原则,对发包人应承担的赔偿数额进行了酌定核减。

2. 索赔的程序性要求

承包人有权就工期的延长进行工期顺延和停窝工费用索赔,大部分新能源EPC项目合同也会对此作出约定,承包人应当按照合同约定的程序提出索赔,特别是需在约定的时限内提交符合要求的索赔文件,包括索赔通知、索赔的法律基础声明、详细的索赔报告和支持性材料等,否则可能面临逾期失权。

例如,2012版《设计施工总承包合同》第23.1款规定,承包人应在知道或应当知道索赔事件发生后28天内,向监理人递交索赔意向通知书,并说明发生索赔事件的事由。承包人未在前述28天内发出索赔意向通知书的,工期不予顺延,且承包人无权获得追加付款。承包人应在发出索赔意向通知书后28天内,向监理人正式递交索赔通知书。索赔通知书应详细说明索赔理由以及要求追加的付款金额和(或)延长的工期,并附必要的记录和证明材料。

而2017版FIDIC银皮书第20.2款则规定,“索赔应在实际可行的情况下尽快并最晚不超过索赔方察觉或应已察觉该事件或情况后28天内提出。如果索赔方未能在上述28天期限内发出索赔通知,则索赔方无权获得任何追加付款……竣工时间……不得延长,另一方应免除与引起索赔的事件或情况有关的任何责任”。“索赔方觉察或应已觉察引起索赔的事件或情况后的84天内……应向业主代表提交一份充分详细的索赔。如在这一时间限制内索赔方未提交(关于索赔的合同和/或其他法律基础的)声明,索赔通知应视为已失效,不再视为有效通知。”

而在司法实践中,上述逾期失权约定原则上也会得到支持,除非另有合理抗辩。《施工合同司法解释(一)》第10条第2款规定,“当事人约定承包人未在约定期限内提出工期顺延申请视为工期不顺延的,按照约定处理,但发包人在约定期限后同意工期顺延或者承包人提出合理抗辩的除外”。另外特别需要注意的是,一般来说发包人同意承包人调整施工进度不等于同意工期顺延,承包人还是需要通过正式程序提起工期索赔,即需同时严格遵守索赔的程序性和时限性要求。

(二)发包人向承包人的索赔

新能源EPC项目往往工期较为紧张,对承包人的资源整合能力和工程管理能力要求很高。实践中因承包人和设计、采购、施工等分包自身工作延误或交叉协调不到位,承包人未能及时筹措所需足额资金,设备和施工质量问题导致返工修复等承包人原因,发生工期延误的情况比较常见。此时发包人可以根据合同向承包人提起索赔,要求承包人赔偿相关损失。

1. 索赔内容和主要依据

为促使承包人按时完成项目,弥补承包人未按时完工带来的损失,发包人通常会在合同中设置逾期违约金条款。此类条款一般会约定每日逾期违约金的标准,根据竣工日期和节点工期的实际延误天数计算违约金。但根据《民法典》第585 条第 2 款的规定,“约定的违约金低于造成的损失的,人民法院或者仲裁机构可以根据当事人的请求予以增加;约定的违约金过分高于造成的损失的,人民法院或者仲裁机构可以根据当事人的请求予以适当减少”。因此在司法实践中,如果按照合同约定计算出的逾期违约金数额低于或过分高于造成的损失的,仍可能根据发包人或承包人的请求,参照实际损失予以增加或适当减少。

除此之外,新能源 EPC 项目发生工期延误后,发包人除发生工期延长所产生的额外费用等直接损失外,还存在电费收入损失和补贴电价损失等间接损失。根据《民法典》第 584 条的规定,“当事人一方不履行合同义务或者履行合同义务不符合约定,造成对方损失的,损失赔偿额应当相当于因违约所造成的损失,包括合同履行后可以获得的利益;但是,不得超过违约一方订立合同时预见到或者应当预见到的因违约可能造成的损失”。因此,尽管原则上发包人可以要求承包人赔偿上述预期利益损失,但实践中法院的认定较为严格,很可能不会完全支持发包人提出的损失赔偿要求。

例如,在(2017)川民初 91 号案中,发包人认为承包人未按合同约定日期进行竣工移交,因此要求其赔偿从合同约定的竣工移交日期至实际并网发电日期期间的发电损失,以及因项目未能在 2016 年 6 月 30 日并网发电,导致未能按照国家光伏政策享受到的补贴电价损失。对此,四川省高级人民法院认为,关于发电收入损失的问题,延迟并网发电只是导致电费迟延取得,并非不能取得,其损失应为迟延取得电费收入的利息损失,而非延迟期间的所有电费收入。关于补贴电价损失问题,根据国家发改委《关于完善陆上风电光伏发电上网标杆电价政策的通知》(发改价格〔2015〕3044 号)附件注“2016 年以前备案并纳入年度规模管理的光伏发电项目但于 2016 年 6 月 30 日以前仍未全部投运的,执行 2016 年上网标杆电价”,本项目光伏电站总装机容量 20 兆瓦,而双方仅对 10 兆瓦发电单元约定了2016 年 6 月 30 日前实现并网发电,根据该约定,案涉电站在 2016 年 6 月 30 日前本就不能全部投入运营，只能享受2016年的上网标杆电价。故发包人要求承包人赔偿其补贴电价损失，没有事实依据。

2. 索赔的程序性要求

与承包人进行索赔的情况相似，发包人进行索赔也需要按照合同约定的程序提出，并且在2012版《设计施工总承包合同》、2017版FIDIC银皮书等新能源EPC合同经常使用的合同范本中，发包人和承包人的索赔程序性要求通常是对等的，即如发包人未能按照约定的期限提出索赔的，也将面临逾期失权问题。

但需要注意的是，实践中也有相当一部分合同，如目前国际工程项目上仍广泛使用的1999版FIDIC银皮书，以及发包人自行编制的合同版本中，设置的发包人和承包人的索赔程序性要求是不对等的，承包人在期限内未发出索赔通知则逾期失权，而发包人只需尽快发出索赔通知即可。因此，发包人索赔的程序性要求通常需要根据具体的合同约定确定。

结语

由于新能源工程项目的技术和行业特点，实践中大部分项目对工期要求较高，并采用可有效提升建设效率的EPC模式。但与此同时，EPC模式也因在我国发展时间较短，法规制度尚不够完善，从而在诸如实际开工日期、实际竣工日期、工期延误和索赔等工期相关责任的认定上容易发生争议，导致产生法律风险。对此，建议新能源工程项目的相关方在签订合同时即对工期相关事项进行明确约定，以减少未来发生争议的可能性；而在项目实施过程中，则需注意做好工期管理，及时处理因内外部原因而导致的工期延误，尤其是相关的责任和风险分配，并形成书面文件和记录，以确保项目的顺利推进和验收结算。

专题二十三

数据中心项目投资建设法律问题及风险防范

【本专题内容概览】

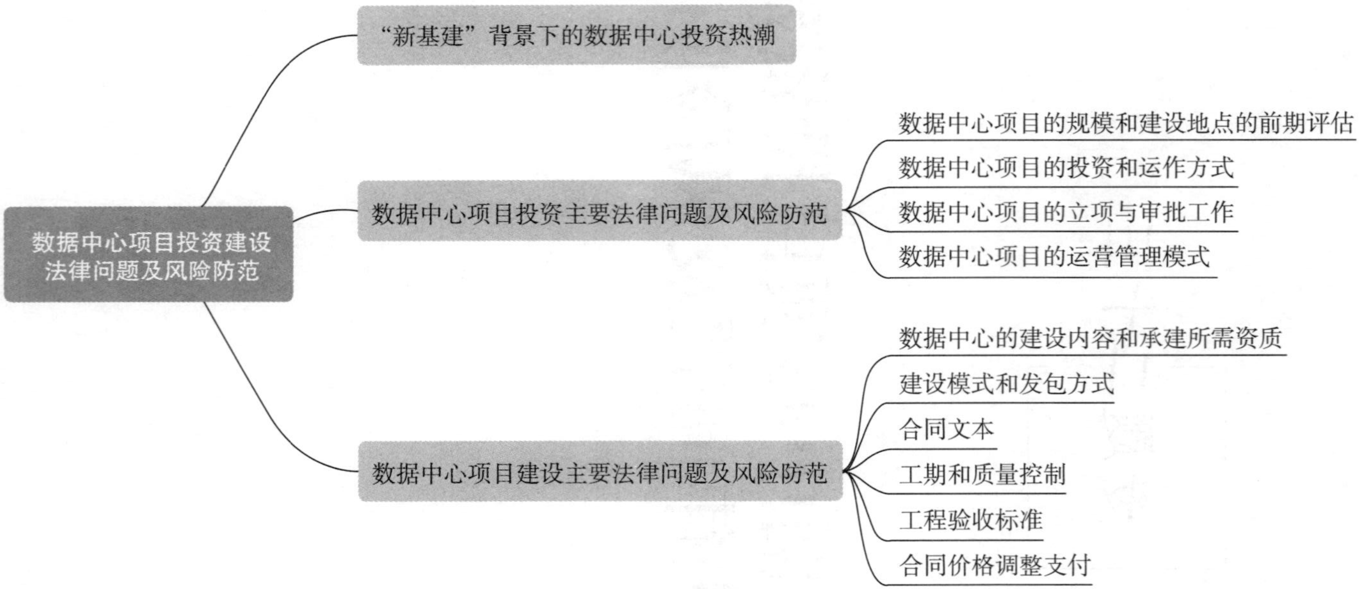

数据中心项目投资建设法律问题及风险防范
“新基建”背景下的数据中心投资热潮
数据中心项目投资主要法律问题及风险防范
数据中心项目的规模和建设地点的前期评估
数据中心项目的投资和运作方式
数据中心项目的立项与审批工作
数据中心项目的运营管理模式
数据中心项目建设主要法律问题及风险防范
数据中心的建设内容和承建所需资质
建设模式和发包方式
合同文本
工期和质量控制
工程验收标准
合同价格调整支付

数据中心，即用以集中放置计算机和通信存储系统相关设备的基础设施，包括独立建设并用于外包商业运营的数据中心，以及作为建筑配套设施建设的企业数据中心机房等。5G、云计算等数字经济的高速发展和国家新基建政策的落地，也带来了我国建设高质量数据中心的海量需求。本专题主要围绕数据中心投资和建设过程中所存在的具有代表性的法律问题进行分析，并提供风险防范建议，助力数据中心投资建设。

一、“新基建”背景下的数据中心投资热潮

2020 年 3 月 4 日，中共中央政治局常务委员会召开会议，提出加快 5G 网络、数据中心等新型基础设施建设进度。据报道，近期全国多个省市发布了 2020 年重大投资项目，累计公布的计划投资额高达数十万亿元。本质上，“新基建”主要是指与数字经济相关的新型基础设施，因此，对于“新基建”的高度关注必然带动未来数据中心产业的蓬勃发展。与此同时，此次疫情也暴露出各地政府在信息化和数字化建设上的薄弱以及城乡区域发展间的差距，如何有效解决新型基建设施的短板问题，实现城市信息化管理的功能提升也将会是各地政府面临的一大课题。另外，近年来，中国对外开放的脚步不断扩大，外商投资负面清单的内容逐渐缩减，电信领域的开放也在不断扩大。电信行业对外开放的趋势也使境外资本对入局数据中心领域有所期待。

与传统基建项目相比，数据中心项目最大的不同在于其更加依赖数字化技术，而这并不是地方政府或政府平台公司的核心能力，因此，需要由具备技术能力的社会资本采用市场化模式自行商业化实施，或者与地方政府合作实施，通过 PPP 等模式共同参与到项目的投资、建设和运营管理中，为政府解决数字化管理的“补短板”难题，进一步提高公共信息处理和网络服务的运营质量和效率。同时，建立政企合作关系也能够帮助当地科创产业发展、建立地方科技产业链，进而让地区内经济发展模式转型和产业升级步伐更为稳健。

二、数据中心项目投资主要法律问题及风险防范

（一）数据中心项目的规模和建设地点的前期评估

在正式启动数据中心项目的投资建设前，投资人需要合理地确定数据中心建

设项目的规模、建设地点等条件,并选择适当的建设等级、单机架功耗等,这些关键指标都直接关系到项目的投资效益。其中,在项目建设规模方面,应当以市场需求为导向,投资人需根据市场调查结果,对于数据中心业务的市场容量、目标市场、可能占有的市场份额等进行预测,并据此确定拟建数据中心的规模。而在项目选址方面,除了重点考虑项目当地的区位条件、产业环境、地质气候等之外,还应关注地方政府在电价、土地供应等方面对数据中心项目给予的政策支持。比如,自 2013 年起,工业和信息化部等机关便发布相关政策,引导数据中心向能源充足、气候适宜地区进行布局和迁移;内蒙古、宁夏、贵州、河南等省、自治区也曾相继出台电价优惠、土地供应保障等措施引导企业在辖内进行投资。

(二)数据中心项目的投资和运作方式

与传统基础设施项目最大的不同,数据中心项目更加依赖于数字化技术,因此通常由具备技术能力的社会资本采用市场化模式自行商业化实施。但为了有效解决新型基建设施的短板问题,实现城市信息化管理的功能提升,政府也在采取创新性的投资模式参与数据中心建设,其中最典型的就是采用 PPP 模式,即政府和社会资本合作模式。

近年来,PPP 模式已在基础设施(如公路、铁路、隧道等)和社会公共服务(如医疗、文化、教育、养老等)各领域被广泛应用,而随着公众对"新基建"的需求越来越高,PPP 模式的应用也将进一步拓展到数据中心等信息化建设领域。实践中,该类型的 PPP 项目通常以 BOT(建设—运营—移交)模式作为主要运作方式,由社会资本或项目公司承担新建项目的设计、融资、建设、运营、维护和用户服务职责,由政府方授予其在合作期限内的运营管理和收费权利,并在合同期满后将项目资产及相关权利等移交给政府方。

另外,还可进一步考虑采用建设—拥有—运营(Building - Owning - Operation,BOO)模式,即由社会资本或项目公司拥有项目所有权,政府方享有对社会资本的监督权利,并在合同中要求社会资本受到保证公益性的约束条件。同时,委托运营(Operations & Maintenance,O&M)模式也是国际上较为常见的运作方式,具体由政府将存量公共资产的运营维护职责委托给社会资本或项目公司,政府保留资产所有权,只向社会资本或项目公司支付委托运维费。

(三)数据中心项目的立项与审批工作

由于数据中心项目所涉及的项目立项和审批环节众多,因此应格外重视因项目前期立项或审批文件缺失所导致的合规性风险。具体而言,诸如数据处理或云计算中心项目的实施根据运作模式的不同,通常需要以取得立项批复(政府审批、企业核准或备案)、节能审查和电力指标为前提要求,对于特殊领域,如提供互联网增值服务或内容分发网络业务的,还需取得 IDC 或 CDN 牌照。

其中,数据中心项目的节能审查较为特殊,投资者应根据 2016 年 11 月 27 日发布的《固定资产投资项目节能审查办法》(国家发展和改革委员会令第 44 号)完成节能审查并取得同意项目节能方案的意见。节能审查意见中最为重要的内容是确认项目的年综合能源消费量(能耗指标),而在作出节能审查意见前,很多地方政府在内部审批流程中存在对当地全年能耗指标增量和总量的控制。另外,电能利用效率(Power Usage Effectiveness ,PUE),也是国家和部分核心城市考量数据中心建设节能环保标准的关键指标之一,如北京、上海、深圳等地已经对新建项目的 PUE 提出了限制性要求,值得投资者高度关注。

同时,在项目实施过程中,数据中心项目还会涉及土地和厂房、环境影响评估、用电方案、消防设计审核或备案和竣工后相关验收等各个要素,需特别注意各个要素缺一不可,否则极可能会影响到项目的正常运营。

(四)数据中心项目的运营管理模式

数据中心作为信息与信息系统应用服务的物理载体,其基础设施运维服务也与普通的物业管理有本质的区别。因此,在项目投资决策阶段,投资人同样还应考虑数据中心建成后的运营管理模式和成本。实践中,通常有自营和委托运营两种模式。在自营模式下,数据中心日常监控、经常性的测试、应急措施、人才队伍的组建、规范化的运维管理体系的建立等各方面对专业技术都有着很高的要求,造成投资人相应的运营成本会更高。

而在外包模式下,投资人将项目运营的风险转移给专业的数据中心基础设施建设服务商,是目前更为有效和安全的服务模式,因为专业性以及保障能力是专业外包服务商的核心竞争力。且通过采用按需支付的服务模式,可根据所需的工作说明书(Statement of Work ,SOW)与服务等级协议(Service Level Agreement,SLA)采购外包服务商的专业服务,服务商的运维团队通常为多个客户提供服务,因此费用支出成本也会相对更低。

三、数据中心项目建设主要法律问题及风险防范

(一)数据中心的建设内容和承建所需资质

独立建设并用于商业运营的数据中心的建设主要是为相关信息设备提供安全、稳定的运行环境,建设内容主要包括建筑工程及其配套工程、高压系统工程及低压系统工程等机电工程网络及 ICT 工程等。就工程专业类型而言,建设内容主要可以分为建筑工程和机电工程,分别需要不同的资质,建筑工程主要为建筑工程施工总承包资质,机电工程主要为机电工程施工总承包资质和通信工程施工总承包资质。

由于数据中心项目投资大、技术复杂,数据中心建设对承包企业的资质和能力提出了更高的要求。随着市场对于建设数据中心热度的持续上升,一些缺乏资质和能力的企业也混入其中,通过挂靠、转包、违法分包方等方式承接工程,给数据中心未来的投产运营造成极大隐患。因此,在发包签约阶段就应做好对投标方的企业资信和资质审查,要求投标方提供相应企业和资质证明文件,对挂靠、转包、违法分包等违法违规情形设置严格的违约责任,以保障数据中心工程的建设质量。

(二)建设模式和发包方式

根据《招标投标法》、发改委第 843 号文的相关规定,目前数据中心项目已不属于必须招标的工程建设项目类型,但如项目全部或部分使用国有资金投资,仍应依法进行招标。因此,对于由国有通信运营商投资建设的数据中心或其他使用国有资金的数据中心工程,应根据工程规模依法进行招标,涉及使用财政性资金的还应遵守政府采购相关规定。而对于其他主体投资建设的数据中心项目,可采用直接发包的方式,但仍需注意发包时的合规性问题,避免进行标前实质性谈判或与投标人串通投标、以他人名义投标或者以其他方式虚假中标等。

从发包模式上来说,数据中心可采用建筑工程和机电工程一起打包或分标段进行发包的模式。就分标段进行发包而言,数据中心的建筑工程标段与一般建筑工程相比,在设计和建设时应重点考虑为设备提供稳定的运行环境,故对结构荷载、消防要求、管井预留方面有更高的要求;而机电工程标段则具有很强的专业性,不仅要保障数据中心可以安全稳定运行,还需要考虑统筹协调、降低能耗。因此,数据中心的建筑工程和机电工程可采用分别或共同发包,以 EPC 模式对设

计、采购、施工进行统一管理，提升项目的整体性。

数据中心发包过程中还应注意肢解发包的问题，无论是建筑工程还是机电工程，将单位工程分解发包的行为或将被视为肢解发包，不仅可能面临行政手续方面的障碍，如果出现安全生产管理上的问题，还可能遭受行政乃至刑事方面的处罚。如发包方仍想指定专业工程分包方，在法律法规允许的情况下，可采用甲指分包、与承包方联合招标等方式，从而避免将工程肢解发包。

（三）合同文本

由于数据中心对建设工程质量要求高、建设内容多，相关合同主体不仅涉及建筑工程和机电工程中的设计方、承包方和分包方，还涉及设施设备的供应商，因此，发包方对于项目的统筹协调就显得尤为关键，相关措施要求应落实到合同文本当中。但目前市场上缺乏有针对性的示范文本，如住房和城乡建设部、国家市场监督管理总局印发的《建设项目工程总承包合同（示范文本）》针对的是房屋建筑和市政基础设施项目，并不能很好地满足机电工程的风险防范需求。

为更好地应对建设过程中的风险，数据中心发包方需要自行编写合同文本。在编写合同文本过程中，应重点关注不同合同之间的搭接和工作界面问题，力求实现建设要点的全面覆盖，以防止出现因界面不清而导致设计方、承包方、分包方、供应商互相推诿的情况发生，避免大量交错工作的协调，缩短工程建设时间。建议发包方聘请律师或法务人员对合同进行编写和审查，从源头上控制风险，最大程度保障数据中心建设的顺利实施。

（四）工期和质量控制

数据中心作为新基建的七大领域之一，吸引着大量资本涌入其中参与建设，加之数据中心设备设施更新迭代速度快，从而对项目工期控制提出了极大的挑战。数据中心建筑工程和机电工程相互交织，单位工程之间也环环嵌套，极易导致因施工界面问题耽误工期。发包方应在合同条款中对工期予以高度重视，设置较重的逾期违约金，聘请专业的项目管理咨询方和监理单位，注意关键节点工期，最大程度上避免因工期延误造成的投资方和发包方的损失。

同时，数据中心还应重视竣工日期认定的问题。数据中心工程完工后，还需要经过发包方和相关政府部门的验收，验收过程往往时间较长。因此，究竟是以实际完工之日、发包方验收之日还是相关政府部门验收之日为竣工日期，实践中较易产生争议。如在(2019)沪民终 72 号案中,承包方主张所承建的集控数据平台项目应以发包方和监理单位盖章的竣工验收报告作为竣工验收日期,而发包方主张尚有项目未整改完成,应以其用户出具的竣工验收单载明的日期为准。法院认为,合同中并未约定竣工验收日期以发包方客户出具的竣工验收单的日期为准,对发包方的主张不予支持。因此,建议在合同中对竣工日期的确定方式在公平合理的基础上进行明确约定,包括与此相关的价款结算支付时间、质保期起算时间和逾期交付的违约后果等,以避免因此产生纠纷或损失。

而就质量控制而言,数据中心本质上是为设备提供稳定的运行环境,因此对于建设过程中质量把控要求更为严格,发包方应加强在建设过程中的检验,要求承包方按发包方提供的品牌表进行设备材料的选购,如在施工过程中出现质量问题,及时要求承包方予以整改修复并承担违约责任。在工程进入质保期后,应注重区分工程质保和设备质保,其中工程及设备安装质保期应适用《建筑法》《建设工程质量管理条例》的规定,而设施设备质保则适用《产品责任法》的规定,二者期限和保修义务均存在差异,在进行保修时应予以区分。

(五)工程验收标准

数据中心验收标准显著高于一般建筑工程:不仅需为设施设备提供安全稳定的运行环境,还必须使设施设备能够正常运行、为用户服务。因此,数据中心往往需要符合第三方认证才能达到接收使用的目的。发包方可以将通过认证作为支付合同尾款的前提条件,同时在合同中设置违约条款,如承包方未能在特定期限通过认证,应承担相应的违约责任。

发包方应对验收予以高度重视,如不能在验收环节及时发现并整改相关问题,对后续产生的问题,承包方可能仅承担维保责任。如在(2017)粤民终 329 号案中,虽然发包方主张数据中心存在质量问题,一直未能完工,但法院认为,发包方在数据中心交付使用后,再以质量问题主张工程未完工理由不成立,相关质量问题应通过维保解决。

发包方还需严格区分维保和运维之间的关系。数据中心的维保是保证出现故障时进行修复,运维则是保证设备日常能够正常持续运转。数据中心的最大价值就是其能够在短时间内提供海量的数据服务,因此,安全稳定地提供服务内容、降低能耗是数据中心盈利的根本。相比维保而言,发包方更应注重数据中心的运维管理工作。

（六）合同价格调整支付

数据中心设备设施所依赖的内存、芯片等电子元件，受市场环境影响较大，价格和供应上均存在不稳定性。因此，在建设过程中，发包方需考虑采购价锁定的问题。在发包方提供品牌表的情况下，可采用综合单价合同或固定总价合同，且不允许随意调价，将价格风险转移至承包方。同时在合同条款中对变更条款约定进行细化，变更合同内容需经发包方批准，增加发包方对工程的掌控能力。在合同价格支付上，由于数据中心与建筑工程中一般的形象工程存在区别，故应针对数据中心特征设置对应的付款节点，如根据数据中心装机量进行支付等。

结语

作为新兴行业领域，数据中心在建设过程中存在诸多法律风险与问题，但在这些挑战中，又蕴含着无限的机遇。在数据中心投资、发包、建设、运营的过程中，需时刻注意数据中心横跨建筑和互联网两大领域的特性。因此，建议发包方特别是财务投资人借助专业的顾问团队，以最大程度规避实施风险，抓住发展机遇，实现数据中心运营的最大效益。

Part

06

第六篇

国际工程合规与风控

专题二十四

国际新形势下的海外工程合规经营风险和建议

【本专题内容概览】

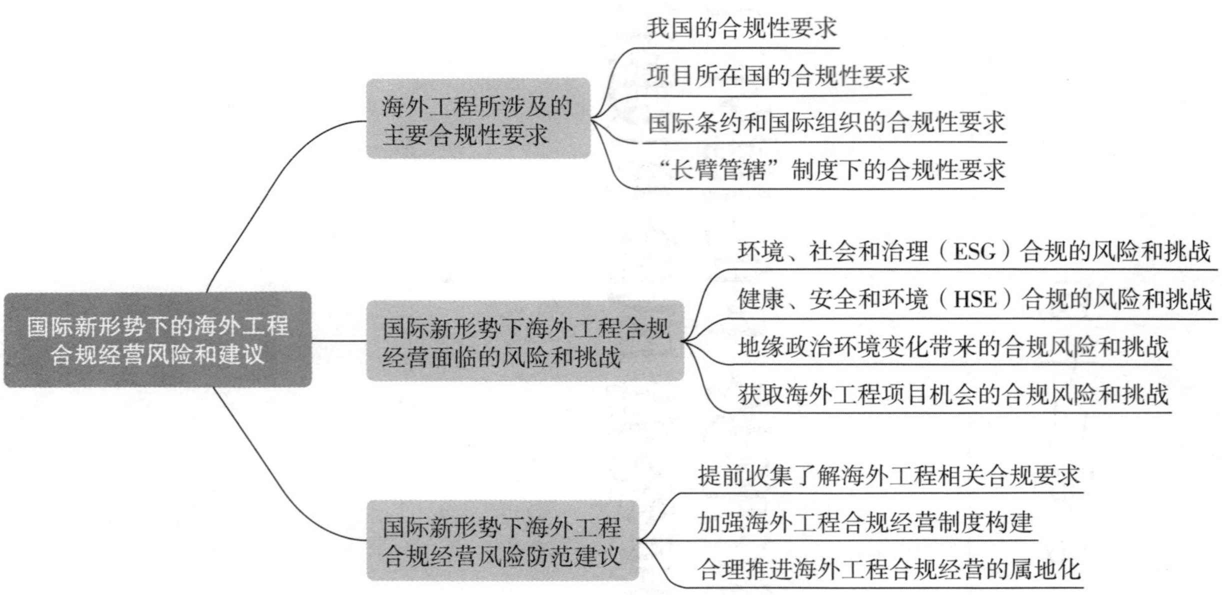
国际新形势下的海外工程合规经营风险和建议
海外工程所涉及的主要合规性要求
我国的合规性要求
项目所在国的合规性要求
国际条约和国际组织的合规性要求
“长臂管辖”制度下的合规性要求
国际新形势下海外工程合规经营面临的风险和挑战
环境、社会和治理（ESG）合规的风险和挑战
健康、安全和环境（HSE）合规的风险和挑战
地缘政治环境变化带来的合规风险和挑战
获取海外工程项目机会的合规风险和挑战
国际新形势下海外工程合规经营风险防范建议
提前收集了解海外工程相关合规要求
加强海外工程合规经营制度构建
合理推进海外工程合规经营的属地化

在“一带一路”倡议的引领和推动下，我国企业的海外工程经营规模不断扩大，但经营过程中的合规性风险也日益凸显。我国企业在“走出去”过程中，由于项目所涉国家地区合规监管环境的不利变化，或是自身对合规要求的不熟悉不重视，发生合规经营风险，乃至遭受经济损失和处罚的事件也时有发生。因此，越来越多的企业开始重视海外工程中的合规风险问题，并着手构建符合国际监管要求的海外工程合规管理体系。

近年来，在全球受到疫情广泛影响、国际政治形势不断变化的大背景下，我国企业的海外工程经营面临着新的风险和挑战。对此，企业应积极适应企业境外业务发展的需要，将合规作为企业经济发展的重要保障，有效加强对境外项目的运作管理和风险防范。本专题将围绕这一主体，介绍海外工程所涉及的主要合规性要求以及国际新形势下海外工程合规经营面临的风险和挑战，并就此提出风险防范建议。

一、海外工程所涉及的主要合规性要求

要做到海外工程的合规经营，首先要明确的就是所要遵守的“规”具体包括哪些内容。《企业境外经营合规管理指引》第 3 条规定，合规是指“企业及其员工的经营管理行为符合有关法律法规、国际条约、监管规定、行业准则、商业惯例、道德规范和企业依法制定的章程及规章制度等要求”，即涉及境内外多种类型的合规性要求。具体来说主要包括：

（一）我国的合规性要求

我国政府对于中国企业“走出去”的海外经营合规一直予以充分重视，并在近年来陆续发布了一系列与海外工程合规相关的政策文件，包括 2017 年 5 月 23 日发布的《关于规范企业海外经营行为的若干意见》、2017 年 12 月 6 日发布的《关于发布〈民营企业境外投资经营行为规范〉的通知》、2018 年 12 月 26 日发布的《关于印发〈企业境外经营合规管理指引〉的通知》等。上述一系列规范性文件是我国企业开展海外工程合规体系构建的基本依据。除此之外，从实体法角度，我国企业开展海外工程还应符合我国关于对外承包工程、对外投资和贸易的相关法律法规，包括 2012 年 6 月 4 日发布的《对外劳务合作管理条例》、2017 年 3 月 1

日发布的《对外承包工程管理条例》(2017 年修订)、2017 年 12 月 26 日发布的《企业境外投资管理办法》等,以及《刑法》《反垄断法》等具有域外适用效力的法律法规。

(二)项目所在国的合规性要求

我国企业开展海外工程,应首先符合建设工程所在国的法律法规和合规要求。此类合规要求主要包括:当地工程承包市场准入要求、反腐败和反洗钱合规要求、税务合规要求、劳动用工合规要求、竞争法合规要求、环境保护合规要求等。世界各国近年来越来越重视环境(Environmental)、社会(Social)和治理(Governance)即 ESG 相关合规要求,尤其是其中的环境保护要求,是企业在进行海外工程项目投资建设时需特别重视的问题。我国企业已在缅甸密松水电站项目、中石化加蓬勘探项目、中石油乍得石油开采项目、紫金矿业秘鲁铜矿项目、波兰 A2 高速公路项目等多个海外项目上因 ESG 合规问题而引发亏损、罚款乃至项目停滞。

(三)国际条约和国际组织的合规性要求

在国际上,我国已加入了《联合国反腐败公约》《亚太地区反腐败行动计划》等国际公约,与其他国家联手合作,在全球范围内更加高效而有力地预防和打击腐败等不合规行为。除此之外,世界银行等多边开发银行的"联动制裁",也是近年来促使我国企业建立合规体系的主要源动力。根据世界银行网站公布的信息,截至目前我国共有超过 100 家企业和个人被列入其制裁名单。一旦被列入相关名单,不仅将严重影响企业承接由多边开发银行提供资金支持的项目,对其国际声誉和市场竞争力也会产生实质性影响。

(四)"长臂管辖"制度下的合规性要求

以美国为首的一些国家存在"长臂管辖"的概念,即对于外国企业和个人在该国以外的行为亦可基于"最低限度联系理论"和"效果原则"等主张具有管辖权,要求外国企业和个人遵守该国的合规性要求,如不遵守则对其施加处罚或予以制裁。海外工程经营所涉及的此类"长臂管辖"制度主要包括出口控制、反洗钱、反腐败等。特别是随着中美两国的国际竞争关系加剧,美国对于我国企业的制裁案例明显增加,已成为我国企业海外工程经营过程中面临的主要合规风险之一。

二、国际新形势下海外工程合规经营面临的风险和挑战

作为国际经济合作活动,海外工程项目不仅受到项目所在地法规要求的规制,还涉及业主、承包商、分包商、供应商、融资方等来自不同国家和地区的众多参与方,面临的监管合规环境十分复杂。近年来,受到中美贸易摩擦、新冠肺炎疫情等影响,海外工程市场出现整体下滑,各种不稳定、不确定因素增多,国际政治环境的复杂形势进一步加剧,给我国企业的海外工程合规经营带来了重大风险和挑战,主要体现在:

(一)环境、社会和治理(ESG)合规的风险和挑战

随着"一带一路"倡议的深入发展,如何妥善处理并承担海外投资建设的ESG相关责任,可持续、高质量地推进中国企业的海外合作经营活动成为重点议题。在近年报道的海外经营纠纷事件中,越来越多地出现与当地劳工、社区、环境方面的冲突,尤其是因油气勘探、项目建设、矿产开采等工程活动产生的纠纷,而不仅是传统上的合作方经济纠纷。其中特别突出的是环境合规方面的风险,已经成为全球性的关注议题,并从传统的环境污染问题进一步深入低碳循环可持续发展。我国已就碳达峰、碳中和作出承诺,低碳环保的理念将深入影响未来世界经济的发展趋势。

海外工程项目因投资大、周期长、地点固定等特点,在实施过程中受当地社会政治条件影响巨大,故应以平等合作、可持续发展的理念,遵守和尊重当地的ESG合规要求,承担相应的社会责任。而受到疫情及各国保护主义倾向的影响,近期海外工程项目的ESG合规风险进一步上升。一旦发生ESG合规风险,所面临的往往不仅是暂时的停工缓建,其影响可能一直持续至项目运营期,甚至导致整个项目的流产。例如,缅甸密松水电站项目便因为其环境和社会影响与政治原因等而停建至今。因此,如何应对ESG合规风险将是我国企业海外工程经营的长期和重要议题。

(二)健康、安全和环境(HSE)合规的风险和挑战

海外工程项目业主通常对项目实施过程中的健康(Health)、安全(Safety)和环境(Environment),即HSE合规有着较高要求,这不仅是海外工程项目建设中的重要一环,也对提升我国企业的海外品牌价值具有重要意义。由于海外工程外部

环境、人员构成、管理要求的复杂性,HSE 合规管理本身即存在较大难度,在新冠肺炎疫情的大背景下,其风险和挑战则进一步提升。一方面,各国为应对疫情纷纷出台措施,限制人员和物资的跨境流动,导致很多工程项目无法及时组织人员和物资至工程现场开展工作。另一方面,各国政府的管控措施还包括要求工程暂停施工以及加强工程现场的防疫管理,导致很多工程项目停工缓建或施工成本大幅上升。目前,新冠肺炎疫情仍在不断蔓延并不时有新变种出现,可以预见的是,HSE 合规的风险和挑战将长期存在。

(三)地缘政治环境变化带来的合规风险和挑战

在疫情暴发和中美博弈的大背景下,全球治理体系面临重大冲击,地缘政治风险快速上升,而经济下行更进一步加剧了贸易保护主义。一方面,部分国家和地区出台了不同程度的政策,提高外国企业在当地投资建设的门槛,以提升本国经济和保护本国企业的商业利益。另一方面,美国借此机会进一步加快对中国发展的遏制,通过"长臂管辖"对我国企业进行处罚和制裁,给我国企业开展海外工程经营,特别是与敏感国别相关的经营带来了阻碍。为应对外国法律与措施的不当干涉对我国企业的不利影响,我国商务部于 2020 年 9 月出台了《不可靠实体清单规定》,于 2021 年 1 月出台了《阻断外国法律与措施不当域外适用办法》,而《中华人民共和国反外国制裁法》也已经全国人大常委会审议通过并于 2021 年 6 月 10 日正式出台实施。

(四)获取海外工程项目机会的合规风险和挑战

在海外工程经营中,包括工程招投标在内的获取项目机会的阶段一直存在较高的合规风险。疫情导致的全球经济普遍下行,对海外工程的建设实施造成了重大影响,具体体现在:业主投资和融资能力下降,项目机会进一步减少,市场竞争更为激烈。在此背景下,我国企业在获取海外工程项目机会时,与当地企业竞争的压力增大,不确定风险增多;相应地,合规性风险也明显上升。近年来,不时有中国企业被世界银行列入制裁名单的事件发生,如被多边开发银行联合制裁等,受制裁公司常常会遭受巨大的损失。而制裁的原因往往是招投标阶段的欺诈和腐败事件。因此,面对激烈的市场竞争,企业唯有积极顺应国际趋势,充分认识合规的重要性,依靠自身实力参与市场竞争,才能实现高质量发展。

三、国际新形势下海外工程合规经营风险防范建议

在当前的国际新形势下，加强海外工程经营的合规管理，不仅有助于我国企业防控合规风险，还有助于提升日常经营管理的效率，保障企业合规制度的运行，从而使海外工程合法、有序、有效并可持续地开展。同时，海外合规经营不仅是我国企业治理体系、治理能力现代化的具体表现，也是提升企业国际社会公信力与国际竞争力的关键所在。因此，我国企业应当积极顺应国际趋势，充分认识到建立合规制度、强化合规管理的重要性，努力建设和实施符合国际标准的合规经营体系，防范海外工程合规风险。对此，笔者结合实践经验，总结了如下主要风险防范建议：

（一）提前收集了解海外工程相关合规要求

面对当前不断变化的国际形势，建议企业在进行海外工程承包建设等经营行为之前，应特别注意及时收集考察与合规相关的法律法规、标准惯例、周边情况等信息，并在项目承接的可行性评估和投标报价中考虑其影响，以避免未来实施工程时陷入合规争议或遭到经济损失甚至处罚。而在合规要求和信息的获取渠道上，除利用工程所在地中国使领馆、商务部相关指南、书籍文章和网络信息等传统渠道外，还应注意对同地区以往项目在公司乃至集团层面上的信息进行收集、梳理和分享，将过往经验及时进行总结和再利用。

同时需要注意的是，在跨境经营的背景下，海外工程合规性要求呈现出复杂性的特点，涉及众多法域的法律法规和监管要求，因此时常会面临法律冲突和法律适用问题，若不能适当解决，将严重影响工程项目的实施。对此，企业可积极利用外部法律顾问和咨询顾问，如有国际背景的律师事务所或律师，以及东道国当地的咨询机构等，并由最了解中国企业的中国律师或咨询机构牵头，综合多法域的复杂情况，为企业提供法律和合规尽职调查、管辖和适用法律条款起草、合规风险规避和管理方案咨询等法律服务。

（二）加强海外工程合规经营制度构建

海外工程合规经营是一项系统性工程，对于企业的持续运转和发展具有重要意义，因此，企业不仅就单个项目需要遵守合规性要求，还应重点关注对合规经营制度的体系化构建。合规经营制度的构建首先需要与企业的主营业务特点相结

合。在此过程中,合规和法律部门应当着手梳理公司业务,寻找公司业务中的主要风险点所在。我国企业常见的风险点包括腐败风险、代理人风险、礼品招待风险、投标中的风险、现金支付风险、合同风险等。

与此同时,企业构建合规经营制度还需注重可持续性,并树立以实际效果为导向的合规理念。第一,要把相关的理念真正地落实到意识上和行为上,让合规工作、遵守合规体系的企业运行成为每个员工的自觉意识和行为习惯,成为企业文化、企业精神的一部分;第二,在确保合规经营制度防范经营相关合规风险的同时,要注意适度原则,把握合规要求和业务发展的平衡不应成为企业不能承受的负担;第三,建立合规制度是为了企业的长期发展,因此需要以公平、共赢、绿色、可持续的海外经营发展理念和价值观为导向,并注重形成合规文化。

(三)合理推进海外工程合规经营的属地化

属地化经营是大部分成熟国际工程承包商的通行做法,也是国家政策鼓励的发展方向,对于海外业务的可持续和高质量发展有重要意义;并且,在疫情管控和保护主义的大背景下,属地化也成为很多企业或主动或被动的选择。而合规和法务管理的属地化可以与经营属地化同步开展,境外市场的相关服务需求也可以通过属地化区域公司和当地顾问更好地得到解决。但是,属地化经营的推进也需要和企业的项目具体需求以及当地业务发展相配合,而不是为了属地化而在当地轻易投资设立机构。事实上,目前即使是海外业务规模处于市场前列的大型国有企业,也尚未在所有项目和地区都实现经营管理的属地化。

目前属地化经营的实现途径主要有两种。一种是兼并收购,即在属地化经营所在地直接收购当地的企业,有助于并购后快速实现协同效应。例如 2012 年 4 月,中国建筑设计研究院收购新加坡 CPG 集团;2014 年 4 月,中建美国有限公司收购美国 Plaza Construction;等等。但是兼并收购往往面临人员、制度、文化整合问题,同时,一些目前以美国为首的国家在逐步限制中国企业的投资发展,并购的难度和成本不断提高。另一种是企业以绿地投资的方式在属地化经营所在地自行设立子公司,再逐步组建相关队伍和发展当地业务。例如,上海隧道股份在 20 世纪 90 年代即在新加坡设立了子公司,并陆续承接了一系列项目。但这一方式的问题是可能受阻于当地的准入门槛,需要较长时间的发展才能开始经营当地业务。

结语

在新冠肺炎疫情和中美博弈的大背景下,国际政治经济形势复杂多变,全球范围内合规监管不断加强,为我国企业的海外工程合规经营带来了风险和挑战。在当前的国际新形势下,我国企业应当积极顺应趋势,把握好海外项目合规的重点和难点,通过单个项目的合规经营以及构建体系化的合规制度,提高合规质量和效益,促进海外工程项目运作规范有序,有效抵御经营风险。为此,企业在合规管理方面应注意及时收集了解合规信息,确立合规管理机制,保障合规制度的实效性,同时将实现合规体系的属地化作为目标,从而确保海外工程经营的可持续发展。

专题二十五

结合FIDIC合同条件看国际工程承包商对重大突发事件的应对

【本专题内容概览】

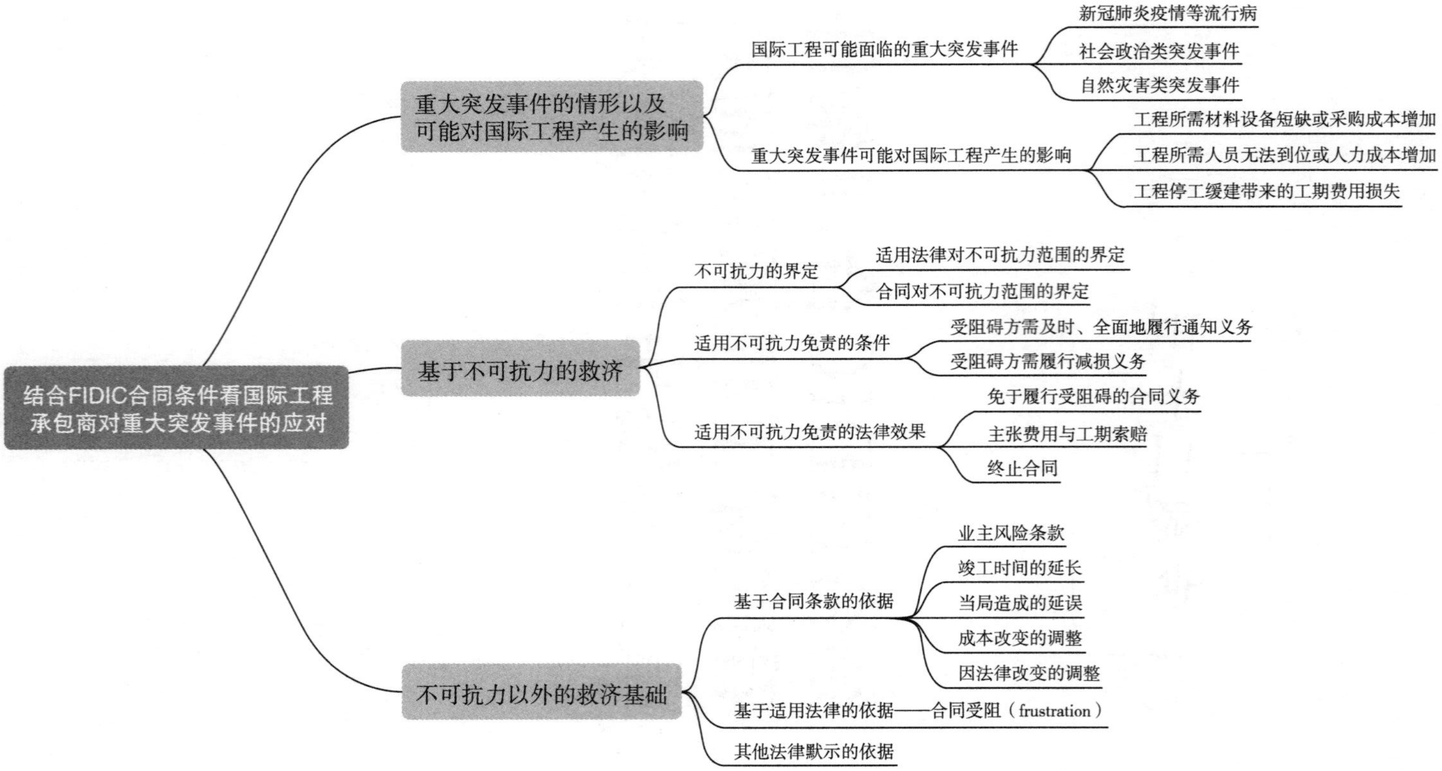
结合FIDIC合同条件看国际工程承包商对重大突发事件的应对
重大突发事件的情形以及可能对国际工程产生的影响
国际工程可能面临的重大突发事件
新冠肺炎疫情等流行病
社会政治类突发事件
自然灾害类突发事件
重大突发事件可能对国际工程产生的影响
工程所需材料设备短缺或采购成本增加
工程所需人员无法到位或人力成本增加
工程停工缓建带来的工期费用损失
基于不可抗力的救济
不可抗力的界定
适用法律对不可抗力范围的界定
合同对不可抗力范围的界定
适用不可抗力免责的条件
受阻碍方需及时、全面地履行通知义务
受阻碍方需履行减损义务
适用不可抗力免责的法律效果
免于履行受阻碍的合同义务
主张费用与工期索赔
终止合同
不可抗力以外的救济基础
基于合同条款的依据
业主风险条款
竣工时间的延长
当局造成的延误
成本改变的调整
因法律改变的调整
基于适用法律的依据——合同受阻（frustration）
其他法律默示的依据

国际工程项目承包本身具有投资巨大、建设周期漫长、项目地点固定等特点，因此，在承包过程中受当地的自然环境、社会政治条件等因素影响巨大，此类风险因素也往往为跨境承包工程企业的关注重点。同时，由于西方发达国家承包商的先发优势和“一带一路”国家政策导向，我国承包商多选择在风险相对较高的非洲、亚洲等地区承包工程，其中不仅存在地理自然环境较为恶劣的地区，还有部分国家内部的政治体制、经济政策具有诸多不稳定因素，当地政府的治理水平较为欠缺。这就进一步加大了项目实施过程中遭遇如疫情、自然灾害、政治动荡等各种重大突发事件，且发生后无法得到有效控制的可能性。

以对国际工程产生了重大且深刻影响的新冠肺炎疫情为主线，本专题总结归纳了当前国际工程可能遭遇的重大突发事件，以及该等事件可能对国际工程产生的影响，并结合 2017 版 FIDIC 合同条件，分析国际工程承包商在应对此类重大突发事件时，基于适用法律和合同所享有的救济途径。

一、重大突发事件的情形以及可能对国际工程产生的影响

（一）国际工程可能面临的重大突发事件

1. 新冠肺炎疫情等流行病

在医疗卫生水平已得到极大提升的当下，流行病是一项十分容易被忽视的风险，往往仅出现在非洲南部等环境和卫生条件较差的地区。然而，此次新冠肺炎疫情的暴发却让人们都意识到了此类流行病的可怕之处。自 2019 年年底以来，疫情在全球 100 多个国家和地区蔓延，且不断有感染变异病毒的病例的相关报道。截至 2021 年 1 月底，全球确诊病例总数已超过 1 亿，死亡病例超过 200 万。疫情的蔓延无疑对海外工程项目造成了严重影响，众多承包商面临工期延误、成本增加乃至项目停建的巨大风险。

2. 社会政治类突发事件

在一些经济、政治还处在转型期的国家与地区，工程项目还可能面临严峻的社会政治类突发事件的风险，如战争、当地武装冲突、内乱、罢工、暴动、恐怖主义袭击、绑架、国有化、征用、法律变化等风险。与其他的突发事件相比，社会政治类突发事件具有影响大、不确定性最高、突发性强等特点，一旦产生将会给承包商带来巨大的不利影响，甚至导致项目彻底失败。如 2011 年利比亚战争爆发时，我国

企业在当地承包的项目超过 50 个，在战争中遭受的各类损失金额超过 200 亿元，其中因工程项目受到袭击、抢劫而遭受的直接经济损失就达 15 亿元，还包括工程项目停工的间接损失等。更为严重的是，战乱还造成我国工程企业十多人受伤，工程人员最后不得不完全撤离当地。

3. 自然灾害类突发事件

国际工程项目还可能遭遇自然灾害类的突发事件，典型例子如地震、火山爆发、洪水、泥石流、海啸、暴雨、沙尘暴等。自然灾害类的突发事件不仅会对建设项目产生巨大的物理损坏，也会对建设项目人员、材料等的组织带来巨大的阻碍。如 2015 年，尼泊尔发生 8.1 级超强地震，不仅造成了巨大的人员伤亡，还造成了交通、通信的长时间中断，大量建筑物、道路倒塌损毁。我国工程企业当时在尼泊尔的建设项目就面临了由于地震灾害完全不具备开工或继续施工条件的困境，即使可以复工，也会面临大量物资、劳工短缺的问题。

（二）重大突发事件可能对国际工程产生的影响

1. 工程所需材料设备短缺或采购成本增加

在重大突发事件中，很容易产生人员和原材料的客观短缺，如各国政府采取各种管控措施、工程所需材料设备生产和运输的客观条件受阻、生产企业产能下降、项目所在国政府对相关材料设备进口采取限制措施等，从而致使工程所需材料设备无法及时得到供应或采购成本大幅增加。

2. 工程所需人员无法到位或人力成本增加

重大突发事件还可能导致工程所需人员无法到位或人力成本增加。例如，由于工程人员感染新冠肺炎以及各国政府采取人员隔离和入境限制措施，或由于自然灾害和战争动乱等导致人员伤亡、被迫撤离等情形，会导致工程项目无法及时招募和组织相关人员至工程现场开展工作，或者会使人力成本显著增加。

3. 工程停工缓建带来的工期费用损失

重大突发事件往往还会导致工程项目不得不停工缓建，并由此给国际工程承包商带来工期、费用上的损失。例如，工程项目由于战争、动乱、自然灾害等客观原因，无法展开建设或者不具备展开建设的物质条件，或由于现场人员感染流行疾病或工程所在国政府实施管控措施，导致工程被要求停工或加强疫情防控措施，从而使工期延长、施工成本增加等情形。

二、基于不可抗力的救济

通常在国际工程合同中，往往都会存在不可抗力条款，因此，在发生重大突发事件时，很多国际工程的承包商首先可能想到的就是基于不可抗力来免责。然而，“不可抗力”这一救济基础往往会随着合同约定以及合同适用法律的不同，而在其能否适用、适用范围、适用条件、适用法律后果等方面产生较大的差异。

（一）不可抗力的界定

不可抗力的界定，即何种情况可以构成不可抗力事件或情况，关乎国际工程承包商在遇到重大突发事件后能否基于不可抗力来主张免于履行受影响的合同义务。大陆法系国家的成文法中，通常会对何种情形构成不可抗力进行特征性地描述，因此，适用这些法律的国际工程合同即使本身没有界定不可抗力，承包商在遇到重大突发事件后仍可以援引法律的规定来判断该等事件是否属于不可抗力。然而，英美法中并没有关于不可抗力的规定，因此，如果当事方的合同本身对不可抗力没有进行约定的，承包商就无法基于不可抗力免责。

1. 适用法律对不可抗力范围的界定

如上文所述，如果当事方的合同本身对不可抗力的范围没有约定的，则可以根据适用法律来确定不可抗力的范围。例如，合同约定适用我国法律的，则可依据《民法典》第 180 条第 2 款判断某种情况是否符合“不能预见、不能避免且不能克服的客观情况”，从而判断是否构成不可抗力。类似地，《法国民法典》第 1218 条规定，不可抗力是“指不可控制的、在订立合同时无法合理预见的，并且其影响无法通过适当措施避免的、妨碍履行合同义务的事件”。一些中东国家的民法典也有类似关于不可抗力的规定。

然而，与大陆法系不同，在英美法中不可抗力并非法定的免责事由，亦即如果当事方未在合同中将不可抗力约定为可以免责的情形，则合同的当事方就无法基于不可抗力得到救济。英美法中类似于不可抗力的法定合同免责事由是“合同受阻”（frustration，也有合同妨碍、落空等译法），但由于英美法契约自由的核心理念，可以适用合同受阻来免于履行合同义务的情形极其有限，这一点将在下文进行详述。因此，对于适用英美法的合同而言，对不可抗力进行约定就尤为重要。

2. 合同对不可抗力范围的界定

如上文所述，在英美法中并没有对于不可抗力的明文规定，因此，不可抗力本身范围的界定依赖于当事人在合同中的约定。而在各大成文法法域中,对不可抗力范围的界定也不尽相同。因此,对于涉及多个法域当事人或者货物、服务、现金在多个法域之间流动的合同而言,在合同中对不可抗力的范围进行明确的界定是防止当事人对此产生争议的重要途径。

FIDIC 合同条件各个版本对不可抗力的界定的演进过程就一定程度上体现了其协调各个法域对不可抗力不同规定的尝试。1987 版 FIDIC 土木工程施工合同条件中,没有对不可抗力进行定义,也没有为不可抗力事件设立单独条款,而是通过其他分散的条款,使承包商能够在某种程度上获得类似不可抗力的保护。但在这种约定方式下,当承包商遭遇此类不可抗力事件履约受阻后,可能出现既无法援引合同条款进行免责又没有法定免责情形可以适用的困境。此后,1999 版 FIDIC 系列合同条件在其第 19 条中引入了“不可抗力”的术语,对不可抗力进行了定义,并规定了适用不可抗力的相关程序和后果。2017 版的 FIDIC 合同条件中有关不可抗力的约定在很大程度上沿用了 1999 版的相关约定,但将 1999 版的“不可抗力(Force Majure)”修改为“例外事件(Exceptional Event)”,其主要原因就是为了避免与合同适用法律体系中的不可抗力概念产生混淆和误解。

2017 版 FIDIC 合同条件第 18.1 款“例外事件”第一段将“例外事件”定义为某种事件或情况,且需同时满足以下四个条件:(1)一方无法控制;(2)该方在签订合同前,不能对之进行合理准备;(3)发生后,该方不能合理避免或克服;以及(4)不能主要归因于他方。在第 18.1 款第一段定义的基础上,第 18.1 款第二段通过不完全列举的方式进一步列出了(a) ~ (f)项具体可能会构成例外事件的事件或情况,包括战争、叛乱、暴动、罢工、地震、海啸、火山活动、飓风或台风等。由此可见,对于不可抗力/例外事件的定义,1999 版和 2017 版都采用了基本特征描述加不完全列举的定义方式。在对不可抗力/例外事件的基本特征描述上两版基本相同,但是在不完全列举部分,2017 版将“罢工”“闭厂”单列一项,并将其限定条件修改为“非仅有承包商人员或承包商及其分包商雇员参与的”,并在自然灾难一项中增加了海啸。然而值得注意的是,无论是在 1999 版还是在 2017 版中,如新冠肺炎疫情等“突发性公共卫生事件”和“全球性流行疾病”(pandemic)等均不在其列举范围之内。因此,考虑到新冠肺炎疫情等流行性疾病对于国际工程有目共睹的影响,承包商可以考虑将此类事件加入合同对不可抗力事件的不完全列举中。

综上所述,为了在重大突发事件发生时,承包商可以及时援引不可抗力条款进行救济，其应当注意根据项目所在地的政治环境、地理环境、气候条件等因素，尽量在合同中对可能构成不可抗力的事件或情况进行列举，以避免未来此类具体事件或情况发生后，双方就其是否构成合同或适用法律下的“不可抗力”产生争议。

（二）适用不可抗力免责的条件

根据我国《民法典》第 590 条的规定，当事人一方因不可抗力不能履行合同的，应当及时通知对方，以减轻可能给对方造成的损失，并应当在合理期限内提供证明。可见在我国法律下，适用不可抗力进行免责的条件主要有通知、减损以及提供证明三项。而 2017 版 FIDIC 合同条件也对当事人适用不可抗力/例外事件免责提出了要求，主要包括：

1. 受阻碍方需及时、全面地履行通知义务

2017 版 FIDIC 合同条件对于例外事件的通知义务规定于第 18.2 款“例外事件的通知”中。与 1999 版相同，二者都要求遭受不可抗力/例外事件的一方应当在知道或应当知道之日起 14 天内通知对方，通知内容应包括不可抗力/例外事件，并应当明确受不可抗力/例外事件阻碍而不能履行的合同义务。2017 版相较于 1999 版，对受阻碍的当事人未及时、全面通知的后果进行了更明确的规定，即如果另一方在该 14 天期限后才收到本通知，则受阻碍方只能自另一方收到通知之日起免于履行该受阻碍的义务；如果该等通知中未包含某一特定义务，则除受阻碍义务外，受影响方不应免于履行合同规定的任何其他义务。总结而言，2017 版 FIDIC 合同条件下，未及时、全面履行通知义务的一方将有可能丧失对未及时、全面通知部分的免责权利，这虽然有利于督促受阻碍方及时通知，但也对国际工程的合同当事方提出了更高的程序性要求。

2. 受阻碍方需履行减损义务

2017 版 FIDIC 合同条件对适用不可抗力时的减损义务的规定见第 18.3 款“将延误减至最小的义务”中。相较于 1999 版对减损义务较为原则性的规定，2017 版对于当事方的减损义务进行了更为具体、细致的规定。具体而言，该款规定，如果为持续性的例外事件，则受阻碍方应在根据第 18.2 款［例外事件的通知］发出首次通知后，每 28 天发出进一步通知描述该效果。而当受阻碍方不再受例外事件阻碍时，其应立即向另一方发出通知，如果受阻碍方未能采取上述行动，则另一方可向受阻碍方发出通知，说明该另一方认为例外事件已不再阻碍受阻碍方

履行义务,并附上理由。

由上可见,无论是适用法律还是合同约定,通常均会对当事人适用不可抗力免责规定一定的前提条件,这就要求国际工程的承包商应当严格遵守合同对适用不可抗力免责的条件要求,防止因未全面遵守适用条件而导致失权。

(三)适用不可抗力免责的法律效果

1. 免于履行受阻碍的合同义务

例如,我国《民法典》第 590 条规定,当事人一方因不可抗力不能履行合同的,根据不可抗力的影响,部分或者全部免除责任。2017 版 FIDIC 合同条件第 18.2 款"例外事件的通知"同样规定,受阻碍的当事方在依据合同相对方发出不可抗力通知后,"受阻碍方应在该例外事件阻碍其履行受阻碍义务期内免于履行该受阻碍义务"。

但由于国际工程的复杂性,何为"受阻碍的合同义务"需根据项目具体情况,并进一步结合该重大突发事件对合同履行造成实质性阻碍的程度来判断,不能一概而论。如果项目工程所在地未发生重大突发事件,但其他国家的重大突发事件对承包商履行合同义务造成实质性阻碍,如工程所需的材料设备供应国因客观影响或出口管制使该材料设备无法按期供应且无替代选择,直接导致全部或部分合同义务不能履行的,承包商可主张构成不可抗力。但如果某重大突发事件仅间接导致合同履行困难或履行成本增加的情形下,如因国内员工和材料受到供应国管控限制,只能从当地或其他地区招聘或采购从而导致成本增加的,由于尚未达到合同不能履行程度,承包商较难主张构成不可抗力。

2. 主张费用与工期索赔

不可抗力情形发生后,虽然通常情况下承包商还有权就不可抗力导致的工期延长和额外费用向业主进行索赔,但是承包商可索赔的范围需以合同的约定为准。例如,根据 2017 版 FIDIC 合同条件第 18.4 款"例外事件的后果"的规定,不可抗力情形发生后,如果承包商为受阻碍方,则承包商仅有权提出工期延长索赔,以及要求业主承担因第 18.1 款"例外事件"中第(a)~(e)项所述的事件[其中第(b)~(e)项所述例外事件需发生在工程所在国]所增加的成本。由此可见,在 2017 版 FIDIC 合同条件下,并非所有的不可抗力事件承包商都可以同时主张工期与费用索赔,对于某些不可抗力事件,承包商只能索赔工期而不能索赔费用。

3. 终止合同

在特定的不可抗力情形下，当事人可以解除或终止合同。例如，根据我国《民法典》第 563 条的规定，因不可抗力致使不能实现合同目的，当事人可以解除合同。2017 版的 FIDIC 合同条件也赋予了当事人在合同履行受到不可抗力事件较为严重的阻碍情形下，自主选择终止合同的权利，其第 18.5 款“自主选择终止”规定，如因例外事件，使基本上全部进展中的工程实施受到阻碍已连续 84 天，或由于同一例外事件断续阻碍几个期间累计超过 140 天，则任一方可以向另一方发出终止合同的通知，合同自另一方收到该通知后的第 7 天终止。

三、不可抗力以外的救济基础

如上所述，不可抗力免责的适用条件较为复杂，某些重大突发事件可能因不符合适用法律规定或者合同约定的不可抗力情形，或者由于当事人未能及时、全面地履行通知、减损义务，又或者由于不可抗力事件与合同履行受阻之间仅有间接的联系，而导致不可抗力免责条款无法适用。在此类情况下，国际工程的承包商为保护自身权利、及时减少损失，可以基于不可抗力以外的合同或法律依据寻求救济。下文将结合 2017 版 FIDIC 合同条件简述较为常见的此类依据。

（一）基于合同条款的依据

1. 业主风险条款

2017 版 FIDIC 合同条件第 17.2 款“工程照管的责任”和 1999 版的第 17.3 款“业主的风险”中，罗列了应当由业主承担特定受损风险的事件，如因此类事件导致工程、货物或承包商文件受损，承包商应根据工程师的指示进行修正，但因此导致承包商遭受延误和（或）招致增加费用的，承包商有权根据合同进行工期和费用索赔，即相关损失风险由业主承担。

2. 竣工时间的延长

2017 版 FIDIC 合同条件第 8.5 款“竣工时间的延长”和 1999 版的第 8.4 款“竣工时间的延长”规定，在特定的情形下，承包商可以主张工期延长，在 FIDIC 红皮书和 FIDIC 黄皮书下，该等情形包括变更，异常不利的气候条件，因传染病或政府行为导致的人员或货物发生不可预见的短缺，由业主、业主人员或在现场的其他承包商造成或引起的任何延误、妨碍或阻碍等。

3. 当局造成的延误

2017 版 FIDIC 合同条件第 8.6 款"当局造成的延误"和 1999 版的第 8.5 款"当局造成的延误"均规定,在承包商已努力遵守了工程所在国依法成立的有关公共当局所制定的程序的前提下,如果这些当局延误或打乱了承包商的工作且延误或中断是不可预见的,承包商有权要求延长工期。

4. 成本改变的调整

2017 版 FIDIC 合同条件第 13.7 款"因成本改变的调整"和 1999 版的第 13.8 款均为"因成本改变的调整"均规定,当本款适用时(存在调整数据表或成本指数附表时),应就工程所用的劳动力、货物和其他投入的成本的波动,按合同约定的方式进行调整。

5. 因法律改变的调整

1999 版的第 13.7 款"因法律改变的调整"规定,对于基准日期后工程所在国的法律包括对此类法律的司法或政府解释发生改变,影响承包商履行合同规定的义务的,合同价格应进行相应调整,使承包商遭受延误或招致增加费用的,承包商有权进行工期和费用索赔。2017 版 FIDIC 合同条件第 13.6 款"因法律改变的调整"在此基础上将法律改变的范围进一步扩大至业主或承包商根据第 1.13 款"遵守法律"所获得的任何许可证、许可、执照获批准或其要求发生改变的情形。需要特别指出的是,基于法律变更而调整合同并非单纯基于合同条款的救济基础,在某些国家的法律中,"法律变更"(change in law)同样是法定的变更合同的情形,在合同的适用法律存在该等规定时,即使合同没有约定,当事人也可依据法律变更调整合同的履行,当事人也可基于法律提出该等主张。

(二)基于适用法律的依据——合同受阻(frustration)

合同受阻是英美法下的法定合同免责事由。在英国法律中,如果合同中没有约定不可抗力条款,则承包商可以基于法律规定的"合同受阻"理论来免于履行合同义务。当合同成立后发生的某种情况"触及合同的根源",使履行合同在物质上或商业上不可能或非法,或将使履行的义务转变为与当事人在签订合同时考虑的义务所完全不同的义务时,则构成"合同受阻"。与不可抗力不同,适用合同受阻的法律后果为合同在发生阻碍事件后自动终止,由于任何一方对于受阻事件的发生都没有过错,任何一方都不能要求损害赔偿,损失由当事方自负。因此,适用合同受阻往往会产生不公平的后果,如承包商无法向业主主张损失。为了解决这一问题,英国 1943 年颁布了《合同受阻法案》,规定如果一方当事人在阻碍事件发生之前已经从合同中获得了相当大的利益,则可以依据衡平原则要求获得利益的一方为此支付款项。

除上述法律后果不同之外,合同受阻与不可抗力的最大区别即在于,在英美法下合同受阻是法律默示的合同免责事由,而不可抗力是需要当事人在合同中进行明示的免责事由。根据明示优于默示的原则,如果合同明示的不可抗力条款已经涵盖了某些构成合同受阻事件,则该等阻碍事件发生的法律后果应当适用不可抗力条款明示的约定。只有当合同对于某种阻碍情形的发生没有约定时,才可以适用合同受阻理论,因此,合同受阻的适用范围十分狭窄。此外,值得注意的是,基于英美法严守契约的核心价值,法院往往会对合同受阻的适用作出非常狭义的解释,且往往不愿意认定存在合同受阻事由,证明构成合同受阻的门槛远远高于证明构成合同中不可抗力事件的门槛。因此,合同受阻只能是在某些极端的不常见的情况下适用的最后手段,当事人在合同中对各种可能发生的重大突发事件的后果进行具体约定才是更好的选择。

(三)其他法律默示的依据

针对可能对国际工程产生不利影响的重大突发事件,还存在一些其他法律默示的救济基础,如在许多大陆法系国家存在的“情势变更”理论。

已失效的《合同法》并未规定情势变更制度,已失效的最高人民法院《关于适用〈中华人民共和国合同法〉若干问题的解释(二)》第 26 条规定了情势变更制度,并在该条款中引入“非不可抗力”对“情势”进行限定,亦即将不可抗力排除在情势变更情形之外,这就导致区分情势变更与不可抗力适用情形的极大争议。《民法典》正式确立了情势变更制度,其第 533 条规定:“合同成立后,合同的基础条件发生了当事人在订立合同时无法预见的、不属于商业风险的重大变化,继续履行合同对于当事人一方明显不公平的,受不利影响的当事人可以与对方重新协商;在合理期限内协商不成的,当事人可以请求人民法院或者仲裁机构变更或者解除合同。人民法院或者仲裁机构应当结合案件的实际情况,根据公平原则变更或者解除合同。”该条删除了情势变更适用于“非不可抗力”的限定,即不可抗力事件也可适用情势变更原则。根据该条规定,如重大突发事件造成合同目的不能实现或根本不能履行的障碍时,可以适用不可抗力的相关规定解决;如造成合同可继续履行但对一方明显不公平时,可以适用情势变更的相关规定予以解决。

《法国民法典》也有类似的规定，其第 1195 条规定，如果在合同订立时出现无法预见的情势变化，导致一方当事人的履行成本过于巨大，并且该当事人并未接受此种风险，则其可以请求对方与其进行新一轮的协商，其债务之履行不得因此而中止。在一方拒绝协商或者协商失败的情况下，双方可以共同确定合同解除的条件及时间，也可共同请求法官对合同进行调整。如果在合理的期限内双方无法达成一致，一方当事人可以请求法官变更合同，法官也可以按照自己确定的条件以及时间解除合同。

结语

综上所述，在遇到重大突发事件时，国际工程承包商首先可以考虑援引不可抗力条款主张免责。除此之外，国际工程的承包商基于合同或者适用法律还存在其他多种可以适用的救济途径，并据此免于履行合同义务、进行费用与工期索赔或者调整合同价格等。国际工程承包商可以根据重大突发事件的性质、对项目产生的具体影响以及己方的需求等因素，适用最为合适的救济途径。

专题二十六

设计单位参与对外设计咨询的主要风险及建议

【本专题内容概览】

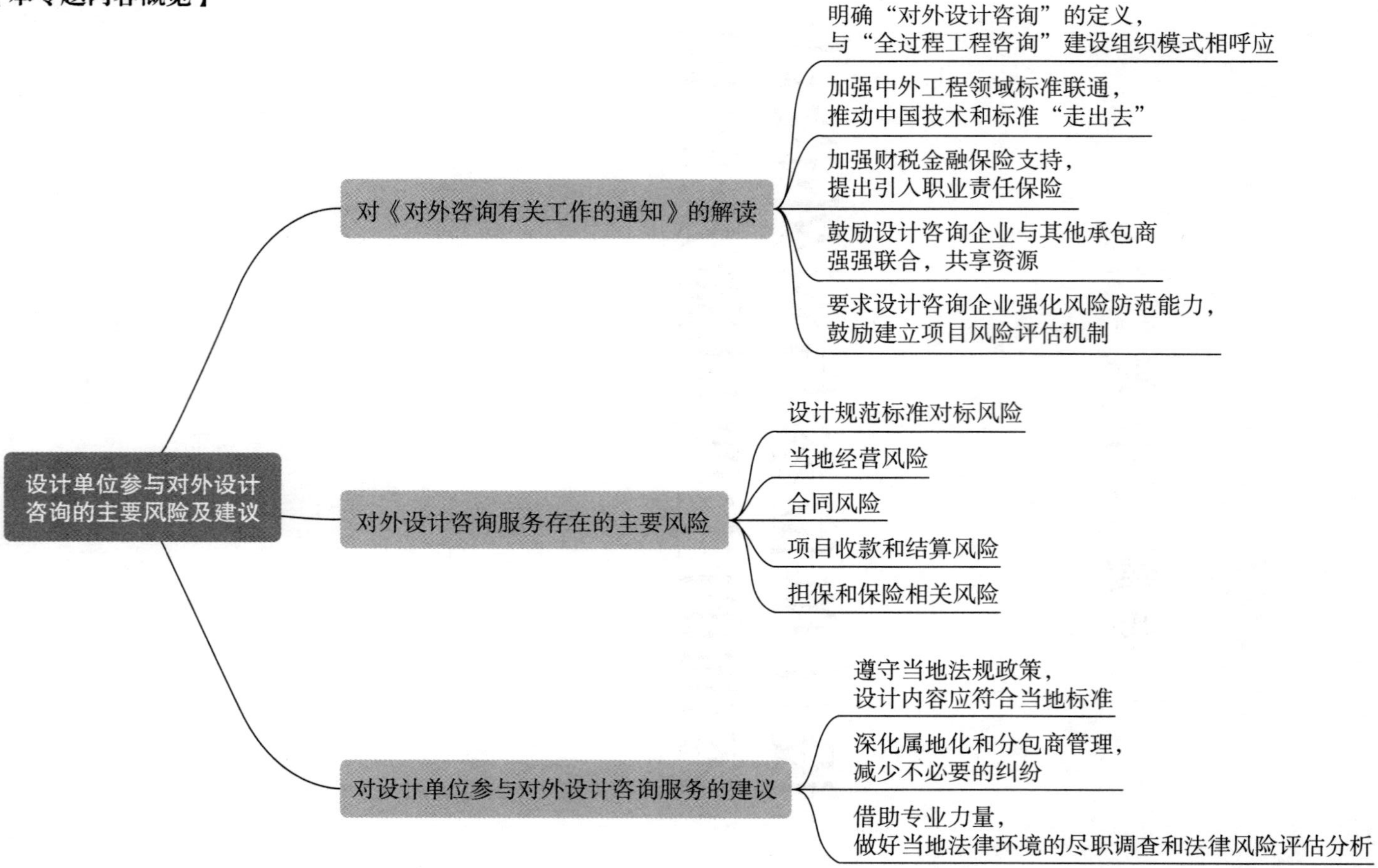
设计单位参与对外设计咨询的主要风险及建议
对《对外咨询有关工作的通知》的解读
明确“对外设计咨询”的定义，与“全过程工程咨询”建设组织模式相呼应
加强中外工程领域标准联通，推动中国技术和标准“走出去”
加强财税金融保险支持，提出引入职业责任保险
鼓励设计咨询企业与其他承包商强强联合，共享资源
要求设计咨询企业强化风险防范能力，鼓励建立项目风险评估机制
对外设计咨询服务存在的主要风险
设计规范标准对标风险
当地经营风险
合同风险
项目收款和结算风险
担保和保险相关风险
对设计单位参与对外设计咨询服务的建议
遵守当地法规政策，设计内容应符合当地标准
深化属地化和分包商管理，减少不必要的纠纷
借助专业力量，做好当地法律环境的尽职调查和法律风险评估分析

随着“一带一路”倡议的推进，国内越来越多的设计咨询单位走出国门、走向世界，但承包强、设计弱是我国对外承包长期面临的问题，因此，近年来我国政府一直在积极鼓励设计咨询“走出去”。2021 年 1 月，商务部等 19 部门发布了《关于促进对外设计咨询高质量发展有关工作的通知》（商合函〔2021〕1 号，以下简称《对外咨询有关工作的通知》），提出要增强对外设计咨询核心竞争力，发挥对外设计咨询在对外承包工程价值链上的引领带动作用，促进对外承包工程转变增长动力，全面提升发展质量和效益，为构建新发展格局提供有力支撑。

当前，共建“一带一路”倡议深入实施，建设开放型经济新体制进程不断加快，对外设计咨询发展面临较好机遇。因此，就设计单位参与对外设计咨询服务面临的风险进行研究，对于开展相关业务具有重要意义。本专题将对《通知》的内容进行解读，同时结合笔者参与的项目，对设计单位在提供对外设计咨询服务存在的主要风险进行分析并提供相应建议，希望为设计单位“走出去”提供参考。

一、对《对外咨询有关工作的通知》的解读

《对外咨询有关工作的通知》首先介绍了我国对外设计咨询发展的现状，总体上还存在业务规模不大、核心竞争力不强、国际化水平不够高、顶尖品牌较少及政策促进体系有待完善等问题。在此背景下，《对外咨询有关工作的通知》明确了对外设计咨询的定义、指导思想、基本原则和主要目标，并从加强政策引导和机制保障、加强财税金融保险支持、加强企业综合竞争力、加强人才队伍建设、加强公共服务和行业管理等五个方面提出了促进我国对外设计咨询高质量发展的具体措施。主要亮点体现在如下几个方面：

（一）明确“对外设计咨询”的定义，与“全过程工程咨询”建设组织模式相呼应

《对外咨询有关工作的通知》开篇即就“对外设计咨询”进行了定义，是指中国的企业或者其他单位为境外投资建设项目提供咨询和管理服务，开展相关规划、咨询、勘察、设计、造价、监理、项目管理和运营维护等活动，是对外承包工程的重要组成部分。过去我国设计咨询行业由于制度和市场原因，存在咨询服务碎片化、咨询单位业务单一化的问题。国务院办公厅 2017 年 2 月发布的《关于促进建

筑业持续健康发展的意见》(国办发〔2017〕19 号)提出要培育“全过程工程咨询”这一新型工程组织建设模式,鼓励投资咨询、勘察、设计、监理、招标代理、造价等企业采取联合经营、并购重组等方式发展全过程工程咨询,培育一批具有国际水平的全过程工程咨询企业。因此,目前国内具有提供一体化、集成化咨询服务能力的设计咨询企业也在逐年增加。

结合目前对外承包工程中设计单位参与各项目的实际情况,笔者认为,在国外业主同意的前提下,如果国内设计单位具备提供规划、咨询、勘察、设计、造价、监理、项目管理和运营维护服务的综合能力,可以参考国内“全过程工程咨询”模式,由其集约式地提供咨询服务,发挥设计咨询在项目决策、实施和运营过程中的核心地位和支撑作用,从而提升参与我国企业对外承包工程项目的建设质量和运营效率。

(二)加强中外工程领域标准联通,推动中国技术和标准“走出去”

技术标准引导着设计咨询企业“走出去”,是指导设计咨询企业实现业务运作制度化和规范化的重要组成部分。但多年以来,我国技术标准与欧美标准差异较大,而对外承包工程项目更多地采用欧美标准,标准规范不一致极大地阻碍了设计咨询企业的国际化步伐,更进一步影响到我国对外工程承包的技术和业务竞争力。

对此,《对外咨询有关工作的通知》多处强调“标准”,进一步明确要加强工程领域中外技术标准对比研究,以中国标准为基础,吸收借鉴国外标准的有益经验,统一制定并发布相关中国标准外文版,积极在对外投资、技术出口和援建工程项目中推广使用。支持工程建设相关的装备制造企业在重点国别开展产品市场准入认证,为技术、标准和设计咨询“走出去”提供支撑。同时,通过现有资金渠道鼓励支持设计咨询行业国际化经营,推动中国技术和标准“走出去”。

笔者认为,在制度规范上,通过促进中外工程领域标准联通,推动中国技术和标准“走出去”和国际化,将在一定程度上影响国外政府对于顶层制度的设计,从而使东道国从制度规范、技术标准上向我国设计咨询企业靠拢。

(三)加强财税金融保险支持,提出引入职业责任保险

《对外咨询有关工作的通知》将财税金融保险政策支持放在重要位置,对设计咨询企业来讲是重大利好消息。长期以来,我国设计咨询企业面临着双重征

税、国家外汇管制政策、资金及经营压力较大等难题。为此,《对外咨询有关工作的通知》明确支持企业依法依规享受税收优惠政策,降低境外经营成本;积极对外商签双边税收协定并推动生效,避免对企业双重征税。同时,鼓励有条件的商业性金融机构和企业在业务范围内按照依法合规和风险可控的原则研究成立对外设计咨询发展基金,减轻企业项目前期开发资金压力。

在提供设计咨询服务的过程中,即使设计人员或咨询工程师勤勉、尽责、采用合理的技能,仍可能发生缺失、错误和遗漏等情况,给业主造成损失从而承担民事责任,国际上通常以职业责任保险来保障设计咨询活动的顺利进行。欧美国家均已实施完善的职业责任保险制度,与之相比,我国尚未建立完善的职业责任保险制度,没有职业责任保险的支持,设计咨询企业专业人员在“走出去”的道路上竞争力较弱。为此,《对外咨询有关工作的通知》特别强调,鼓励各类金融保险机构按照风险可控、业务可持续原则开发适应对外设计咨询企业和项目特点的金融、保险产品,探索引入职业责任保险,完善信贷支持政策。

(四)鼓励设计咨询企业与其他承包商强强联合,共享资源

为进一步提高我国企业参与对外承包工程的质量和效率,《对外咨询有关工作的通知》要求引导对外设计咨询企业加快转变生产经营理念和组织实施方式,结合自身优势和特点积极参与境外不同类型的设计咨询项目;鼓励有实力、有条件的对外设计咨询企业采取联合经营、并购重组等方式延展业务链条。同时,鼓励有条件的设计咨询企业联合国内投资、建设施工、装备制造企业和金融机构共同开拓国际市场,共享市场网络和资源,建立合理成本分担和利益分配机制,加强深度融合,形成对外承包工程上下游产业合力等。

笔者认为,《对外咨询有关工作的通知》强调了设计咨询先导战略在国内企业提前介入对外承包项目、延伸产业链条等方面的作用,将有利于建立与我国对外承包相匹配的设计规划咨询能力。

(五)要求设计咨询企业强化风险防范能力,鼓励建立项目风险评估机制

《对外咨询有关工作的通知》共有 13 处提及“风险”,督促对外设计咨询企业依法合规经营,强化风险防范化解能力,鼓励建立项目风险评估机制,准确调查评估项目所在国风险,为项目单位决策研判提供支撑。同时,要求政府方指导企业

加强风险防范。加强相关政府部门及有关机构协调配合，完善相关信息服务平台，及时发布安全风险评估报告和预警提示，指导企业防范化解重大风险；综合运用经济、法律等手段，维护企业合法权益。

二、对外设计咨询服务存在的主要风险

为指导企业加强风险防范，笔者结合团队为参与对外设计咨询服务的国内设计单位提供法律服务的经验，梳理了如下主要风险，为设计单位建立项目风险评估机制以及进行项目决策研判提供参考。

（一）设计规范标准对标风险

如前文所述，不同国家和地区对设计活动的标准不同，与国内差别较大，尽管有一些项目可以根据业主的需求适用中国标准，但很多项目都涉及适用国际市场占主导的欧美标准，并且只要适用的并非项目所在国标准，都需要考虑根据履行服务的环境和地区而进行必要的调整即对标。对外设计咨询项目通常会在合同中约定设计活动应严格遵守当地法规政策，设计内容应符合当地标准和规划项目设计，并按当地实际需求和流程提交相关设计文件，设计文件应经当地政府审核通过和批准才能在当地应用。如需转化的当地标准、语言、计量单位等不在设计范围内，需要由设计单位自行委托或由业主另行委托当地设计单位负责对标。

以团队服务的某国际工程项目为例，业主要求参考中国的设计标准进行设计，并由业主聘请当地设计单位进行设计文件审查和对标。国内设计单位提交的设计成果基本按照中国标准设计，但由于未经本地化对标而很难通过当地政府和业主的审核和批准，业主的主要咨询方以及政府方仍然认为国内设计单位提交的设计成果和当地标准多处不符，要求设计单位进行多次调整。尽管事实上这一环节的责任主要在于业主，但由于设计合同中并未就国内设计单位与业主委托的当地设计单位的设计工作分界、责任承担方式进行明确约定，并且由于合同中将审查批准和工期付款相挂钩，如不能通过审查批准将直接导致设计单位服务期限延长，设计费用难以回收。

（二）当地经营风险

属地化是设计咨询“走出去”的重要环节，业主一般会要求设计单位的人员管理、工作方法、审批流程等满足项目所在地的法律法规政策要求以及当地惯例

和习惯。设计单位面临的难题主要体现在:业主要求在当地设立子公司、当地对于设计人员的资质等要求较高、设计单位对于人员的派遣和变更缺少决策权、设计单位对于人员的管理难度较大等方面。

比如,某项目在招标文件中要求设计单位中标后必须在当地注册公司,但并未说明需要注册何种类型的公司,以及是否需要为法人实体(如是否可以为合伙企业、合资企业、代表处、分公司或其他非法人实体)。不同的法律实体在当地法律背景下的税务要求、内部治理、设立和清算难度、能否取得工程设计资质等方面差别较大,而注册公司又涉及一系列手续,所需时间较长,这些都增加了设计单位的风险。又如,某项目中业主要求设计单位所派遣的人员中必须包含一定数量的残疾人,员工均应满足当地关于外国劳工派遣和劳动保障相关的法律规定,并确保其员工(无论是否存在劳动合同关系)均应遵守当地关于社会保障、职业规范、劳动保险等的法律规定。除由设计单位委派的员工外,还需要确保所有分包商的雇员满足该等规定。显然,这些规定都在项目经营管理、人员派遣问题上给设计单位带来了不确定性,并加大了设计单位对于现场人员的管理难度。

(三)合同风险

作为设计单位与业主的履约依据,设计合同的条款如存在不全面、不清晰、不严谨,与当地法律法规矛盾,合同主体的权责不清等情形,会给设计单位带来一定的风险,难以保障企业自身利益。同时,由于海外工程的特殊性,合同语言不一定是中文,且项目履行过程涉及文件较多,设计单位可能会遇到对条款内容理解有误或合同履约管理不到位的情况,从而影响项目实施。常见的风险有:

1. 与 EPC 承包商的设计工作分工和责任分担风险

工程项目的设计工作分为多个阶段,业主委托设计单位完成前期设计后,可使用该前期设计成果进行 EPC 合同招标。但为了项目的连续性,业主可能继续聘请该设计单位进行设计管理,也可能要求该设计单位作为 EPC 承包商的分包商继续进行设计工作。此时设计单位和 EPC 承包商在设计工作上就会出现接口或重叠,或需要就设计工作进行合作并共同承担责任。如果对设计工作分工不明,就可能会出现设计错漏乃至质量事故。针对上述问题及未来可能的风险,建议在此情况下,设计单位应与业主和 EPC 承包商就设计单位和 EPC 承包商的设计工作分界、合作方式和责任承担进行明确约定。

2. 对业主指定的设计分包负总责可能引发额外风险

对外设计咨询项目中，出于某些考虑，业主可能将设计内容分为数个设计包，然后将这些设计包授予不同投标人，或者将某些子项目分配给其他设计单位分包。在此情况下，业主会要求一家设计单位负责通盘管理设计工作。除此之外，如该设计单位在项目实施过程中无法履行设计包的全部或分项合同义务，业主有权将上述设计工作转让给其他设计单位执行。

如果设计合同中约定设计单位应对其任何分包商的行为、过失和疏忽负责，包括这些分包商的代理人、员工或工人，就如同是设计单位的行为、过失或疏忽一样，并未区分分包商究竟来源于设计单位选择还是业主指定，则设计单位对业主指定分包的工作将同样负总责。由于业主指定分包的设计质量和合同履行较难完全控制，建议设计单位谨慎考虑是否在合同中约定对业主指定的设计分包拥有否决权，否则不予承担责任等。

3. 业主责任不明风险

除支付价款外，业主在对外设计咨询合同中的责任义务一般还包括：及时指定代表其履行合同的业主代表、及时提供设计基础资料并对其准确性和真实性负责、及时对中间和最终设计文件进行审批、提供设计单位所需的协助（当地食宿和设施、人员和物资入境、相关服务和配合人员）、就合同履行中的相关问题及时进行指示和决定等。如业主未能履行上述义务，设计单位可进行工期和费用索赔，要求业主承担约定的违约责任，并对由此产生的后果部分或全部免责。

因此，在合同文件中，除规定业主具有付款义务外，应进一步约定对于业主上述其他责任义务的描述和违反后果的约定，包括进行工期和费用索赔、要求业主承担违约责任和停工或解除合同等保护设计单位的救济性条款。如合同文件未有明确约定的，一旦发生此类情况，设计单位不仅较难获得救济，反而还有因责任主体不清反被业主要求承担工期或质量违约责任的风险。

（四）项目收款和结算风险

在项目执行过程中，设计单位在进行收款和结算时也会面临众多不确定因素，如苛刻的收付款前提条件、支付币种、外汇、税收等，主要风险包括：

1. 实际收款风险

对外设计咨询合同中一般会设置收付款里程碑，设计单位应重点关注付款条件的约定是否合理。例如，在团队曾经参与服务的某项目中，业主在合同中约定的前期预付款比例相当低，还对付款设置了较多前提条件，包括需要政府方图纸审批和项目批复才能拿到预付款、所有付款必须经过业主指定的审核员（类似财务审计）的批准等。此类将第三方行为设定为付款条件的条款对设计单位较为不利，届时如审核员拖延或政府方不进行批准，很可能面临支付拖延又难以追究业主违约责任的情况。建议在合同中合理且清晰地约定支付条件和时间，避免业主利用约定不合理、不明确的支付条款拖延支付。

2. 支付方式面临较大汇率和通胀风险

对外设计咨询项目中合同报价一般会统一采用当地货币报价，汇率参照某一时点当天发布的汇率。不过也有不少业主同意合同支付可以同时包括美元和当地货币，具体比例由设计单位在投标时提出。如当地货币并非国际通用货币，美元需兑换后才能使用，设计单位可能存在汇率损失风险，建议在专业顾问的协助下在合同中就支付和计价的相关汇率问题进行明确约定。

（五）担保和保险相关风险

就设计合同的保函部分，一般而言业主会要求设计单位提交预付款保函、履约保函，但也会出现业主要求开具薪酬保函和质量保函，或母公司提供担保，甚至所有保函加起来超过合同额 50% 的情况。如保函金额偏高，设计单位可考虑与业主协商是否可减少保函数额，以及协商是否可由国内商业银行开具，如确定可由国内银行开具，则对设计单位较为有利。但如果担保金额过高，并非一般设计合同下通常应提供的设计担保，实践中可能也很难找到担保机构提供此类担保，将涉及较高风险。

在对外设计咨询服务中，职业责任险是避免设计单位因设计责任遭受重大索赔的重要措施，由于国内保险公司的此类保险尚在开展初期，建议设计单位尽早与保险公司就职业责任险和其他保险的可及性以及覆盖的责任范围问题进行沟通，以确保可获取相应保险，有效进行风险转移。

三、对设计单位参与对外设计咨询服务的建议

对外设计咨询项目由于其特点，与国内设计咨询项目、传统对外承包工程相比，风险点有所差异。结合《对外咨询有关工作的通知》的文件精神以及对外设计咨询服务的常见风险，笔者对设计单位参与对外设计咨询服务提出如下建议，以期对各设计单位制定有针对性的风险应对措施有所帮助。

(一)遵守当地法规政策,设计内容应符合当地标准

由于对外承包工程市场的设计规范以欧美标准为主,与国内实行的标准体系存在差异,且国内设计单位对当地法规政策及规范、标准体系等不熟悉,可能会影响设计咨询服务的质量和效率,建议设计单位应在充分研究当地法规政策以及国际常用的技术标准基础上,学习和借鉴先进、成熟的标准,形成符合当地标准、适合目标项目的设计文件,明确对标责任,并尽可能减少不同技术标准体系之间的矛盾和对标风险。此外,在国家政策支持下,尽早实现中外工程领域标准联通,也将为设计单位参与对外承包工程项目的设计咨询提供有力的支持。

(二)深化属地化和分包商管理,减少不必要的纠纷

为减少对标风险、文化差异风险等,以及根据业主要求,一些设计单位会在当地聘请具有一定经验的员工。对此,建议设计单位严格遵守当地关于社会保障、职业规范、劳动保险等的法律规定,制定并完善有关属地化管理的内部管理制度、劳务管理制度、薪酬管理制度等系列制度,促进中方员工与当地员工的交流,重视对当地员工的培训。

而对于需要在当地聘请设计咨询分包商的,在确定分包商之前,设计单位应加强对分包商的考察和调研,了解分包商的专业、财务、技术、信用情况,尽量选择实力较强、信誉度高的分包商进行合作,并在分包合同中设置"背靠背"条款,从而降低经营管理风险。

(三)借助专业力量,做好当地法律环境的尽职调查和法律风险评估分析

鉴于国内外法律体系存在的差异,对外设计咨询存在较大风险和不确定性,如设计单位对法律风险预估不足,则可能面临巨额损失。因此,建议在招投标阶段即由专业人士介入,对当地法律环境开展尽职调查和全面评估,收集和整理项目当地工程设计工作所适用的相关法律法规、行业和设计标准,梳理项目招标文件及合同中存在的各类风险并提出应对建议和解决方案。中标后,设计单位还应重视与业主的合同谈判,在专业顾问的指导和协助下,确定谈判原则,做好谈判方案并在谈判过程中把握主动权,争取形成符合设计单位利益最大化的合同文件。笔者相信,在专业顾问的助力下,设计单位在"走出去"的道路上将会行稳致远。

结语

对外设计咨询业务属于智力密集型服务，对于国内设计咨询企业而言，未来的机遇将与风险并行。在开展过程中需考虑不同国家和地区的法规、标准、习惯、文化差异，同时对外设计咨询项目与国内设计咨询项目、传统对外承包工程相比，风险点均有所差异。通过解读《对外咨询有关工作的通知》的内容，以及梳理国内设计咨询企业在对外设计咨询服务开展过程中常见的法律风险，并提供相关防范应对建议，期望对设计咨询企业“走出去”有所裨益。

专题二十七

国际工程EPC项目承包商面临的融资风险和防范对策

【本专题内容概览】

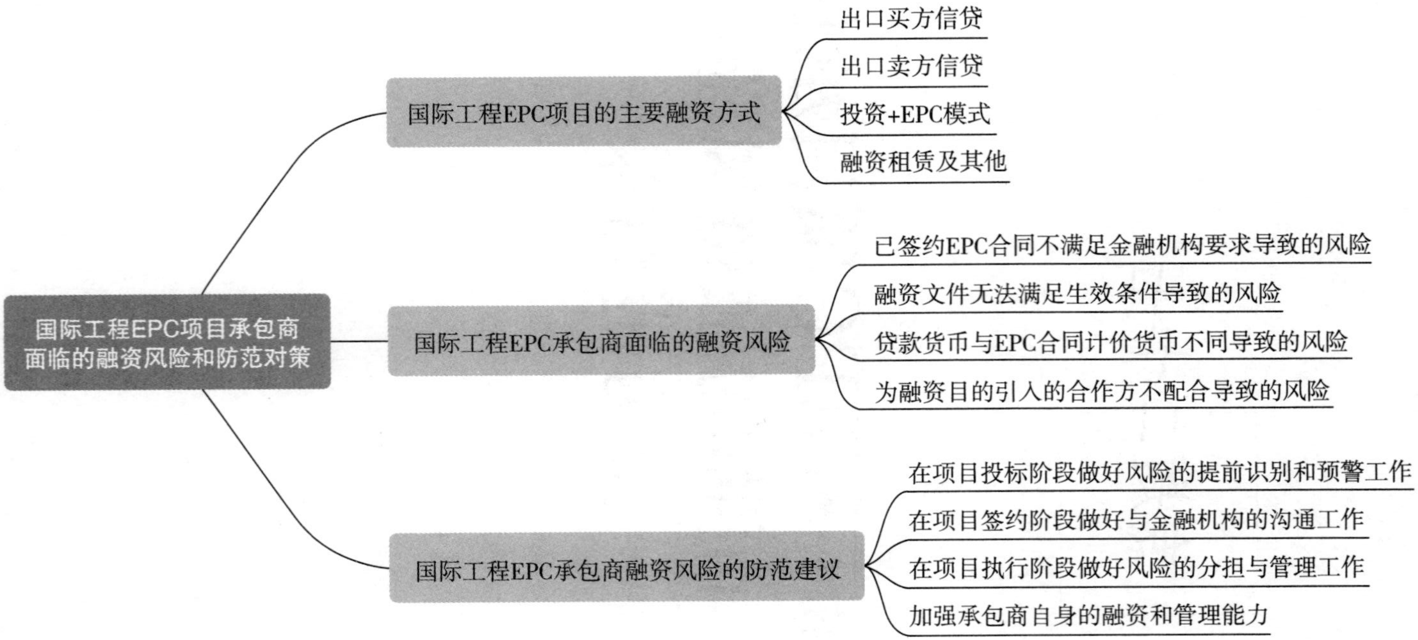

国际工程EPC项目承包商面临的融资风险和防范对策
国际工程EPC项目的主要融资方式
出口买方信贷
出口卖方信贷
投资+EPC模式
融资租赁及其他
国际工程EPC承包商面临的融资风险
已签约EPC合同不满足金融机构要求导致的风险
融资文件无法满足生效条件导致的风险
贷款货币与EPC合同计价货币不同导致的风险
为融资目的引入的合作方不配合导致的风险
国际工程EPC承包商融资风险的防范建议
在项目投标阶段做好风险的提前识别和预警工作
在项目签约阶段做好与金融机构的沟通工作
在项目执行阶段做好风险的分担与管理工作
加强承包商自身的融资和管理能力

国际工程融资项目对于建设成本和工期的确定性具有较高要求，因此通常使用EPC模式进行建设。工程企业在项目中往往不仅承担着EPC承包商的角色，也或多或少会参与到融资活动中。随着国际工程市场的不断发展，融资能力已经成为工程企业进行市场竞争的核心能力，相应地，承包商所面临的融资风险也进一步提升。本专题即以国际工程EPC项目为背景，阐述此类项目主要采用的融资方式，并结合实操案例总结国际EPC项目中承包商所面临的融资风险，在此基础上提出风险防范的对策建议。

一、国际工程EPC项目的主要融资方式

国际工程EPC项目中，虽然承包商的主要任务是提供产品和服务，但是在现今国际市场上，能否根据业主的资金需求配合其实现量身定制的融资方案，已成为国内承包商体现企业综合实力和国际竞争力的一大标志。从当前国际工程EPC项目实践来看，除传统的信贷贷款、项目融资等融资方式，需承包商参与或配合的融资方式主要存在以下几种：

（一）出口买方信贷

出口买方信贷主要是为了支持国内机电产品、成套设备以及工程承包等的出口，通过融资、保险和利息补贴等方式，由国内金融机构向进口国政府、银行或国外进口商提供的贷款，如中国进出口银行提供的“两优”贷款即为典型的出口买方信贷。国内金融机构在提供资金之前，通常会对进口国的政治、经济和法律政策情况、项目的可行性以及还款来源、借款人的银行和担保人的资信情况等进行详细调查。虽然该种融资方式同时具有资金周转灵活、对承包商的资产负债率不会造成影响等优势，但是审批手续较为烦琐，融资成本较高。而且由于当前部分国家信用较低，受国际经济形势影响大，业主出于主观或客观原因无力偿还贷款，也进一步导致了金融机构的收款风险。

（二）出口卖方信贷

与出口买方信贷一样，出口卖方信贷也是国际上通行的一种项目融资方式，且同样是为了支持国内机电产品、成套设备以及工程承包等的出口。两者的区别

在于借款主体不同。在出口卖方信贷模式下,国内金融机构是向出口商即国内的承包商提供中长期的贷款,因此,通常会对国内承包商的财务信用状况、项目的经济效益等进行审查,且具有审批程序和手续方面较为便利的优势。但是相对地,由于是承包商承担还本付息责任,且实践中业主方往往会提出延期付款等要求,因此会使承包商面临较大的资金风险。

(三)"投资 + EPC"模式

"投资 + EPC"模式是当前国际 EPC 项目实施模式的一种主流趋势,特别是在投资数额巨大、技术和管理难度较大的领域适用较多,如大型发电工程、长距离水运工程以及铁路工程等。在该模式下,业主在工程建设中往往只承担建设管理和部分投融资工作,而承包商则需要以投资带动 EPC 工程,承担项目剩余的融资、设计、建造和试运营等风险。由于在该种融资模式下,承包商实际承担了大部分的项目风险,因此在海外为项目业主提供 EPC 总承包及融资过程中,需要特别关注融资过程中的风险识别、评估和防范工作。

(四)融资租赁及其他

近年来,国际市场上也越来越多地出现创新型的融资模式。一方面,工程机械设备融资租赁服务的发展增强了国内承包商的国际市场拓展能力,通过避免工程项目机械、设备的直接购买,减少资金占用进而提高资金周转效率,变相成为企业所青睐的一种中长期融资手段。另一方面,在金融机构所提出的担保要求使部分融资工具的适用范围受限,承包商及项目业主在提供融资担保方面面临严重瓶颈的情形下,其他创新性的融资模式,如信托、基金、资产证券化(Asset - Backed Securities, ABS)等,以及多种融资模式相组合的模式,在国际市场上也已有成功的案例。

二、国际工程 EPC 承包商面临的融资风险

从笔者自身所经历的海外工程 EPC 项目经验来看,国内承包商因参与 EPC 项目融资所面临的风险可能贯穿合同签订、合同生效、合同执行等过程,具体包括:

(一)已签约 EPC 合同不满足金融机构要求导致的风险

由于各工程东道国工程招投标制度和法律体系的不同,在 EPC 项目合同体

系和签订方式上也会较国内有较大的区别。在工程项目融资过程中,银行等金融机构会要求业主方提供相应的 EPC 合同等协议文件进行审查和评估,以确定贷款资金的金额、用途和确保还款路径的合法性等。因此,如果业主与承包商所签订的合同文本不满足金融机构的审查要求,则需进行相应修改,乃至调整项目架构和 EPC 合同体系,否则将无法获取项目贷款。

为满足上述要求并确保项目的顺利推进,原则上业主和承包商应当在签订合同时就考虑到融资银行的要求,但实践中很多 EPC 项目由于是通过议标方式达成的,可能存在先签合同后落实融资或业主资金来源等情况,进而导致落实融资阶段才产生风险,以致需要重新签订合同。

以笔者服务的某海外工程项目为例,该项目业主最初选定了我国某大型工程企业和某设备供应企业实施项目,并由业主与该大型国有企业签订了 EPC 合同,再由该大型国有企业将项目中电站部分的主要工作分包给该设备供应企业实施。该项目由中国进出口银行提供优惠贷款融资,但后续银行审查认为上述模式存在合规性问题,要求各方对已签订的合同体系进行整改,该设备供应企业仅作为设备供应商参与项目。整改一方面拖延了项目实施时间,另一方面导致项目合同文本数量众多、法律关系和事实较为复杂,双方在项目执行过程中还因此发生了一些争议。

可见,在合同签订前如未能充分考虑到银行等金融机构的要求,很可能导致已签订的合同无法执行,甚至导致合同的效力发生问题。而且,由于 EPC 项目中所涉及的合同文本数量较多,特别是大型的国际 EPC 项目,因此,如果缺少相应的合同管理体制和合同风险规避手段,还会造成合同履行阶段的争议。

(二)融资文件无法满足生效条件导致的风险

在与银行等金融机构签订的融资文件中,金融机构通常都会设置部分条款作为融资文件的生效或放款条件,以防范其自身的贷款风险。例如,要求东道国政府出具同意融资的相关批复,要求业主方提供项目建设所需的证照等。但是,实践中在前期缺少与金融机构的沟通,或者在融资合同签订后项目客观情况发生了变化,如政府换届选举导致项目难以取得相关批准,都会导致融资文件以及相关项目合同的生效条件无法满足,进而造成项目资金缺口乃至无法实施。

以笔者服务的某“投资 + EPC”海外工程项目为例,该项目业主方为东道国政府,EPC 承包商为我国某大型工程企业,双方签订的 EPC 合同中约定以业主方与银行的贷款协议生效作为合同生效条件。但在项目执行过程中,因政治局势变化,业主中途更换了 EPC 承包商,并重新申请了银行贷款,导致原贷款协议无法生效,进而使 EPC 合同无法生效,承包商在签订 EPC 合同前后开展工作的费用也因此难以获得补偿。国内企业对此类情形在风险识别和防范意识上还应进一步加强,特别是在融资合同尚未签订的情形下要避免贸然进场或与下游分供商提前签订分供合同,否则一旦贷款协议和 EPC 合同无法生效,将面临巨大的索赔风险和经济损失。

(三)贷款货币与 EPC 合同计价货币不同导致的风险

在国际 EPC 项目中,承包商会面临的经济风险主要包括工程东道国经济形势恶化、通货膨胀、外汇管制和汇率波动等一系列风险。汇率作为合同计价与结算的换算基础,会影响到工程建设、融资和运营等各方面,而汇率风险的形成又与东道国的经济形势具有密切关联,通常具有不可预测但影响面广泛的特点。因此,在项目实施过程中,EPC 承包商需特别关注贷款合同和 EPC 合同项下的计价货币以及该计价货币的稳定性,否则可能面临巨额的经济损失。

以笔者服务的某国际工程项目为例,该项目 EPC 合同是以美元计价的在岸合同,但对外签订的设备分供合同是以人民币计价的离案合同,由中国进出口银行发放的人民币贷款进行支付。同时,总包商聘请了项目管理单位,项目管理单位的费用和项目收益相挂钩。但在合同履行过程中,人民币汇率发生了较大幅度的贬值,分供合同对应的美元价格也因此下降,导致以美元计价的项目收益增加,总包商和项目管理单位就该增加部分的归属产生了争议。由于双方之间并未就收益计算对应的汇率时点进行明确约定,总包商主张应以分供合同签订日的汇率计算,而项目管理单位主张以实际付款之日的汇率计算,从而产生了长时间的争议和项目支付停滞的情况,最终经过多轮谈判才达成和解。

(四)为融资目的引入的合作方不配合导致的风险

如前所述,在采用出口卖方信贷或是“投资 + EPC”的融资模式下,金融机构往往会重点审查国内承包商的资质和财务信用状况,甚至要求承包商的股东提供相应的担保(包括但不限于还款责任担保或完工保证等)。在此背景下,一些国内民营承包商会采取与其他具备更高资质和业绩以及良好财务信用状况的大型工程企业组建联合体的方式,以提高项目中标的机会。但是,民营承包商一方面缺少国际投标经验,另一方面又碍于大型工程企业的强势地位,在项目执行过程中,如果引入的合作方不配合,会经常使民营承包商处处受制于合作方提出的各种要求,被迫承担了项目风险。

笔者服务的多个海外工程项目都存在这样的情况,尤其是在项目本身包含的合作内容较多、合作期限较长、实际情况较为复杂的情况下,如果前期合作方之间未能明确执行阶段各方的职责义务、法律地位、项目管理模式、与政府方的联络机制,甚至收款的具体路径,或者未能签订内容明确、权利和义务安排合理的合作协议和联合体协议,都可能导致合作方之间在合同谈判签订、合同履行、合同结算等阶段发生诸多争议,影响项目实施和承包商的收益实现。

三、国际工程EPC承包商融资风险的防范建议

针对上述国际工程EPC项目中不同阶段承包商面临的融资风险,国内承包商应进一步提高警惕,并提前做好相应的风险识别和规避方案。根据笔者之前的服务经验,提出以下实操建议供相关企业参考:

(一)在项目投标阶段做好风险的提前识别和预警工作

在项目投标阶段,无论在EPC项目中承包商是否需要承担协助业主完成融资工作的义务,承包商都应当对项目融资风险提前进行识别。如由业主方主要负责融资工作的,则建议对业主方的资金来源和融资安排进行事先调查,确保业主方已为支付工程款落实相关资金,如业主方系东道国政府的,还应重点关注该国的政府、经济、金融环境等各方面,以避免对项目的融资产生不利影响。如由承包商主要负责或协助融资工作的,特别是在"投资+EPC"项目中,承包商更加应当对项目的内外部因素进行尽职调查和分析,充分识别和评估影响项目融资的风险因素,并选择最为合适的融资方案。针对短期的资金缺口问题,承包商也可灵活运用多样化的融资渠道提前设计风险应急方案,如融资租赁、企业债券以及短期过桥贷款等,以解决暂时性的资金紧缺问题。

(二)在项目签约阶段做好与金融机构的沟通工作

在项目签约之前,承包商就应与金融机构做好必要的沟通工作,明确融资所需的融资和担保条件。如果业主方就招标文件内的相关合同文本有特殊安排的,还应就项目合同体系、签订方式和合同生效条件等进行确认。如果为满足融资需

要,确需重新签订项目合同或者对已签订的合同内容进行实质性修改的,建议委托专业顾问就合同各方的权利和义务进行全面梳理,并负责新合同的起草工作,以避免因合同效力问题或者合同重大条款约定不明导致项目执行过程中发生不必要的争议。同时,如 EPC 合同需要以融资合同生效为生效条件的,在融资合同正式签订之前,尽量避免提前进场或与分供商签订分供合同,否则一旦 EPC 合同无法生效,将可能面临费用无法收回的风险。

(三)在项目执行阶段做好风险的分担与管理工作

在前期对东道国基本环境和融资环境进行全面调研的基础上,针对项目履约阶段,应当具体量化相关风险,包括与融资相关的通货膨胀、汇率调整等,通过合同文本安排、再谈判等手段对自身可能面临的风险进行减弱、规避或消除。必要时,也可以将履约过程中可能发生的风险向其他合作方或分包商转移。另外,在国际 EPC 项目融资实施过程中,也需要组建专门的风险管理笔者持续跟进,只有好的管理团队才会重视风险管理,并利用风险管理手段和工具最大限度地减少因风险可能带来的损失。

(四)加强承包商自身的融资和管理能力

目前,在国际工程承包市场上不仅仅有大型国企的身影,越来越多的民营企业也已经进入市场且所占比重逐渐增大,但一些企业仍存在综合实力不足、资信评级较低等问题。因此,一方面,企业应当注意提升自身的综合管理能力,优化自身的资产结构,增强自身与国内外金融机构合作的能力。另一方面,如是通过和其他企业组建联合体方式共同参与项目投标的,应提前对合作方的业绩、资信、合同履约能力开展全面的尽职调查工作,同时注意培养具备国际工程和项目融资合同谈判能力的项目管理笔者或委托专业机构协助开展合同起草和谈判工作。

结语

随着“一带一路”倡议的不断深化,我国 EPC 承包商“走出去”的步伐也在不断地加快;而随着我国企业对 EPC 模式在国际工程领域运用的日渐熟练,国际工程 EPC 项目也对我国企业提出了更高的要求。由于国际工程 EPC 项目通常投资规模较大、建设周期较长,对于自身资金实力较为欠缺的业主方而言,具有融资能力的 EPC 承包商显然更具有竞争力。因此,越来越多的国际工程 EPC 项目对我国的承包商提出了“带资走出去”这一更高要求。面对这一机遇与挑战，我国企业在承接国际工程 EPC 项目时，不仅需要提高自身的建设水准，还要不断加强自身在融资和管理方面的能力，准确识别并规避项目各个阶段可能发生的融资风险，从而通过多元化的融资形式与途径，为项目提供更为可靠、坚固的资金支持，在推动项目稳步实施的同时，不断谋求自身的转型升级。

Part

07

第七篇

国际工程合同与仲裁

专题二十八

2017版施工合同与国际工程承包市场其他常用合同条件的对接

【本专题内容概览】

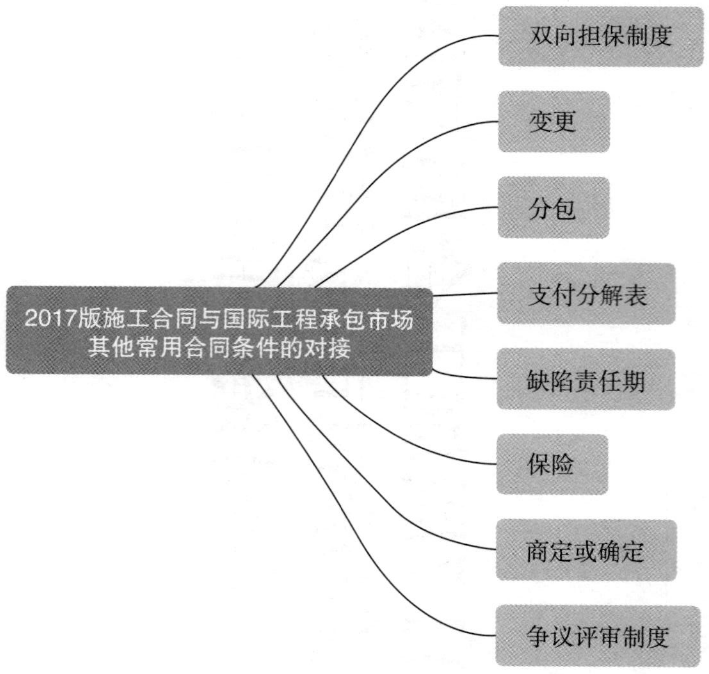
2017版施工合同与国际工程承包市场其他常用合同条件的对接
双向担保制度
变更
分包
支付分解表
缺陷责任期
保险
商定或确定
争议评审制度

2017 版施工合同由住房和城乡建设部、国家工商行政管理总局制定发布，自 2017 年 10 月 1 日起正式执行，取代了 2013 版施工合同。2017 版施工合同保留了 2013 版施工合同的大部分内容，修改集中在缺陷责任期和质量保证金两部分。其延续了 2013 版施工合同国际性的特点，多处借鉴《菲迪克（FIDIC）施工合同条件》（FIDIC 红皮书 1999 年第一版，即 1999 版 FIDIC 红皮书）的经典条款，参照国际上流行的工程管理实践，引入了缺陷责任与保修制度、针对总价合同的支付分解表和争议评审解决机制等。2017 版施工合同的广泛使用，不但能使我国建筑企业更好地熟悉国际规则，还能进一步提高项目管理水平，使我国建筑企业在国际工程发承包市场上更具竞争力。

对于建筑工程示范文本的制定，国外多由专业机构出版，如国际咨询工程师联合会（FIDIC），美国建筑师协会（American Institute of Architects，AIA），美国工程师契约档案联合会（Engineers Joint Contract Documents Committee，EJCDC）和英国土木工程师学会（Institution of Civil Engineers，ICE）等。笔者简要地介绍当前国际上最流行的两大施工合同文本 FIDIC 合同条件和 AIA 合同，并与 2017 版施工合同进行简要的对比，以期帮助建筑企业更好地理解 2017 版施工合同制定者的用意及该示范文本将来可能的发展趋势。

FIDIC 合同条件最初是在英国的土木工程契约的基础上发展制定而来的，属于普通法系（英美法系），遵循实际经验及司法先例。经历不断修正再版，2017 版 FIDIC 红皮书不仅适用于普通法系，同样适用于大陆法系，FIDIC 合同条件已在世界范围内被广泛的使用。FIDIC 合同条件注重雇主（发包人）、承包商和工程师三方面的协调配合，强调工程师在管理方面的作用，并建立以工程师为核心的管理模式。我国属于大陆法系国家，建设工程施工合同范本主要是基于各种成文法进行编制。同时，由于我国一直以来对 FIDIC 合同条件进行了比较多的研究和实践，因此，2017 版施工合同主要参照 1999 版 FIDIC 合同条件中的红皮书进行编制。

由于地域和法律背景的不同，和起源于欧洲的 FIDIC 合同条件相比，美国建筑师协会编制的 AIA 合同在内容及编排上存在诸多不一致的地方。AIA 合同是以建筑师为核心的管理模式。历经一百多年，AIA 已建立了一套被美国建筑业广泛使用的标准合同文件，该套系列文件有 A—G 共七个系列，其中 A 系列是业主

(发包人)与承包商的标准合同文件,其核心是 A201 通用合同条款,规定了业主与承包商之间的权利、义务,建筑师的职责和权限,以及三者之间的相互关系,此文件又被称为基本文件。与之配合使用的还有 A 系列下适用不同工程类型的业主和承包商之间的合同协议书(如 A101—业主和承包商固定价款合同协议书)和 A503 专用合同条款指导。尽管 AIA 系列示范文本非常系统翔实,但美国是普通法系国家,遵循经验和判例,并且其法律体系存在各州的特殊性,在修正时未能像 FIDIC 合同条件考虑到大陆法系国家的使用,故在全球范围内没有 FIDIC 合同条件使用广泛。但在美国国内,其权威性远远超过其他专业机构出版的示范文本。

我国的施工合同范本包括合同协议书、通用合同条款和专用合同条款三个部分,2017 版 FIDIC 红皮书包括合同协议书、通用合同条件和专用合同条件编写指南等,均与以上所述的 AIA 的 A101、A201 及 A503 三个示范文本共同组成的合同整体类似。具体可见表 28 - 1。

表 28 - 1　三种合同文本主要组成部分对比

施工合同示范文本	2017 版施工合同示范文本	2017 版 FIDIC 红皮书	AIA 合同
主要组成部分	合同协议书	合同协议书	A101 业主和承包商固定价款合同协议书
	通用合同条款	通用合同条件	A201 通用合同条款
	专用合同条款	专用合同条件编写指南	A503 专用合同条款指导

工程建设是一项复杂且易产生争议的商业活动,因此工程合同必须清楚及完整的说明各方的权利义务。通用条款旨在规定发包人(业主或雇主)、建筑师(工程师)及承包人等各方的法律责任及关系。因此,无论是 FIDIC 合同条件、AIA 示范文本还是我国的建筑工程示范合同都包含通用条款。一般而言,一套系统成熟的通用条款必须对以下方面进行约定:(1)合同文件的一般规定,如定义、文件优先次序、法律和语言等;(2)合同各方的权利义务;(3)分包商及供应商;(4)工程进度,如开工、延误或暂停;(5)合同价款及支付方式;(6)变更,如变更权和变更程序;(7)风险与责任,如参与各方风险分配;(8)工程质量和缺陷修补;(9)合同终止,如各方终止合同的权利及救济;(10)争议解决机制;(11)保险。

我国 2017 版施工合同通用条款、2017 版 FIDIC 红皮书通用合同条件和 AIA 2017 版的 A201 通用条款均包含上述 11 项重要规定,因篇幅限制,笔者就对三者间存在的异同进行一个简单的对比。具体可见表 28 - 2。

表 28－2　三种合同文本主要条款异同对比

条款内容	2017 版施工合同示范文本	2017 版 FIDIC 红皮书	AIA 合同
双向担保制度	第 2.5 款	第 2.4 款、第 4.2 款	A201 第 2.2 款、第 11.1 款
变更	第 10 条	第 13 条	A201 第 7 条
分包	第 3.5 款	第 5.1 款	A201 第 5.3 款
支付分解表	第 12.4.6 项	第 14.4 款	A201 第 9.2 款
缺陷责任期	第 15.2 款	第 11 条	A201 第 12.2.2.1 目
保险	第 18 条	第 19 条	A201 第 11 条
商定或确定	第 4.4 款	第 3.7 款	A201 第 1.1.8 项
争议评审制度	第 20.3 款	第 21.1 款、第 21.7 款	A201 合同未引入此项制度

一、双向担保制度

2017 版施工合同通用条款第 2.5 款规定，除专用合同条款另有约定外，发包人要求承包人提供履约担保的，发包人应当向承包人提供支付担保。履约担保是国际上通行的惯例，2017 版 FIDIC 红皮书通用合同条件第 4.2 款和 A201 第 11.1 款都规定发包人有权要求承包人在合理期限内提供履约担保。而关于发包人的付款保证，2017 版 FIDIC 红皮书通用合同条件第 2.4 款和 A201 第 2.2 款均规定，承包人有权要求发包人提供合理证明，表明其已做财务安排，有能力履行合同付款义务，此后若发包人想改变财务安排，必须事先通知承包人。但是，2017 版 FIDIC 红皮书和 A201 并没有要求发包人提供对应的支付担保。因此相对而言，2017 版施工合同的规定对于承包商来说提供了更多的保护。和 1999 版 FIDIC 红皮书相比，2017 版 FIDIC 红皮书新增加了条款，规定承包商在以下三种情形下有权要求业主在 28 天内提供合理证据，证明业主的资金安排能满足项目正常的支付要求，分别是：(1) 收到的变更指令单项超过中标合同额的 10% 或累计超过 30%；(2) 没有按第 14.7 款及时收到付款；(3) 发现业主对其资金安排做了重大变化但没有发通知给承包商。2017 版 FIDIC 新增条款的可操作性更强，同时加大了对承包商的保障力度。值得关注的是，A201 第 11.1 款除了规定承包人要向发包人提供履约担保外，还规定承包人要向分包商和材料及设备供应商提供支付担保。在美国，总承包商可以只负责协调管理分包商组织施工，而不实际参与工程任何一部分的具体建造，此项规定是 AIA 合同对工程实际建造者提供的一种保障。

二、变更

由于建筑工程的复杂性，变更是不可避免的。2017 版施工合同通用条款第 10 条对变更的范围、权利人（发包人或工程师）、程序和承包人的合理化建议及变更涉及的价格和工期调整进行了详细的规定，其编排方式和内容与 2017 版 FIDIC 红皮书通用合同条件第 13 条极其类似。而 A201 则将变更分成三类，分别是变更令（change order）、施工变更指示（construction change directive）和小幅变更（minor change in the work）。变更令必须明确包含三项内容，即需要改变的工作、对合同金额的调整、对工期的调整，并经建筑师、发包人和承包人三方签字方能生效，成为合同的有效组成部分。施工变更指示是在三方无法就合同金额和工期调整达成一致的情况下由建筑师和发包人联合签署的要求承包人执行某项变更的命令，同时该条款对如何调整合同金额提出了几种方法，施工变更指示一经承包人签字即可转变为变更令。而小幅变更是由建筑师一方签字生效的变更指令，此变更一般是工地上发生的微小变更，不涉及对合同金额和工期的调整，但对发包人和承包人均有约束力。

三、分包

2017 版施工合同通用条款第 3.5 款禁止承包人将全部工程转包给第三人，或将工程肢解后以分包名义转包给第三人。承包人不得将工程主体结构、关键性工作及专用合同条款中禁止分包的专业工程分包给第三人。2017 版 FIDIC 红皮书通用合同条件第 5.1 款也禁止承包商将整个工程分包出去，同时在 1999 版 FIDIC 红皮书的基础上进行了修订，在合同数据表中限定了分包的最大范围，规定承包商对外分包的合同价值不得超过合同数据表规定中标合同金额的约定百分比；若数据表中没有规定分包的百分比，则承包商不得将整个工程分包出去。而对于 AIA 合同，由于美国允许总承包商只承担管理职能，因此没有不得将工程主体结构或关键性工作分包给第三人的规定。此外，美国不禁止分包商继续分包，也就是允许分包商的分包商存在。在这种情况下，为了保障发包人的利益，A201 第 5.3条对分包关系作了约定，总承包商必须在签订分包合同时向每个分包商提供总承包合同中与总承包商职责和义务相关的内容，并要求每个分包商就其分包的范围对总承包商承担相同的职责和义务。且每个分包合同必须保留和保护发包人与建筑师在总承包合同里享有的权利。此外，总承包商必须要求每个分包商在再次分包时与其自己的分包商签订相似的协议内容。

四、支付分解表

在总价合同中,发包人向承包人付款主要采用分期支付(installment)、阶段付款(stage payment)或里程碑付款(milestone payment)方式。2017 版施工合同通用条款第 12.4.6 项规定了适用于总价合同的支付分解表,其应由承包人在工程开始前,根据施工进度计划、签约合同价和工程量等因素对总价合同按月进行分解,经发包人批准后成为每月计算工程进度款的基础。也就是说,使用支付分解表的进度款支付方式为按月分期付款方式。2017 版 FIDIC 红皮书通用合同条件第 14.4 款和 A201 第 9.2 款都有类似规定。美国的总价合同则基本上都采取根据支付分解表(schedule of values)按月付款的方式。

五、缺陷责任期

2017 版施工合同通用条款第 15.2 款规定了缺陷责任期,明确缺陷责任期从工程通过竣工验收之日起计算,因承包人原因导致工程无法按合同约定期限进行竣工验收的,缺陷责任期从实际通过竣工验收之日起计算。因发包人原因导致工程无法按合同约定期限进行竣工验收的,在承包人提交竣工验收报告 90 天后,工程自动进入缺陷责任期;发包人未经竣工验收擅自使用工程的,缺陷责任期自工程转移占有之日起开始计算。在缺陷责任期间承包人应按照合同约定承担缺陷修复义务且发包人有权扣留质量保证金至期满为止(已缴纳履约保证金的除外)。2017 版 FIDIC 红皮书通用合同条件第 11 条对缺陷责任进行了明确的规定。且我国 2017 版施工合同和 2017 版 FIDIC 红皮书的条款均允许合同各方自行约定缺陷责任期长度,2017 版施工合同规定缺陷责任期(含延长部分)最长不得超过 24 个月,而 FIDIC 是最长不超过 3 年(一般为 1 年,最多延长 2 年)。A201 第 12.2.2.1 款有类似缺陷责任期的规定,不过除合同文件有专门规定的期限长度外,缺陷责任期应为实际竣工之日起 1 年。

六、保险

2017 版施工合同通用条款第 18 条对工程系列保险进行了规定,为今后可能会推广的工程保修保险制度预留了执行的空间,其规定与 2017 版 FIDIC 红皮书通用合同条件第 19 条保险条款基本接轨。在美国,保险业出奇地发达,商业交易已经离不开保险业,而建筑业又是风险比较集中的一个行业,因此,保险业为建筑业提供了各种规避风险的保险,除了最基本的工伤保险,还有适用于发包人、承包人(总包及分包)、建筑师和工程师的各种责任险及财产险。A201 第 11 条对保险进行了详细的规定。另外,前文讲到的 A201 合同中的履约担保和支付担保,也是由保险公司承担担保人的角色。

七、商定或确定

2017 版施工合同通用合同条件第 4.4 款规定,施工过程中,发包人和承包人存在争议的,总监理工程师应当会同合同当事人尽量通过协商达成一致,不能达成一致的,由总监理工程师按照合同约定审慎作出公正的确定。据此规定,总监理工程师担当了“最初决策人”(initial decision maker)的角色。2017 版 FIDIC 红皮书通用合同条件第 3.7 款规定了工程师商定和确定的职责,也就是说,工程师是 FIDIC 条款项下的最初决策人。A201 第 1.1.8 项是对最初决策人的规定,在 2007 版 A201 合同前,建筑师承担了最初决策人的角色,但是 2007 版 A201 合同对此进行了重大修改,最初决策人将由合同当事人在协议中共同指定,可以是建筑师之外的中立第三人。2017 版 A201 合同延续了 2007 版的修改。

八、争议评审制度

2017 版施工合同通用条款第 20.3 款规定了争议评审制度,此种制度在国外大型工程中较常见,它可以及时解决施工过程中存在的争议,大大减少了仲裁和诉讼的可能。同时,在解决过程中促进了发承包双方的沟通,对工程管理也起到了积极的作用。FIDIC 新版红皮书通用合同条件第 21.1 款和第 21.7 款有相似规定。不过,A201 合同未引入此项制度。在美国,专业人士的费用比较昂贵,所以除非大型项目,一般的建筑项目不会成立专门的争议评审小组。另外,由于美国诉讼程序耗时较长,很多州都规定建筑工程争议在诉讼前必须进行调解(mediation)程序,因此 A201 合同对调解程序作了比较详细的规定。

由于争议评审制度是工程发生问题时的第一条解决途径,结合笔者承办案件的实践经验,笔者认为 2017 版施工合同引入该项制度具有极强的实践作用,当事人在应用 2017 版施工合同中的争议解决条款时应该注意下述事项:

第一,在争议解决程序中是否采用争端裁决委员会(Dispute Adjudication Board,DAB)由当事人双方自由约定。当事人若是无意采用该程序的,应在合同专用条款中明确约定第 20.3 款不适用。

第二，双方若是自愿采用 DAB 前置程序的，应首先就拟组成 DAB 的评审成员人选达成一致，或者在专用条款中明确约定，或者在争议发生后 14 天内选定。涉及需要选定 3 名评审员的，在各自选定的 1 名评审员之外，对于第三名评审员人选，可通过双方商定或委托已选定的评审员确定或者由约定的专业评审机构指定。

第三，鉴于实践中产生诸多争议是因为事关利益，双方分歧较大，致使争议久拖不决，极大地浪费了社会资源，降低了经济效益。引入 DAB 的目的就在于快速定分止争，所以，若是 DAB 限期内未能作出有效决定的，当事人应当尽快启动仲裁或司法程序，以提高争议解决效率。

第四，对于 DAB 作出的决定，经双方签字确认后，对双方具有约束力，双方应遵照执行。若是双方不愿接受或不履行 DAB 决定的，双方可选择采取其他争议解决方式。换言之，DAB 作出的决定本身没有强制力，除非当事人一致认可，自愿接受。为了推进争议解决进展，当事人在专用条款中应就针对 DAB 作出的决定提出异议的期限以及后续启动其他争议解决程序的期限作出明确规定。

结语

综上，不难看出 2017 版施工合同的国际性特点。其实，从发展的角度来看，中国承包商"走出去"是必然趋势，中国对外承包工程新签合同额及完成营业额呈快速上涨趋势，如图 28 – 1 所示。

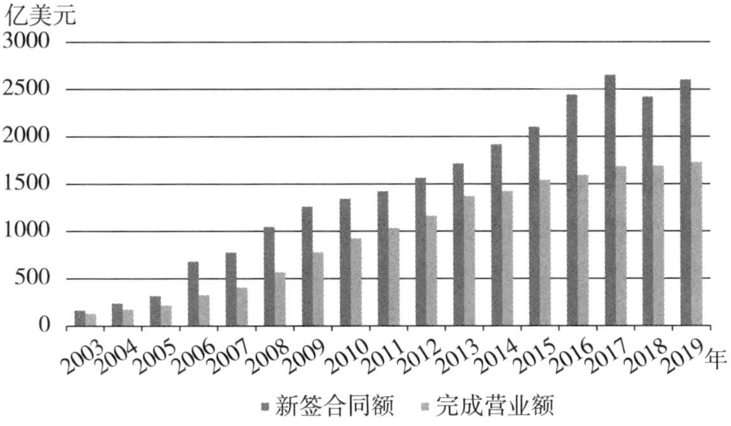

图 28 – 1　2003 ~ 2019 年中国对外承包工程新签合同额及营业额

（资料来源："走出去"公共服务平台，http://fec.mofcom.gov.cn/。）

但是之前国内的承包商在“走出去”时也发生了很多亏损案例,引起亏损的原因很多,但是其中很重要的原因就是国内承包商不熟悉国际工程管理的惯例,一些承包商的项目管理水平还有待提高。所以,笔者提议要抓紧学习国际惯例,先练好兵再出去打仗。众所周知,只有在真实的项目中才能锻炼出队伍、才能快速提高自己的项目管理水平。因此,从这个角度说,国内承包商如需了解国际惯例、熟练运用国际惯例、快速提高自身项目管理水平,可以从熟练使用 2017 版施工合同开始。可以想见,通过对 2017 版施工合同的广泛使用,承包商不仅能提高国内项目的管理水平,同样能比以前更好地适应国际市场的挑战。

专题二十九

从2020版《建设项目工程总承包合同（示范文本）》看FIDIC工程总承包相关合同条件的本土化适用

【本专题内容概览】

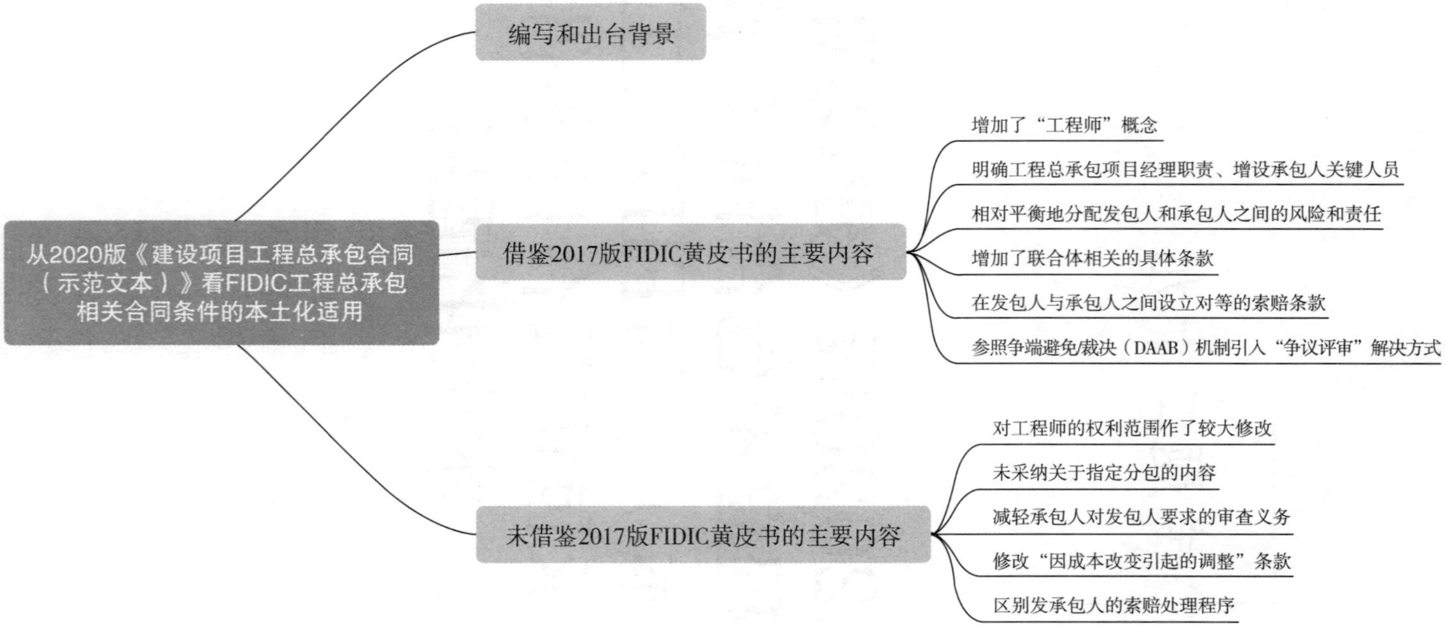

从2020版《建设项目工程总承包合同（示范文本）》看FIDIC工程总承包相关合同条件的本土化适用
编写和出台背景
借鉴2017版FIDIC黄皮书的主要内容
增加了“工程师”概念
明确工程总承包项目经理职责、增设承包人关键人员
相对平衡地分配发包人和承包人之间的风险和责任
增加了联合体相关的具体条款
在发包人与承包人之间设立对等的索赔条款
参照争端避免/裁决（DAAB）机制引入“争议评审”解决方式
未借鉴2017版FIDIC黄皮书的主要内容
对工程师的权利范围作了较大修改
未采纳关于指定分包的内容
减轻承包人对发包人要求的审查义务
修改“因成本改变引起的调整”条款
区别发承包人的索赔处理程序

2020年11月25日,住房和城乡建设部、国家市场监督管理总局正式印发《建设项目工程总承包合同(示范文本)》(GF-2020-0216,以下简称2020版示范文本),自2021年1月1日起执行。届时,"服务"了近十年的《建设项目工程总承包合同示范文本(试行)》(GF-2011-0216)同时废止。笔者作为2020版示范文本起草课题组的一员,有幸参与了2020版示范文本的编写。该文本在借鉴、吸收境外先进经验尤其是FIDIC发布的2017年第2版FIDIC黄皮书的同时,结合我国的实际情况和国内相关示范文本进行了本土化,以求贴合国内的工程总承包实践和市场经验。本专题将对此进行介绍,并结合该示范文本的编写情况探讨FIDIC工程总承包相关合同条件的本土化适用问题。

一、2020版示范文本的编写和出台背景

工程总承包模式集设计、采购、施工于一体,有利于落实承包责任,提高工程建设质量和效率,提升投资效益,近年来在国内发展迅速。为了规范和促进工程总承包市场的交易行为,我国制定了《标准设计施工总承包招标文件》(发改法规〔2011〕3018号)、《建设项目工程总承包合同示范文本(试行)》(GF-2011-0216)等工程总承包合同范本,并得到了市场的广泛使用。然而随着我国工程总承包市场的发展以及相关法律法规的更新,尤其是2019年年底《工程总承包管理办法》的正式颁布,以往的文本已不能完全反映我国工程总承包的最新实践,对其进行更新换代确有必要。2020版示范文本正是在这个背景下编制出台的。

FIDIC作为国际知名的咨询工程师专业组织,其编制的系列合同条件在国际工程市场得到了普遍认可,我国现行的工程类合同示范文本也对FIDIC合同条件的思路和经验多有借鉴。FIDIC编制的与工程总承包相关的合同条件包括早期的"电气与机械工程合同条件"与"设计-建造和交钥匙合同条件",以及1999年发布第1版、2017年更新发布第2版的FIDIC黄皮书和"设计—采购—施工与交钥匙项目合同条件"(以下简称FIDIC银皮书)。2017版FIDIC合同条件发布于2017年12月,较1999版篇幅大量增加并融入了更多项目管理的思维,借鉴了国际工程界有关项目管理的最佳实践做法,加强和拓展了工程师的地位和作用,强调业主和承包商之间在风险与责任分配及各项处理程序上的对等关系,代表了国际工程总承包项目的先进实践经验。

《标准设计施工总承包招标文件》《建设项目工程总承包合同示范文本(试行)》在编写过程中,即借鉴了1999版FIDIC合同条件;而2020版示范文本在开始编写时,恰逢2017版FIDIC合同条件的发布,因此2020版示范文本在体例和内容上都对2017版FIDIC合同条件,尤其是业主和承包商义务相对平衡的FIDIC黄皮书所反映的国际工程市场最新实践进行了吸收借鉴(见表29-1)。同时,对于2017版FIDIC黄皮书,2020版示范文本也并未不分皂白地全盘吸收借鉴,而是加以区别,对其中不适用于我国实际的内容予以剔除或修改,以更加贴合我国实际;对可以吸收借鉴的内容,则结合我国工程承包市场的实际情况和相关法律法规进行了本土化。另外,2020版示范文本在起草过程中还参考了《标准设计施工总承包招标文件》、《建设工程施工合同(示范文本)》(GF-2017-0201)等国内示范文本。因此,《建设项目工程总承包合同(示范文本)》是国内工程总承包实践的现实需求与国际工程实践的丰富经验相结合的产物。

表29-1 2020版示范文本与2017版FIDIC黄皮书内容对比

2020版示范文本	2017版FIDIC黄皮书
1. 一般约定	1. 一般规定
2. 发包人	2. 业主
3. 发包人的管理	3. 工程师
4. 承包人	4. 承包商
5. 设计	5. 设计
6. 材料、工程设备	6. 员工
7. 施工	7. 生产设备、材料和工艺
8. 工期和进度	8. 开工、延误和暂停
9. 竣工试验	9. 竣工试验
10. 验收和工程接收	10. 业主的接收
11. 缺陷责任与保修	11. 移交后的缺陷
12. 竣工后试验	12. 竣工后试验
13. 变更与调整	13. 变更和调整
14. 合同价格与支付	14. 合同价格和支付
15. 违约	15. 业主提出的终止
16. 合同解除	16. 承包商提出的暂停和终止
17. 不可抗力	17. 工程的照管和保障
18. 保险	18. 例外事件
19. 索赔	19. 保险
20. 争议解决	20. 业主和承包商的索赔
	21. 争端和仲裁

二、2020版示范文本借鉴2017版FIDIC黄皮书的主要内容

(一)增加了"工程师"概念

2017版FIDIC黄皮书下业主应任命工程师,按照业主指派的权限代表业主对工程项目进行管理,工程师的地位相对独立并应根据合同作出公正的决定。

结合目前国家正在推行全过程工程咨询,包括鼓励建设单位聘请全过程工程咨询单位对工程总承包项目进行管理,2020版示范文本的编写参考FIDIC黄皮书,引入了"工程师"的概念,但在内容上进行了简化,更为贴合我国的工程管理实践。根据2020版示范文本通用条件第1.1款"词语定义和解释","工程师"是指"在专用合同条件中指明的,受发包人委托按照法律规定和发包人的授权进行合同履行管理、工程监督管理等工作的法人或其他组织"。根据2020版示范文本通用条件第3.3款"工程师",工程师在发包人委托的范围、内容、职权和权限之内,代表发包人对承包人的设计、采购、施工、服务等工作过程或过程节点实施监督管理。同时2020版示范文本还在通用条件中设置了如第3.5款"指示"、第3.6款"商定或确定"等与工程师制度配套的制度,赋予了工程师更明确的职权,使其在合同履行和管理中发挥更大的作用。

总体而言,2020版示范文本参考FIDIC黄皮书引入了"工程师"这一概念,并取代了我国现有的"监理人"概念,但是"工程师"的概念范围又比"监理人"广泛,既可以包括监理人,又可以包括发包人为工程实施引入多个咨询人(如各标段监理、设计管理、造价管理等)的情况,负责统筹管理的咨询人即全过程工程咨询人。同时,2020版示范文本还考虑到我国存在强制监理的相关法律规定,因此也明确对于强制监理的项目,除非发包人另行聘请监理,否则由工程师履行法定的监理职责。

(二)明确工程总承包项目经理职责、增设承包人关键人员

2017版FIDIC黄皮书加强和细化了对承包商代表及人员的资质和管理要求,新增了"关键人员"条款,要求承包商将关键人员的姓名及详细资料提交工程师以取得同意,且未经同意不得任命或更换,同时关键人员在工程实施期间也应常驻现场。

本次合同编写参照了2017版FIDIC黄皮书的上述最新规定,在2020版示范文本通用条件第4.3款"工程总承包项目经理"对工程总承包项目经理的任职资

格、驻场时间、更换和授权、职责履行等内容进行了明确，并规定工程总承包项目经理在承包人授权范围内代表承包人履行合同。2020 版示范文本通用条件第 4.4 款“承包人人员”中，也引入了“关键人员”的概念，并将其定义为“发包人及承包人一致认为对工程建设起重要作用的承包人主要管理人员或技术人员”，其具体范围以及各关键人员的姓名、职务、职称以及项目经验等由发包人及承包人在合同附件中另行约定，关键人员未经发包人同意不得更换。同时，考虑到工程总承包项目涉及设计、采购、施工多个环节，在 2020 版示范文本附件中，关键人员包括了设计负责人、采购负责人、施工负责人、技术负责人、造价管理、质量管理、计划管理、安全管理、环境管理等，全面覆盖了工程总承包项目的整个过程。

（三）相对平衡地分配发包人和承包人之间的风险与责任

与 1999 版相比，2017 版 FIDIC 黄皮书更加强调业主和承包商之间在风险与责任分配及各项处理程序上的平衡和对等关系。

而本次 2020 版示范文本在发承包方的风险分配上，依据《工程总承包管理办法》第 15 条对建设单位和工程总承包单位的风险分配的相关规定，并借鉴了 2017 版 FIDIC 黄皮书，在保密、保障、索赔、合同解除、提前预警、知识产权、设计责任等方面都设置了双方对等的条款，尽可能平衡分配发包人和承包人间的风险与责任。

（四）增加了联合体相关的具体条款

2017 版 FIDIC 黄皮书相较 1999 年版，增加了“联合体”的定义，扩大了第 1.14 款“共同的和各自的责任”下的联营体未经业主同意不得变更的范围。

鉴于我国工程总承包市场仍在发展之中，设计施工还未全面融合，实践中以联合体或分包形式开展工程总承包的情况较为普遍。根据《工程总承包管理办法》第 10 条的规定，“工程总承包单位应当同时具有与工程规模相适应的工程设计资质和施工资质，或者由具有相应资质的设计单位和施工单位组成联合体……设计单位和施工单位组成联合体的，应当根据项目的特点和复杂程度，合理确定牵头单位，并在联合体协议中明确联合体成员单位的责任和权利。联合体各方应当共同与建设单位签订工程总承包合同，就工程总承包项目承担连带责任”。因此，本次 2020 版示范文本的起草借鉴了 2017 版 FIDIC 黄皮书关于联合体的最新内容，在通用条件第 4.6 款“联合体”中引入了对联合体的组成、分工以及责任承担的相关规定。根据该条款,联合体各方为履行合同向发包人承担连带责任,且不根据其就承包工作的分工而减免对发包人的任何合同责任。

(五)在发包人与承包人之间设立对等的索赔条款

就索赔的相关条款而言,2017版FIDIC黄皮书和银皮书较1999版进行了较大的变化和完善。首先,其将1999版的第20条“索赔、争端与仲裁”进行了重组和扩展,拆分成2017版的第20条“业主和承包商的索赔”和第21条“争议与仲裁”,将索赔从争端解决中进一步分离开来,成为单独的条款;其次,其在第20条中大幅增加了索赔规定的篇幅,进一步详细和明确了索赔的程序与权利义务;最后,1999版中业主和承包商的索赔权利和义务是不对等的,承包商在28天内未发出索赔通知则逾期失权,而业主只需尽快发出索赔通知即可。2017版将承包商和业主提起索赔的程序机制合并规定在第20条“业主和承包商的索赔”中,就双方的索赔期限、程序和权利义务等进行了对等性的规定。

2020版示范文本参照2017版FIDIC黄皮书,将“索赔”在第19条单列为独立条款,并且在索赔期限、索赔程序和过期索赔失权等权利义务上对发包人和承包人作了对等的规定。根据2020版示范文本通用条件第19.1款“索赔的提出”,无论是发包人索赔还是承包人索赔,均应在索赔事件后28天内递交索赔意向通知书,并在发出索赔意向通知书后28天内提交完整详细的索赔报告。

(六)参照争端避免/裁决(Dispute Avoidance/Adjudication Board, DAAB)机制引入“争议评审”解决方式

1999版FIDIC黄皮书规定当事人之间的争端可先通过双方在争端发生后联合任命的DAB裁决解决,当事人不满DAB裁决的,再通过国际仲裁最终解决;2017版FIDIC黄皮书将DAB机制升级为DAAB机制,并且新增了争端避免的职责。

本次2020版示范文本也在其第20.3款“争议评审”设置了“争议评审”的解决方式,并详细规定了争议评审小组的确定方式、作出决定的流程以及该等决定的效力等。2020版示范文本还参照2017版FIDIC黄皮书的最新规定,在第20.3.2项“争议的避免”就争议的避免等内容进行了完善。该项明确,合同当事人协商一致,可以共同书面请求争议评审小组,就合同履行过程中可能出现争议的情况提供协助或进行非正式讨论,争议评审小组应给出公正的意见或建议,但

该等争议意见或建议,对发包人和承包人均不具有约束力,争议评审小组在之后的争议评审程序或决定中也不受此类意见或建议的约束。但是,相较于 2017 版 FIDIC 黄皮书将 DAAB 设置为常设机构不同,由于争议评审机制在我国并不具有广泛的实践基础,2020 版示范文本在进行编写时也充分尊重当事人的意思自治,当事人可自行选择是否采取争议评审机制、采用常设还是临时性的争议评审机构,以及就该机制的程序、规则、费用承担、评审结果约束力等事项进行自由约定。

三、2020 版示范文本未借鉴 2017 版 FIDIC 黄皮书的主要内容

虽然国际工程领域的诸多示范文本体现了国际上关于工程总承包的最新实践经验,但是并非所有国际上的经营均可照搬适用到我国。2020 版示范文本在编写时,也对 2017 版 FIDIC 黄皮书中的内容进行了取舍,对于其中不能适用于我国实际的部分未作借鉴。

(一)对工程师的权利范围作了较大修改

如上文所述,虽然 2020 版示范文本参考 2017 版 FIDIC 黄皮书,引入了"工程师"这一角色,但是对于工程师的具体全责上作出了较大的修改,以更加适应我国工程总承包实践的需求。一般而言,"工程师"这一角色在国际工程项目实践中具有较为重要的地位,2017 版 FIDIC 黄皮书赋予了工程师较大的权利,其对于工程价款确认、变更确认等事务都具有决定权。但是,考虑到我国工程市场的实际情况,发包人对于工程价款确认、变更确认等核心权利一般并不授权工程师行使,因此合同设置上以发包人授权为原则,发包人没有授权的,工程师不具有相应权利;在条款设计上,根据我国工程市场实际,发包人通常可以就委托工程师管理的内容直接在通用合同条件中规定授权范围,但进一步明确,通用合同条件中约定由工程师行使的职权如不在发包人对工程师的授权范围内的,则视为没有取得授权,该职权应由发包人或发包人指定的其他人员行使;第 3.3.3 项明确工程师无权修改合同,也无权减轻或免除合同当事人的任何责任与义务。2020 版示范文本通过这样的制度设计,进行了 FIDIC 合同条件和国内实践的衔接。

(二)未采纳关于指定分包的内容

2017 版 FIDIC 黄皮书第 4.5 款"指定的分包商"明确了可指定分包的情形、承包商反对指定分包的合理情形、业主直接支付指定分包商的条件,并允许业主

通过对指定分包商的责任提供保障,在承包商反对的情况下继续使用指定分包商。

在编写2020版示范文本时,虽然通用条件第4.5款“分包”中也参考2017版FIDIC黄皮书,明确了对于分包的确定、分包人资质、承包人对分包人的管理、分包合同价款支付以及承包人与分包之间的责任承担等具体内容,但是由于我国《建筑法》禁止将建筑工程支解发包,现行的法律法规与监管体系也不支持发包人直接指定分包,因此,2017版FIDIC黄皮书中允许发包人指定分包的内容不符合我国相关法律规定和工程实践,2020版示范文本予以删除。

(三)减轻承包人对发包人要求的审查义务

在2017版FIDIC黄皮书下,承包商对业主要求具有审查义务,即承包商应在收到开工通知后对上述资料进行仔细检查,如发现存在错误的,应在开工日期后42天内通知工程师,错过该期限的仍应进行通知。如果该错误是一个有经验的承包商(在考虑到成本和时间的情况下)尽到应有的注意义务,通过在投标前检查现场和业主要求(在错过42天期限的情况下,则是通过在期限内仔细检查业主要求)仍无法发现的错误,则工程师可视其为变更进行处理,且承包商有权就工期、费用和利润进行索赔,否则相关损失应由承包商承担。

2020版示范文本第1.12款“《发包人要求》和基础资料中的错误”在设置上参照了2017版FIDIC黄皮书的上述内容,但在内容上有多处没有采纳。一是承包人发现发包人要求中的错误后及时通知发包人补正即可,而没有设置通知的具体期限和后果。这一方面是考虑到国内项目招投标阶段和工期相比国际工程普遍较短,承包人在开始相关工作前往往没有足够的时间对现场和发包人要求详细检查;另一方面是与《民法典》第776条的规定相符,即“承揽人发现定作人提供的图纸或者技术要求不合理的,应当及时通知定作人。因定作人怠于答复等原因造成承揽人损失的,应当赔偿损失”。二是没有将“有经验的承包商尽到应有的注意义务”作为承包人是否承担责任的判断原则,因这一概念主要适用于英美法系,在我国法律体系下并不适用。三是承包人发现错误后直接通知发包人而非工程师,这主要是考虑到发包人要求中出现错误属于较为重大的变更,实践中往往需要发包人确认,目前以工程师为中心进行项目实施管理的体系还未完全建立,工程师可能一般没有权限对此进行确认。四是由于FIDIC黄皮书下的基础资料审查义务机制较为复杂,而2020版示范文本将发包人要求和基础资料的审查义务规则相统一，均规定在第 1.12 款“《发包人要求》和基础资料中的错误”下，承包人可对发包人提供的所有要求和条件进行统一审查处理。

（四）修改“因成本改变引起的调整”条款

2017 版 FIDIC 黄皮书第 13.7 款“因成本改变引起的调整”允许当事人在约定有“成本指数的附表”时，将合同价格根据工程所用劳动力、货物和其他投入的成本的涨落，按成本指数的附表计算的增减额进行调整。但相比 1999 版，2017 版删除了所附的调价公式，留由当事人自行约定。

2020 版示范文本参照 2017 版 FIDIC 黄皮书，在第 13.8 款“波动引起的调整”规定，如果当事人在专用合同条件中约定有《价格指数权重表》的，当主要工程材料、设备、人工价格与招标时基期价相比，波动幅度超过合同约定幅度的，双方可以调整合同价格。但是，考虑到在我国市场实际中，发包人往往较为强势，双方就合同价格的调整往往难以达成一致的约定，因此，2020 版示范文本在编写时，在通用合同条件中直接设立了调整规则公式，该公式参照了九部委《设计施工总承包合同》第 16.1（A）款，无疑更符合我国市场成本价格波动调整的行情。

（五）区别发承包人的索赔处理程序

在索赔程序上，2017 版 FIDIC 黄皮书中无论是发包人还是承包人提出的索赔都由工程师作为中立方商定或确定结果。但是这一规定与国内实践较为脱节，因此不能照搬适用于我国。在国际上，工程师由业主聘请，其是否能中立地作出决定已受到广泛质疑，在国内这一问题更为突出。因此，本次 2020 版示范文本的起草并未借鉴 2017 版 FIDIC 黄皮书中将发包人和承包人索赔程序合二为一且均由工程师最终商定或确定的做法，而是仍然将发包人索赔程序和承包人索赔程序分开。2020 版示范文本第 19.2 款“承包人索赔的处理程序”、第 19.3 款“发包人索赔的处理程序”对于承包人和发包人的索赔处理程序分别进行了规定，对于承包人的索赔，应当提交给工程师进行审查，并按商定或确定程序进行处理；但是对于发包人的索赔，则是直接提交给承包人进行审查，而无须提交给工程师，这一规定更为符合我国建设工程行业的惯例。

结语

2020 版示范文本的发布，为我国建筑企业承接工程总承包项目提供更加全面而具体的交易依据,并更好地规范其签约行为,对促进我国工程总承包市场健康、有序发展,促进与国际惯例和实践的接轨具有重要的实践意义。总体而言,2020 版示范文本的总体结构和内容都更加完备,吸收与借鉴了 2017 版 FIDIC 黄皮书中可以适用于我国工程总承包的部分内容,与国际工程的先进实践进一步接轨。但是,正如笔者指出的,2020 版示范文本与 2017 版 FIDIC 黄皮书仍然存在很大的区别,当事人在适用该范本时应当尤其注重该等差异。因此,2020 版示范文本的发布也代表着工程总承包的合同当事人应加强对 2020 版示范文本内容的理解,并更为重视合同的编制,在合同中明确自身的权利义务与风险分担,以确保项目的顺利实施与开展。

【本专题内容概览】

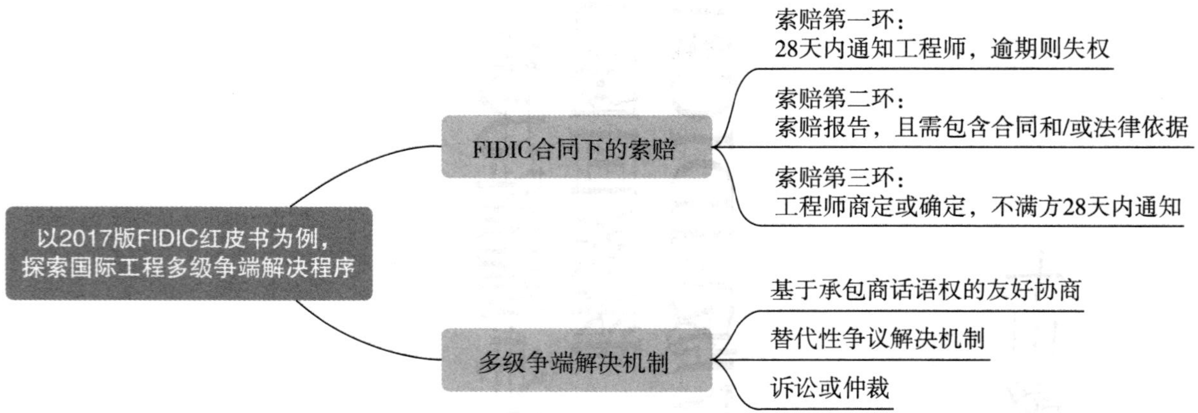
以2017版FIDIC红皮书为例，
探索国际工程多级争端解决程序
FIDIC合同下的索赔
索赔第一环：
28天内通知工程师，逾期则失权
索赔第二环：
索赔报告，且需包含合同和/或法律依据
索赔第三环：
工程师商定或确定，不满方28天内通知
多级争端解决机制
基于承包商话语权的友好协商
替代性争议解决机制
诉讼或仲裁

FIDIC 合同是目前国际工程中使用最普遍的合同范本之一，但其中所蕴含的多级争端解决程序思想在实践中没有得到足够的重视。在处理索赔问题时，国内承包商往往基于国内工程的"经验"，并未严格按照 FIDIC 合同的程序履行，造成索赔不当甚至逾期失权，难以保障最终的利益。所以，如何充分运用好多级争端解决程序进行有条理的索赔，并且通过有效的手段化解逾期失权问题、妥善解决争议，应引起国际承包商的足够关注。

一、FIDIC 合同下的索赔

1999 版 FIDIC 红皮书、黄皮书和银皮书（以下统称 1999 FIDIC 合同条件）均对合同双方间的争议解决作出详细规定，鼓励双方温和地解决争议，若一直未能产生实质性效果，再发展到较为对立的局势。FIDIC 起草组设置此程序的目的就是希望将双方的利益冲突尽量拉到同一对话平台上友好解决，并且期望以较低成本来解决此纠纷。

2017 版 FIDIC 合同条件在 1999 版的基础上，对索赔程序进一步优化与改进。例如，1999 版将承包商索赔的内容放在第 20.1 款"承包商的索赔"中，但将业主索赔的内容放在第 2.5 款"业主的索赔"中，并且只有承包商受到 28 天逾期失权的限制；而 2017 版则将业主与承包商的索赔程序进行了对等统一，并将 1999 版第 20 条"索赔、争议与仲裁"中的内容拆为第 20 条"业主和承包商的索赔"与第 21 条"争议与仲裁"。此外，2017 版大幅增加了工程师和业主代表对索赔争议如何商定和确定的程序性内容。这些变化，一方面体现了合同双方权利对等的原则，另一方面也使机制更加完善、双方的协商解决更为顺利，以便将争议尽量抑制在索赔阶段。

国际工程由于体量大、工期紧、时间长、人员设备投入巨大，如果双方在争议初期就直接进入对立局势，势必对整个工程进度产生较大影响，甚至导致停工，造成"双输"局面。如能够有效地借助 FIDIC 的争端解决程序"化干戈为玉帛"，则可节省大量的时间和费用。笔者将以 2017 版 FIDIC 红皮书为例，对索赔及争议解决程序进行分析。如图 30－1 所示。

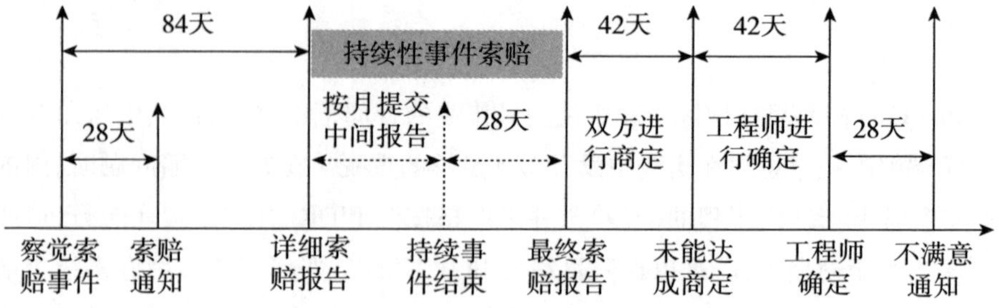

图 30－1　2017 版 FIDIC 红皮书索赔流程

(一)索赔第一环:28 天内通知工程师,逾期则失权

依据 2017 版 FIDIC 红皮书第 20 条,如业主认为有权从承包商处获得支付(扣减合同价格)或延长缺陷通知期,或承包商认为有权从业主处获得额外付款或延长工期的,应在察觉或应察觉索赔事件后的 28 天内向工程师提交索赔通知。索赔方未在 28 天内发出索赔通知,则丧失索赔权。

为使程序更加具有可操作性、避免投机行为,2017 版 FIDIC 红皮书另外约定了逾期失权的特例。如索赔方发出索赔通知已经超过 28 天,工程师应在 14 天内通知其超期;如工程师未在 14 天内指出其超期情况的,索赔方发出的原索赔通知应视为有效通知。此时,索赔方的权利并不当然丧失,如另一方对有效通知存在异议的,可书面提出不同意的理由,此时工程师将结合双方意见及事实,对该索赔通知的最终效力进行商定或确定。

对于逾期失权问题,从英国衡平法的角度来看,其法理依据为允诺性禁止反言,意味着当合同一方对另一方作出明确的承诺或诺言,并且双方就此达成一致,即使此承诺或诺言会对一方产生不公平的后果,此方也不能主张其权利,其意义就是“法律不保护在权利上睡眠的人”。对于大型复杂工程来说,各项工作复杂多变,且合同额较大,若不明确约定索赔的有效期限,那么在工程结束后,很难保证能够相对精确地计算索赔额度,最终难以保证双方间的公正。对于双方事先约定的索赔时效,国际上一般都尊重双方意思自治,而国内法院目前也逐渐持肯定态度。在盛云科技有限公司与昆明市之江置业有限公司建设工程合同纠纷案、道隧集团工程有限公司与山东高速集团河南许亳公路有限公司建设工程施工合同纠纷上诉案等案件中,法院均因当事人未能严格履行索赔的程序,最终认定索赔权利丧失。

（二）索赔第二环：索赔报告，且需包含合同和/或法律依据

对于一次性的索赔事件，索赔方应在察觉或应察觉索赔事件后84天内向工程师提交详细索赔报告；而对于持续性的索赔事件，还需要每月更新索赔的详单以及证据。需要注意的是，索赔报告必须包含索赔依据的合同和/或法律依据，如该部分内容未在84天内提交的，索赔通知亦将逾期失效。

国际工程项目中，有很多项目涉及征地拆迁，一般而言，承包商并不承担拆迁责任，换言之，业主应将具备施工条件的场地交付给承包商。而由于涉及施工场地周边的相邻关系，业主往往并不能在施工开始前将所有界面全部交付给承包商。笔者服务的一个沿海道路工程的施工项目，承包商依合同原计划应在12个月内完成7条道路的施工任务，如未能按时完成，将面临人民币20000元/天的违约金。但因政府方未能完成征地拆迁，承包商实际进场时，仅有3条道路具备施工条件；甚至在承包商已经完成该3条道路的施工时，政府方依然未能将所有道路所需场地交付给承包商。根据双方签署的合同，承包商需每周对引起工期延误和额外费用的事件向政府方聘请的管理机构提交报告，而正是凭借着相关拆迁延误的周报清晰地明确了各方责任，承包商不但避免了承担巨额违约金，也借势通过谈判就放弃后续路段的施工与政府方达成了协议。

（三）索赔第三环：工程师商定或确定，不满方28天内通知

由于在工程建设中，业主囿于自身的专业，对工程的质量监控、进度管理、成本控制和付款签证管理等能力往往和专业承包商具有一定的差距，为弥补业主认知的不足，工程师的角色就应运而生。相比对项目情况缺乏了解的仲裁员或法官，工程师对于项目的来龙去脉更加熟悉，在争议前期双方利益尚未出现较大对立的情况下，以合作的态度将争议事项交由工程师确定不失为承包商的一个良好选择。

2017版FIDIC红皮书要求工程师在收到索赔报告后先组织双方进行协商，双方未能协商一致的，由工程师在42天内确定，如未按期作出的，视为拒绝索赔，对此不满的一方应在28天内发出通知，否则该确定应视为双方已接受并为最终决定。

二、多级争端解决机制

根据双方对立性质及争议解决费用，国际工程中的多级争端解决程序主要分

为上述程序，其中早期中立评估、调停/调解、迷你法庭、争议避免/裁决委员会都属于替代性争议解决(Alternative Dispute Resolution，ADR)机制程序。如图30－2所示。

图 30－2　多级争端解决程序

(一)基于承包商话语权的友好协商

前期对工程所在国和业主的尽职调查应该成为判断业主是否有意愿解决问题的关键，不同时期国际工程市场的需求和供给状况也应该成为承包商是否有资格对合同提出修改意见的前提。例如，在高新技术领域，准入门槛较高，如高铁路桥及配套工程的建设，世界范围内适格的供应商屈指可数，那么此时供应者的议价能力就比较强，对于争议解决措施的谈判力也就相应较强，考虑到更换承包商的成本，业主会倾向于通过协商来解决争议。但是，对于商业住房、道路施工等技术门槛相对较低的领域来讲，承包商想通过协商谈判解决全部问题，往往难度很大。

2017 版 FIDIC 红皮书对友好协商程序也进行了完善，包括增加第 3.8 款“定期会议”、第 8.4 款“提前预警”等机制，趋于将对抗关系转为伙伴关系，以减少争议上升为仲裁的可能。

(二)替代性争议解决机制

美国《1998 年代替性争端解决法》对 ADR 的定义是除任何主审法官审判以外，由第三方以诸如早期中立评估、调停、小型审判和自愿仲裁等方式参与协助解决争端的程序和方法。不过理论界一般将非诉讼/仲裁等具有司法强制力的民间解决方式统称为 ADR。放观 ADR 的广泛应用，新加坡在 20 多年前就已经建立了“先行调解中心”，作为 ADR 之一的争端委员会机制，其在工程领域的调解成功率能够达到 98%，仅有 2% 的案件会进入仲裁或诉讼程序，节省了大量的时间和金钱成本。

争议解决委员会机制的设立目的，是弥补双方之间对于公正、合理价值认知的一种差异，把争议交由独立第三方，第三方能以仲裁员或法官的视角来审视问题，并从专业的角度进行分析和判断，通过作出决定而约束争议双方。

争议解决委员会有两种组成方式，一种是常设委员会，即在合同成立时即由双方指定成员并组成委员会；另一种是在争议发生时再进行临时任命。小浪底工程项目中就采用类似方式，通过组成专家评审团对相关索赔及争议问题进行解决；在中水电参与的国际工程项目中，大多数采用了争议解决委员会模式，项目发生的争议也通过这一程序顺利解决。当然，具体采用哪一种模式，还应根据承包商对于业主违约预期的判断，以及索赔发生概率进行综合考量。

1999 版 FIDIC 红皮书设立 DAB 并将其作为仲裁或诉讼的前置程序，2017 版则将其升级为 DAAB，并增加了争议解决过程中由 DAAB 调解的环节。双方如对合同履约产生问题的，可共同向 DAAB 申请协助，进行非正式商谈和调解。但调解并非申请 DAAB 裁决的前置程序；并且，与 DAAB 裁决的效力不同，DAAB 在此类商谈中给出的建议并不具备强制约束力。

（三）诉讼或仲裁

相对于诉讼而言，仲裁因其仲裁庭组成的可选择性、仲裁员的专业性以及程序的便利性，逐渐成为国际工程乃至国际贸易中的主流争议解决方式。FIDIC 红皮书也约定，在一方对 DAB/DAAB 作出的决定不满时，可通过仲裁进行权利主张。不过 FIDIC 对于仲裁程序的启动也有一定的时间限制。首先，承包商如对 DAB/DAAB 决定不满的，应在收到决定后 28 日内发出不满通知；或者 DAB 未能在合同约定或各方同意的解决期限内作出决定的，承包商在解决期限届满后 28 日内发出不满通知。其次，发出不满通知 28 日后方可启动仲裁，双方在此期间可努力以友好方式解决争议，以避免最终走向仲裁程序。如图 30 – 3 所示。

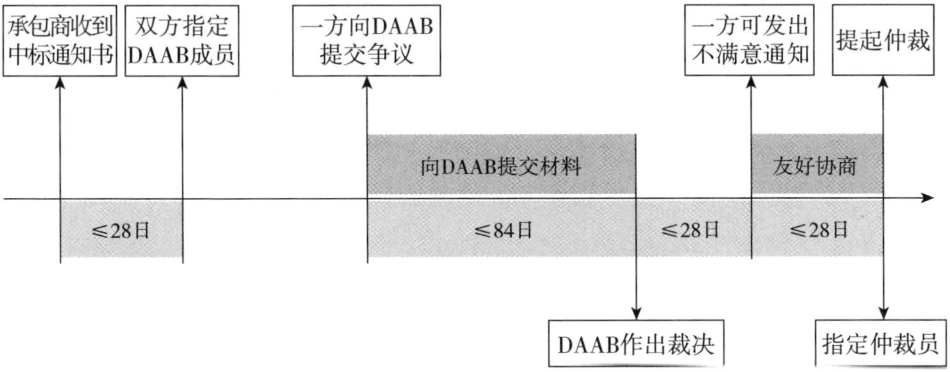

图 30 – 3　DAAB 流程

FIDIC 制定此款也是为了避免双方使用更加对立、成本花费更高的方式解决问题，但是当双方矛盾极大激化或某一方没有意愿本着友好方式解决时，及时提请仲裁或诉讼则是维护承包商权益的重要途径。笔者正在服务的一个海外光伏电站项目，因业主资金紧张加之双方对于部分合同款项的计取争议很大，业主不仅不同意索赔，并长时间拖欠承包商的到期应付款。如经 DAB 裁决仍无法妥善解决的，承包商将不得不通过仲裁的方式解决争议。

结语

随着"一带一路"倡议的推进，中国企业在从事海外基础设施建设投资时，需要面临的国际规则和法律环境越发复杂。任何合同都无法使双方达到完全的平等。作为"走出去"的中国承包商，既应秉承"以和为贵"的理念，尽可能低成本、快周期地协商解决问题，又要适当运用法律武器，在无法友好处理时及时申请仲裁。近年来，上海国际经济贸易仲裁委员会(同时启用"上海国际仲裁中心"的名称)、北京仲裁委员会等国内仲裁机构的崛起和发展，也为中国企业选择争议解决机构时提供了更多选择。以上海国际仲裁中心为例，其在册仲裁员近千人，37%为我国港澳台地区籍及外籍背景，23%具备工程专业背景，由独立且经验丰富的工程专家介入，对于解决争议必要且重要。归根结底，工程的开工不是一场"婚礼"的开始，而是象征一场"婚姻"的开端。

专题三十一

国际工程分包合同多方争议解决机制研究

【本专题内容概览】

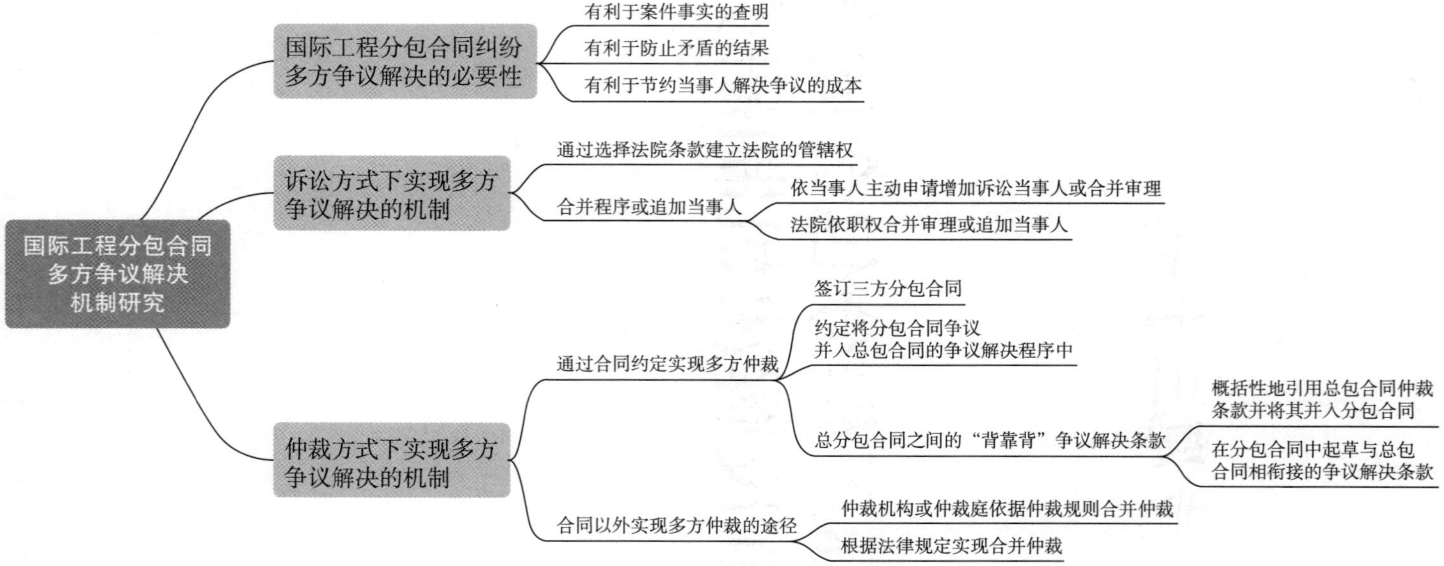
国际工程分包合同多方争议解决机制研究
国际工程分包合同纠纷多方争议解决的必要性
有利于案件事实的查明
有利于防止矛盾的结果
有利于节约当事人解决争议的成本
诉讼方式下实现多方争议解决的机制
通过选择法院条款建立法院的管辖权
合并程序或追加当事人
依当事人主动申请增加诉讼当事人或合并审理
法院依职权合并审理或追加当事人
仲裁方式下实现多方争议解决的机制
通过合同约定实现多方仲裁
签订三方分包合同
约定将分包合同争议并入总包合同的争议解决程序中
总分包合同之间的“背靠背”争议解决条款
概括性地引用总包合同仲裁条款并将其并入分包合同
在分包合同中起草与总包合同相衔接的争议解决条款
合同以外实现多方仲裁的途径
仲裁机构或仲裁庭依据仲裁规则合并仲裁
根据法律规定实现合并仲裁

国际工程项目具有体量大、专业多、技术复杂的特点，总包商往往需聘请众多分包商进行建设，开展相关管理协调工作，并对分包商的履约行为负责。在这种总分包运作模式下，一旦分包合同产生纠纷，往往并非仅牵涉总包商和分包商，也同时会涉及业主甚至其他参与方。因此，如果将分包合同与总包合同等其他项目相关合同下的争议在不同的争议解决程序中割裂地进行解决，就很可能因为事实查明的不全面、不同程序中裁判者观点不同等原因而导致争议不能高效、充分、公正地解决。因此，将分包合同纠纷以及与其关联的合同纠纷放在同一个程序中一并进行解决具有一定的必要性。本专题将结合国际工程分包合同中几种常见的争议解决方式，探讨在不同的争议解决方式下实现多方争议解决的可能机制与途径，以及各机制的利弊之处。

一、国际工程分包合同纠纷多方争议解决的必要性

在国际工程总分包运作模式下，典型的合同关系为业主与总包商签订总包合同，再由总包商与各分包商签订分包合同。由于国际工程的复杂性，分包合同一旦发生纠纷，不仅会牵涉分包合同下的分包商与总包商，往往还会牵涉总包合同下的业主乃至项目中的其他参与方。例如，在团队服务过的一些国际工程项目中，首先，分包商在合同履行过程中工程质量、工期等不符合分包合同的要求，会同时导致总包商在总包合同下的违约或失权，使业主与总包商之间产生争议；其次，在业主拖延支付总包合同下的款项时，很可能导致总包商拖延支付分包合同下的相应款项，使总包商与分包商之间产生争议；最后，对于因业主或总包商其他分包商的原因，导致分包合同不能顺利履行的，分包商也可能会根据分包合同向总包商提起工期或费用索赔。

但是，由于国际工程合同体系十分复杂，各个合同适用法律、争议解决方式可能均不相同。例如，总包合同一般适用工程所在地法律，争议在当地或第三方国家仲裁；而分包合同常适用总包商所在地法律，并在该地进行仲裁或诉讼，特别是中国企业间的境外分包工程就经常约定适用中国法，并在境内的仲裁机构或法院解决争议。由于分包合同和项目其他相关合同的争议解决条款都只能约束其签约方，而不能约束签约方以外的主体，因此，如果没有一定的机制将相关争议的解决“连接”起来，就可能导致因同一事实引起的争议处在不同的法律体系和争议

解决机制下,从而在处理争议时发生割裂,增加争议解决的难度,引发一系列的问题。相较于割裂的纠纷解决方式,多方主体在同一程序中解决争议具有如下的优势:

(一)有利于案件事实的查明

国际工程中分包合同纠纷多方争议解决在事实查明方面的优势体现为以下两点:首先,可以有效防止由于争议的裁断者只掌握了片面的信息而作出不公正的裁断。其次,多方主体共同进行争议解决还可以有效地化解当事人举证困难的情形。例如,在分包合同中较为常见一类约定是总包商只有在收到业主支付的款项后,才会支付给分包商,即"背靠背"支付条款。在这种合同约定下,如果总包商基于"背靠背"的支付约定,不支付分包款项,则分包商在主张工程款时需要证明业主已经支付了相关工程款,或至少总包商有怠于向业主请款的情况。然而在国际工程尤其是大型工程中,分包商对业主与总包商之间的具体履约与支付情况一般无法完全掌握,因此,该等举证责任对于分包商而言相当沉重,甚至无法完成。但是,如果可以通过某种多方争议机制,将业主也一并纳入分包与总包的争议解决程序中,则完全可以由业主提供相关支付证明,更加有利于查明案件事实。

(二)有利于防止矛盾的结果

如果将不同当事人之间的纠纷分别在多个程序中进行解决,最明显的风险在于,由于不同程序中的裁断者只能接触到片面的事实和情况,可能导致作出相互矛盾的事实认定或裁断结果。这一风险在诸如国际工程总分包合同这样的链式合同中尤为突出。链式合同,是指一方当事人承担责任后,可以顺着合同向其上家或下家行使请求权。国际工程的总分包模式是一种典型的链式合同模式,如当工程出现质量、工期等问题时,业主可以基于总包合同向总包商索赔,总包商在向业主赔偿后可以基于分包合同向应承担责任的分包商追偿。如果当事人之间分别进行争议解决,很有可能出现基于同一组法律事实,业主向总包商索赔成功,但是总包商却未能向相关分包商索赔成功,结果导致两头败诉的情形。同一法律事实因程序性设置,割裂了其内在的法律关系,为纠纷的公平、公正解决制造了障碍。因此,将多方当事人之间的争议统一在同一个程序中进行解决,有利于裁断者在对争议全局进行把握的基础上,更好地衡平当事人之间的利益,进而作出公正的裁断。

（三）有利于节约当事人解决争议的成本

将多个争议合并到一个程序中一并解决，还有一个显而易见的优点是有利于当事人节约争议解决的成本。在国际工程合同纠纷中，由于往往会涉及跨境收支、不同国籍的当事人等因素，很有可能无法通过单纯的某一国国内程序来解决纠纷，而需要适用跨境争议解决形式，涉及跨境送达、语言翻译、跨境取证、外国法查明、跨境执行等复杂的跨境争议解决环节，从而使当事人解决争议的成本大幅增加。如果不同当事人之间的争议均通过分别的程序进行解决，则当事人必然需要为这多个程序付出更多的时间与金钱成本，而将多个当事人集中在同一个程序中解决争议，就可以很大程度上节约时间与费用成本。

综上所述，在国际工程总分包运作模式下，分包合同纠纷采用多方争议解决的方式来定分止争具有一定的必要性。如果合同中没有该等可以实现多方争议解决的约定，则在特定的情形下，当事人也可以通过合同外的途径来实现多方争议解决。下文将结合国际工程常见的争议解决方式即诉讼和仲裁，探讨实现多方争议解决的机制。

二、诉讼方式下实现多方争议解决的机制

诉讼是国际工程合同中常见的争议解决方式之一。在国际工程中，由于业主、总包商、分包商往往来自不同的国家，且合同的协商、签订、履行往往会涉及跨境的过程，因此，在诉讼方式下实现多方争议解决机制的难点在于同时建立特定法院对事与对人的管辖权。对此，有以下几种途径可以一定程度上解决上述问题，从而实现多方诉讼：

（一）通过选择法院条款建立法院的管辖权

传统理论认为，法院对特定事项与人员的管辖权来源于领土主权，因此，当特定法院意图管辖不是其管辖区域内的人或事时，就必须要有特别的管辖基础。国际工程合同中，为了避免管辖争议，较为有效的做法是直接在合同中约定管辖法院，选择与争议有实际联系的地方的法院，如合同签订地、合同履行地、诉讼标的物所在地、可供扣押财产所在地、侵权行为地或者代表机构住所地法院管辖，将合同下的争议提交同一特定的法院进行管辖。

然而，在合同选择以诉讼方式解决争议的情况下，当事人是否可以通过选择

法院条款的方式建立起法院的对人、对事管辖,从而实现多方诉讼,还面临选择法院条款的有效性问题。选择法院条款又称协议管辖条款,是指民商事纠纷的当事人在争议发生之前或之后,通过协议选择特定法院对该纠纷行使管辖权。对于协议管辖条款的效力,不同国家的法律有不同的认定。例如,对协议管辖条款是否需为书面、是否需为争议产生后签订方才有效,以及不得协议管辖的情形(如专属管辖)、协议管辖法院的限制条件(如是否必与合同相关联)等,不同国家均有不同的认定。因此,协议管辖条款的有效性往往受到法律的诸多限制。在国际工程中,由于业主、总包商、分包商可能所在国均不尽相同,总包合同与分包合同约定适用的法律可能也不相同,即使当事人意图通过合同约定选择法院条款的方式同意特定法院对合同争议与合同当事人管辖权,也可能面临该等选择法院条款无效的风险,从而无法建立法院对人或对事的管辖。因此,在起草选择法院条款时,还需要对所涉法域的相关法律进行考察,使条款的设置有效可行。

(二)合并程序或追加当事人

法院基于一国的司法强制力而产生管辖权,因此,在法院可以建立起对人与对事管辖的基础上,即使分包合同没有约定与总包合同适用同一诉讼程序,分包合同的当事人仍然可以通过一定的途径实现多方诉讼,比较常见的形式如:

1. 依当事人主动申请增加诉讼当事人或合并审理

在法院可以建立起对人与对事管辖的基础上,分包合同争议的相关方可以依据法院地相关民事诉讼和实体法律规则,选择在提起诉讼的同时起诉合同相对方与第三人,或者通过向法院申请增加诉讼当事人的方式引入第三人;第三人也可以向法院提出申请,主动参与到分包合同纠纷的诉讼中。例如,《施工合同司法解释(一)》第 15 条规定,因建设工程质量发生争议的,发包人可以以总承包人、分包人和实际施工人为共同被告提起诉讼。又如,《民事诉讼法》第 59 条、第 143 条等规定,有独立请求权的第三人,有权提起诉讼,法院可以合并审理;没有独立请求权的第三人,与案件处理结果有法律上的利害关系的,可以申请参加诉讼。相类似地,在美国《联邦民事诉讼程序规则》中,也规定了第三人参加诉讼制度,即非诉讼最初当事人的第三人,因对诉讼标的享有利益从而加入诉讼以保护其权利或提出请求;以及引入诉讼制度,即在已经开始的诉讼程序中,被告以第三人对其被诉的权利请求负有责任为理由起诉第三人,将其作为新的被告引入原来的诉讼中。

2. 法院依职权合并审理或追加当事人

在某些特定的情形下，法院还可以依法定的职权合并程序或者追加当事人，但同样地，这也以法院能够建立起对事与对人的管辖权为前提条件。例如，我国《民事诉讼法》第 135 条规定，必须共同进行诉讼的当事人没有参加诉讼的，人民法院应当通知其参加诉讼。《施工合同司法解释（一）》第 43 条规定，实际施工人以发包人为被告主张权利的，法院应当追加转包人或者违法分包人为本案第三人。亦即在某些特定的情况下，法院可以直接突破合同的相对性原则，在其认为必要的情况下，无须经过当事人同意即可将分包合同以外的当事人直接追加到分包合同的诉讼中。但是，该等情形是极为罕见的，许多国家法律均不允许法院依职权随时追加当事人介入诉讼。

国际工程合同中，如果选择法院管辖，通常都是工程所在地法院。由于法院管辖具有地域性，当事人很可能会担忧是否存在影响案件公正审理的因素。虽然在诉讼方式下实现多方争议解决机制并不非常依赖当事人的合意，但是在国际工程中，法院对境外当事人或涉外合同争议要建立管辖权也是非常困难的。因此，虽然理论上可以通过当事人申请、法院依职权两种途径来实现多方诉讼，但是实践中非合同一方的当事人提出管辖权异议的情形非常之普遍。即使该等异议不必要能够成立，也会拉长整个诉讼程序，从而增加诉讼成本。

三、仲裁方式下实现多方争议解决的机制

相较于诉讼，仲裁机构的管辖权来源于合同当事人的合意，合同当事人通过平等协商、相互博弈后选定国际知名的仲裁机构以及来自世界各地的仲裁员，通常能够排除地方因素干扰，相对而言，对于各方也更为公平。此外，又由于仲裁在保密性和执行便利性上具有较大优势，使仲裁成为国际工程合同中更受欢迎的争议解决方式。同时，在实现多方争议解决机制上，仲裁不具有对于法院管辖权是否能成立的种种限制，因为仲裁庭的管辖来自仲裁条款当事人的合意。理论上，只要仲裁条款的当事人同意，就可以将争议提交世界上任意一个仲裁机构，甚至进行临时仲裁。但是，与诉讼中法院可以依职权合并程序或者追加当事人不同，由于合同的相对性原则，不同合同中的仲裁解决条款均只能约束各自的签约主体，原则上在没有当事人明确合意的情况下，难以将多个仲裁程序进行合并或者将案外人追加到仲裁中。因此，实现多方仲裁的方式和多方诉讼有较大差异，具体来说有以下几种途径：

(一)通过合同约定实现多方仲裁

如上所述,欲通过同一个仲裁程序解决争议,重点是如何构建当事人之间进行多方仲裁的合意。而最直接的途径是通过合同的约定来实现多方仲裁,其常见形式有:

1. 签订三方分包合同

第一种方式为业主、总包商、分包商三方直接共同签署分包合同,并在其中约定仲裁条款,约定任何一方和其他方如就分包合同产生争议,均可提交仲裁机构仲裁解决。

本方式的优点为业主、总包商、分包商均受同一个仲裁条款约束,因此对于仲裁这一基于当事人合意而产生管辖权的争议解决方式而言,仲裁庭可以基于这一同时约束业主、总包商、分包商的仲裁条款,同时建立对这三者的管辖权,从而实现多方在同一仲裁程序中解决争议。

但本方式也存在一定的风险,特别是对于业主而言,由于其直接与分包商签署分包合同,存在被认定为业主指定分包的风险。在此等情形下,基于该等合同关系,分包商可能跨过总包商直接要求业主承担相关支付责任,乃至要求业主就总包商的行为承担连带责任;同时,当分包商负责实施的工程部分出现工期质量问题时,即使总包商可能以指定分包为由拒绝为此负责,从而出现责任推诿情况,无法实现"总包负总责",不利于工程总体质量和工期的控制。

2. 约定将分包合同争议并入总包合同的争议解决程序中

第二种方式为在总包商与分包商签订的分包合同中,双方明确同意对于分包合同下与总包合同相关的争议,可以并入总包合同的仲裁程序中。就具体内容而言,此类条款一般会先就可合并程序的"相关争议"情形进行定义,再约定发生此类争议时各方同意合并在同一仲裁程序中解决,以及合并仲裁程序的具体机制。但需要注意的是,这一途径对于仲裁条款的起草也有一定要求,实践中因条款约定不明或机制设置不当,导致当事人就能否合并仲裁程序发生争议的情况也时有发生。例如,分包合同约定,如分包合同争议与总包合同有关,则总包商有权要求将该争议与总包合同争议共同处理。此时,如分包商拟就分包合同争议提起仲裁,总包商可能引用上述约定,提出该争议应与总包合同争议共同处理,从而导致分包合同的争议解决发生拖延。

3. 总分包合同之间的“背靠背”争议解决条款

第三种方式为在总包合同与分包合同之间设置连接性的约定，将总包合同仲裁条款下的权利义务尽可能完整地传递给分包商。实现该等连接性约定的主要方式为在分包合同中约定“背靠背”的争议解决条款。参考 FIDIC 分包合同条件相关内容，可通过以下两种方式设置分包合同的仲裁条款：

（1）概括性地引用总包合同仲裁条款并将其并入分包合同

该方式的典型情形为在分包合同中概括性地约定，除明确排除适用的条款外，总包合同中与分包工程有关的所有条款，包括其仲裁条款，均应“背靠背”地适用于分包合同。这一方式可以较为完整便利地引用总包合同的内容和要求，但由于缺乏针对性，可能导致部分条款由于总分包合同之间的差异，实际上不能适用。例如，总包合同中提起仲裁的前提为完成 DAB 程序，而分包合同中未设置 DAB 机制。除此之外，从目前的实践案例来看，由于分包商并非总包合同的相对方，在总包合同约定仲裁的情形下，分包合同当事人是否能够基于概括性援引适用总包合同仲裁条款的约束，在实践中仍然具有较大的争议。因此，如欲采用与总包合同相同的仲裁程序，建议分包合同中应对仲裁条款进行明确约定，而不能直接概括性地援引总包合同的仲裁条款，否则可能带来较大风险。

（2）在分包合同中起草与总包合同相衔接的争议解决条款

该方式的典型情形为在分包合同中放入与总包合同中一致或相似的仲裁条款，包括前置的多级争议解决程序，再根据分包合同的具体情况进行调整。这一方式较为灵活和有针对性，总包商可根据项目需求与分包商自主协商仲裁条款；但这一方式对合同编制起草的要求也较高，容易发生冲突或遗漏。

上述两种方式各有优劣，实践中往往采用两种方式的结合，先根据总包合同选取与之配套的分包合同，放入类似的争议解决条款后，再以概括性约定进行兜底。以 FIDIC 分包合同条件为例，其争议解决条款的设置便采用了二者结合的方式。一方面，就概括性的总包合同权利义务引用而言，FIDIC 分包合同条件第 2.1 款“分包商对总包合同的了解”、第 2.2 款“遵守总包合同”约定，分包商应视为已经全面了解了总包合同的相关规定，除了另行列出的总包合同特定条款外，应履行总包合同规定的总包商关于分包工程的所有义务，以避免其行为或疏漏导致总包商违反总包合同规定的任何义务，否则应赔偿总包商因此导致的损失。另一方面，就具体的争议解决条款的起草而言，FIDIC 分包合同条件第 20 条“业主和承包商的索赔”均约定了与总包合同一致的 DAB、友好协商和仲裁的多级争议解决机制。对于分包合同下无法通过 DAB 或友好协商解决的争议，应按照与总包合同一致的国际商会（International Chamber of Commerce，ICC）的仲裁规则解决。并且，总包合同第 20.6 款“仲裁”也应适用于分包合同争议。

（二）合同以外实现多方仲裁的途径

1. 仲裁机构或仲裁庭依据仲裁规则合并仲裁

与法院可以依职权追加当事人或合并诉讼不同，仲裁庭的管辖权来源于仲裁协议当事人的合意，不能及于第三方。因此，对于仲裁机构或仲裁庭是否能够在业主、总包商、分包商不在同一个仲裁协议的情况下，依据仲裁规则合并仲裁，在仲裁理论界仍然是一个具有争议的问题。但是，为了解决相应案件当事人，尤其是类似于国际工程总分包合同这样的链式合同当事人的需求，解决多方交易引起的救济不便，各仲裁机构纷纷增加了在多合同基础上的多方仲裁合并程序规定。例如，国际商会仲裁规则第 10 条规定，在各仲裁请求是依据多份仲裁协议提出的情形下，如各仲裁案当事人相同且各争议所涉及的法律关系相同，仲裁院认为各仲裁协议彼此相容，那么经一方当事人请求，仲裁院可将仲裁规则项下未解决的多项仲裁案合并仲裁；又如，《新加坡国际仲裁中心仲裁规则》第 8 条规定，如多个仲裁协议相容，且争议由相同法律关系产生、产生争议的多个合同系主从关系或争议由同一或一系列交易产生，则在仲裁庭组成之前，一方当事人可申请合并仲裁；再如，《上海国际贸易仲裁委员会（上海国际仲裁中心）仲裁规则》第 30 条规定，仲裁标的为同一种类或有关联的两个或两个以上的案件，且仲裁庭组成人员相同的，经一方当事人申请并征得其他当事人同意，仲裁庭可以决定合并审理，但原则上应就合并的仲裁案件分别作出裁决。总的来说，出于对当事人意思自治原则的尊重，案件的合并仍需以当事人的请求或同意为原则。然而，当事人一旦进入仲裁，就处于对抗的状态，很难就此问题达成一致，上述关于“合并仲裁”的规定在实际执行中也要打折扣。因此，通过合同约定的方式实现多方仲裁是更为稳妥的途径。

2. 根据法律规定实现合并仲裁

在少数国家和地区中，法律允许在有法院命令的特定情况下，可以强制合并多个仲裁案件。如《1986 年荷兰仲裁法》即规定法院可以强制合并多个仲裁；又如《香港仲裁条例》附表 2 规定，如在多个仲裁中有产生共同的法律或事实问题，或在该等仲裁程序中申索的济助的权利，均是关于同一宗或同一系列的交易，或均是在同一宗或同一系列的交易中产生的，则原讼法庭可应仲裁程序任何一方的申请，命令将该等仲裁程序按它认为公正的条款，合并处理，或该等仲裁程序同时聆讯，或以一项紧接另一项的方式聆讯。然而，采用此类法律规定的国家和地区为极少数，且实践中只有法院可以命令进行强制合并，因此，当事人还需在当地法院进行诉讼，从而产生额外的费用，并会进一步拖延仲裁程序的时间。

结语

大型国际工程往往涉及众多分包商，专业接口繁多，合同关系复杂。在当前复杂的国际经济政治环境下，连锁性风险的可能性进一步增加，工程的各方参与人均应做好分包合同的签订、协调和管理工作。各方当事人在签订合同时，就应合理设计分包合同的签订主体与争议解决条款的内容，一旦发生争议即可通过成本最小、效率最高的方式实现多方争议解决。而如果争议已经产生，则当事人需要充分考虑总分包合同以及各方当事人之间的法律关系，并在此基础上制订妥善的争议解决方案，以避免遗漏主张和导致失权。

附　录

《民法典》背景下的工程合规新变化

2020 年 5 月 28 日，十三届全国人大三次会议表决通过了《民法典》，并自 2021 年 1 月 1 日起正式施行。

随着《民法典》的出台，建筑行业各主体在签约及履约过程中，有哪些新的注意事项？除了合同编第十八章“建设工程合同”的专章内容外，与建筑行业有关的法律条款亦分布于《民法典》其他编章，如总则编、合同编第十七章“承揽合同”、侵权责任编等。笔者在梳理《民法典》中有关建筑工程合同条文变化的基础上，深入研析了《民法典》对建筑行业可能产生的重大影响及建筑行业开展业务时的注意事项，归纳如下。

一、《民法典》有关建设工程合同的主要变化

《民法典》“建设工程合同”一章位于合同编第十八章，从第 788 条起至第 808 条止，共 21 条。其中，除新增两个条款（第 793 条、第 806 条）外，其他条款内容基本是对《合同法》第十六章的继承，仅个别词语作了非实质性的修订。

与此前法律与司法解释相比，《民法典》“建设工程合同”章节内容主要变化可参见下表：

《民法典》	《合同法》	司法解释
第 791 条第 1 款　发包人可以与总承包人订立建设工程合同，也可以分别与勘察人、设计人、施工人订立勘察、设计、施工承包合同。发包人不得将应当由一个承包人完成的建设工程支解成若干部分发包给数个承包人。	第 272 条第 1 款　发包人可以与总承包人订立建设工程合同，也可以分别与勘察人、设计人、施工人订立勘察、设计、施工承包合同。发包人不得将应当由一个承包人完成的建设工程肢解成若干部分发包给几个承包人。	
第 793 条第 1 款　建设工程施工合同无效，但是建设工程经验收合格的，可以参照合同关于工程价款的约定折价补偿承包人。		原《施工合同司法解释》第 2 条　建设工程施工合同无效，但建设工程经竣工验收合格，承包人请求参照合同约定支付工程价款的，应予支持。

续表

《民法典》	《合同法》	司法解释
第 793 条第 2 款、第 3 款　建设工程施工合同无效，且建设工程经验收不合格的，按照以下情形处理： (一)修复后的建设工程经验收合格的，发包人可以请求承包人承担修复费用； (二)修复后的建设工程经验收不合格的，承包人无权请求参照合同关于工程价款的约定折价补偿。 发包人对因建设工程不合格造成的损失有过错的，应当承担相应的责任。		原《施工合同司法解释》 第 3 条　建设工程施工合同无效，且建设工程经竣工验收不合格的，按照以下情形分别处理： (一)修复后的建设工程经竣工验收合格，发包人请求承包人承担修复费用的，应予支持； (二)修复后的建设工程经竣工验收不合格，承包人请求支付工程价款的，不予支持。 因建设工程不合格造成的损失，发包人有过错的，也应承担相应的民事责任。
第 794 条　勘察、设计合同的内容一般包括提交有关基础资料和概预算等文件的期限、质量要求、费用以及其他协作条件等条款。	第 274 条　勘察、设计合同的内容包括提交有关基础资料和文件(包括概预算)的期限、质量要求、费用以及其他协作条件等条款。	
第 795 条　施工合同的内容一般包括工程范围、建设工期、中间交工工程的开工和竣工时间、工程质量、工程造价、技术资料交付时间、材料和设备供应责任、拨款和结算、竣工验收、质量保修范围和质量保证期、相互协作等条款。	第 275 条　施工合同的内容包括工程范围、建设工期、中间交工工程的开工和竣工时间、工程质量、工程造价、技术资料交付时间、材料和设备供应责任、拨款和结算、竣工验收、质量保修范围和质量保证期、双方相互协作等条款。	
第 802 条　因承包人的原因致使建设工程在合理使用期限内造成人身损害和财产损失的，承包人应当承担赔偿责任。	第 282 条　因承包人的原因致使建设工程在合理使用期限内造成人身和财产损害的，承包人应当承担损害赔偿责任。	

续表

《民法典》	《合同法》	司法解释
第806条第1款　承包人将建设工程转包、违法分包的，发包人可以解除合同。		原《施工合同司法解释》 第8条　承包人具有下列情形之一，发包人请求解除建设工程施工合同的，应予支持：……（四）将承包的建设工程非法转包、违法分包的。
第806条第2款　发包人提供的主要建筑材料、建筑构配件和设备不符合强制性标准或者不履行协助义务，致使承包人无法施工，经催告后在合理期限内仍未履行相应义务的，承包人可以解除合同。		原《施工合同司法解释》 第9条　发包人具有下列情形之一，致使承包人无法施工，且在催告的合理期限内仍未履行相应义务，承包人请求解除建设工程施工合同的，应予支持：……（二）提供的主要建筑材料、建筑构配件和设备不符合强制性标准的；（三）不履行合同约定的协助义务的。
第806条第3款　合同解除后，已经完成的建设工程质量合格的，发包人应当按照约定支付相应的工程价款；已经完成的建设工程质量不合格的，参照本法第七百九十三条的规定处理。		原《施工合同司法解释》 第10条第1款　建设工程施工合同解除后，已经完成的建设工程质量合格的，发包人应当按照约定支付相应的工程价款；已经完成的建设工程质量不合格的，参照本解释第三条规定处理。
第807条　发包人未按照约定支付价款的，承包人可以催告发包人在合理期限内支付价款。发包人逾期不支付的，除根据建设工程的性质不宜折价、拍卖外，承包人可以与发包人协议将该工程折价，也可以请求人民法院将该工程依法拍卖。建设工程的价款就该工程折价或者拍卖的价款优先受偿。	第286条　发包人未按照约定支付价款的，承包人可以催告发包人在合理期限内支付价款。发包人逾期不支付的，除按照建设工程的性质不宜折价、拍卖的以外，承包人可以与发包人协议将该工程折价，也可以申请人民法院将该工程依法拍卖。建设工程的价款就该工程折价或者拍卖的价款优先受偿。	原《施工合同司法解释（二）》 第17条　与发包人订立建设工程施工合同的承包人，根据合同法第二百八十六条规定请求其承建工程的价款就工程折价或者拍卖的价款优先受偿的，人民法院应予支持。

结合上表内容可知,编撰《民法典》第十八章“建设工程合同”时,参照的主要法律规定文本是《合同法》、原《施工合同司法解释》及原《施工合同司法解释(二)》。

我国建筑市场仍不规范,在实践中合同各方风险防范意识不强,经常出现“黑白合同”、任意变更合同或者先施工后签合同等现象。而控制业主或者承包人的工程建设法律风险,最核心的问题是签订针对性强、条款具有可操作性、权利义务相对平衡的建设工程施工合同。

但是实践中,建筑企业对于合同的管理并不完善,因此导致公司亏损的情况也屡屡发生。有些风险意识较强的建筑企业,想要制定合同管理及法律风险控制制度,又觉得无从下手,因为合同管理涉及企业的各部门、各流程,需要严谨地统筹规划。

以施工总承包为例,一方面,负责施工总承包的建筑企业需要和业主签订总包合同,建筑市场中建筑企业常处于弱势地位,在合同签订中,业主若采用自己拟定的“霸王合同”或是将标准合同中对施工方有利的条款删除,建筑企业将处于巨大的风险之中。而在合同的履行过程中,履约不严肃、索赔不到位,甚至项目经理个人行为损害公司利益的情况也时有发生,使企业合同管理难上加难。另一方面,总包范围内的专业工程还可能涉及与分包方签订分包合同,若分包合同的签订不规范、管理不到位,也将严重损害建筑企业的利益。

其实这都可以归结于建筑企业的法律意识和合同意识问题——由于建筑企业或项目承包人法律意识淡薄导致的违法违规行为、不重视合同导致签订价格过低的合同或签约后不严格履约导致质量或工期违约,以及项目施工管理人员失职而给建筑企业造成极大损失的情况时有发生,个别行为甚至导致企业资不抵债、濒临破产。因此,正确认识建筑企业面临的法律风险,加强建筑企业的法律风险管控,培养相应的法律风险防范意识,建立建筑企业防范法律风险的标准化系统,最大限度地防范法律风险是建筑企业的当务之急。

二、《民法典》对建筑行业可能产生的五大影响

(一)《民法典》提出的绿色发展与可持续发展理念,将成为建筑行业发展新趋势

2018 年,建设生态文明写入宪法。《宪法》第 26 条规定:“国家保护和改善生活环境和生态环境,防止污染和其他公害。国家组织和鼓励植树造林,保护

林木。”

正是为了响应《宪法》提出的生态文明建设理念,《民法典》总则编第 9 条规定:“民事主体从事民事活动,应当有利于节约资源、保护生态环境。”根据该规定,绿色原则已与平等原则、自愿原则、公平原则、诚信原则、公序良俗原则一起,共同成为民事主体应当遵循的基本活动原则。

笔者认为,建筑行业各企业应尽快树立绿色环保发展理念,在业务活动的各个环节,都注意将经济效益与环境效益相结合,充分考虑建筑设计与自然的协调、资源利用的可循环、建筑垃圾可降解等因素。

(二)结合司法实践并参照原《施工合同司法解释》,《民法典》新增了建筑施工合同无效时的结算及付款原则

《民法典》第 793 条首次以法律的形式,明确了建设工程施工合同无效时的结算及付款原则。与原《施工合同司法解释》相比较,《民法典》第 793 条的内容:

1. 将合同无效时,承包人可获得的对价由“工程价款”调整为“折价补偿”。根据原《施工合同司法解释》的规定,合同无效时,就已竣工验收合格的工程,承包人可获得的对价为“工程价款”,与合同有效情形下的措辞完全相同。而根据《民法典》第 157 条的规定,无效民事法律行为的后果之一是“折价补偿”。《民法典》将建设工程施工合同无效时的措辞调整为“折价补偿”,符合民法的内在逻辑与理念。

2. 合同无效时,承包人获得对价的前提条件,由“经竣工验收”调整为“经验收”。至此,未完工程、阶段性工程等,只要验收合格,承包人都有权主张折价补偿,更能体现市场经济下等价有偿的公平原则。

3. 修复后的建筑工程经验收仍不合格的,承包人“无权请求参照合同关于工程价款的约定折价补偿”。根据原《施工合同司法解释》第 3 条的规定,在合同无效的情况下,如工程经竣工验收不合格,且修复后的工程经竣工验收仍不合格,承包人无权主张任何工程价款。有实务观点认为,上述规定过于绝对,缺乏应对工程实践多样性的弹性。故《民法典》将经修复后的建筑经验收不合格的法律后果规定为,承包人无权请求参照合同关于工程价款的约定折价补偿,而非承包人无权请求任何工程款,即承包人可以不参照合同关于工程价款的约定,而根据具体情况请求适当的折价补偿,更加符合行业实际情况。

4. 合同无效时,承包人请求参照合同关于工程价款的约定折价补偿“应予支

持”调整为“可以参照”。《民法典》的这一调整,使“参照合同”不再是解决此类问题的唯一选项,赋予了法官更大的自由裁量权。具体案件审理过程中,法官可以综合各方当事人的过错、裁判价值取向等因素,综合作出裁判。

5. 将发包人对因建筑不合格造成的损失有过错时应承担“民事责任”调整为应承担“责任”。原《施工合同司法解释》对因发包人的过错而导致建筑不合格造成损失的情形中,发包人责任为“民事责任”,而《民法典》则将其概括为发包人“应当承担相应的责任”。此处修改意味着发包人除了承担民事责任外,可能还涉及行政责任、刑事责任等,意思表示更为周延。

(三)建筑物或构筑物等倒塌、塌陷致第三人损失时,适用过错责任推定原则,由施工单位对工程不存在质量缺陷承担严格的举证责任

《民法典》第 1252 条规定,建筑物、构筑物或者其他设施倒塌、塌陷造成他人损害的,由建设单位与施工单位承担连带责任,但是建设单位与施工单位能够证明不存在质量缺陷的除外。第 1258 条规定,在公共场所或者道路上挖掘、修缮安装地下设施等造成他人损害,施工人不能证明已经设置明显标志和采取安全措施的,应当承担侵权责任。

相较于《侵权责任法》第 86 条规定的无过错责任原则,《民法典》第 1252 条、第 1258 条沿袭了《民法通则》的做法,将建筑物等倒塌、塌陷致损的责任确定为过错推定原则。

根据《民法典》第 1252 条,只有当建设单位与施工单位能够证明不存在质量缺陷时,才无须对建筑倒塌致人损害负侵权责任,否则二者承担连带责任。根据《民法典》第 1258 条,只有当施工人可以证明已经设置明显标志和采取安全措施时,才无须对其在公共场所或者道路上挖掘、修缮安装地下设施等造成他人损害负侵权责任。

笔者建议,建设单位与施工单位均应尽快熟悉《民法典》相关规定,提升施工现场的安全管理水平,按照规定设置明显标志,采取安全施工措施,做好施工工程资料的收集,保存足以证明施工质量不存在缺陷的证据。这样既可有效防止侵权事故发生,也可在侵权纠纷无法避免时有效厘清权责,避免承担不必要的责任。

(四)新增了发包人与承包人在特殊情况下的法定解除权

1.《民法典》第 806 条是参照原《施工合同司法解释》第 8 条至第 10 条,并结

合司法实践调整完善后新增的合同条款,约定了发包人和承包人在特殊情况下的法定解除权。

2. 与原《施工合同司法解释》相比,发包人的法定解除权有如下调整和变化:(1)将“非法转包”调整为“转包”,进一步明确转包为法律所禁止,任何形式的转包,均构成发包人可以行使法定解除权的事由。(2)删除了原《施工合同司法解释》第8条规定的三种情形,即承包人“明确表示或者以行为表明不履行合同主要义务的”,承包人在“合同约定的期限内没有完工,且在发包人催告的合理期限内仍未完工的”和“承包人已经完成的建设工程质量不合格,并拒绝修复的”。原因是这三项事由已构成了承包人的根本违约情形,无须作为特殊情形下的解除权。

3. 与原《施工合同司法解释》相比,承包人的法定解除权将“不履行合同约定的协助义务”改为“不履行协助义务”,扩大了不履行协助义务的范围,将合同未约定的附随义务也包括在内。

4. 明确了合同解除后的处理方式。《民法典》第806条关于合同解除后的处理,基本沿用了原《施工合同司法解释》第10条的规定,建筑施工合同解除后,已经完成的建设工程质量合格的,发包人应当按照约定支付相应的工程价款。对于不合格部分的处理,则参照无效合同情形予以处理。

笔者建议,就发包人而言,在施工过程中,如发现承包人存在转包或者违法分包情形的,可慎重考虑是否行使法定解除权。就承包人而言,如发包人不履行协助义务,首先需发函催告发包人在合理期限内改正;如发包人的行为已经达到“致使承包人无法施工”的程度,则可慎重考虑行使法定解除权。

(五)发包人拖欠工程款时,承包人是否可行使留置权并拒绝交付工程,目前仍存在一定争议

1. 根据《民法典》第808条的规定,建设工程合同章没有规定的,适用承揽合同的有关规定。而《民法典》承揽合同章第783条规定,定作人未向承揽人支付报酬或者材料费等价款的,承揽人对完成的工作成果享有留置权或者有权拒绝交付,但是当事人另有约定的除外。

2. 就发包人拖欠工程款时,承包人是否可行使留置权并拒绝交付工程,目前实务界尚存在争议。

《民法典》出台前,在发包人拖欠工程款时,承包人无权适用《合同法》第264条规定,无权在发包人付清工程款前主张留置并拒绝交付工程,原因是留置权仅

适用于动产,而建筑工程是不动产。

《民法典》出台后,其第 783 条的规定是否能适用于建筑工程,目前实务界的争议比较大。肯定派认为,《民法典》明确规定,建设工程合同章没有规定的,适用承揽合同的有关规定。对于建筑工程施工合同,在发包人付款义务与承包人交工义务履行的先后没有约定或者约定不明时,承包人可依据《民法典》第 783 条和第 808 条,正当行使留置权,拒绝交付工程。

否定观点认为,《民法典》第 807 条已经为承包人设置了工程优先受偿权,承包人获得工程款的权利已有相应的保护机制,应视为建设工程合同章对发包人未付工程款的问题已经有了特别规定,不应再适用承揽合同章的规定。况且,建筑工程往往价值巨大,拒绝交付会使建筑本身无法及时投入使用,将会造成严重的资源浪费。

鉴于就这一问题目前理解还存在分歧,司法实践尚不明确,而《民法典》也允许当事人在合同中对此加以特别约定,建议当事人在签署建筑工程施工合同时,应当注意对发包人付款义务与承包人交付工程义务履行的先后顺序加以明确约定。

综上所述,《民法典》就建筑领域合同效力、各方之间权利义务的公平分配、施工安全等问题进行了进一步的细化与完善。建筑企业应尽快熟悉《民法典》关于建筑领域的相关规定,加强项目风险管理,有效避免或减少工程项目中的相关纠纷。

后　记

团队新作《ESG 背景下的工程项目合规与仲裁》即将出版面世。这本书的写作历经了两年时间。最早是顺应客户的需求，希望能为工程项目的业主方及施工方等各方主体，写一本关于工程项目合规的指引，能够帮助各参与方进行项目工程建设合规风险控制。

写作背景：

在写作过程中，《民法典》出台、《安全生产法》修订，国家政策和社会经济等层面对工程建设及相关主体提出了更多新的要求，从“双碳”目标背景下的高质量发展，到 ESG 背景下的可持续发展，合规管理被赋予了更多的内涵。

同时，2021 年下半年随着头部房地产企业的爆雷，很多建筑企业也陷入了债务危机的泥潭。房地产行业周期下行，叠加疫情因素的影响，建设相关的纠纷大量涌现。企业破产不断涌现，法院积案如山，仲裁作为多元化争议解决方式的一种，其一裁终局的高效机制对纠纷解决和矛盾化解产生了非常重要的作用。笔者作为多家机构的仲裁员，也想以本书的命名向仲裁界的前辈和同行们致敬。

书名由来：

2022 年 3 月下旬，一场突如其来的疫情封控打乱了上海乃至全国人民的工作和生活节奏。居家隔离的两个多月，我们也在加紧书稿的写作。与此同时，我们也注意到，在充满不确定性的当下，国际推行的环境（E）、社会（S）和治理（G），即 ESG 理念在国内正在得到更多的重视和推广应用：监管层面，除了中国证监会对上市公司的 ESG 信息披露要求外，中央国资委对央企的 ESG 报告披露也提出具体日程要求；中国银保监会于 2022 年 6 月 1 日出台《关于印发银行业保险业绿色金融指引的通知》，对于银行保险机构在业务活动中的环境、社会和治理风险提出了具体监管要求，银行保险机构应当对于融资方及其主要承包商、供应商因公司治理缺陷和管理不到位而在建设、生产、经营活动中可能给环境、社会带来的危害及引发的风险予以重点关注，并将环境、社会、治理要求纳入管理流程和全面风险管理体系。可见,在"双碳"目标和"ESG"的双重背景下,加强合规风险管理能力,将成为企业谋求可持续发展的刚性需求以及赢得未来竞争的重要软实力。对于工程项目的投资人和承包商而言,也同样如此。在此背景下,新书被正式命名为《ESG 背景下的工程项目合规与仲裁》。

感谢团队:

从 2020 年下半年至今两年,新书数易其稿,倾注了团队成员的大量心血。是大家的齐心合力,让新书得以在历经波折后面世。在此感谢团队的小伙伴们!月萍、兰萍深知个体能力非常有限,唯有精心打造团队,依靠团队力量,才能应对市场的不断变化。

感恩中伦:

2014 年以前,笔者服务的客户群体以工程企业为主,我们团队前十年的书籍和文章主要以建筑企业为阅读人群。自 2014 年加盟中伦之后,在八年多里通过和中伦近百名合伙人的深度合作,我们服务客户的视角得以不断丰富。因此服务的客户更为多元,既有工程企业,又有业主单位和财务投资人以及政府方;业务也不仅主要包括工程,基础设施投融资业务也大幅度增加,还包括上市类工程企业和基建项目的收并购业务;既包括诉讼,又包括仲裁;既包括民营企业,也包括国有企业、外资企业、跨国公司。在这近十年间,我们不断调整自身的视角,包括写书和写文章,也尽量站在一个多方的视角来看待工程合规与仲裁问题。我们能有这样的成长,唯有感恩中伦,感恩与我们曾经合作、正在合作和即将合作的合伙人兄弟姐妹和律师们。

致敬仲裁:

过去的几年中,深深感谢全国多家仲裁机构和企业的信任,让我们得以以仲裁员的身份和其他仲裁前辈们一起组成仲裁庭,并在办案中互相学习并最终合作办好每一起仲裁案件。其中笔者也多次应邀为多家机构的论坛和研讨会作专题发言,每一场论坛和研讨会都是一次非常宝贵的头脑风暴和智慧碰撞,会上无论是聆听仲裁专家的发言还是行业大咖的分享,都是促成我们写作本书的智慧力量。

本书中收录了笔者应上海国际经济贸易仲裁委员会、上海仲裁委员会和北京仲裁委员会等仲裁机构的邀请,围绕《民法典》绿色原则的实践运用、ESG 可持续发展与 EOD 项目实务以及困境债权仲裁等工程项目合规相关的热点和难点问题所作的发言分享,借此致敬仲裁,并与业界朋友们借此进行深入交流探讨。

致谢协会和行业专家：

新书在写作过程中得到了中国施工企业管理协会和多家行业协会的大力支持，在此一并表示感谢。行业协会是企业和政府及社会各界沟通的桥梁，对工程合规、ESG、绿色建造等行业热点，中国施工企业管理协会都在第一时间为笔者提供行业信息和专家支持，不仅为整个行业的健康发展做出了巨大贡献，更是为本书的诞生奠定了坚实的行业背景。

另，笔者从2000年带团队定位从事工程法律服务，二十年中，得到了无数学术界前辈专家学者的学术指导和支持，他们中有清华大学王守清教授，天津大学张水波教授、吕文学教授和陈勇强教授，东南大学杨春福教授，河海大学徐军教授，复旦大学季立刚教授等，还有很多教授专家未能一一列举，在此一并感谢。